新能源汽车驱动电机及控制技术

主　编　赵海宾　刘国新
副主编　董彦晓　董盼盼
参　编　任　利　梁登飞
主　审　刘振楼

机械工业出版社

本书是河北省"十四五"职业教育规划教材。

本书以纯电动汽车和混合动力汽车电驱控制技术两条主线，全面、系统地介绍了新能源汽车电驱系统的基本组成、工作原理、控制策略、检测与故障诊断思路，主要内容包括新能源汽车高压供电控制系统、新能源汽车电驱系统、新能源汽车电驱控制系统、新能源汽车电驱热管理系统与整车控制策略。本书在分析各种新能源汽车电驱系统控制技术的同时，力求反映出新能源汽车电驱控制技术发展的最新技术成果。

本书以项目化、任务驱动为范式，按照职业教育"岗、课、赛、证"紧密结合和职业技能等级证书技能标准的要求，充分融入产教融合、课程思政元素，从任务引入、学习目标、知识空间、任务实施及工单等方面进行编写，注重理论与实践相结合、通用性与实用性相结合，深入浅出、理实一体。

本书采用活页式教材装订，配有PPT电子课件、电子教案及微课视频，彩色印刷，每个任务配有任务实施操作流程、工作任务单、任务实施配分评分表和学习任务单，方便师生进行实训教学、课堂翻转和过程考核。本书为提质培优立项在线精品课配套教材，智慧职教MOOC平台线上资源丰富，适宜职业院校开展线上线下教学活动。

本书可用作高等职业院校以及职业本科院校汽车类专业师生教学用书，中等职业院校可酌情选用，也可供企业员工培训、职业技能鉴定培训和汽车维修人员使用。

图书在版编目（CIP）数据

新能源汽车驱动电机及控制技术/赵海宾，刘国新主编. —北京：机械工业出版社，2024.6（2025.8重印）

ISBN 978-7-111-75832-7

Ⅰ. ①新… Ⅱ. ①赵… ②刘… Ⅲ. ①新能源–汽车–电机 Ⅳ. ①U469.720.3

中国国家版本馆CIP数据核字（2024）第098903号

机械工业出版社（北京市百万庄大街22号　邮政编码100037）
策划编辑：师　哲　　　　　　　　　责任编辑：师　哲
责任校对：高凯月　杨　霞　景　飞　封面设计：张　静
责任印制：单爱军
北京盛通数码印刷有限公司印刷
2025年8月第1版第3次印刷
210mm×285mm · 15.75印张 · 399千字
标准书号：ISBN 978-7-111-75832-7
定价：56.00元（含工单）

电话服务　　　　　　　　　　网络服务
客服电话：010-88361066　　　机　工　官　网：www.cmpbook.com
　　　　　010-88379833　　　机　工　官　博：weibo.com/cmp1952
　　　　　010-68326294　　　金　书　网：www.golden-book.com
封底无防伪标均为盗版　　　　机工教育服务网：www.cmpedu.com

前言 Preface

我国新能源汽车的迅猛发展，需要大量的高素质新能源汽车从业人员，也需要传统汽车从业人员向新能源汽车领域转型，更需要职业院校专任教师快速实现知识和技能的更新，才能跟得上形势的发展变化和需要。

新能源汽车是集机械、电子、计算机、信息通信等多学科的高科技产品，科技含量越来越高，对职业教育带来了很大的挑战。学生技能的培养需要建立在扎实的理论知识基础上，学生需要一本一读就懂的教材，职业院校教师也迫切需要一本能够系统、全面地介绍新能源汽车技术的，集通用性、实用性、适用性于一身，又能体现我国现代职业教育特色，形式新颖而不失严谨的教材，以便更好地开展教学活动。这些就是我们编写本书的初衷。

本书深入贯彻党的二十大精神，落实立德树人根本任务，以国产汽车品牌为主进行讲解，培养学生的民族品牌意识，实现思想政治教育与技术技能培养的有机统一。本书是以项目化、任务驱动为范式，以教、学、做一体化和与学生实训相结合为编写指导思想，按照职业教育"岗、课、赛、证"紧密结合和职业技能等级证书技能标准的要求编写的。

本书内容共分为4个项目，计11个任务，其中的18个实操项目可根据学校实训设备酌情选用。实训教学可采用分组教学的方式，以每5人1组为宜，每20min进行角色转换，也可根据实际情况自行安排。

与本书配套的电子教案、工作任务单及任务实施配分评分表、学习任务单及答案可登录机械工业出版社教育服务网下载。我们已经注意到不同院校的实训设备可能存在差异性，所以在编写过程中尽量兼顾了通用性，但仍可能无法弥补这种差异，各院校使用中若存在不适用情况，可结合自身实际情况，下载资源自行编辑后再使用。

课程具体学时分配指导如下：

序号	项目	任务	授课类型	学时	备注
1	项目一 新能源汽车高压供电控制系统	任务一 新能源汽车高压系统基本组成认知	教、学、做	8	说课2学时
			实操	2	
2		任务二 高压线束检测	教、学、做	6	
			实操	2	

（续）

序号	项目	任务	授课类型	学时	备注
3	项目一 新能源汽车高压供电控制系统	任务三 高压互锁检测	教、学、做	6	
			实 操	2	
4		任务四 绝缘检测	教、学、做	6	
			实 操	2	
5		任务五 高压供电控制系统检测	教、学、做	6	
			实 操	4	
	项目学时小计	44学时（教学做32学时，实操12学时）			含放假
6	项目二 新能源汽车电驱系统	任务一 驱动电机检测	教、学、做	6	
			实 操	4	
7		任务二 变速器检测	教、学、做	6	
			实 操	4	
	项目学时小计	20学时（教学做12学时，实操8学时）			含放假
8	项目三 新能源汽车电驱控制系统	任务一 电机控制器检测与故障诊断	教、学、做	8	
			实 操	2	
9		任务二 电驱控制系统故障诊断	教、学、做	8	
			实 操	2	
	项目学时小计	20学时（教学做16学时，实操4学时）			含放假
10	项目四 新能源汽车电驱热管理系统与整车控制策略	任务一 电驱热管理系统检修	教、学、做	4	
			实 操	2	
11		任务二 整车控制策略	教、学、做	8	
			实 操	2	
	项目学时小计	16学时（教学做12学时，实操4学时）			机动2学时
	学 时 合 计	100学时（理论与实操各占约50%）			

本书由河北交通职业技术学院赵海宾、刘国新任主编，河北交通职业技术学院董彦晓、董盼盼任副主编，石家庄沥晨汽车服务有限公司总经理任利、河北豪英汽车服务有限公司技术总监梁登飞参编。项目一由赵海宾编写，项目二、三、四由刘国新编写；工单部分由董彦晓、董盼盼、任利、梁登飞共同编写。全书由河北交通职业技术学院刘振楼教授担任主审。

由于编者水平有限，书中内容可能存在不足乃至错误，恳请读者批评指正。

编　者

二维码清单

名称	二维码	名称	二维码
1.1 新能源汽车高压系统基本组成认知		2.1 新能源汽车驱动电机定子绕组检测	
1.2 新能源汽车高压线束检测		2.1 新能源汽车驱动电机旋变检测	
1.3 新能源汽车高压互锁回路检测		2.2 纯电动汽车减速器拆检	
1.4 新能源汽车动力蓄电池组绝缘检测		2.2 纯电动汽车减速器装配	
1.4 新能源汽车高压用电设备绝缘检测		3.1 新能源汽车驱动电机控制器 IGBT 检测	
1.5 新能源汽车高压上电低压控制电路故障检测		3.2 新能源汽车电驱控制系统故障诊断	
1.5 新能源汽车高压供电接触器控制回路检测		4.2 新能源汽车 CAN 网络故障诊断与检测	
2.1 新能源汽车驱动电机三相交流电波形检测		4.2 新能源汽车 CAN 网络链路检测	

目录 Contents

前言
二维码清单

项目一 新能源汽车高压供电控制系统 ·· 001
    任务一 新能源汽车高压系统基本组成认知 ·· 001
    任务二 高压线束检测 ··· 019
    任务三 高压互锁检测 ··· 035
    任务四 绝缘检测 ··· 042
    任务五 高压供电控制系统检测 ·· 054

项目二 新能源汽车电驱系统 ·· 073
    任务一 驱动电机检测 ··· 073
    任务二 变速器检测 ··· 085

项目三 新能源汽车电驱控制系统 ·· 106
    任务一 电机控制器检测与故障诊断 ·· 106
    任务二 电驱控制系统故障诊断 ·· 122

项目四 新能源汽车电驱热管理系统与整车控制策略 ·························· 135
    任务一 电驱热管理系统检修 ··· 135
    任务二 整车控制策略 ··· 144

参考文献 ·· 175

新能源汽车驱动电机及控制技术工单

项目一
新能源汽车高压供电控制系统

项目描述

本项目共 5 个学习任务：
任务一　新能源汽车高压系统基本组成认知
任务二　高压线束检测
任务三　高压互锁检测
任务四　绝缘检测
任务五　高压供电控制系统检测

通过 5 个任务的学习，可掌握新能源汽车高压系统的基本结构和功能，掌握高压线束的结构、工作原理与故障检修，掌握高压互锁和绝缘检测的相关知识与故障检修，掌握新能源汽车高压供电控制系统的结构、工作原理与故障检修。

任务一　新能源汽车高压系统基本组成认知

任务引入

新能源汽车区别于传统汽车最核心的技术是"三电"，即动力蓄电池、驱动电机和电控系统。新能源汽车上的大量高压组件，一方面用于驱动车辆，另一方面用于执行一些舒适性功能。这些高压组件的共同之处是均以高电压运行，因此进行维修时必须特别小心。在维修时，一定要熟悉高压组件的结构、工作原理及功能，只有满足以下前提条件的维修人员才允许对高压组件进行作业：具备资质、遵守安全规定、严格按照维修说明操作。

学习目标

知识目标
- 掌握新能源汽车高压系统的基本组成。
- 掌握新能源汽车各高压组件的布置位置及基本功能。
- 了解新能源汽车检修作业的操作规范。

技能目标

➢ 具有高压组件在实车上的布置位置、基本功能及操作规范的认知能力。

职业素养目标

➢ 严格执行新能源汽车检修操作规范，养成科学严谨的工作态度。
➢ 养成总结训练过程和结果的习惯，为下次训练积累经验。
➢ 培养虚心向他人学习，尊重他人劳动的意识。
➢ 培养团结协作的意识。
➢ 养成严格执行7S现场管理的习惯。

知识空间

目前，市场主流新能源汽车主要包括插电式混合动力（含增程式）汽车和纯电动汽车，它们的高压电气系统组成基本相同，仅有一些微小的差异，主要包括动力蓄电池、驱动电机、电机控制器（MCU）、DC/DC变换器、车载充电机（OBC）、PTC电加热器、电动压缩机、交直流充电接口、高压配电盒（PDU）及高压线束等部件（见图1-1-1和图1-1-2）。

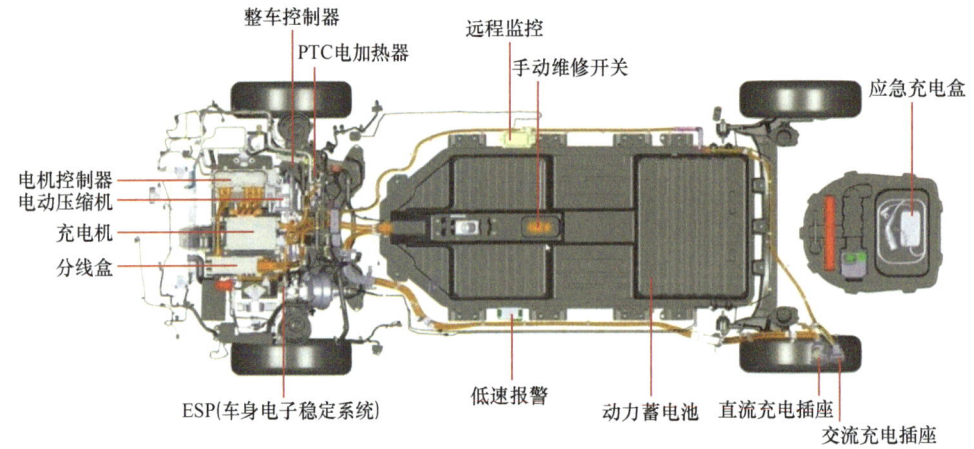

图1-1-1 纯电动汽车高压系统的基本组成

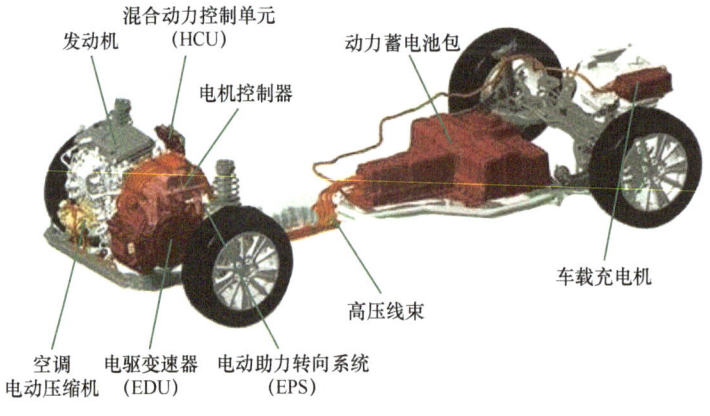

图1-1-2 插电式混合动力汽车高压系统的基本组成

新能源汽车高压系统通常采用几个部件一体化集成的设计方式，如比亚迪e5的电控

"三合一"、电驱"三合一"、电混"七合一"等，以优化结构、改善性能、节省空间、节约成本，不同品牌或不同车型集成的高压部件会有所不同。所有高压部件均与底盘搭铁进行电气隔离（但壳体等屏蔽装置须良好搭铁）且具有良好的绝缘措施，外壳都有高压警告标记或警告色，以免发生高压触电事故，在维修作业时必须按照安全规定进行操作。

一、高压警告标记

新能源汽车高压部件通常有两种警告标记方法，即符号警告标记和颜色警告标记，维修人员或车主均可通过标记接收高电压可能带来危险的警示。

1. 符号警告标记

高压组件的壳体上一般都采用符号警告标记，如图 1-1-3 所示。

2. 颜色警告标记

新能源汽车高压线束都采用颜色警告标记。这是由于导线可能有几米长，在一处或两处通过警告提示牌标记意义不大，维修人员可能会忽视这些标牌，因此会用橙色警告标记出所有高压线束。与高压线缆一体的高压插头、插座以及高压维修开关等一般也采用橙色设计，如图 1-1-4 所示。

图 1-1-3　高压危险警告符号

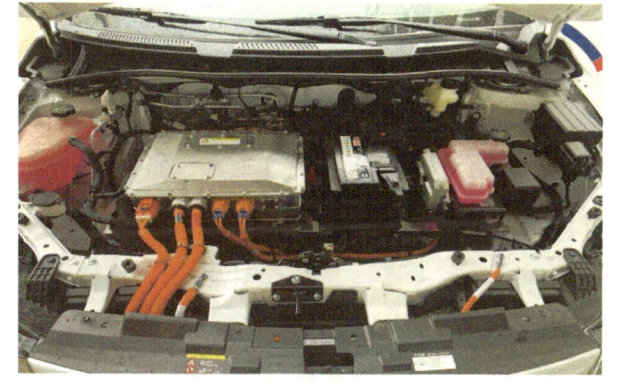

图 1-1-4　橙色高压线束

低压控制高压是新能源汽车高压系统的控制策略之一，高压部件可以看成是电控系统的执行器，控制器是该系统控制中心，如蓄电池管理器（BMS）、电机控制器、车载充电机、DC/DC 变换器、整车控制器［混动车型也称为混动控制器（HCU）］、车身控制器（BCM）等。新能源汽车的控制器分为高压控制器和低压控制器，蓄电池管理器、整车控制器、车身控制器等属于低压控制器；电机控制器、空调压缩机电机控制器、车载充电机、DC/DC 变换器等属于高压控制器。实际上，高压控制器的控制电路等部分属于低压部件，其工作电源一般为 12V，但由于 PCB 电路板等部件会与高压部件集成设计，并与高压线束连接，所以称为高压控制器，维修时要按要求进行必要的防护。

二、高压部件

1. 动力蓄电池

动力蓄电池的主要作用是为新能源汽车动力系统提供电能，因此，动力蓄电池必须储存有足够的电能，且总电势必须足够高，以产生足够大的电流（通常为 100A 或以上）来驱动整车或支持其他部件工作。

目前，大多数混合动力汽车和纯电动汽车使用锂离子蓄电池作为动力蓄电池，主要包括三元锂离子蓄电池和磷酸铁锂离子蓄电池，只有少部分混合动力汽车使用镍氢蓄电池。表 1-1-1 所示为新能源汽车动力蓄电池单体主要参数对比。三元锂离子蓄电池的优点是能量密度大、单体电压高，缺点是安全性相对较差；磷酸铁锂离子蓄电池的优点是安全性好，缺点是单体电压较低、能量密度较小；镍氢蓄电池的优点是使用寿命长，缺点是能量密度小、单体电压低。特斯拉电动汽车主要采用三元锂离子蓄电池作为动力蓄电池，比亚迪电动汽车主要采用磷酸铁锂离子蓄电池作为动力蓄电池，卡罗拉双擎混动 HEV 采用镍氢蓄电池作为动力蓄电池。目前，尽管磷酸铁锂离子蓄电池能量密度小，但由于其具有良好的安全性，众多国内汽车厂家相继回归使用磷酸铁锂离子蓄电池。目前，以宁德时代为代表的蓄电池供应商正在开发钠电池等新型动力蓄电池。

表 1-1-1　新能源汽车动力蓄电池单体主要参数对比

电池类型	项目		
	单体标称电压 /V	单体充电终止电压 /V	单体放电终止电压 /V
三元锂离子蓄电池	3.7	4.2	3.2
磷酸铁锂离子蓄电池	3.2	3.7	2.5
镍氢蓄电池	1.2	1.5	1.0

混合动力汽车的动力蓄电池通常安装在后排座椅下方或行李舱中，如图 1-1-5 所示；纯电动汽车的动力蓄电池安装在车底部，如图 1-1-6 所示。

图 1-1-5　混合动力汽车动力蓄电池的安装位置

图 1-1-6　纯电动汽车动力蓄电池的安装位置

动力蓄电池包也称为动力蓄电池 PACK，其密封防护等级为 IP67 及以上。目前，混动车型的动力蓄电池采用整体式设计，如图 1-1-7 所示；纯电动车型常采用分布式设计，即动力蓄电池包由多个模块组成，每个模块由多个蓄电池单体串并联组成，如图 1-1-8 所示。

早期的纯电动汽车动力蓄电池包一般由蓄电池模块、安全控制盒、蓄电池管理器（比亚迪称为 BMC）、蓄电池检测模块［比亚迪称为信息采集器（BIC）］、采样线束、冷却管板及壳体等组

图 1-1-7　整体式动力蓄电池包

成。安全控制盒主要包括正极接触器、负极接触器、预充接触器、霍尔电流传感器以及漏电保护器等部件。动力蓄电池包内部还设有分压接触器、熔断器和维修开关等保护部件。考虑到维

修方便和密封问题，近几年部分厂家已把安全控制盒、蓄电池管理器等部件多移至动力蓄电池包外，但蓄电池检测模块仍保留在动力蓄电池包内。一般每个模块配备一个蓄电池检测模块，模块内设有采样线束，采样线束采集蓄电池单体的电压，温度传感器采集蓄电池模块的温度，多个蓄电池检测模块通过 CAN 总线构成蓄电池子网，把所有数据传输至蓄电池管理器，这样蓄电池管理器就能够对动力蓄电池包内所有蓄电池单体进行监控，用于动力蓄电池系统的管理。蓄电池检测模块的主要功能是蓄电池单体电压采样、温度采样、蓄电池均衡、采样线异常检测等；蓄电池管理控制器主要是实现充/放电管理、接触器控制、功率控制、蓄电池异常状态报警和保护、SOC/SOH 计算、自检以及通信功能等，主要监测动力蓄电池电压数据、电流数据、温度数据、碰撞数据、漏电数据等，是蓄电池管理系统的控制中心，通过车载局域网与其他控制单元进行通信。混动车型蓄电池管理系统与纯电动汽车蓄电池管理系统的基本组成、控制策略及控制内容部分相同或相近。

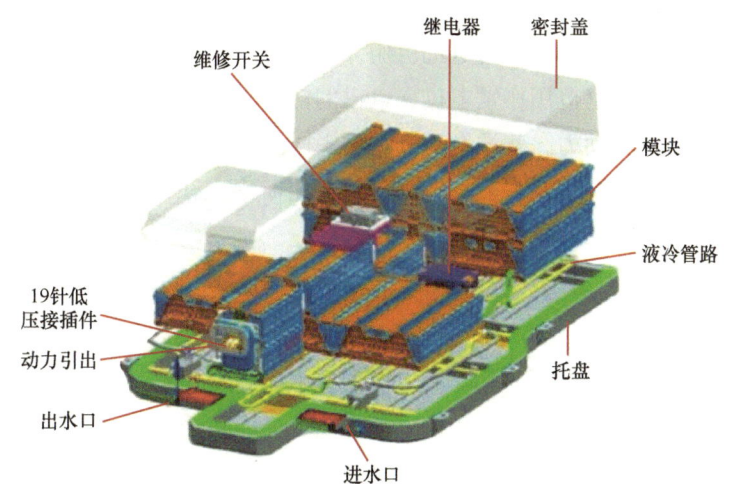

图 1-1-8 分布式动力蓄电池包

2020 年 3 月 29 日，比亚迪发布刀片电池，首先搭载于"汉"车型。该蓄电池采用磷酸铁锂技术和新的动力蓄电池包设计思路，通过结构创新，将单体以阵列的方式直接装到动力蓄电池包壳体中，省去了将单体装成模块的步骤，从而提升了动力蓄电池包内部的空间利用率，相较传统动力蓄电池包，体积利用率提升了 50% 以上。其具有高安全、长使用寿命、长续驶里程的优势。

目前，大部分纯电动汽车和混动车型动力蓄电池的热管理系统采用液体冷却与加热方式，在动力蓄电池包内部设计有冷却液管板与动力蓄电池接触，利用引入空调冷源和 PTC 热源对动力蓄电池进行冷却和加热，保持动力蓄电池包在最优温度区间工作，更高效地满足客户在不同环境工况下的使用需求，只有少数混动车型仍采用风冷模式，如卡罗拉双擎混动等，国产混动车型多采用液冷方式。

2. 驱动电机

电机也称作 MG。无论是传统汽车还是新能源汽车，电机作为一种特殊的执行器在汽车上得到普遍使用，一辆汽车上会使用多台、各种电机。电机是一种能够将电能转换成机械能或将机械能转换成电能的装置，它具有能进行相对运动的部件，是一种依靠电磁感应或磁场作用而运行的电气装置，主要包括发电机和电动机。这里讲述的电机主要针对用于驱动车辆行驶的电机，通常被称作驱动电机，是电驱的组成部分。

新能源汽车的驱动电机有以下两个主要特点：

（1）高压三相交流　三相交流电机结构简单、成本低、故障率低，机械效率高、功率特性好，宜采用高电压、大电流驱动。目前，大多数新能源汽车品牌的驱动电机主要采用三相交流永磁同步电机，少数车型采用三相交流异步感应电机，如特斯拉 Model 3。直流电机常用于低速电动车，开关磁阻电机尚未被广泛采用，这两种电机均不属于三相交流电机。

（2）发电型电动机　驱动电机主要用于驱动汽车行驶，还具有能量回收功能，在车辆减速和制动时给动力蓄电池充电（也称作再生制动），以节省能源。因此，称这类电机为发电型电动机，既可以作为电动机用，又可以作为发电机用，既能驱动，又能发电。在进行能量回收时，驱动电机用作发电机，电机的传动轴与汽车驱动系统相连，还能在制动和减速时为车辆提供辅助制动力，就像发动机制动一样。

新能源汽车一般把电动机与变速器集成在一起，进行整体设计，构成电机驱动系统，称为电驱或动力总成，如图 1-1-9 所示。

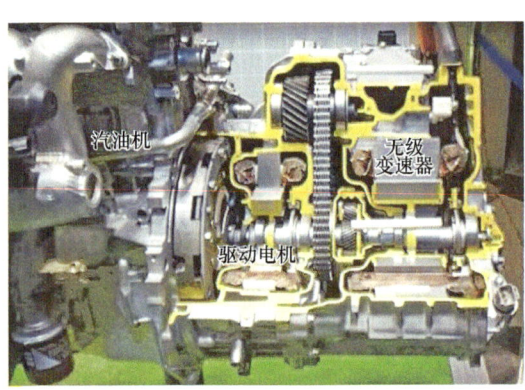

图 1-1-9　纯电动汽车和混合动力汽车电驱总成
a）比亚迪 e5　b）卡罗拉双擎混动

有关三相交流电机的结构、工作原理及检修将在后面的项目中详细介绍。

3. 电机控制器

电机控制器（MCU）的作用是将动力蓄电池的高压直流电转换成三相交流电提供给驱动电机，用于驱动车辆，并通过改变三相交流电的频率控制驱动电机的转速来控制车速，在能量回收时将电机产生的三相交流电转换成高压直流电，为动力蓄电池充电，是电驱系统的控制中心。其主要由控制板、驱动板和 IGBT 模块三部分组成。

由于电机控制器能够通过改变三相交流电的频率对电机进行调速来控制车速，人们通常把电机控制器称为"变频器"；又因为电机控制器能够把直流电逆变成交流电，所以也被称作"逆变器"。实际上，逆变和变频都是电机控制器的主要功能，控制器的"大脑"是控制板，驱动板则用于驱动 IGBT 等开关部件，受控制板的控制。通常，由于控制板、驱动板和IGBT 模块为一体化设计，3 种名称指的都是同一总成。目前"逆变器"是汽车领域最常用的术语。

常见品牌制造商对电机控制器的称呼使用术语如下：

1）福特：变速器控制模块（Transmission Control Module）。
2）通用：驱动电机功率变频器模块（Drive Motor Power Inverter Module）。
3）现代：电机控制单元（Motor Control Unit）。
4）雷克萨斯：带变换器的逆变器总成（Inverter with Converter）。
5）梅赛德斯-奔驰：电力电子模块（Power Electronics Module）。
6）丰田：带变换器的逆变器总成或功率控制单元（Inverter with Converter or Power Control Unit）。

电机控制器能够通过车载局域网与其他控制单元进行通信。

有些电机控制器被与其他的小型高压部件组装在一起，作为集成式逆变器总成。例如，丰田卡罗拉双擎混动使用的逆变器总成就包含了两个主要高压部件的组件，即带升压变换器的逆变器和 DC/DC 变换器，本身还兼有配电盒的作用，其结构如图 1-1-10 所示。丰田称这个组件为带变换器的逆变器总成，这两个部件集成在一起，共享一个贯穿组件的冷却系统。卡罗拉双擎混动还将汽车电动空调压缩机的逆变器集成在电机控制器总成内。

图 1-1-10　丰田卡罗拉双擎混动电机控制器

为了便于数据交换和管理，某些车型的电机控制器与车载充电机、高压配电盒等一起组成充配电总成。图 1-1-11 所示为比亚迪 e5 的充配电总成，又称为电控"四合一"，集成了双向交流逆变式电机控制器模块（VTOG）、车载充电机模块、DC/DC 变换器模块和高压配电模块，其内部还装有漏电传感器和霍尔电流传感器等。

图 1-1-11　比亚迪 e5 的充配电总成

比亚迪 e5 的充配电总成的功能如下：

1）控制高压交/直流电双向逆变，驱动电机运转，实现充、放电功能（VTOG、车载充电机）。

2）实现高压直流电变换低压直流电为整车低压电气系统供电（DC/DC 变换器）。

3）实现整车高压回路配电功能以及高压漏电检测功能（高压配电箱和漏电传感器模块）。

4）CAN 通信、故障处理记录、在线 CAN 烧写以及自检等功能。

许多汽车制造商的维修手册中有电机控制器和其他高压部件的系统说明（System Descriptions）

和/或系统框图（System Block Diagrams）。在维修时，这些资料能为技术人员提供系统或部件的相关信息。

4. DC/DC 变换器

目前，所有纯电动汽车和几乎所有的混合动力汽车均不再使用传统的 12V 交流发电机，但是车辆上仍然在使用 12V 电路和电气设备，包括辅助蓄电池。辅助蓄电池通常为低压电气设备供电，不再像传统燃油车一样用于起动车辆的发动机。

DC/DC 变换器的主要功能是将高压直流电变换成低压直流电。车辆起动后，DC/DC 变换器将动力蓄电池供给的高压直流电变换成 12V 的低压直流电，给各低压用电设备使用，同时给辅助蓄电池补充充电，其作用相当于传统燃油车的发电机。

DC/DC 变换器没有运动部件，只要冷却充分，可安置在不同位置。图 1-1-12 所示为比亚迪 e6 DC/DC 变换器的安装位置。DC/DC 变换器可使用水冷式冷却方式或风冷式冷却方式。常见的 DC/DC 变换器嵌入位置包括汽车的前机舱、行李舱，或为独立部件，或集成到其他高压部件总成中。比亚迪 e5 车型的 DC/DC 变换器集成在充配电总成内部，普锐斯 DC/DC 变换器集成在逆变器总成内部。

图 1-1-12　比亚迪 e6 DC/DC 变换器的安装位置

5. 车载充电机

车载充电机（OBC）是一种将交流电转换为直流电的车载整流装置，能够将外部电网的电能转化为直流电为动力蓄电池充电。车载充电机安装位置为前机舱内（见图 1-1-13）或行李舱内（见图 1-1-14），可以单独设置，也可以与其他高压部件集成。通过高压电缆与交流充电接口连接，因此也可以称为交流充电机。车载充电机的优点是在动力蓄电池需要充电的时候，只要有可用的 220V/380V 交流插座，就可以进行充电，其缺点是受车上空间所限，因而功率处理能力有限，只能提供小电流慢速充电，充电时间一般较长，所以与其配套连接的充电接口称为慢充接口。快充是不需要车载充电机的，由快充桩直接给动力蓄电池进行直流充电。

车载充电机的基本构成包括功率单元、控制单元、电气接口和通信接口等。其中，电气接口包括充电机供电电缆及插接器件、充电电缆及插接器件等。充电时，车辆与外部充电设备要正确连接，便于在正常情况下使电能安全地从充电设备传输给电动车辆。

车载充电机要求具有以下基本功能：

1）充电机应能对以下蓄电池中的一种或多种充电：三元锂离子蓄电池、磷酸铁锂离子蓄电池、镍氢蓄电池等。

2）在充电过程中，充电机依据蓄电池管理系统提供的数据动态调整充电参数，执行相应动作，完成充电过程。

图 1-1-13　北汽新能源 E200EV 车载充电机

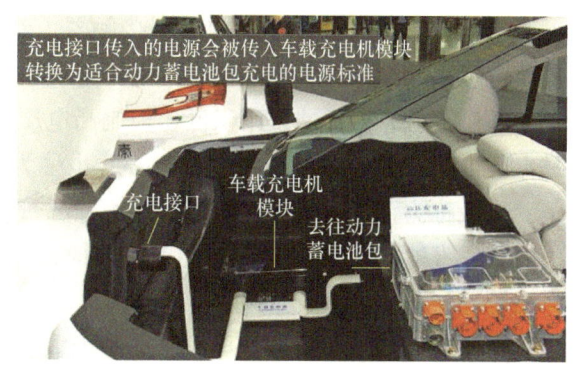
图 1-1-14　比亚迪秦 DM-i 车载充电机

3）充电机应具有与蓄电池管理系统和其他系统通信的功能。通信的目的包括：判断动力蓄电池类型，判断充电机是否与车辆动力蓄电池系统正确连接，获得车辆动力蓄电池系统参数、充电前和充电过程中动力蓄电池的状态参数。

6. 充电接口

充电接口也称为充电座。对于带有充电系统的新能源汽车，它的充电系统需要配有充电接口，以连接动力蓄电池与外部电源进行充电，包括直流充电接口和交流充电接口两种。直流充电接口也称为快充接口，交流充电接口也称为慢充接口。一般纯电动汽车快、慢充电接口均设置，混动车型（HEV）不设置充电接口，插电式混动车型（PHEV）一般只配有慢充接口，但已有不少品牌 PHEV 车型开始加装快充接口。

与慢充接口相比，直流充电接口在外部充电设备和车辆上都配有专用的快充电路和充电插接器用于充电控制，直接给车辆动力蓄电池进行直流充电，而不经过车载充电机控制。图 1-1-15 所示为比亚迪 e5 交流充电和直流充电的充电接口。

慢充接口低压信号端子向车载充电机报告充电枪与车辆连接是否成功，并向车辆报告充电机提供的最大电流以及汽车动力蓄电池可接收的最大电流；快充接口的低压信号端子同样能够判断车辆与充电设备的连接确认，同时，还能够进行充电电流控制、漏电保护、通信等功能，其结构、工作原理更加复杂。

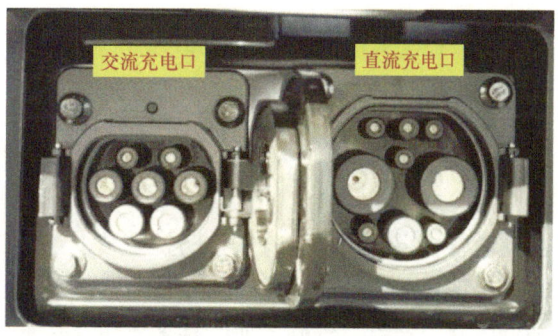

图 1-1-15　比亚迪 e5 充电接口

7. 高压配电盒

高压配电盒（PDU）也称作高压接线盒，用于连接动力蓄电池，为驱动电机、空调压缩机、PTC 电加热器等高压用电设备供电，以及与充电设备进行电气连接，并对高压系统上、下电和安全防护进行控制。盒内设有接触器（也称作高压继电器）、电流传感器、漏电传感器、功率电阻以及连接排线等部件，是高压电气系统的"枢纽中心"。接触器和连接排线属于配电盒的基础部件。接触器是用于低压控制高电压、大电流的电磁开关，能够实现高压电气隔离，是电力电子控制设备的常用部件。排线也称为汇流排，其材质多为铜质，为矩形截面的扁铜条，也被称为铜排，表面有电镀层或绝缘绑带，用于总成内部高压零部件连接，传输高电压、大电流，常被预先加工成一定形状，因其有载流能力强、不易变形、韧性好等特点，常作为电力系统高压配电设施（如配电柜）总成内部主回路的"连接导线"。新能源汽车高压总成内部主回路常用铜排作为主回路导线。高压配电盒还可与其他总成进行集成设计，如比亚迪 e5 充配电总成"三合一""四合一"等。

8. 高压线束

高压线束是新能源汽车高压总成之间的连接线，用于传输高压电流和电压，是高压主回路的重要组成部分。连接动力蓄电池包与高压配电盒的高压线束也称为高压母线。高压线束总成结构上包括高压线缆和高压插接器两部分。高压线缆多采用圆形截面的铜质单芯塑料绝缘导线，部分高压线缆还设有屏蔽层，外部套有塑料波纹管作为保护层。为避免引起高压触电，高压线缆、高压插接器及波纹管的外观通常用"橙色"作为警告标记，主要包括动力蓄电池包线束、充电线束、驱动电机线束、空调线束以及 PTC 线束等。不同车型、不同回路高压线束有所不同，但高压线缆和高压插接器的外观都用"橙色"为警告标记。

9. 电动压缩机与 PTC 电加热器

目前，新能源汽车空调系统电动压缩机多采用涡旋式，具有结构紧凑、配合精密、体积小、效率高、故障率低、控制简单等特点。压缩机由三相交流电机驱动，通过电机控制器将高压直流电转换为高压三相交流电为电机供电，电机控制器与电机、压缩机常采用一体化设计，构成电动压缩机"三合一"总成，电机控制器与驱动电机控制器的结构、工作原理相近。

PTC 电加热器为高压直流用电设备，不需要转换成三相交流电，通过控制器控制加热功率，供空调采暖和动力蓄电池包加热用。其分为空气加热型和水加热型两种。

任务实施

一、比亚迪e5高压组件认知

1. 任务准备

安全防护：做好安全防护与场地隔离（车内外三件套、车轮挡块、警示标志及隔离带等）。

工具设备：举升机、人身安全防护套装、绝缘工具套装、常规工具套装。

车辆台架：比亚迪 e5 分控联动系统、比亚迪 e5 教学版整车。

辅助资料：教材、维修手册、任务工单、记号笔。

2. 操作步骤

注意：在操作前，应先做好场地安全防护、车辆安全防护、人身安全防护等各种防护措施，并执行高压下电程序，等待 5min 后再进行动手操作。

项目一 新能源汽车高压供电控制系统

序号	认知项目	认知操作	认知标准及要求
1	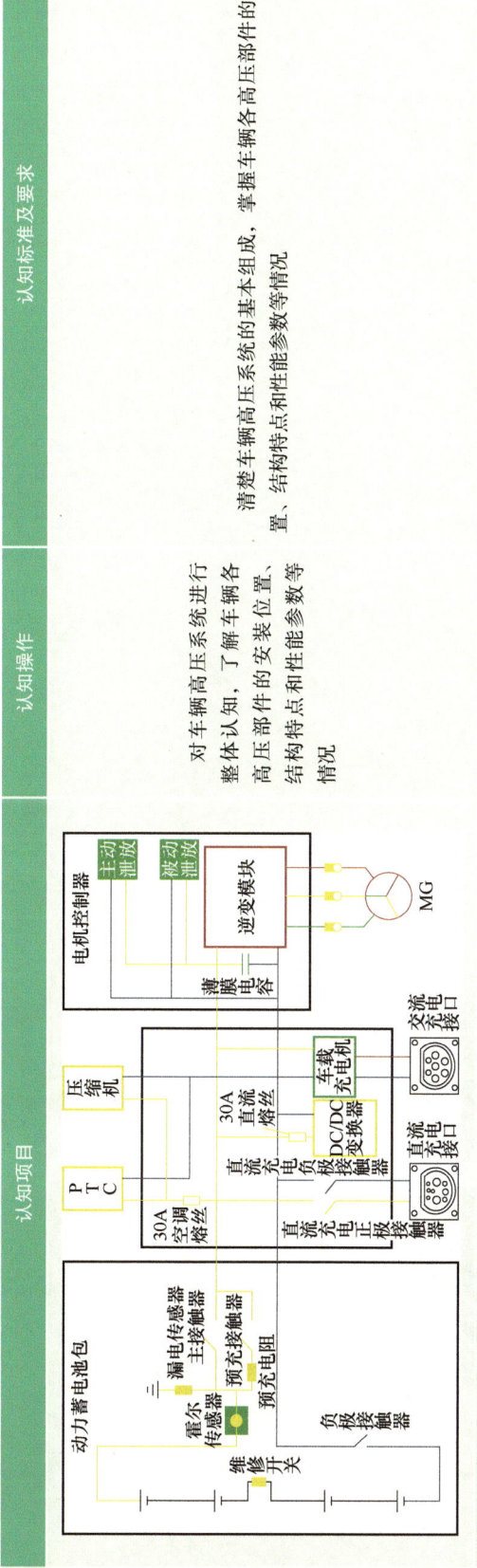	对车辆高压系统进行整体认知，了解车辆各高压部件的安装位置、结构特点和性能参数等情况	清楚车辆高压系统的基本组成，掌握车辆各高压部件的安装位置、结构特点和性能参数等情况
2	磷酸铁锂离子蓄电池 | 参数 | 动力蓄电池包容量 | 75A·h 额定电压 | 633.6V（以实车为准） 储存温度 | −40~40℃，短期储存（3个月） | 20%≤SOC≤40% | −20~35℃，长期储存（<1年） | 30%≤SOC≤40% 质量 | ≤490kg	仔细观察动力蓄电池包壳体外观（密封盖上粘贴有蓄电池参数标签和蓄电池编号），高、低压线束接口，高压维修开关，冷却液进、出口	
3	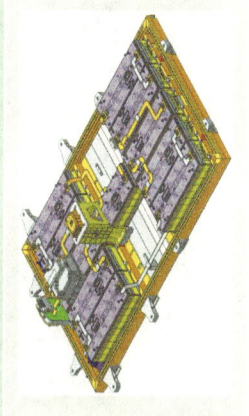	去掉动力蓄电池包壳体，观察动力蓄电池包内部基本组成	动力蓄电池采用三元锂离子蓄电池，系统由11个动力蓄电池模块、11个蓄电池信息采集器、动力蓄电池串联线、动力蓄电池托盘、动力蓄电池密封罩、动力蓄电池采样线等组成。11个动力蓄电池模块中各有10、8个数量不等的蓄电单体，总共108节串联而成，额定总电压为394.2V，容量为130A·h

(续)

序号	认知项目	认知操作	认知标准及要求
4		观察蓄电池管理器（BMC）和信息采集器，了解蓄电池管理器和信息采集器的作用	蓄电池管理器主要实现充/放电管理、接触器控制、功率控制、动力蓄电池异常状态报警和保护、SOC/SOH计算、自检以及通信功能等；信息采集器的主要作用是蓄电池电压采样、温度采样、电池均衡、采样线异常检测等
5		观察安全控制盒的内部结构，认识各部件	清楚安全控制盒内主要零部件：连接铜排、霍尔电流传感器、主接触器、预充接触器、预充电阻、负极接触器、漏电传感器。漏电传感器主要监测与动力蓄电池输出相连接的负极母线与车身底盘之间的绝缘电阻值 100Ω/V<R≤500Ω/V；负极～车身绝缘电阻；负极～车身底盘一般漏电
6	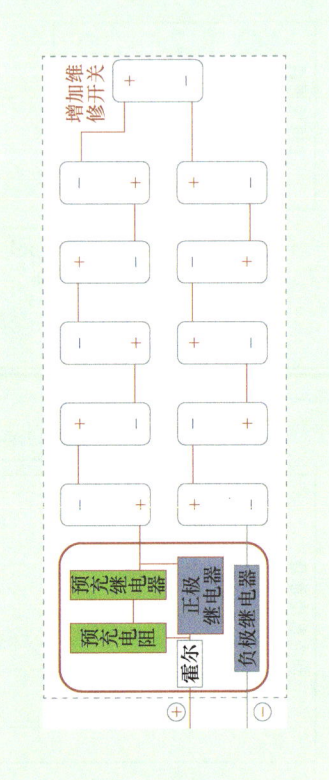	观察模块的分布及连接	清楚模组的编号（与总−连接为1号模块，与总+连接为11号模块之间）及维修开关的位置（位于6、7号模块之间）

（续）

序号	认知项目	认知操作	认知标准及要求		
			序号	定义	对接说明
7	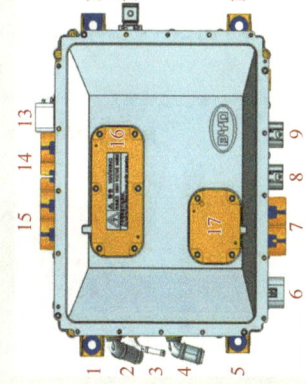	观察充配电总成外围各部件连接情况	1	辅助定位（φ13）	安装在前机舱大支架上
			2	出水口	连接冷却水管
			3	排气口	连接排气管
			4	进水口	连接冷却水管
			5	主定位（φ11）	安装在前机舱大支架上
			6	交流充电输入	连接交流充电口
			7	直流充电输入	连接直流充电口
			8	空调压缩机配电	连接空调压缩机
			9	PTC水加热器配电	连接PTC
			10	辅助定位（φ13）	安装在前机舱大支架上
			11	低压正极输出	连接蓄电池
			12	辅助定位（φ13）	安装在前机舱大支架上
			13	低压信号	连接低压线束
			14	高压直流输入/输出	连接动力蓄电池包
			15	电机控制器配电	连接电机控制器
			16	电控甩线和直流母线线鼻子固定维修盖	线鼻子固定点维修盖板
			17	直流充电线缆线鼻子固定维修盖	线鼻子固定点维修盖板

（续）

序号	认知项目	认知操作	认知标准及要求
8	内部结构：电控+电池—蓄电池+、直流充电负极接触器、车载直流熔丝、直流充电正极接触器、压缩机PTC熔丝、烧结检测模块、直流充电负极熔丝、车载交流输入熔丝	观察充配电总成内部各部件连接情况，认识各部件	正确认知充配电总成内部的各部件：车载充电机、DC/DC 变换器、直流充电接触器（两个）、粘连检测模块等
9	电机、变速器、电机控制器	了解电驱"三合一"的基本结构及性能参数	前电动总成（三合一） B 状态 电机（类型） BYD-1814TZ-XS-B（永磁同步） 电机控制器 VCM1420B50-A 额定工作电压/V 394.2 工作电压范围/V 220~510 理论峰值功率/持续时间 kW/s 100/30 峰值转矩/持续时间/(N·m/s) 180/30 持续功率/转矩/(N·m) 35/70 最大转速/(r/min) 12100 变速器（速比） BYDNT18-1 (10.7)
10	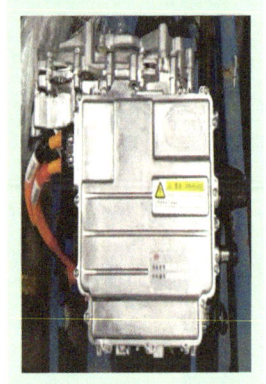	连接电机控制器、高低压连接线束及插接器、冷却液管路	电机控制器主要功能：集转矩请求信号、旋转变压器信号等控制电机正向、反向驱动，正、反转发电功能；具有高压输出电压和电流发电限制功能，具有电压跌落、过电流、IPM过温、IGBT过温保护、功率限制、转矩控制限制等功能。同时，具备能量回馈控制、主动泄放、被动泄放控制功能

项目一 新能源汽车高压供电控制系统

| 姓名 | | 班级 | | 日期 | |

(续)

序号	认知项目	认知操作	认知标准及要求
11	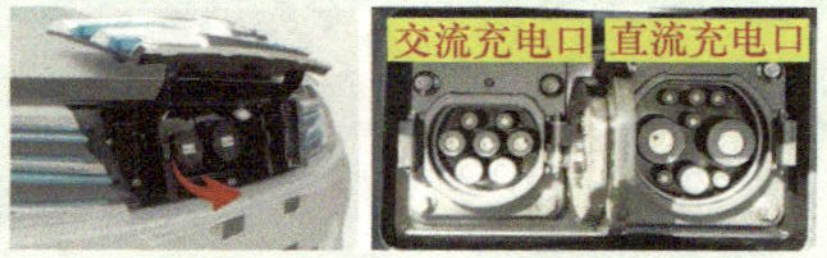 交流充电口 直流充电口	打开充电接口盖，观察快、慢充电接口端子，拔插充电枪，观察充电枪的锁止机构	掌握充电接口、高压线束与充配电总成的连接方法，正确拔插充电枪与应急解锁
12		观察电动压缩机的基本结构，管路连接、高低压线束连接情况	掌握电动压缩机的基本组成，掌握管路的连接方法，掌握高、低压线束的连接方法
13		观察 PTC 电加热器的基本结构，管路连接、高低压线束连接情况	掌握 PTC 电加热器的基本组成，掌握管路的连接方法，掌握高、低压线束的连接方法

3. 竣工检验

1) 将拆卸的各部件完整复位。
2) 整理、恢复作业场地。

二、丰田卡罗拉双擎混动高压组件认知

1. 任务准备

安全防护：做好安全防护与场地隔离（车内外三件套、车轮挡块、警示标志及隔离带等）。

工具设备：举升机、人身安全防护套装、绝缘工具套装、常规工具套装。
车辆台架：丰田卡罗拉双擎混动整车、高压蓄电池包台架。
辅助资料：教材、维修手册、任务工单、记号笔。

2. **操作步骤**

注意：在操作前，应先做好场地安全防护、车辆安全防护、人身安全防护等各种防护措施，并执行高压下电程序，等待10min后再进行动手操作。

序号	认知项目	认知操作	认知标准及要求
1	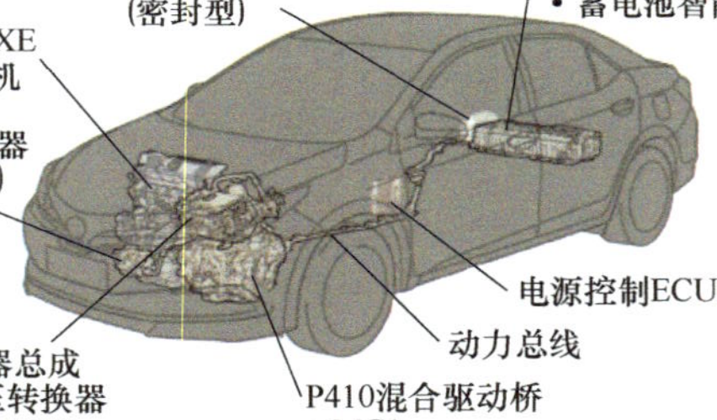 高压蓄电池单元 • 电池模组(DC 201.6V) • 接线盒 • 蓄电池智能单元 电源控制ECU(HV CPU) 动力总线 P410混合驱动桥 • MG1 • MG2 辅助蓄电池直流转换器 MG ECU 升压转换器 逆变器总成 空调压缩机逆变器（带空调逆变器） 8ZR-FXE发动机 辅助蓄电池（密封型）	了解车辆高压系统各部件的分布	掌握各高压部件分布位置及名称：动力蓄电池模块、配电盒、蓄电池管理模块、电压控制高压CPU、高压线束、混合驱动桥、逆变器总成、空调压缩机总成
2	 高压配电盒总成 维修开关 高压蓄电池鼓风机 高压蓄电池包（无副型） SMR主继电器 高压蓄电池ECU	打开行李舱盖、行李舱装饰盖板、放倒后排成员座椅，观察动力蓄电池包总成	认识SMR主继电器、高压蓄电池ECU、高压蓄电池鼓风机、维修开关、高压配电盒总成

项目一 新能源汽车高压供电控制系统

（续）

序号	认知项目	认知操作	认知标准及要求
3	高压蓄电池温度传感器（蓄电池组用）、蓄电池管理单元、高压蓄电池鼓风机（无刷型）、高压蓄电池（电池组）、高压接线盒总成、维修塞连接器	观察动力蓄电池包台架高压蓄电池包内部结构（温度传感器、蓄电池管理器等），打开高压配电盒盖和维修塞捕接器盖，观察内部结构	了解镍氢蓄电池单体的排布方式，认识温度传感器、蓄电池管理器、高压配电盒、高压蓄电池鼓风机等部件
4		打开高压配电盒盖，观察高压配电盒内部结构和基本组成	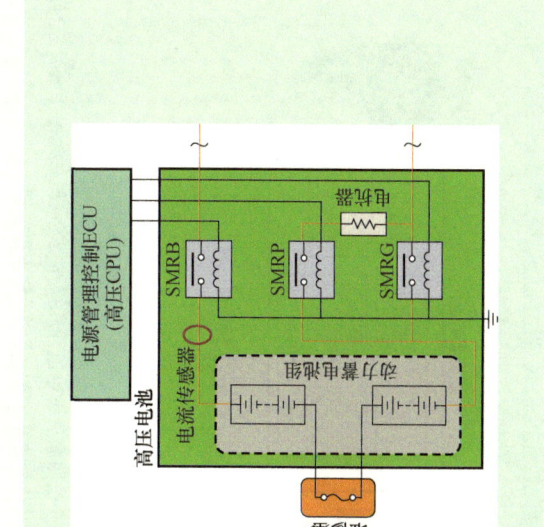

新能源汽车驱动电机及控制技术

序号	认知项目	认知操作	认知标准及要求
5	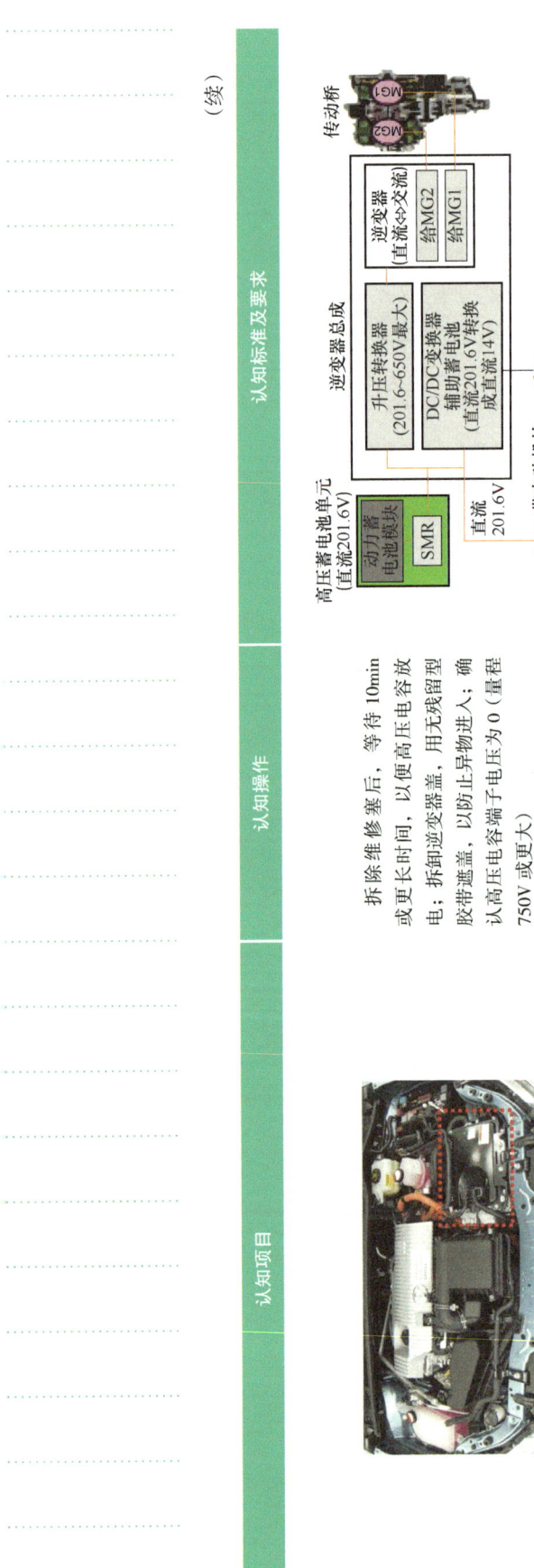	拆除维修塞后,等待10min或更长时间,以便高压电容器放电;拆卸逆变器盖,用无残留型胶带遮盖,以防止异物进入;确认高压电容器端子电压为0(量程750V或更大)	(续) 高压蓄电池单元（直流201.6V）— 动力蓄电池模块 SMR — 直流201.6V — 带电动机的空调压缩机 逆变器总成：升压转换器(201.6~650V最大)、DC/DC变换器(直流201.6V转换成直流14V)、辅助蓄电池、逆变器(直流⇔交流 给MG2 给MG1)、传动桥
6		拆除维修塞盖,观察维修塞的锁止方式,解锁并拔插	要正确解锁并按照高压下电流程和操作规范（佩戴绝缘手套）进行拔插,按下后由专人妥善保管,不经允许不得复插
7	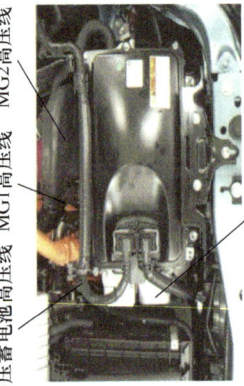高压蓄电池高压线 MG1高压线 MG2高压线 空调压缩机高压线	观察逆变器总成连接高压线束。正确认知高压线束、MG1高压线束、MG2高压线束以及空调压缩机高压线束	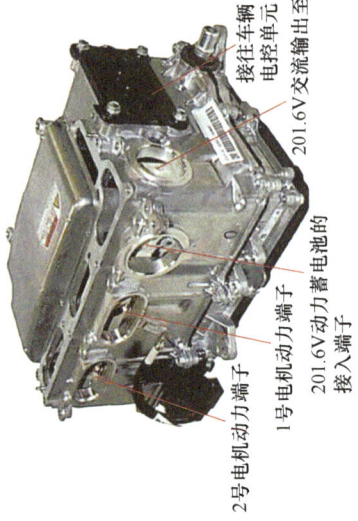接往车辆电控单元 201.6V交流输出至空调 1号电机动力端子 201.6V动力蓄电池的接入端子 2号电机动力端子

3. 竣工检验

1）将拆卸的各部件完整复位。

2）整理、恢复作业场地。

工作任务单

1.1.1 比亚迪 e5 高压组件认知（附后）

1.1.2 丰田卡罗拉双擎混合动力汽车高压组件认知（附后）

任务实施配分评分表

1.1.1 比亚迪 e5 高压组件认知——任务实施配分评分表（附后）

1.1.2 丰田卡罗拉双擎混合动力汽车高压组件认知——任务实施配分评分表（附后）

学习任务单

1.1 新能源汽车高压系统基本组成认知（附后）

任务二 高压线束检测

任务引入

新能源汽车线束包括低压线束和高压线束。低压线束的主要作用之一是对高压系统进行控制并确保高压系统正常运行；高压线束的作用是将各高压总成连接成一个完整的高压系统，构成传输高压电压和电流的主回路，并用于完成驱动车辆及执行一些舒适功能，也属于高压组件的一部分。因高压线束是高电压运行，因此检修时必须特别小心，一定要熟悉高压线束的结构与工作原理，并且严格遵守安全规定，按照维修说明操作。

学习目标

知识目标

- 掌握高压线束的结构和功能。
- 掌握高压线束的重要说明。

技能目标

- 具有识别高压线束在实车布置位置的能力。
- 具有高压线束检测与更换的能力。

职业素养目标

- 严格执行新能源汽车检修规范，养成严谨科学的工作态度。
- 养成总结训练过程和结果的习惯，为下次训练积累经验。

> 培养虚心向他人学习，尊重他人劳动的意识。
> 培养团结协作的意识。
> 养成严格执行 7S 现场管理的习惯。

知识空间

新能源汽车高压主回路由高压电源、高压负载、控制保护装置及高压线束四部分组成。高压线束是车辆高压系统各高压总成部件之间的连接部件。高压总成内部连接电路一般采用排线（或称为连接片或汇流排，因多采用铜材质，也称为铜排，动力蓄电池包内部也采用镍材质，也称作镍板）连接，高压总成外部连接电路则采用高压线束连接。高压线束在新能源汽车高压系统中都有广泛应用，新能源汽车整车故障报修中，高压线束故障有很高占比，是较为薄弱的一个环节。高压线束由高压线缆和高压插接器两部分构成，也是一个完整不可分割的总成组件。

一、高压线束概述

1. 高压线束的特点与应用

高压线束由一根或多根绝缘良好的高压线缆及插接器构成，用于混合动力汽车或纯电动汽车的高压部件之间的连接，包括直流线束和交流线束，如图 1-2-1 所示。导线部分称为高压线缆或高压电缆（平时称呼包含了插接器）。高压线束在新能源汽车中属于高安全部件，所以高压线束的设计及布置至关重要，主要涉及线束走向、线径、高压插接器、充电接口的类型和应用、屏蔽、高压线束固定、高压线槽以及高压互锁等。

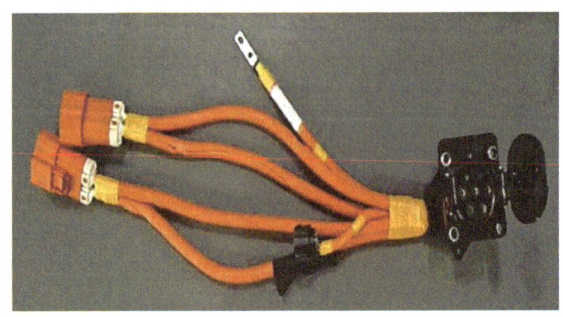

图 1-2-1　高压线束

高压线束的主要功能是安全传输高压电压和电流，对于高压电的安全准则必须遵守。高压线束应在机械和电气安全的情况下，以专业的施工方法将线束和所接部件（如动力蓄电池、高压配电盒、变频器、驱动电机、空调压缩机等）匹配。线束插拔或连接部分应预留出适当的长度，便于车辆装配，并且便于对部件进行定期维修。

在很多混合动力汽车中，直流线束从汽车尾部（与动力蓄电池连接）一直延伸到车辆发动机舱盖下方的变频器上。大部分高压线束都位于汽车底盘下（夹在动力蓄电池和底盘之间），因此它能受到很好的保护，避免碰撞到路面引起损坏。纯电动汽车和一些插电式混合动力车型安装的动力蓄电池要大得多，往往要延长到车辆前部的位置，所以其高压线束通常会比混合动力汽车中的短一些。

尽管位于车辆底盘下的高压线束能够避免碰到道路上垃圾碎物而损坏，但它们并不属于承重结构。在将混合动力汽车或纯电动汽车置于升降机上之前，技术人员应参考汽车厂家的维修手册确定车辆的规定支撑点，并在举升车辆之前检查车辆和支撑位置，从而确保起重臂没有接触到高压组件。关于汽车厂家规定的支撑点的信息在有些车主手册上也可以查阅到。

动力蓄电池和变频器之间连接的直流线束还向汽车的DC/DC变换器供电，从而实现对12V辅助系统的供电，并在车辆通电（READY或OK）时对汽车的辅助蓄电池进行充电。尽管DC/DC变换器的输出电压属于低压电，但DC/DC变换器实为一个高压元件，因为它的输入端接入的是高压电。

2. 高压线束走向布置及划分类型

高压线束布置应注意以下事项：

1）布线方案应有助于避免不正确的安装和错误的线束路线。

2）走线应避免形成大的电磁环。

3）高低压平行走线间隔须足够，如果实际情况确实无法达到此要求，高、低压需相互垂直走线。

4）车辆在发生碰撞的情况下，须确保线束不会受到挤压，以防线束破裂造成短路。

布置高压线束时，应尽可能地对线束进行保护，使线束与车体之间的相对运动最小化。宜采用具备绝缘性能好的结构部件，如电缆夹、电缆槽等，使线束刚好放入光滑的电缆夹或电缆槽中。对用于布线、包装和定位线束的所有线束固定保护件（如卡箍、螺栓等）进行充分的保护，宜涂抹凡士林，防止腐蚀。所有插接器位置宜预留便于操作的空间，以便连接和断开。插接器与部件之间的连接应适当消除机械应力。

应避免电缆出现过小的弯曲半径。一般情况下，最小弯曲半径等于电缆外径的5倍。应避免插头中存在弯曲导线，否则，插头后部密封件中可能形成漏电通路。

对于车辆底部、轮舱溅水区，应特别注意水和道路磨料会损坏线束。溅水区中的插接器应进行装袋防护。注意保护所有高压线束，以防振动和磨损。因车辆经常振动，应除去线束所接触的金属部件边缘的毛刺，对于凸缘、滚制处，使用合适的胶圈进行保护，且胶圈须固定牢靠。用于固定线束的电缆夹应稳固地连接至设备或框架结构以及线束上。线束应远离热源，如不能满足要求，要保护所有线束，以抵抗辐射热源，宜采用阻燃隔热棉对线束进行包扎，或在线束附近增加隔热板处理。

同时，由于高压已经超出人体安全电压，不能像低压系统一样与车身进行搭铁，高压电回路必须严格执行双轨制，即不能利用车身搭铁作为回路，必须使用专用回路，简单来说就是高压线缆不允许与车身相连接，否则容易引起触电事故。根据高压线束的特性，一般以高压电器为中心对高压线束进行划分，可分为电机高压线束、动力蓄电池高压线束、充电高压线束、暖风与空调高压线束等。电机高压线束一般是连接控制器和电机的高压线，动力蓄电池高压线束一般是连接配电盒和动力蓄电池的高压线，充电高压线束一般是连接充电机和充电座的高压线，暖风与空调高压线束一般是连接空调、PTC和高压配电盒的高压线束。

二、高压线缆

1. 高压线缆的特性

考虑到电磁干扰的因素，整个高压系统均全部包覆屏蔽层。目前，国内车型多采用屏蔽型单芯高压线缆，部分日系车将屏蔽网包覆在高压线缆外侧，接插件处经适当处理，从而进行屏蔽连接。电机、控制器及动力蓄电池等高压线缆的屏蔽层，须通过插接器连接到动力蓄电池、电机控制器等总成的壳体，再与车身进行搭铁连接。高压线缆是用来传输电能的，不是用来传导数据的，所以屏蔽的目的是减少或避免高压线的辐射。

高压线缆耐压与耐温等级的性能远高于低压导线，其中，耐压性能：乘用车耐高压额定电压为600V、商用车电压可高达1000V；耐电流性能：根据高压系统部件的电流量，可达250~400A；耐温性能：耐高温等级分为125℃、150℃和200℃等，常规选择150℃导线；低温常规等级为-40℃。

高压部件带有高压互锁人性化安全设计，贯穿整车所有高压组件，拆卸前必须先断开高压互锁装置，由蓄电池管理器、ECU执行检测和控制并进行高压下电后才可执行拆卸操作。

2. 高压线缆的结构

新能源汽车高压线缆采用单芯电缆，有非屏蔽和屏蔽之分，其结构如图1-2-2所示。新能源汽车高压线缆多采用屏蔽型铜质单芯绝缘线缆，屏蔽型线缆由导体、绝缘、护套、屏蔽、铝箔、包带以及填充物等组成。导体材料多采用无氧铜线，其柔韧性好且不易氧化；绝缘及护套常用低烟无卤交联聚烯烃、硅橡胶材料、氟塑材料等。

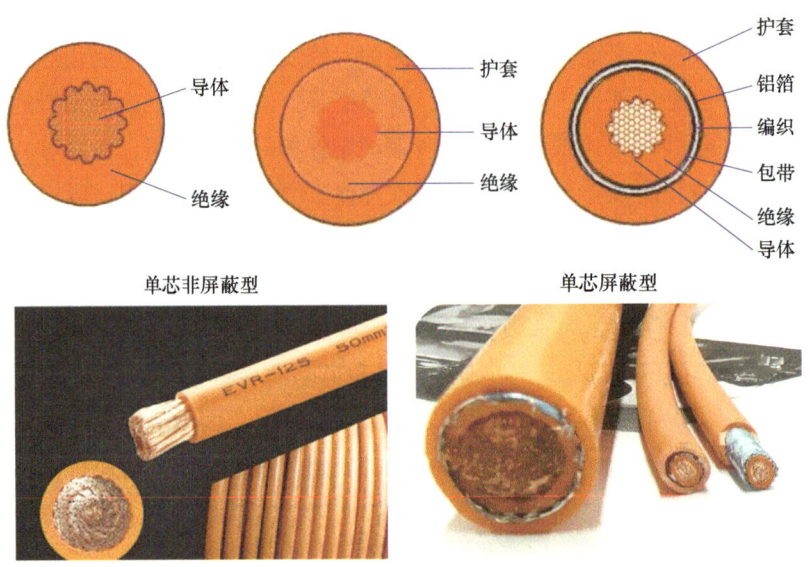

图1-2-2　新能源汽车高压线缆结构

高压线缆的截面为圆形，其护套颜色为橙色。高压单芯电缆从结构上主要由导体和护套组成，主要结构尺寸参数有单根铜线直径、根数、导体直径、绝缘直径、内护层直径和护套外径等。带屏蔽层的高压线缆采用裸铜或镀铜线编织在内护套层上；在屏蔽层和外护套之间可以有一层附加的包带；电缆的外护套应紧密挤紧包裹，但不粘连屏蔽层。

三、高压插接器

高压线束与总成之间的连接方式有固定连接和插接器连接两种。固定连接即采用螺栓将接线端子（俗称为线鼻子）固定在接线板上的一种连接方式，优点是连接可靠，螺栓的机械力可以抵御振动的影响，成本低廉，缺点是螺栓连接需要一定的操作安装空间，一些车辆的三相电机高压线束、动力蓄电池的输入输出线缆等依然使用这种连接。图1-2-3所示为固定连接型高压线束及接线端子。

图 1-2-3　固定连接型高压线束及接线端子

高压插接器的应用范围非常广泛，如驱动电机、动力蓄电池、高压配电盒、DC/DC 变换器、逆变器、充电机、交直流充电口、水暖 PTC、电动空调等总成之间的高压连接都需要用到高压插接器。高压插接器如图 1-2-4 所示。

1. 高压插接器的选型

在电气线束中，插接器的质量尤为重要，这成为保障电气连接安全可靠至关重要的因素，国内外的一些参考标准见表 1-2-1。

图 1-2-4　高压插接器

表 1-2-1　常见国内外电气线束主要参考标准

标准分类		标准编号	标准名称	备注
国外标准	国际电工委员会	IEC783	电动道路车辆的线束和连接器	
		IEC61851-2-1	电动车辆与交流/直流电源的连接要求	
	美国 SAE	USCAR-2	汽车电气连接器系统的性能标准	
		USCAR-37	高压连接器性能	USCAR-2 的补充
		SAEJ1772	电动车辆传导式充电连接器	
		SAEJ1742	道路车辆高压电气线束试验方法和一般性能要求用连接件	
	德国	LV215-1	高压连接器电气/电子性能要求	奥迪、大众、宝马、奔驰、保时捷
国内标准		GB/T 18487.1—2023	电动汽车传导充电系统　第 1 部分：通用要求	
		GB/T 20234—2023	电动汽车传导充电用连接装置	

高压插接器应用选型时，需要根据部件使用环境（如温度、湿度、海拔等）、安装条件（振动条件、体积结构、密封等级要求）、载流特性、成本核算等合理选择产品。对高压插接器的理想期望为产品安全防护等级较高、耐高温、大载流、低功耗、抗油脂、体积小，轻量化、长使用寿命且低成本。

2. 高压插接器的安全防护

高压插接器的安全防护主要指电气性能方面须满足设计要求，如绝缘、电气间隙、爬电距离、防触指（端子周围加绝缘材料，高出端子高度部分加塑料帽）设计等符合规定要求。除了以上性能，应用时，还需重点关注插接器高压互锁、密封防护、电磁兼容性（EMC）等性能。

（1）高压互锁　高压互锁（HVIL）是通过使用低压电气信号来监视高压系统连接完整性、连续性的一种安全设计方法，也可以作为盖板打开的检测。因为高压互锁回路是一个环形闭合回路，所以也可以称为环形线，或者称为安全线。其原理图如图 1-2-5 所示。有些品牌车型的维修开关通过断开高压互锁的方式来禁止高压上电，称作连锁塞或安全塞。

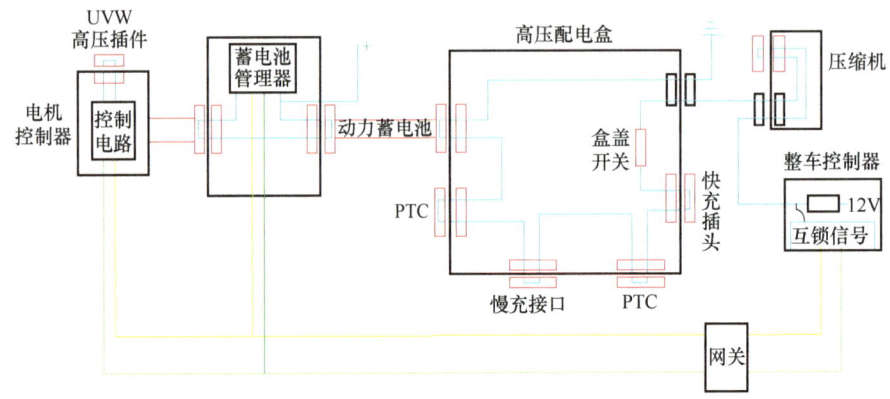

图 1-2-5　高压互锁原理图

（2）密封防护　高压插接器密封防护等级一般要求至少达到 IP67，在汽车上一些特殊场合选型时甚至要求 IP6K9K，以保证即使在高压冲洗时也满足使用要求。

目前，产品密封防护要求及验证方法主要参考 GB/T 4208—2017，把部件或插接器放置于水箱 1m 深处，以检测其防护等级 IP67 是否通过，模拟车辆的实际工况。

如果产品全生命周期内可以保证密封性能，插接器密封在应用设计中，主要考虑以下几点：插接器和部件之间（主要涉及部件结构设计控制）、插接器和电缆之间（产品保证密封圈位置限位不移动及线束生产时控制装配准确性）、插接器公母端子之间（产品结构工艺及装配的完整性），在维修时要注意进行检查。表 1-2-2 所示为高压用电设备密封防护等级。

IP 是 Ingress Protection 的缩写，IP 等级是电气设备外壳对异物侵入的防护等级。

IP 等级由两位数字组成，第 1 位数字表示固态防护等级，范围是 0~6，分别表示对从大颗粒异物到灰尘的防护；第 2 位数字表示液态防护等级，范围是 0~8，分别表示对从垂直水滴到水底压力情况下的防护，数字越大表示能力越强。

表 1-2-2　高压用电设备密封防护等级

防护等级第一位数字	简称	定义
0	无防护	没有专门的防护
1	防护大于 50mm 的固体异物	能防止直径大于 50mm 的固体异物进入壳体
2	防护大于 12mm 的固体异物	能防止直径大于 12mm 的固体异物进入壳体
3	防护大于 2.5mm 的固体异物	能防止直径大于 2.5mm 的固体异物进入壳体
4	防护大于 1mm 的固体异物	能防止直径大于 1mm 的固体异物进入壳体
5	防护灰尘	不能完全阻止灰尘进入壳体，但灰尘进入的数量不足以影响电器的正常运行
6	灰尘封闭	无灰尘进入壳体

(续)

防护等级第二位数字	简称	定义
0	无防护	没有专门的防护
1	防垂直方向滴水	垂直方向滴水应无有害影响
2	防15°滴水	当外壳的各垂直面在15°范围内倾斜时，垂直滴水应无有害影响
3	防淋水	各垂直面在60°范围内淋水，无有害影响
4	防溅水	向外壳各方向溅水无有害影响
5	防喷水	向外壳各方向喷水无有害影响
6	防强烈喷水	向外壳各方向强烈喷水无有害影响
7	防短时浸水	浸入规定压力的水中经规定时间后，外壳进水量不致达有害程度
8	防持续潜水	按生产厂和用户双方同意的条件（应比特征数字为7时严酷），持续潜水后外壳进水量不致达有害程度

IP67的解释是防护灰尘吸入（整体防止接触，防护灰尘渗透），防护短暂浸泡（防浸）。目前，在布线行业最高实现的是IP68级别。除此以外，工业插接器还有对温度、振动等其他恶劣环境的考虑因素。

（3）电磁兼容性　电磁兼容性（Electro Magnetic Compatibility，EMC）是指设备或系统在其电磁环境中符合运行要求，并不会对其周围环境中的任何设备产生无法忍受的电磁干扰的能力。EMC包括两个方面的要求：一方面是设备在正常运行过程中对所在环境产生的电磁干扰不能超过一定的限值；另一方面是电子器件对所在环境中存在的电磁干扰具有一定程度的抗扰度，即电磁敏感性。

由于新能源汽车使用大量电力电子器件，高压和大电流产生的电磁场会对其他的通信设备产生电磁干扰，整车和零部件必须要有抗干扰和抗辐射的能力。常通过连续的屏蔽构件将高压电源部分完整地封闭，包括高压电缆屏蔽、动力蓄电池包壳体屏蔽、机壳屏蔽、屏蔽插头。图1-2-6所示为比亚迪-秦混合动力屏蔽装置结构示意图。

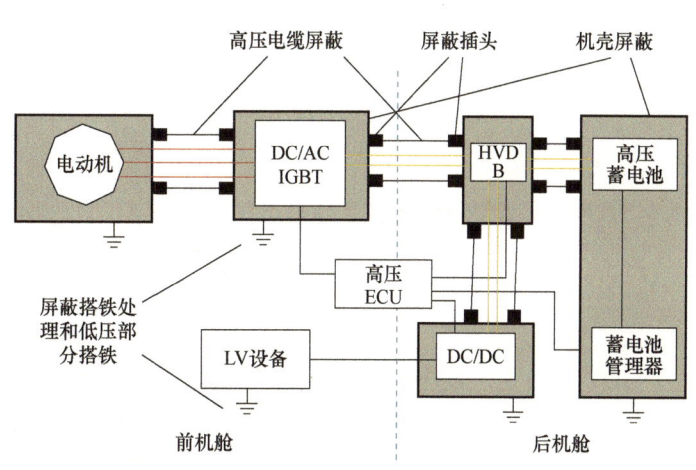

图1-2-6　比亚迪-秦混合动力屏蔽装置结构示意图

高压线束设计时，要求插接器（也包括高压部件）具备360°屏蔽层，通过屏蔽罩有效地和电缆屏蔽层连接，且可靠接地（车身接地即搭铁）。屏蔽罩覆盖整个插接器长度，以保证足够的屏蔽功能，并尽量减小屏蔽界面之间的电阻。在产品生命周期内，屏蔽连接接触电阻<10mΩ。对于由塑料制成的高压插接器，屏蔽须用金属面来实现。高压插接器的屏蔽罩也可称为屏蔽端子。

3. 高压插接器温升与功耗

高压插接器（主要指其中的接触件）超过规定使用温度限值时，会因发热降低安全特性，甚至失效损坏。造成插接器温度升高的主要原因如下：

（1）环境因素　高压插接器布置位置易受高温影响或处于热量集中的密封舱内，同时在避免不了其布置位置存在不利条件的情况下，选型时已经对插接器的耐温进行了考虑，维修时要注意检查高压有无与高温部件存在接触干涉的现象。

（2）插接器自身发热　插接器自身发热的影响因素主要为插合接触件的接触电阻功耗发热或压接不良。插接器电性能重要的衡量指标为插接器之间的接触电阻，接触电阻越小，则电压降越小，电损耗越低，意味着温升较低，连接端子可以获得较长的使用寿命。

接触件受热后将影响镀层，或在接触区域形成绝缘薄膜层，增大接触电阻，进一步加剧升温而形成恶性循环。

插接器受热超过限值，热失效严重时线束烧毁，且将导致绝缘材料产生化学分解，降低绝缘性能，严重时有可能出现插接器正、负极柱间因绝缘材质热熔后击穿短路的现象，会出现燃烧着火事故，维修时应注意及时检查（端子是否有烧蚀、接触电阻、温度）。

参照大众 VW80834 标准，插接器接触电阻不能超过的限值见表 1-2-3。

表 1-2-3　插接器接触电阻限值（大众 VW80834 标准）对照表

电缆横截面面积 /mm²	压接电阻		接触电阻	
	未使用过 /mΩ	老化后 /mΩ	未使用过 /mΩ	老化后 /mΩ
2.5	0.17	0.35	1.17	2.34
4	0.11	0.22	0.72	1.44
6.0	0.09	0.18	0.68	1.36
16	0.05	0.10	0.43	0.86
25	0.035	0.07	0.40	0.80
35	0.029	0.059	0.39	0.78
50	0.025	0.05	0.36	0.72

插接器线缆压接完整后，接触电阻计算公式：$R_{total}=R_{crimp1}+R_{contact}+R_{crimp2}$，如图 1-2-7 所示。

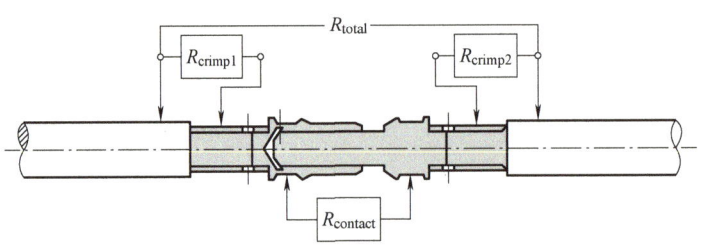

图 1-2-7　端子接触电阻组成示意图

在实际应用中，插接器热失效大部分原因是线束压接不良，如压接比率不足，导致飞边压接，或者压接比率过剩，导致压接不完全。

4. 高压插接器的结构特点

高压插接器也称为高压接插件，由插头和插座两部分组成，其基本结构（见图 1-2-8）包括端子和壳体。插座固定在高压总成壳体上，端子在总成内与排线相连；插头与高压线缆构成高压线束总成，端子在插头壳体内与高压线缆相连。插接器端子的界面结构，如材质、镀层种类及它的纯度、厚度、几何形状等决定了插接器的性能，包括接触电阻、插拔力和插拔寿命等。

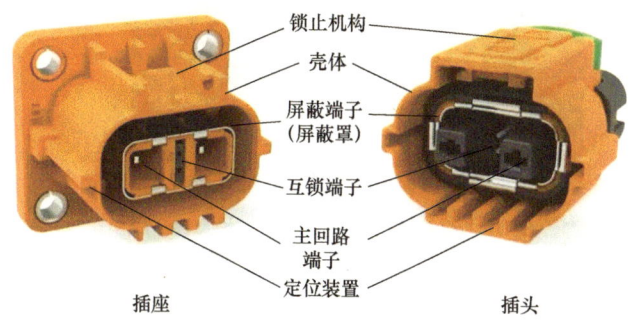

图 1-2-8　高压插接器基本结构

（1）插接器端子　插接器通过插头、插座的对应连接保证端子的对应连接。插座端子一般为针式，所以插座的端子通常称为公端子；插头的端子一般为孔式，所以插头的端子通常称为母端子。但也存在相反情况，如充电座端子为母端子，而充电枪端子为公端子。

高压插接器母端子结构主要有片簧式、冠簧式和扭簧式等类型，不同的结构形式决定了电接触方式（面接触、线接触和多点接触），选用何种形式需要根据插接器的应用场合决定。对于经常插拔的插接器，根据并联分流原理，利用增加载流桥数量可以达到降低接触电阻的目的。

片簧式插孔（又称为花瓣式、开片式等）是第一代传统插接器（见图 1-2-9），它是应用最为广泛的工业插接器端子。其制造工艺成熟，可以冲压制造，也可以用 CNC 车床加工，适用于一般工业连接领域。其适用电流为 1~100A，插拔次数要求 50~100 次，片簧一般有 2~6 个簧片接触点。

冠簧式插孔（又称为百叶窗式），如图 1-2-10 所示。它比第一代的片簧端子结构复杂，母头从由一个零件增加到由两个零件组成，核心的接触弹片是精密冲压的百叶窗形状的栅栏，并且冲压成窄腰形状。它的特点是把接触点增加到十几至几十个，增加了连接的可靠性，延长了使用寿命，降低了阻抗，它可以适用的端子尺寸范围较广。

扭簧式插孔是比片簧式和冠簧式插孔更新一代的连接方案，如图 1-2-11 所示。它的技术特点是在电流承载能力上达到或者超过其他类型的端子，并且在使用寿命上远远超过其他端子，可以满足使用寿命 2 万次，它适用于充电枪或充电插座，如图 1-2-12 所示。

图 1-2-9　片簧式插孔

图 1-2-10　冠簧式插孔

图 1-2-11　扭簧式插孔

高压插接器公端子多为柱式或片式结构，材质多采用铜质，如图 1-2-13 所示。

裸露的公端子采用深埋式结构，端子周围加绝缘材料，高出端子高度部分加塑料帽，为防触指设计，如图 1-2-14 所示。

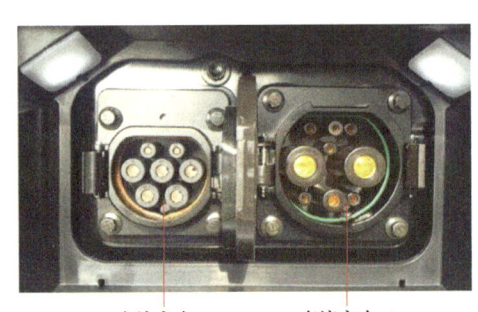

图 1-2-12　充电座端子

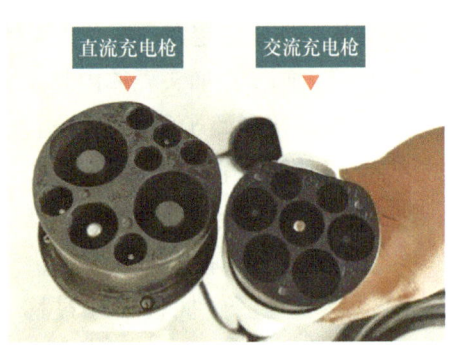

图 1-2-13　充电枪端子

插接器端子镀层一般选择接触电阻较小的银。不同厂家的产品镀层厚度各不相同（镀层太薄则磨损厉害，镀层太厚则附着力不足），选用时需考虑不同的适用场合，如室内/室外、是否需要频繁插拔等。例如充电插接器端子，实验室插拔试验可满足国标规定的10000次目标，但在户外实际使用条件下，首先，面临的环境条件比实验室恶劣（如潮湿、炎热、粉尘、化学腐蚀等）；其次，人员操作是否规范具有不确定性。若使用或维护不当，充电插接器端子局部镀层将磨损

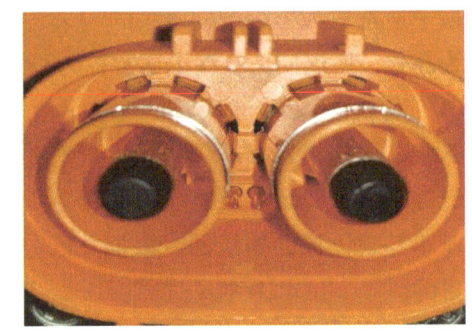

图 1-2-14　公端子结构

严重，出现"漏铜"现象，使用中将产生铜锈，导致有效的载流面/点减少、易锈蚀而增大接触电阻。

另外，在插接器选型应用中，还应关注插接器端子的结构形式，如插件端子以90°角连接，则应避免选用螺纹连接的结构形式。此种结构形式，螺纹齿纹配合精度要求非常紧密，但在螺纹加工以及线束装配过程中，无法避免不完全连接接触。尤其是大电流端子连接，在长期使用中，端子螺纹齿口会由于局部过热使插接器面临热失效风险。

（2）高压插接器壳体　插接器的壳体主要包括定位装置和锁止装置。定位装置保证插头正确安装方向，避免端子连接错序，若安装方向错误插头是装不上的；锁止装置用来固定插头，保证插头插座的可靠连接，避免插头插座分离松脱。高压插接器因为涉及高压电，对插头的定位和锁止要求更高，尽管具有防呆、防触指等安全设计，但在检修作业时要注意观察连接方式和安装方向，拆卸和安装插头必须严格按照维修手册的要求进行。

下面以扁平高压插头和圆形高压插头为例，介绍高压插头的壳体制作工艺特点与操作方法。

1) 扁平高压插头。某些高压组件插头上有单独的高压互锁回路插头，在松开高压插头前，必须先松开高压互锁回路插头，如图 1-2-15a 所示。插头处于插入状态时，使高压互锁回路闭合。如果通过松开高压互锁回路插头使互锁回路断开，高压系统就会自动关闭。这是一项附加安全措施，因为开始工作前维修人员已将高压系统切换为无电压状态。

只有松开高压互锁回路插头后，才能按照箭头方向推移机械锁止件进行解锁，如图 1-2-15b 所示。机械锁止件是高压插头的组成部分，切记正确解锁，勿使用蛮力和机械撬拔，以免损坏锁止机构。沿箭头方向用手推移锁止件可实现高压插头机械导向移位，然后进行拉拔。

按照箭头方向拔出高压插头，如图 1-2-15c 所示。将插头拔出几毫米后（图中位置 A），可感觉到较大的反作用力。此后必须向相同方向继续拔出插头（图中位置 B）。插头到达位置 A 后，切勿将插头重新压回高压组件上，这样可能会造成高压组件上的插头损坏。

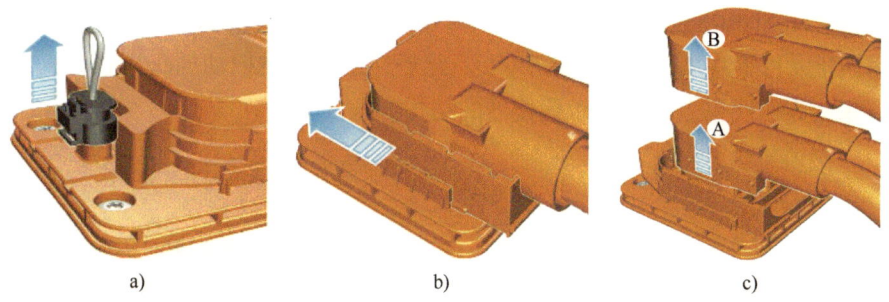

图 1-2-15 扁平高压插头的拆卸方法

a）高压互锁回路插头　b）松开锁止机构　c）拔出高压插头

重新安装高压插头时，可按相反顺序进行。图 1-2-16 所示为高压插接器插座的结构。

> **温馨提示**：拔高压插头必须分两步进行，第一步解锁，第二步拉拔，在拉拔插头时动作要快，不要晃动和有回插动作，以免出现电弧使端子烧蚀（尽管高压已下电）。

2）圆形高压插头。图 1-2-17 所示为某款纯电动汽车电机控制器上的高压插接器。高压导线的插头位于组件高电压接口上且已锁止。

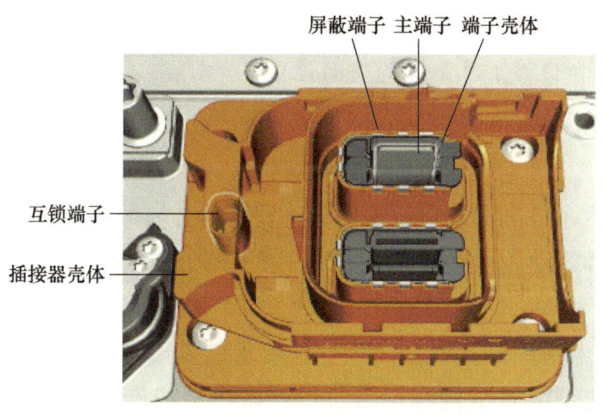

图 1-2-16 高压插接器插座的结构

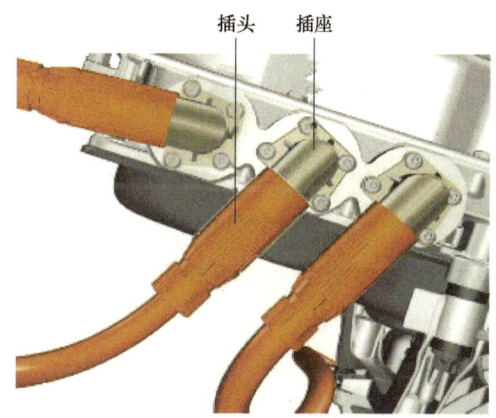

图 1-2-17 圆形高压插接器

必须向箭头方向将两个锁止元件压到一起，如图 1-2-18 所示。这样可以松开高压插头机械锁止件。先将锁止元件继续压到一起，再沿纵向箭头方向拔出插头。

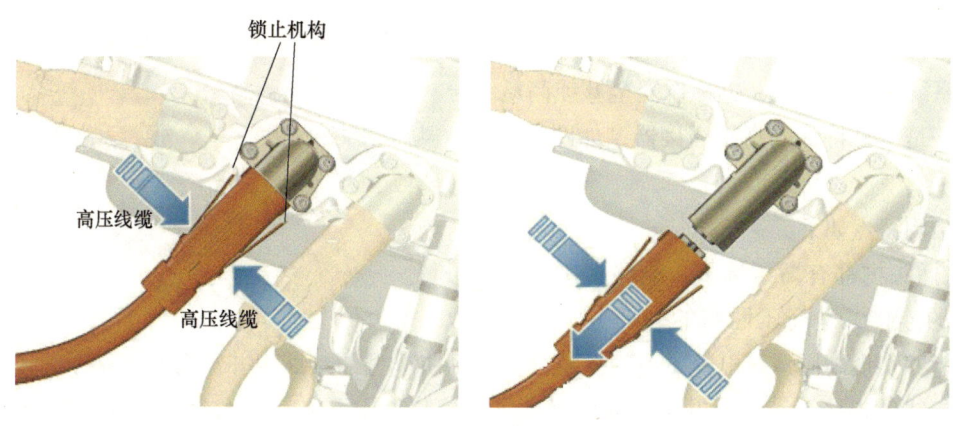

图 1-2-18 圆形高压插头拆卸方法

重新连接高压插头时，无须将锁止元件压到一起，只需将插头纵向推到插座上即可。此时必须确保锁止元件卡入（听到"咔嗒"声）。此外，还应通过拉动插头检查锁止件是否卡入。图 1-2-19 所示为高压线束上圆形高压插接器的结构。

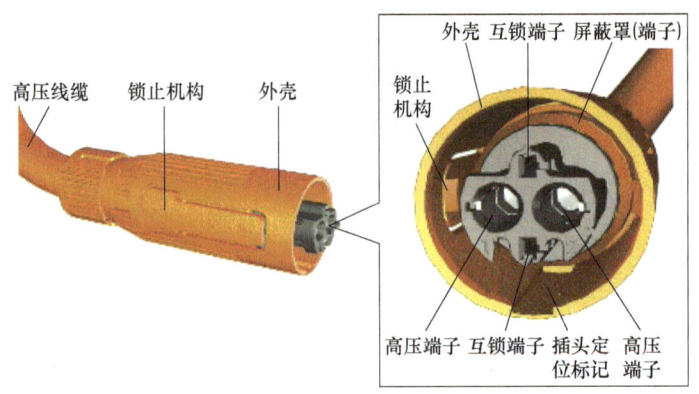

图 1-2-19　高压线束上圆形高压插接器的结构

温馨提示：如果维修时更换高压组件，组装时必须注意：规定重新建立高压组件壳体与车辆搭铁之间的导电连接（即壳体搭铁，必要情况须通过等电位补偿线再次搭铁），必须严格遵守维修说明（紧固力矩等要求）。此外，必须由第 2 个维修人员检查维修工作（正确的紧固力矩和正确接触裸露金属）并在维修工单上进行书面记录。

5. 高压插接器的使用寿命与成本

对于插接器性能使用寿命的要求，大众汽车标准中规定：乘用车开发项目必须保证全功能能力生命周期至少 15 年或 300000km（≥ 8000h 动作 +30000h 充电），商用车须保证至少 15 年或 1000000km。

插接器选型过程，产品成本不应是第一考虑因素，应在满足性能要求的基础上，降本增效。当然，也应避免为保证产品性能，在选型中对结构和规格过度选配，造成产品成本的提升。

6. 手动维修开关

手动维修开关（MSD）的作用是进行新能源汽车检修时，为了确保人车安全，通过手动的方式直接断开动力蓄电池包内部高压电路，从而切断高压系统的电源输出，也称作安全塞或高压维修开关，是一种特殊的高压插接器，如图 1-2-20 所示。

其结构特点如下：

1) 插头内部有高压端子，能够直接控制高压导线的连接，是高压回路的一部分，是在关

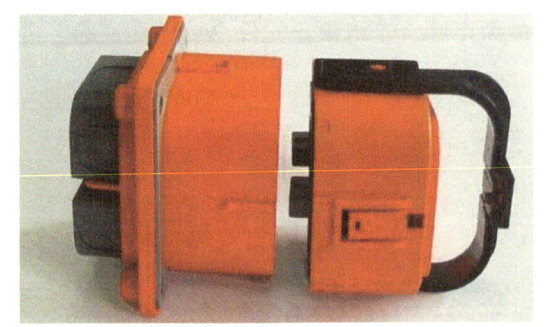

图 1-2-20　手动维修开关

键时刻能够实现高压系统电气隔离的执行部件。某些车型插接器内并没有高压端子，不直接控制高压导线的连接，而是通过切断低压互锁线来控制高压下电，如大众混动高压维修开关 TX ONE，这是一种低压维修开关。

2）插头内部设置一定容量的熔丝，可以起到短路保护的作用。

3）插座内部有互锁线或有控制互锁回路通断的开关，当拔下维修开关插头时，已经先于高压端子切断了互锁回路，使高压下电，避免了高压端子带电分离而产生电弧。

《电动客车安全技术条件》第4.4.4条要求：可充电储能系统应安装维修开关和熔断器。SAE标准里面推荐了手动维修开关的功能：打开时，断开蓄电池系统高压输出端子之间的任何电压；在手动维修开关断开后5s（部分品牌车型需3~15min，与薄膜电容放电方式有关）内，所有蓄电池外部高压端子的测量电压应小于直流60V（安全电压）。

通常，手动维修开关放置的位置是动力蓄电池包的外箱或集成在高压配电盒上。如果在商用车上，涉及多个蓄电池包，可能会用到多个手动维修开关。

手动维修开关的启用条件：在车辆进行大的检修、维护或更换其核心部件涉及高压部分时，为了保证人和车的安全，需要拔掉手动维修开关插头，使高压下电。该器件起桥接电流的作用，用到的时候很少，但很关键。

手动维修开关既包含了高压插接器的属性，也具有熔断器的作用。可以将其简单地理解为一个带熔断器的超级插接器，所以手动维修开关也有设计与选型的要求。如绝缘、耐压、电气间隙、爬电距离、防呆、防触指设计等符合规定要求；除了以上性能，应用时还具有插接器高压互锁、密封防护、温升、EMC等性能的要求。它的防护等级为IP67，很多车企已经开始使用更高的要求，如要求达到IP6K9K。

它并不具备通用性：由于国内、外的标准并没有统一，且涉及不同厂商的技术专利等，所以不同品牌的手动维修开关是配套选择使用，不通用。

手动维修开关对插拔次数的要求比较少，一般在50~100次（厂商一般给出的机械寿命为500~1000次）。在正常情况下，一辆纯电动汽车每年检修2~3次，因此，上述插拔次数足以满足整车生命周期使用。频繁拔插会在连接触点表面形成划痕，甚至烧蚀，形成更大的接触电阻，造成温度升高等，缩短其使用寿命。

任务实施

一、比亚迪e5高压线束拆检

1. 任务准备

安全防护：做好安全防护与场地隔离（车内外三件套、车轮挡块、警示标志及隔离带等）。

工具设备：举升机、人身安全防护套装、绝缘工具套装、常规工具套装。

车辆台架：比亚迪e5分控联动系统、比亚迪e5教学版整车。

辅助资料：教材、维修手册、任务工单、记号笔。

2. 操作步骤

> 注意：在操作前，应先做好场地安全防护、车辆安全防护、人身安全防护等各种防护措施，并执行高压下电程序，等待5min后再进行动手操作。

项目	内容	说明
1. 连接动力蓄电池包与高压电控总成线束	操作示意图	
	操作方法	该线束从动力蓄电池包输出，连接至高压电控总成，为高压直流线束。若线束固定卡箍被拆除，安装时必须更换新件可靠固定（以下同）。老款高压电控总成为四合一，新款高压电控总成为三合一，线束连接方式由固定连接变为插接器连接。老款车型高压电控端采用固定连接方式，应从电控壳体的线束端子安装孔盖处，将线束端子压接螺栓拆除并拔出高压线束 拆卸线束时，应正确解除插接器锁止机构。先拆除动力蓄电池包连接端并使用绝缘电阻表对线束进行绝缘检测（原因是不允许使用绝缘电阻表对动力蓄电池包进行绝缘检测）。然后拆除电控总成端插接器，拆除线束固定卡箍，将线束从固定位置取下，去除波纹管，观察线束外观，使用万用表检查两根线缆有无短路和断路
	检测标准	线缆应无破损、无鼓包、无干涉、无短路、无断路、无漏电，插接器无破损、无裂纹、无变形、无松脱、无退针、无温升，端子无烧蚀、无弯曲、无露铜、无短路、无断路、无漏电
2. 检测高压电控总成与驱动电机连接线束	操作示意图	
	操作方法	老款车型高压电控总成与电机高压线束从高压电控总成四合一输出，连接至电机端输入，为三相交流高压线束，采用线鼻子固定连接；新款比亚迪 e5 高压电控总成采用三合一结构，电机更换成另外一个三合一动力总成，该线束更换成高压直流线束，并采用插接器连接 在只拆除一端插接器的情况下使用绝缘电阻表进行绝缘检测。然后拆除另一端插接器，拆除线束固定卡箍，将线束取下，检查外观。使用万用表测量各项电阻值
	检测标准	线缆应无破损、无鼓包、无干涉、无短路、无断路、无漏电，插接器无破损、无裂纹、无变形、无松脱、无退针、无温升，端子无烧蚀、无弯曲、无露铜、无短路、无断路、无漏电
3. 检测高压电控总成与交流充电口连接线束	操作示意图	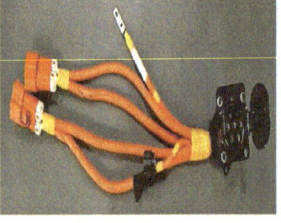
	操作方法	检测充电口高压端子与车身地之间的绝缘电阻（严禁检测低压端子）。拔下高压电控总成插接器，取下各固定卡箍，检查线束外观。使用万用表测量各项电阻值
	检测标准	线缆应无破损、无鼓包、无干涉、无短路、无断路、无漏电，插接器无破损、无裂纹、无变形、无松脱、无退针、无温升，端子无烧蚀、无弯曲、无露铜、无短路、无断路、无漏电

（续）

项目	内容	说明
4. 检测高压电控总成与直流充电口连接线束	操作示意图	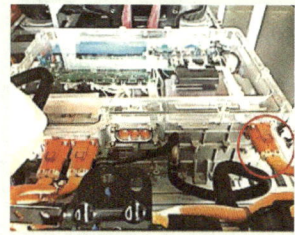 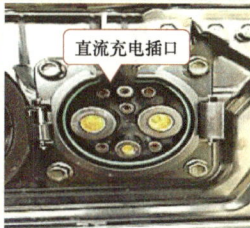 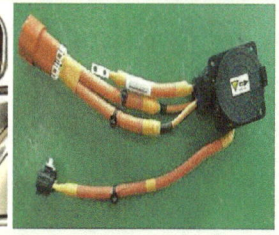 直流充电插口
	操作方法	检测高压端子与车身地之间的绝缘电阻（严禁检测低压端子）。拔下高压电控总成插接器，取下各固定卡箍，检查线束外观。使用万用表测量各项电阻值
	检测标准	线缆应无破损、无鼓包、无干涉、无短路、无断路、无漏电，插接器无破损、无裂纹、无变形、无松脱、无退针、无温升，端子无烧蚀、无弯曲、无露铜、无短路、无断路、无漏电
5. 检测高压电控总成与电动空调压缩机连接线束	操作示意图	  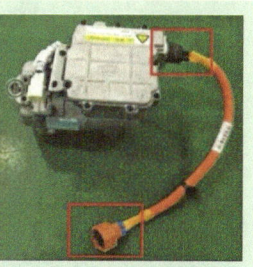 空调电源输出端
	操作方法	拔下高压电控总成插接器，检测各高压端子与车身地之间的绝缘电阻。拔下压缩机电机控制器插接器，取下各固定卡箍，检查线束外观。使用万用表测量各项电阻值
	检测标准	线缆应无破损、无鼓包、无干涉、无短路、无断路、无漏电，插接器无破损、无裂纹、无变形、无松脱、无退针、无温升，端子无烧蚀、无弯曲、无露铜、无短路、无断路、无漏电
6. 检测高压电控总成与PTC连接线束	操作示意图	  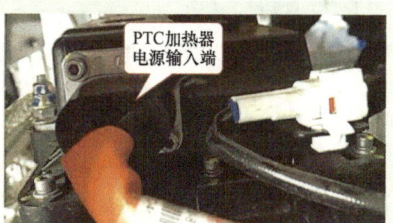 PTC加热器电源输出端　PTC加热器电源输入端
	操作方法	拔下高压电控总成插接器，检测各高压端子与车身地之间的绝缘电阻。拔下PTC控制器插接器，取下各固定卡箍，检查线束外观。使用万用表测量各项电阻值
	检测标准	线缆应无破损、无鼓包、无干涉、无短路、无断路、无漏电，插接器无破损、无裂纹、无变形、无松脱、无退针、无温升，端子无烧蚀、无弯曲、无露铜、无短路、无断路、无漏电

3. 竣工检验

1）将拆卸的各部件完整复位。

2）整理、恢复作业场地。

二、丰田卡罗拉双擎混合动力汽车高压线束拆检

1. 任务准备

安全防护：做好安全防护与场地隔离（车内外三件套、车轮挡块、警示标志及隔离带等）。

工具设备：举升机、人身安全防护套装、绝缘工具套装、常规工具套装。

车辆台架：丰田卡罗拉双擎混合动力整车。

辅助资料：教材、维修手册、任务工单、记号笔。

2. 操作步骤

注意：在操作前，应先做好场地安全防护、车辆安全防护、人身安全防护等各种防护措施，并执行高压下电程序，等待10min后再进行动手操作。

操作示意图

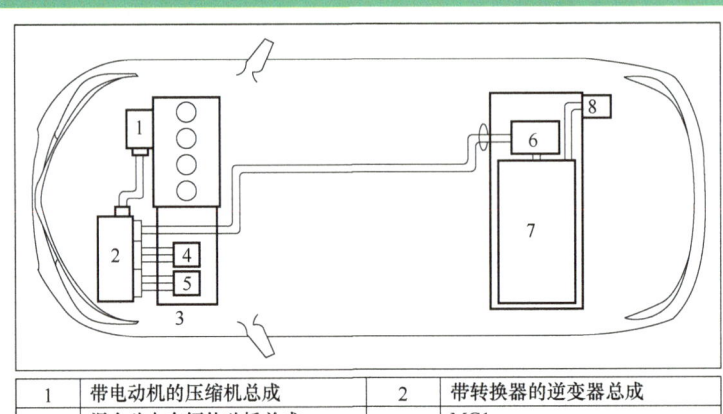

1	带电动机的压缩机总成	2	带转换器的逆变器总成
3	混合动力车辆传动桥总成	4	MG1
5	MG2	6	混合动力蓄电池接线盒总成
7	高压蓄电池总成	8	维修塞把手

项目	内容	说明
1. 检测动力蓄电池包与逆变器总成连接线束	操作方法	动力蓄电池包与逆变器总成连接线束（图中2—6，高压直流）。该线束从动力蓄电池接线盒输出，连接至逆变器总成，为高压直流线束。逆变器兼有配电盒作用。若线束固定卡箍被拆除，安装时必须更换新卡箍并可靠固定（以下同）拆卸线束时，应正确解除插接器锁止机构。先拆除动力蓄电池包接线盒连接端并使用绝缘电阻表对线束进行绝缘检测（原因是不允许使用绝缘电阻表对动力蓄电池包进行绝缘检测）。然后拆除逆变器总成端插接器，拆除线束固定卡箍，将线束从固定位置取下，去除波纹管，观察线束外观，使用万用表检查两根线缆有无短路和断路
	检测标准	线缆应无破损、无鼓包、无干涉、无短路、无断路、无漏电，插接器无破损、无裂纹、无变形、无松脱、无退针、无温升，端子无烧蚀、无弯曲、无露铜、无短路、无断路、无漏电
2. 检测空调压缩机与逆变器总成连接线束	操作方法	空调压缩机与逆变器总成连接线束（图中2—1，高压直流）。拔下逆变器总成插接器，检测各高压端子与车身地之间的绝缘电阻。拔下压缩机电机控制器插接器，取下各固定卡箍，检查线束外观。使用万用表测量各项电阻值
	检测标准	线缆应无破损、无鼓包、无干涉、无短路、无断路、无漏电，插接器无破损、无裂纹、无变形、无松脱、无退针、无温升，端子无烧蚀、无弯曲、无露铜、无短路、无断路、无漏电
3. 检测起动发电机MG1与逆变器总成连接线束	操作方法	起动发电机MG1与逆变器总成连接线束（图中2—4，高压三相交流）。拔下逆变器总成插接器，检测各高压端子与车身地之间的绝缘电阻。拔下MG1电机控制器插接器，取下各固定卡箍，检查线束外观。使用万用表测量各项电阻值
	检测标准	线缆应无破损、无鼓包、无干涉、无短路、无断路、无漏电，插接器无破损、无裂纹、无变形、无松脱、无退针、无温升，端子无烧蚀、无弯曲、无露铜、无短路、无断路、无漏电
4. 检测电动机MG2与逆变器总成连接线束	操作方法	电动机MG2与逆变器总成连接线束（图中2—5，高压三相交流）。拔下逆变器总成插接器，检测各高压端子与车身地之间的绝缘电阻。拔下MG2电机控制器插接器，取下各固定卡箍，检查线束外观。使用万用表测量各项电阻值
	检测标准	线缆应无破损、无鼓包、无干涉、无短路、无断路、无漏电，插接器无破损、无裂纹、无变形、无松脱、无退针、无温升，端子无烧蚀、无弯曲、无露铜、无短路、无断路、无漏电

3. 竣工检验

1）将拆卸的各部件完整复位。

2）整理、恢复作业场地。

工作任务单

1.2.1　比亚迪 e5 高压线束拆检（附后）

1.2.2　丰田卡罗拉双擎混合动力汽车高压线束拆检（附后）

任务实施配分评分表

1.2.1　比亚迪 e5 高压线束拆检——任务实施配分评分表（附后）

1.2.2　丰田卡罗拉双擎混合动力汽车高压线束拆检——任务实施配分评分表（附后）

学习任务单

1.2　高压线束检测（附后）

任务三　高压互锁检测

任务引入

高压互锁系统也称为高压互锁回路系统，可使用低压电气信号监视高压回路的完整性、连续性。通过使用低压信号来检查新能源汽车上所有与高压线束相连的各组件，检测各个高压系统回路的电气连接完整性及连续性，以确保行车安全和维修人员的人身安全。

学习目标

知识目标
- 掌握高压互锁装置的结构和工作原理。

技能目标
- 具有正确检测高压互锁回路的能力。

职业素养目标
- 严格执行新能源汽车检修规范，养成严谨科学的工作态度。
- 养成总结训练过程和结果的习惯，为下次训练积累经验。
- 培养虚心向他人学习、尊重他人劳动的意识。
- 培养团结协作的意识。
- 养成严格执行 7S 现场管理的习惯。

知识空间

一、高压互锁的定义

在 ISO 6469-3：2001《电动汽车安全技术规范第 3 部分：人员电气伤害防护》中，规定车上的高压部件应具有高压互锁装置，但并没有详细地定义高压互锁系统。高压互锁，也指危险电压互锁回路，使用低压电气信号来检查整个高压产品、导线、插接器及护盖的电气完整性、连续性，识别到回路异常断开时及时断开高压电。

二、高压互锁的作用

1）检测高压线束插接器松脱，并给整车控制器提供报警信息，预留整车系统采取应对措施的时间。

2）在车辆上电之前，检测高压主回路是否完整，若检测到高压主回路不完整（包括开盖检测），则使高压系统无法上电，避免因为高压插接器虚接等问题造成事故。

3）防止人为误操作引发安全事故。手动高压维修开关被设计为，在拔掉维修开关之前，要先切断互锁回路。在高压系统工作过程中，如果没有高压互锁设计的存在，则手动断开高压维修开关的瞬间，整个高压回路的高压将会全部加在维修开关两端子之间，高电压会击穿两端子之间的空气，在两个端子之间拉弧，时间虽短，但能量很高，可能对触点周围的人员和设备造成伤害，并烧蚀端子。

三、高压互锁的结构

1. 高压互锁电路的结构特点

高压互锁使用低压电气信号来监视高压回路的完整性、连续性。如图 1-3-1 所示；也可以作为高压部件总成盖板打开的检测方式，用来监测所有高压部件保护盖是否非法开启，如图 1-3-2 所示；部分品牌车型将其用于监测控制器的低压控制电路的完整性，来提高高压系统的安全性和可靠性。

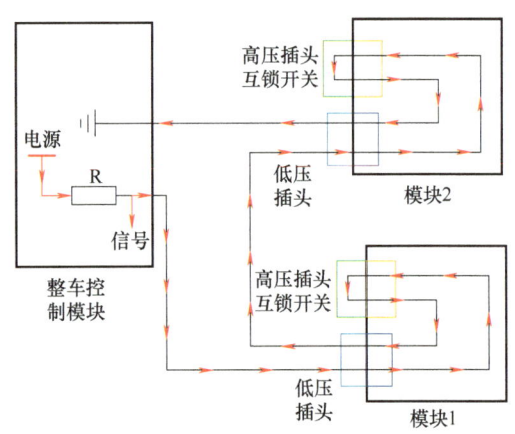

图 1-3-1 高压互锁环形回路

有些品牌车型将互锁线全部或部分串联起来，构成一个环形闭合回路，所以高压互锁回路也称为环形线，或者称为安全线。需要特别指出的是，尽管高压互锁回路有"高压"二字，但其检测原理是使用低压电气信号进行检测。由于互锁回路的部分电路常布置在高压部件附近，甚至在高压部件内部，检修互锁回路时应特别小心，必须通过查阅维修手册，弄清楚互锁回路的走线，按照操作规范要求进行检修。

用于监测高压供电主回路完整性的方式有两种：一种是与高压电源线并联，在高压线束外单独设置互锁线，即外置式；另外一种是在高压线束插接器插头内设置一根短路线和两个互锁端子，即内置式。在各个高压部件控制器内设置有监测电路，负责监测各自的高压互锁信号，只有当全部的控制器收到高压互锁正常接通信号时，才允许接通高压电源。

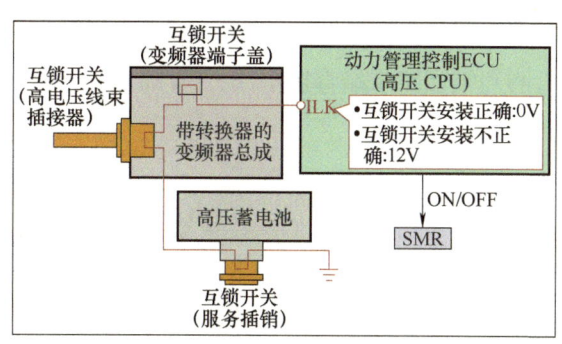 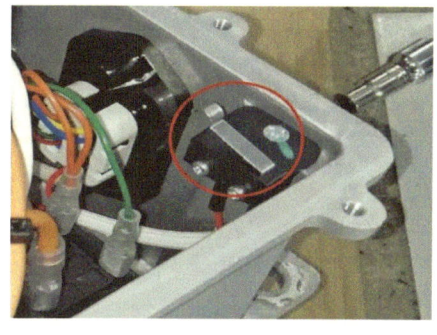

图 1-3-2 开盖检测原理图

高压互锁在结构设计上一般有内置式（见图 1-3-3）和外置式（见图 1-3-4）两种。有些外置式高压互锁装置有一个单独的小插接器连接，通过两个插接器的先后安装关系保证安全，即在断开高压插接器之前，要先断开低压的互锁插接器才能够解开高压插接器的锁止装置。有些品牌为在检修时确保维修人员的人身安全，设置了安全塞（或称为连锁塞、手动维修开关），它是一个插接器，通过断开互锁线的方式禁止高压上电，与动力蓄电池的手动维修开关有相同的作用，但这个插接器是一个低压插接器，如图 1-3-5 所示。

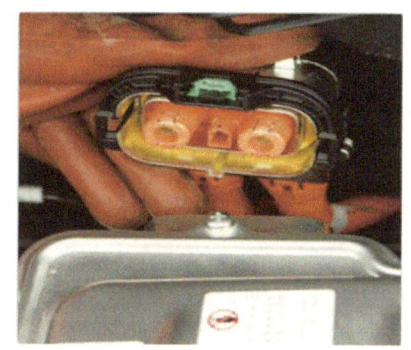

图 1-3-3 内置式高压互锁装置

图 1-3-4 外置式高压互锁装置

内置式互锁装置结构紧凑、体积较小，目前使用较为普遍，互锁装置常安装在高压插接器的端子之间。在应用中，部分内置式插接器缺少互锁装置的位置固定，如果插接器结构设计得不好，在某些恶劣的条件下，会由于互锁装置位移导致互锁信号的不连续性，会给车辆调试及安全驾驶带来不必要的问题，所以维修时要对高压互锁重点检查。

在实际使用的过程中，高压互锁回路主要通过信号［如 12V 或 5V 的电平信号、PWM（脉冲宽度调制）信号］注入法检测，高压互锁电路故障主要考虑短路（包含对电源、对地短路，采用

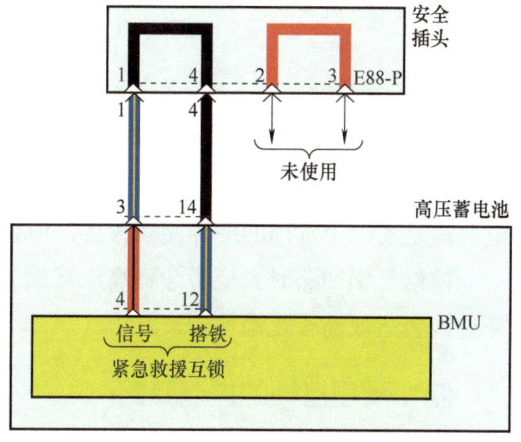

图 1-3-5 安全塞的工作原理图

电平检测可能存在系统无法正确判断的风险，所以现在多采用 PWM 信号检测）或断路（产品需确保插接器不松脱）。互锁回路只由其中的一个控制器发出检测信号，如蓄电池管理器或整车控制器等，并须返回该控制器，从而构成环形回路，其他检测环节（包括控制器和互锁线）

均应处于导通（即短路）状态，在使用万用表检测互锁回路通断时要注意区别。电平信号与 PWM 信号互锁回路的电路不同，电平信号检测互锁回路末端直接搭铁，PWM 信号检测互锁回路末端不直接搭铁，检测互锁回路电路时应注意。

> **温馨提示**：高压互锁装置不只存在于高压插接器内，在低压插接器内也有，因为互锁线大部分布置在低压线束内，通过低压插接器与高压总成或控制器连接，但在高压线束内部是没有互锁线的。在检修互锁回路时，必须首先要查阅电路图，弄清楚互锁回路的走线。

2. 插接器互锁端子的结构特点

高压线缆内部并没有互锁线，因为不允许设置低压导线（尤其是信号线）。在高压插接器内部设置有一根短路线和两个互锁端子，通过这根短路线和两个端子再连接互锁线构成环形回路。如果高压插接器松脱，互锁端子断开，互锁回路就会被切断，互锁信号中断；或高压总成开盖时，互锁开关被断开，切断互锁回路，互锁信号中断。各控制器监测点在检测到互锁信号异常时，会采取相应的措施确保人身和车辆安全，这就是互锁线检测高压插接器松脱与开盖检测的原理。

设计高压插接器时，应考虑插拔过程中的高压安全保护，低压监测回路要比高压主回路先断开、后接通，要间隔一定的时长（例如 150ms），即断开时，首先断开互锁端子，后断开高压端子，而接合时相反，如图 1-3-6 所示。

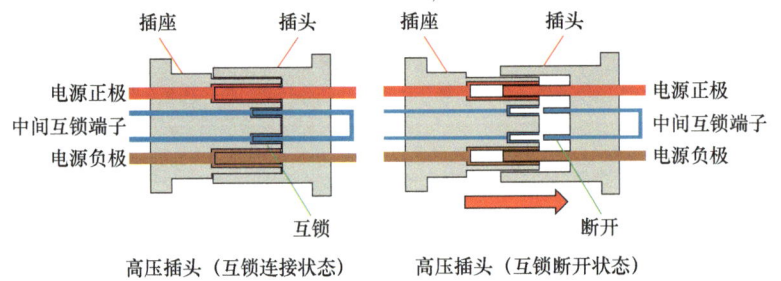

图 1-3-6　插接器互锁端子连接顺序示意图

在检修互锁故障时，维修人员将高压插接器拔掉后，可以用一根短路线将插座的两个互锁端子短接，替代插头里的短路线，给计算机一个"假"连接信号，可以强制车辆进行高压上电。这是实际中常用的一种检修方法，但是一定要特别小心。

检修互锁回路时，应考虑到高压互锁装置接触电阻及线束回路电阻的影响，原因是信号压降过大会造成高压互锁检测失效。

四、高压互锁的控制策略

高压互锁系统在识别到互锁故障时，相关控制器根据危险时的行车状态及故障危险程度运用合理的安全策略，这些策略包括以下几点：

1）故障警告。无论车辆在何种状态，高压互锁系统在识别到互锁故障时，车辆应该对危险情况做出警告提示，需要仪表或指示器以声或光警告的形式提醒驾驶人，让驾驶人注意到车辆的异常情况，以便及时处理，避免发生安全事故。

2）切断高压电源。当车辆在停止状态时，高压互锁系统在识别到互锁故障后，除了进行故障警告，还应通知系统控制器断开高压继电器，使高压源被彻底切断，避免可能发生的高压危险，确保财产和人身安全。

3）降功率运行。降功率运行是新能源汽车动力系统（包括高压和低压）出现故障通常采取的一种控制策略。车辆在行驶过程中，高压互锁系统在识别到互锁故障后，不能马上切断高压电源，应首先通过警告提示驾驶人，然后由控制单元降低驱动电机的运行功率，使车辆速度降下来，以使整车高压系统在负荷较小的情况下运行，尽量降低发生高压危险的可能性，同时让驾驶人能够将车辆停到安全的地方，俗称为"跛行功能"。

高压互锁回路主要检测的是高压线束各插接器是否松脱、高压总成是否开盖、手动维修开关是否拔掉等情况，并不能检测高压线束是否存在断路、高压总成内部接线排是否连接、熔丝是否熔断等情况。高压互锁系统断路故障不一定表示高压主回路（高压总成内外电路）真正出现了断路故障，有可能是互锁回路本身出现了故障而导致的报警，检修时应仔细甄别。

实际当中，高压主回路连接系统的故障是比较少的，较多的互锁故障主要出现在互锁回路本身。如果在行车当中因为互锁本身的故障而导致车辆高压下电失去动力，这是非常危险的，所以控制策略中即使出现互锁故障，行车中也不能强制进行高压下电，仍然要允许和保持车辆继续行驶，车辆高压下电后是不能再上电了，互锁回路的故障反而成了导致高压不上电的一个主要原因，这就是高压互锁故障的一个主要特点。可以看出，尽管高压互锁这种检测手段存在有一定的局限性，但为了确保人身和车辆的安全，互锁回路是必须要设置的。

 故障案例

2019款比亚迪e5高压互锁故障

> 注：本故障案例取自全国职业技能大赛《新能源汽车故障诊断与排除项目》，使用车型为2019款比亚迪e5。

新能源汽车的"高压上电"相当于传统燃油汽车的发动机起动。导致新能源汽车"高压不上电"的原因很多，主要有低压供电不正常、通信故障、高压互锁故障、接触器控制回路故障等。本任务针对"高压互锁故障"而导致的"高压不上电"故障进行分析。

新能源汽车的控制策略之一是"低压控制高压"，在进行高压上电时，首先要求低压上电正常，因为低压上电正常后，各ECU和高压控制器才能正常工作，各种监测和检测才能执行。互锁信号属于低压电气信号，由ECU产生和分析。

2019款比亚迪e5有两个互锁回路，高压互锁回路1和高压互锁回路2。高压互锁1也称为直流互锁，主要检测动力蓄电池包手动维修开关和高压母线（插接器）直流输出回路的通断，如图1-3-7a所示；高压互锁2也称为交流互锁，主要检测慢充接口与充配电总成交流电源线（插接器）的通断，如图1-3-7b所示。互锁信号为占空比$D=31\%$、幅值为4.8V的PWM信号，如图1-3-8所示。两个互锁回路信号均是由蓄电池管理器发出和接收的，互锁回路其他部分均为通路，这是检测互锁回路通断的关键。互锁1信号由插头BK45（B）的端子4输出，经过动力蓄电池、高压电控总成后再回到插头BK45（B）的端子5。在蓄电池管理器报高压互锁1故障时，首先需要通过测量插头BK45（B）插头（即线束端）的端子4、5是否导通来判定真

互锁还是假互锁：若导通，则为蓄电池管理器误报，确认蓄电池管理器本身有无故障；若不导通，则需要根据互锁回路来进一步确认互锁的故障点。互锁2信号由插头BK45（B）的端子10输出，经过高压电控总成后再回到插头BK45（B）的端子11。在蓄电池管理器报高压互锁2故障时，首先需要通过测量插头BK45（B）插头（即线束端）的端子10、11是否导通来判定真互锁还是假互锁：若导通，则为蓄电池管理器误报，确认蓄电池管理器本身有无故障；若不导通，则需要根据互锁回路确认互锁的故障点。

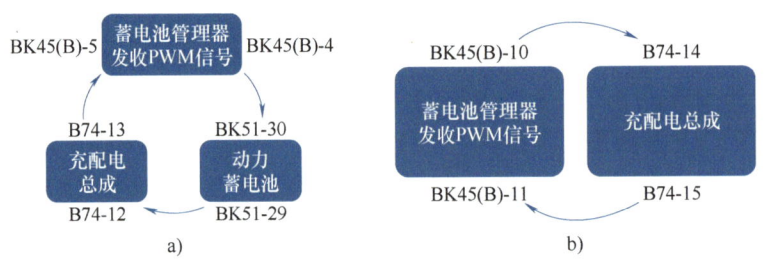

图 1-3-7 2019 款比亚迪 e5 高压互锁回路图
a）高压互锁 1（直流互锁） b）高压互锁 2（交流互锁）

互锁线正确测量方法是测试波形，测试通断是简单测量。应该检测输出信号和输入信号，然后根据电路图逐一检测，判断故障点。

互锁故障主要包括低压线束的互锁线断路、低压插接器互锁端子连接不良、控制器内部互锁线断路以及信号源控制器内部故障。故障现象一般表现为无法上高压电，OK（READY）灯不亮，仪表报请检查动力系统，故障码释义高压互锁故障。

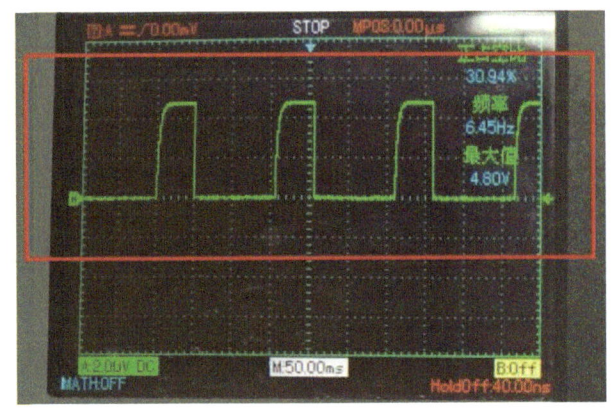

图 1-3-8 2019 款比亚迪 e5 高压互锁信号

任务实施

2019款比亚迪e5高压互锁回路拆检

1. 任务准备

安全防护：做好安全防护与场地隔离（车内外三件套、车轮挡块、警示标志及隔离带等）。

工具设备：举升机、人身安全防护套装、绝缘工具套装、常规工具套装、万用表。

车辆台架：比亚迪 e5 分控联动系统、比亚迪 e5 教学版整车。

辅助资料：教材、维修手册、任务工单、记号笔。

2. 操作步骤

注意：在操作前，应先做好场地安全防护、车辆安全防护、人身安全防护等各种防护措施，并执行高压下电程序，等待 5min 后再进行动手操作。

操作示意图

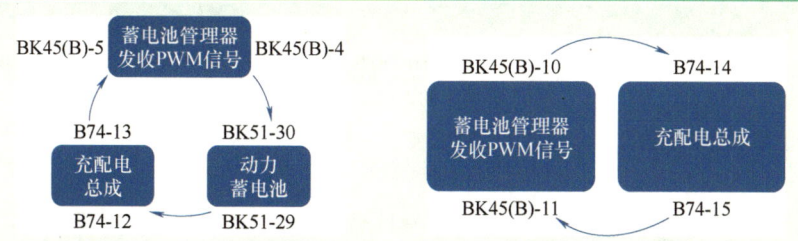

序号	项目	内容	说明
1	故障诊断	操作方法	检测前，应先使用故障检测仪VDS进行检测，调取故障码并读取数据流，注意观察仪表故障警告灯是否亮及信息提示
		检测标准	例如存在互锁1故障，故障码为P1A6000，含义是"高压互锁1故障"，数据流显示"高压互锁1锁止"，仪表故障警告灯亮并显示"请检查动力系统"；若无故障则无故障码，数据流显示"高压互锁1未锁止"，仪表故障警告灯不亮，无信息提示
2	蓄电池管理器插头BK45（B）端子4→动力蓄电池包插头BK51端子30导线	操作方法	拔掉两个插接器插头，找对两个测量端子，用万用表测量电阻值，检查导线的通断
		检测标准	电阻≤1Ω，导通。导线无断路
3	动力蓄电池包插座BK51/30针→BK51/29针	操作方法	检查动力蓄电池包插座两个针有无弯曲和断针等现象，使用万用表测量动力蓄电池包插座两个针之间的电阻值，检查手动维修开关连接片的通断
		检测标准	动力蓄电池包插座针无弯曲、无断针，电阻为0，导通
4	动力蓄电池包插头BK51端子29→充配电总成插头B74端子12导线	操作方法	拔掉两个插接器，找对两个测量端子，用万用表测量电阻值，检查导线的通断
		检测标准	电阻≤1Ω，导通。导线无断路
5	充配电总成插座B74/12针→B74/13针	操作方法	检查高压电控总成插座B74/12、23针有无弯曲和断针等现象，使用万用表测量两针之间的电阻值，检查高压电控总成内部互锁线的通断
		检测标准	高压电控总成插接器22、23针无弯曲、无断针，电阻为0，导通
6	高压电控总成插头B74端子13→BMC插头BK45（B）端子5导线	操作方法	拔掉两个插接器，找对两个测量端子，使用万用表测量电阻值，检查导线的通断
		检测标准	电阻≤1Ω，导通。导线无断路
7	BMC插头BK45（B）端子10→高压电控总成插头B74端子14导线	操作方法	拔掉两个插接器，找对两个测量端子，用万用表测量电阻值，检查导线的通断
		检测标准	电阻≤1Ω，导通。导线无断路
8	高压电控总成插座B74-14针→B74-15针	操作方法	检查高压电控总成插座两个针有无弯曲和断针等现象，使用万用表测量高压电控总成插座两个针之间的电阻值，同时操作慢充插头的通断
		检测标准	高压电控总成插座针端子无弯曲、无断针；拔下慢充电源线插头电阻为∞，不导通，插上慢充电源线插头电阻为0，导通
9	高压电控总成插头B74端子15→BMC插头BK45（B）端子11导线	操作方法	拔掉两个插接器，找对两个测量端子，用万用表测量电阻值，检查导线的通断
		检测标准	电阻≤1Ω，导通。导线无断路

(续)

序号	项目	内容	说明
10	复检	操作方法	拔掉 BMC 插接器，使用万用表测量 BK45（B）-4、BK45（B）-5 之间外电路的电阻值；观察两个针端子；测量 BK45（B）-4、BK45（B）-5 针之间的阻值。上电后可以使用万用表测量各监测点电压，并用示波器按照回路环绕方向观察各监测点的信号波形
		检测标准	直流互锁 BK45（B）-4、BK45（B）-5 之间外电路的电阻值≤1Ω（说明 BMC 以外的互锁回路无断路）；两个针应无弯曲、无断针；BK45（B）-4、BK45（B）-5 针之间的阻值应为无穷大。BMC 发出的检测信号为 $D=31\%$、幅值为 4.8V 的 PWM 信号。若检测不到信号波形，则该测量点的前方为断点。交流互锁检查的慢充电源线的连接情况，与直流互锁的检测思路类似

3. 竣工检验

1）将拆卸的各部件完整复位。

2）整理、恢复作业场地。

工作任务单

1.3 2019 款比亚迪 e5 高压互锁回路拆检（附后）

任务实施配分评分表

1.3 2019 款比亚迪 e5 高压互锁回路拆检——任务实施配分评分表（附后）

学习任务单

1.3 高压互锁检测（附后）

任务四 绝缘检测

任务引入

为了保证车辆与人员的安全，每次更换高压部件后，都必须做绝缘电阻的测量，需要测量高压部件、高压线束不同层金属等对于车身地之间的绝缘电阻，所有阻值都需要 >500Ω/V。因被测部件可能带有高电压，且绝缘电阻测试仪会产生高电压，因此检修时必须特别小心，一定要熟悉高压系统的结构，并且严格遵守安全规定，按照维修说明操作。

学习目标

知识目标

➢ 掌握高压系统绝缘检测的原理。

➢ 掌握高压系统绝缘检测的方法及注意事项。

技能目标
> 具有高压系统绝缘性能检测的能力。

职业素养目标
> 严格执行新能源汽车检修规范，养成严谨科学的工作态度。
> 养成总结训练过程和结果的习惯，为下次训练积累经验。
> 培养虚心向他人学习，尊重他人劳动的意识。
> 培养团结协作的意识。
> 养成严格执行7S现场管理的习惯。

知识空间

一、漏电与绝缘电阻

绝缘电阻是指用绝缘材料隔开的两部分导体之间的电阻，其阻值为两个测试点之间及其周边连接在一起的关联电路所形成的等效电阻值。检测绝缘电阻的目的是评估电气设备的绝缘性能。新能源汽车高压系统绝缘检测的重点是检测高压线束与车身搭铁（含壳体）之间的绝缘电阻。

电气设备对绝缘电阻的要求是电源线与壳体之间要符合绝缘等级要求，当绝缘电阻变小（如绝缘材料破损、老化、脏污、受潮等），超出一定范围要求时，就会使壳体"带电"或已经产生较大的漏电电流，即认为绝缘等级下降，也可以称为"漏电"。"漏电"实际上就是指电气设备的绝缘电阻变小。漏电保护是指当监测装置检测到绝缘电阻下降到一定程度时，控制系统采取的保护措施。由于轻微的漏电绝缘电阻并不是很小，漏电不一定导致大电流而使高压系统切断，但是会使车身地或壳体带电，就会增大触电危险，如果人体一旦接触壳体，就有可能使经过人体的电流过大而导致触电事故；并且当电压升高时，绝缘电阻会急剧下降而导致烧毁元件，甚至发生火灾，危害车辆安全。出于人身与车辆安全的要求，新能源汽车均设置有绝缘监测电路，即漏电传感器，必要时控制系统会采取措施。绝缘检测是维修人员使用检测仪器对车辆高压电气设备的绝缘性能进行的检测，是车辆高压系统维修时必须要掌握的基本技能。通常，新能源汽车高压系统对绝缘电阻的基本要求是不小于 $500\Omega/V$。

二、新能源汽车高压电网类型

1. 电力电网类型的概述

电力系统通常会根据国际统一的命名方法，在电网运行技术和安全技术标准要求以及"壳体"连接方式的基础上，区分三相交流供电电网。电网根据连接的不同特点分为 TT、TN 和 IT 电网。第一个字母说明的是三相交流电源的中线是否接地，第二个字母说明的是用电设备的壳体是否接地。"T"表示接地，"N"表示接中线。

IT 系统的第一个字母"I"说明三相交流电力电网中线不接地且相线与地之间须绝缘，并可以通过漏电保护电路监测电力电网与地之间的绝缘电阻；第二个字母"T"说明用电设备壳体接地。如图 1-4-1 所示，图中 Z<0 表示绝缘电阻监测电路。

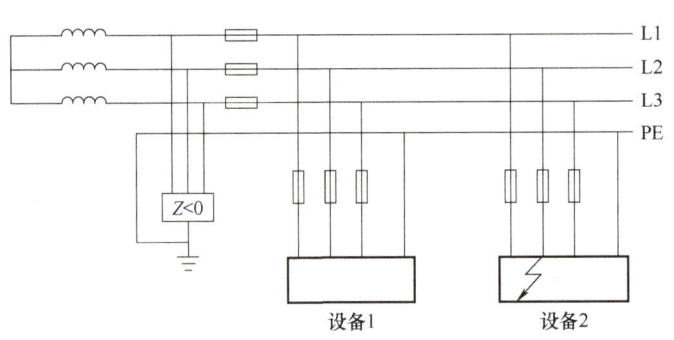

图 1-4-1 三相交流 IT 供电网络

2. 新能源汽车高压电网的类型及优缺点

IT 电网系统不仅可以用于三相交流电网络，也可以用于直流网络。新能源汽车的高压系统既有三相交流网络，如交流充电口、驱动电机供电电源等，也有直流网络，如动力蓄电池输出、电机控制器供电、PTC 电加热器供电、电动压缩机供电等。新能源汽车高压系统以直流网络为主。无论是三相交流电网还是直流电网，IT 电网系统的主要特点是电源线（包括三相交流电源相线及 N 线，实际中由于三相负载不对称会使 N 线带电；也包括直流供电系统的正负电源线）不直接接车身地，而用电设备壳体必须接车身地，电源线与车身地线之间须加装绝缘监测装置，如图 1-4-2 所示。

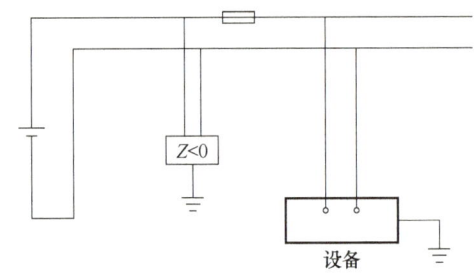

图 1-4-2 新能源汽车高压直流 IT 供电网络

新能源汽车高压系统如果采用 TT 或 TN 电网系统，在出现严重漏电故障时会立刻切断高电压系统，会使车辆在行驶中突然停车导致危险，而且一旦漏电容易导致触电事故，所以在新能源汽车上高压系统必须使用带有绝缘监控功能的 IT 电网系统。

需要特别强调的是，车辆的低压供电系统中电源（即辅助蓄电池）的"−"极线是与车身连接的，即搭铁，因为负极搭铁，所以低压电气设备才出现了单线制，可以利用车身作为电流的回路。但是在新能源汽车高压供电系统中，出于安全的目的，高压电源的"−"极线严禁与车身连接，是不能搭铁的，所以高压供电系统不存在单线制，必须采用双线制，"+/−"极导线须同时设置，不允许利用车身作为高压电流的回路。

新能源汽车 IT 高压系统具有一定的容错能力。当高压直流电源正极或负极对壳体漏电甚至短路（高压线束与壳体、车身地之间短路）时，高压直流正极与负极之间并没有直接形成回路，因此漏电保护装置不会立刻切断高压电路，控制系统会进行故障警告，车辆可继续行驶。当正极线漏电时，即使人接触了壳体，此时因为是 IT 电网，人与负极之间并没有形成回路，所以没有电流通过人体，人依然是安全的；即使人站在大地上接触单根高压线也是不会触电的，如图 1-4-3 所示。

尽管 IT 电网系统相对于 TT 和 TN 电网系统较为安全，但如果车辆出现漏电故障，就会增大触电风险。如图 1-4-4 所示，电源正极对一壳体漏电、电源负极对另一壳体漏电，并且壳体搭铁不良，维修人员检测时若两手同时分别触碰到两壳体，此时人体就会承受较高的电压和较大的电流，导致严重的后果，甚至死亡。虽然这是发生概率很低的故障，但万一发生，就会造成致命伤害，所以进行高压系统检修时必须做好安全防护，严格按照规范要求进行作业。

图 1-4-3　新能源汽车高压系统漏电示意图

3. 新能源汽车高压电网主要特点

新能源汽车高压电网采用 IT 系统有以下主要特点：

1）高压系统和低压系统之间电压隔离。新能源汽车高压系统采用 IT 网络，高压系统与低压系统是两个相互独立运行的系统，系统间没有电源电压的干涉。尽管高压系统受低压系统监测和控制，但厂家在设计制造时已经进行了充分的高、低压系统之间的电压隔离，高压电源的高压不会窜入低压系统，

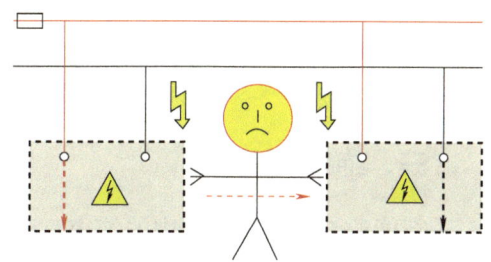

图 1-4-4　新能源汽车高压总成漏电壳体带电危害示意图

干扰低压系统的正常运行甚至导致危险。其主要隔离方式有电磁隔离、光隔离、电容隔离等。接触器、变压器等电磁元件本身就是一种很好的电磁隔离措施。

2）高压系统与车身地之间绝缘。高压直流系统的"+"和"-"电源线、高压三相交流系统的 3 根相线 L1、L2、L3（无 N 线）均未与车身地直接相连，且与车身地之间必须确保良好的绝缘，并通过绝缘监测电路检测电源线与车身地之间的绝缘电阻，反映电路绝缘故障的危害程度，以便出现绝缘故障时控制系统采取不同的控制措施。低压 12V 辅助蓄电池"-"极是接车身地的（即搭铁），所以实际上车身地属于低压系统的回路。当高压电路对车身地出现绝缘故障而漏电时，高电压不会窜入低压系统的回路而产生干扰和危险，尽管车辆仍能够继续行驶，但当出现绝缘故障时，高压部件壳体或车身整体电位被抬高而增大触电风险，成为高压带电体，所以维修人员在进行作业时必须做好安全防护。

3）高压总成壳体接地。当高压电路对高压总成壳体出现漏电故障时，若壳体不接地或接地电阻过大，会使壳体电位被抬高，成为高压带电体，增大触电风险；漏电传感器会无法识别漏电故障；同时，高压系统的屏蔽作用会被削弱，甚至失去，所以高压总成壳体必须良好接地。GB/T 18488 要求壳体与车身地之间的接地电阻（即接触电阻）不应大于 0.1Ω，实际中厂家要求都要小于 0.04Ω。尽管壳体直接安装在车架上，为防止壳体与车身之间出现较大的接触电阻，漏电时抬高壳体电位，使壳体与车身地之间出现较大电位差，须对关键高压部件的壳体进行电位平衡，即将高压部件壳体使用一根"等电位线（也称为电位补偿线）"与车身地连接在一起进行零电位补偿，使壳体也成为 0V 等电位体，如图 1-4-5 所示，即使人手触碰到两个有漏电故障的壳体，不会发生触电的危险；如高压电路与壳体之间漏电电流过大，甚至发生短路时，高压熔断器会快速熔断而切断电源输出，如图 1-4-6 所示。尽管设有电位补偿线，但是车辆本身并没有接地电阻检测装置，电位补偿线不能对接地电阻的电阻值进行检测，漏电传感器也不能检测电位补偿线的接地电阻，维修人员在维修过程中需对接地电阻进行检测。

图 1-4-5　0V 等电位线（壳体接地线）

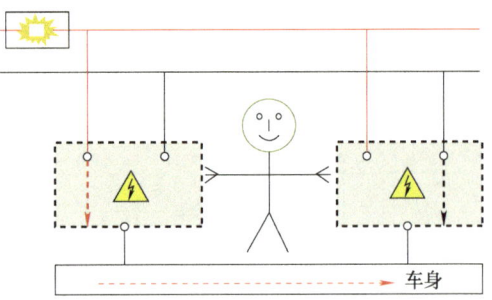
图 1-4-6　0V 等电位线的保护原理图

温馨提示：维修人员切记在检测绝缘电阻时，应同时使用毫欧表检查各高压部件壳体与车身地之间的接地电阻是否符合要求（<0.04Ω）。

三、绝缘监测电路

新能源汽车高压网络中的绝缘监测是检测时在电源线与壳体之间连接一个电阻值非常大（可视为断路）的电阻，通过电压监测电路检测该电阻两端的压降，来间接计算绝缘电阻，识别所有高压电源线与壳体之间危险的绝缘故障，如图 1-4-7 所示，是一种间接测量方法。如果壳体与高压电源线之间绝缘电阻值变小至低于某一限值而出现危险电压，则说明有绝缘故障。

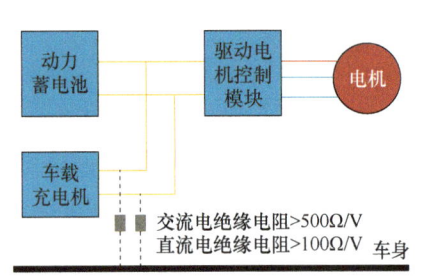
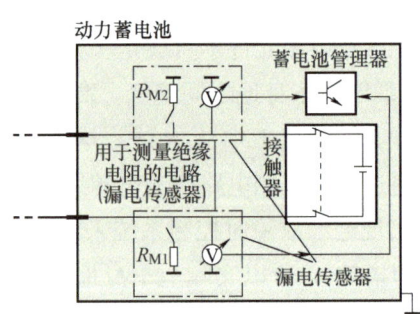

图 1-4-7　漏电传感器监测原理图

还有一种检测方法是低频信号注入法。图 1-4-8 所示为其检测原理图。R_1 和 R_2 分别是电动汽车的正极绝缘电阻和负极绝缘电阻，GND 为电动汽车系统车身接地。点画线框内为绝缘监测系统的主体电路，其中包括电容 C、电阻 R_3、电阻 R_4 以及低频信号发生器 GEN。检测时，信号发生器 GEN 产生一个电压不断变化的信号，当动力蓄电池的正极或者负极对地绝缘电阻值过小时，流过电阻 R_3 的电流就会变大，控制单元通过对采样电阻 R_3 上分压的采集，计算得出对地绝缘电阻值的大小。

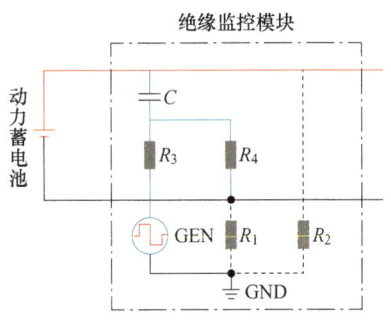

图 1-4-8　低频信号注入法绝缘电阻检测原理图

根据 GB 18384—2020 安全标准规定，电动汽车对绝缘电阻的最低要求是交流电绝缘电阻不小于 500Ω/V、直流电绝缘电阻不小于 100Ω/V。目前，新能源汽车厂家要求交/直流绝缘电阻均不得小于 500Ω/V，如果交流电绝缘电阻小于 500Ω/V、直流电绝缘电阻小于 100Ω/V 即视为绝缘故障。通常，厂家把绝缘电阻监测电路做成一个总成部件，即漏电传感器。漏电传感器主要监测与动力蓄电池相连接的正、负极母线与车身地之间的绝缘电阻，既可以同时监测动力蓄电池包高压母线正、负极，也可以只监测正极母线或负极母线，并将数据信号传输给控制模块（ECU），ECU 依此信号评估绝缘故障的危害程度，划分故障等级，并采取不同的控制措施。

一般厂家对绝缘电阻值的评估和控制策略是：绝缘电阻值 $R>500\Omega/V$ 为正常；$100\Omega/V<R<500\Omega/V$ 为一般漏电故障，报动力系统故障，车辆可继续行驶，高压不下电；$R<100\Omega/V$ 为严重漏电故障，行车中若发生严重漏电，故障警告灯亮，车辆会立刻高压下电而失去动力，停车状态禁止上高压电并禁止充电。

有些品牌或车型规定绝缘电阻值不能小于某一电阻值，因动力蓄电池的电压不同，这个电阻值也不同，一般不小于 $1M\Omega$。品牌、车型不同及部件不同，其要求也不同，例如比亚迪新能源汽车对电机的绝缘电阻值要求不小于 $20M\Omega$，有些车型为 $50M\Omega$，甚至对旋变等低压部件也有不小于 $50M\Omega$ 的绝缘要求。对于动力蓄电池包以外的其他高压部件，这个阻值可以直接使用绝缘电阻表进行测量，测量结果应符合厂家要求。

比亚迪秦是通过一个漏电传感器检测动力蓄电池包高压母线负极与车身地之间的绝缘电阻，来判断动力蓄电池及高压部件漏电程度的，负极与车身地之间的绝缘电阻值 $R \leq 100\sim120k\Omega$ 为一般漏电，$R \leq 20k\Omega$ 为严重漏电。

新能源汽车高压网络中的绝缘监控不是只测量一次，而是进行多次测量，高压系统上电之前以及下电之后都要进行测量。漏电传感器一般布置在一个或多个高压组件内，例如动力蓄电池包、配电盒、电机控制器内部等。

四、绝缘检测

漏电传感器只能判断高压系统是否漏电，不能判断具体漏电部位，车辆一旦出现绝缘故障，需要维修人员借助检测仪器进行绝缘检测，查找出故障部位并进行维修。

1. 绝缘电阻表

绝缘检测通常使用的仪表为数字型绝缘电阻表，俗称兆欧表（手摇式俗称摇表，已经被淘汰），图 1-4-9 所示为常用的两种数字型绝缘电阻表。

数字型绝缘电阻表内直流电压变换器将其内部电池电压转换为直流高压电作为测试电压，测试电压施加于被测物上产生的电流经电流电压转换器转换为相应的电压值，并送入模-数转换器变换为数字编码经微处理器计算处理，由显示器显示相应的电阻值。图 1-4-10 所示为数字型绝缘电阻表的工作原理图。可以看出，绝缘电阻表工作时产生高压施加在两检测点之间，来模拟高压电路的工作环境和条件，所以在使用绝缘电阻表检测时必须要佩戴绝缘手套。

胜利VC60D型

福禄克1503型

图 1-4-9 常用的两种数字型绝缘电阻表

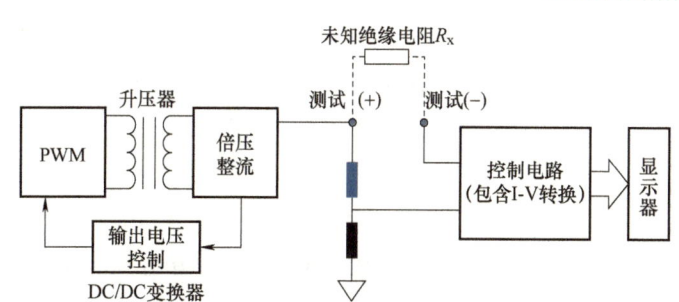

图 1-4-10 数字型绝缘电阻表的工作原理图

2. 绝缘检测注意事项

> **注意**：进行绝缘检测之前，应根据要求执行高压下电程序，并等待一定时间后才进行检测操作。

1）测量前，必须将被测设备的高压电源切断，使用万用表测量被测部件的电压，等电压降为0时再进行下一步操作。必要时需对地短路放电，严禁设备带电进行测量，以保证人身和设备的安全。

2）对可能感应出高压电的设备，必须消除这种可能性后，才能进行测量。

3）被测物表面要清洁，减小接触电阻，确保测量结果的正确性。

4）使用仪表前，应检查表笔的绝缘层是否完好、有无破损，否则会有电击的危险。

5）测试前，应确认表笔已紧密地插入连接插头的端子内，仪表功能选择开关设定正确无误。

6）严禁使用绝缘电阻表的绝缘电阻档测量动力蓄电池及模块正、负极之间的电阻值。

7）严禁使用绝缘电阻表的绝缘电阻档测量辅助蓄电池正、负极之间的电阻值。

8）严禁使用绝缘电阻表的绝缘电阻档测量控制单元的绝缘电阻值。

9）使用数字型绝缘电阻表时应放在平稳、牢固的地方，且远离大的外电流导体和外磁场。

10）在测试时，测试人员及其他人员严禁接触测试引线及被测电路和零部件，因其可能带有高压强电，以免发生电击。

11）测试时，勿转动仪表功能选择开关。

12）测试完毕后，务必将功能选择开关旋转至OFF位置。

13）环境湿度对绝缘电阻有很大影响，潮湿环境下请勿使用仪表或更换仪表电池。

14）不要在易燃性场所测试，可能产生火花引起不必要的损失。

15）仪表电压量程选择应稍大于被测设备的额定工作电压，不宜过高。

16）仪表显示电量不足时，应及时更换电池，以确保测量的准确性；长期不使用时，应将电池取出保管。

17）绝缘检测必须穿戴绝缘防护套装。

18）绝缘检测数据应符合车辆要求，未通过绝缘检测前严禁安装动力蓄电池。

19）测量完成后，被测部件因分布电容可能储存有高压电，须使用$100k\Omega$（2W）电阻对电路进行短路放电，以防电击。

> **温馨提示**：严禁使用绝缘电阻表测量动力蓄电池及模块正、负极之间的绝缘电阻值，严禁使用绝缘电阻表测量辅助蓄电池正、负极之间的绝缘电阻值，严禁使用绝缘电阻表测量控制单元的绝缘电阻值。

3. 高压部件对地电压不为零的原因

高压回路与低压回路是相互独立的两个回路，彼此之间应该是绝缘的，使用绝缘电阻表检测绝缘电阻值应该为∞，使用万用表分别检测高压电路"+"和"−"与车身地之间的电压也应该为 0，但高、低压电路之间并非没有电路上的连接。实际中，若使用万用表分别检测高压电路 "+" 和 "–" 与车身地之间的电压，结果会出现电压不为 0 的现象。

为了实现低压控制高压，设计人员在高压回路和低压回路之间设有监测电路与控制电路，如蓄电池单体的电压检测、绝缘电阻监测电路、接触器粘连检测电路、电机逆变器、DC/DC 变换器、车载充电机等，都会使高压电路和低压电路之间存在电路上的连接，尽管有电压隔离和绝缘措施，但与车身地之间的电阻并非无穷大，都存在一定的等效电阻，但阻值非常大，近似绝缘。当使用万用表测量高、低压电路之间的电压时，测量结果不为零，甚至会很高。尽管存在一定的绝缘电阻，但高、低压电路之间并不能彼此互成回路而影响各自电路的工作，仍然是各自独立运行的电路。

4. 绝缘检测方法

车辆本身设有绝缘监测电路，随时对高压电路进行检测，一旦电路出现绝缘故障就会进行警告并采取相应的应急措施。绝缘检测是维修人员借助于仪器设备进行的，以确定故障原因和故障点。

(1) 动力蓄电池不允许使用绝缘电阻表进行检测的原因　新能源汽车高压系统的绝缘检测，除动力蓄电池不允许使用绝缘电阻表进行检测外，其他高压部件均可以使用绝缘电阻表进行检测。动力蓄电池不允许使用绝缘电阻表进行检测的原因主要有以下几点：

1）使用绝缘电阻表不允许带电测量。

2）部分品牌车型动力蓄电池包内部有安全控制盒，盒内有主接触器、预充接触器等开关，在高压下电后接触器已断开，若在动力蓄电池包外部输出端进行检测，并不能检测到动力蓄电池模块的绝缘电阻。

3）部分品牌车型在高压下电后，动力蓄电池正极或负极对托盘（车身地）之间存在一定的电压，若使用绝缘电阻表检测，检测结果会有较大误差。

4）部分品牌车型在动力蓄电池包内部有蓄电池检测模块（如比亚迪 BIC），若使用绝缘电阻表检测，如操作不当选择电压量程过高，绝缘电阻表产生的高压有可能将蓄电池检测模块击穿烧毁。

(2) 动力蓄电池的绝缘检测方法　因不能使用绝缘电阻表检测动力蓄电池包内部的绝缘电阻，需使用其他方法来检测或判断动力蓄电池包内部是否存在绝缘故障，通常有以下两个方法：

一是使用排除法进行判断。这是一种间接替代检测法，若车辆出现绝缘故障，先使用绝缘电阻表对其他高压部件进行检测，若其他高压部件绝缘电阻均正常，即可判断动力蓄电池包内部存在绝缘故障；或者逐个断开其他高压部件高压插接器，看看故障是否排除，如所有高压部件都断开后，绝缘故障仍存在，可以认为动力蓄电池包存在绝缘故障。这种动力蓄电池包绝缘故障检测方法实际中比较常用。

二是使用万用表进行检测。以比亚迪为例，使用的工具是数字式万用表和一个连接有长导线的 100kΩ 的电阻。这种检测方法通常需要在动力蓄电池包拆包后进行，因动力蓄电池包拆包比较烦琐且比较危险，实际中单纯进行动力蓄电池包绝缘电阻检测并不采用这种方法，只是在动力蓄电池包拆包维修之后复装时作为一项检测内容，或在已经确认动力蓄电池包内部漏电的情况下，维修之后进行复检时才使用，其操作方法可参考下面任务实施过程。实际上，使用万用表检测绝缘电阻是在模拟车辆本身的监测方法。

有些车型动力蓄电池包内部有接触器，可通过上电测量动力蓄电池包正极和负极与车身地之间的电压，可以进行以下操作：

整车退电后等待 5min，断开辅助蓄电池、负极连接，戴好绝缘手套将高压电控总成的直流母线输入断开，连接辅助蓄电池负极进行高压上电，然后分别测量上电时正/负极母线与车身地之间的电压，（如果不预充，可能是互锁回路断路导致高压不上电，需用短路线将动力蓄电池包高压插接器插座的互锁端子短接后再进行；有些车辆在高压上电时进行上电测试，若存在导致高压不上电的故障，接触器只有几秒的吸合后立刻下电，会导致测量不准确，可更换成空调输出端口进行检测），这是一种非拆包检测法，实际中操作简单、方便，如图 1-4-11 所示。如仍无电压，则需在拆包的情况下直接测量起始模块和终端模块排线总"+"和总"−"对托盘地（车身地）之间的电压。此操作十分危险，操作时须格外小心，且必须做好防护。

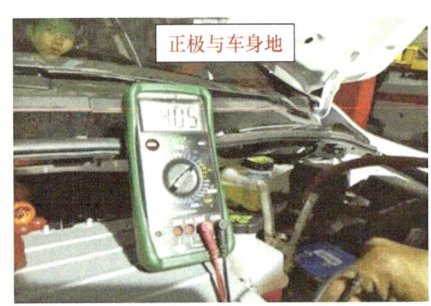 

图 1-4-11　动力蓄电池绝缘电阻万用表电压检测法

（3）动力蓄电池以外其他高压部件的绝缘检测方法　对于其他高压部件，可直接使用绝缘电阻表进行检测，这种方法比较简单、实用，检测时通常先把低压插接器和各高压支路连接高压总成之间的高压线束连接断开，针对高压线束和高压总成两个方面分别进行检测。

一般厂家对使用绝缘电阻测试仪进行绝缘检测的测量值有具体要求。由于动力蓄电池电压不同，测量结果要求也不同，一般要求是要在 1MΩ 以上；有些品牌对不同部件的绝缘阻值要求也不同，测量值越大绝缘性能越好，如比亚迪对高压线束及高压控制器的绝缘阻值要求不小于 20MΩ，对电机绕组的绝缘阻值不小于 50MΩ；甚至对一些低压部件的绝缘阻值也有近似的要求，如对旋变的线圈的绝缘阻值要求不得小于 50MΩ。若厂家对绝缘电阻值的最低值无具体要求，可按照不小于 500Ω/V × 动力蓄电池包总电压值的方法进行计算，绝缘电阻值不能小于此值。

 **任务实施**

2019款比亚迪e5绝缘检测

1. 任务准备

安全防护：做好安全防护与场地隔离（车内外三件套、车轮挡块、警示标志及隔离带等）。
工具设备：举升机、人身安全防护套装、绝缘工具套装、常规工具套装。
车辆台架：比亚迪 e5 分控联动系统、比亚迪 e5 教学版整车。
辅助资料：教材、维修手册、任务工单、记号笔。

2. 操作步骤

注意：在操作前，应先做好场地安全防护、车辆安全防护、人身安全防护等各种防护措施，并执行高压下电程序，等待 5min 后再进行动手操作。

项目一　新能源汽车高压供电控制系统

项目一		动力蓄电池与托盘之间的绝缘电阻检测		
序号	操作示意图		操作方法	检测标准
1			在执行高压下电程序后，正确解除动力蓄电池包高压母线捅接器插头锁止机构，拔掉插接器插头，观察有无异常	正确解锁，严禁借助工具暴力拆解；高压母线端子无烧蚀，插头壳体无裂纹，无脏污，无破损
2			观察插座壳体、高压公端子和互锁端子有无异常	插座壳体无裂纹，无脏污，无破损，高压母公端子无烧蚀，互锁端子无弯针和断针
3			使用连接线将互锁端子短接	连接要可靠，且不能与插座壳体接触，以防止连接线搭铁
4			连接辅助蓄电池负极，佩戴好绝缘手套，辅助人员协助上高压电，使用万用表测量动力蓄电池正极与托盘之间的开路电压 $U_正$	$U_正 \leq$ 动力蓄电池电压

新能源汽车驱动电机及控制技术

(续)

动力蓄电池与托盘之间的绝缘电阻检测

项目一 序号	操作示意图	操作方法	检测标准
5	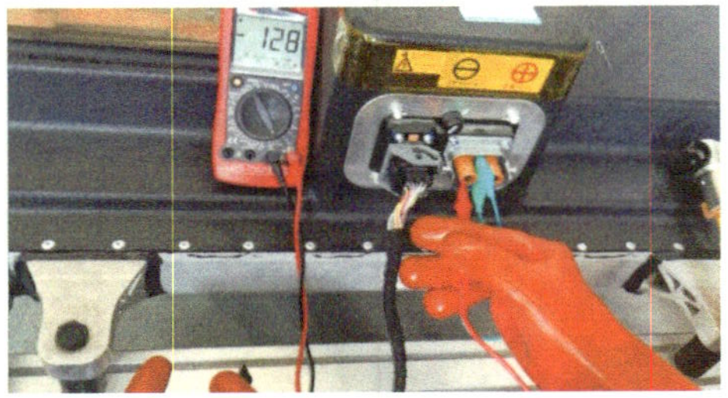 	测量动力蓄电池负极与托盘之间的开路电压 $U_{负}$	$U_{负} \leqslant$ 动力蓄电池电压
6	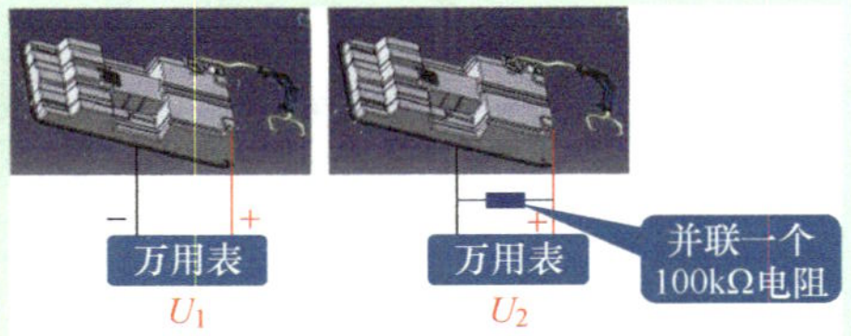	比较 $U_{正1}$ 和 $U_{负1}$,例如 $U_{正1} > U_{负1}$,则在动力蓄电池正极与托盘之间并联一个电阻 R (100 ± 10) kΩ。同时,用万用表测量高压电阻两端的电压 U_2	U_1 为不并联电阻 R 时的正极对地电压 $U_{正}$,U_2 为并联电阻 R 后的正极对地电压 $U_{正}$;$U_1 > U_2$
7		利用右列公式进行计算,即可判断"+"对托盘之间的绝缘电阻是否正常 $$\frac{\frac{U_1-U_2}{U_2}R}{\text{动力蓄电池电压}}$$	$\dfrac{\frac{U_1-U_2}{U_2}R}{\text{动力蓄电池电压}} > 500 \Omega/V$ 不漏电 $\dfrac{\frac{U_1-U_2}{U_2}R}{\text{动力蓄电池电压}} \leqslant 500 \Omega/V$ 漏电

备注: 因在高压上电时高压系统要首先进行自检,控制模块在检测到高压系统存在故障后可能会很快又下高压电(一般持续时间为几秒),导致无法准确读出各电压值。可依照此办法,通过空调或 PTC 等其他高压部件进行电压测量

项目一 新能源汽车高压供电控制系统

| 姓名 | | 班级 | | 日期 | | | 053 |

(续)

项目二 高压线束与车身搭铁之间的绝缘电阻检测

序号	操作方法	操作示意图	检测标准
1	执行下电程序，正确分解被测高压部件的高压线束插接器，两端应与高压总成分离；使用绝缘电阻表分别测量高压线束及高压部件高压端子对车身搭铁的绝缘电阻值（测量高压线束与车身搭铁之间的绝缘电阻值时，应将高压线束与高压部件同时分离，但不拆下来）		检查高压线束绝缘层的绝缘性能。高压线束拆下来会导致测量结果不准。高压线束与车身搭铁端子之间、高压线束之间的绝缘电阻值应为∞，高压部件与车身搭铁之间的绝缘电阻值应符合厂家要求
2	使用绝缘电阻表分别测量①线芯与屏蔽层之间的绝缘电阻值；②屏蔽层与壳体（车身地）之间的接地绝缘电阻值；③线芯与车身地之间的绝缘电阻值。目的是检查电缆的绝缘情况，防止电缆因与车身地等有漏电。测量时，只需松开插头即可，勿将高压电缆拆下，否则测量不准确		绝缘电阻均应为∞

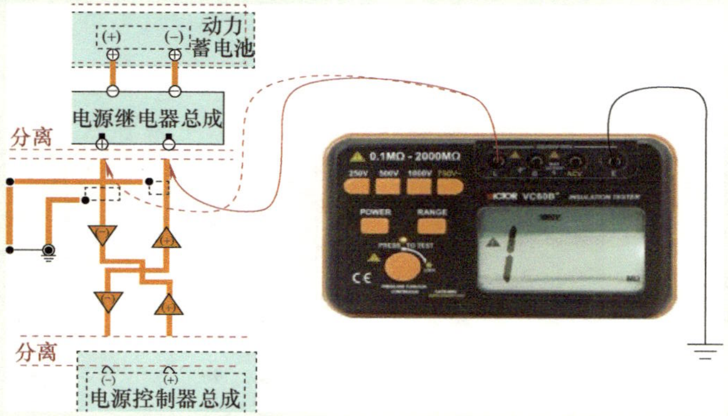

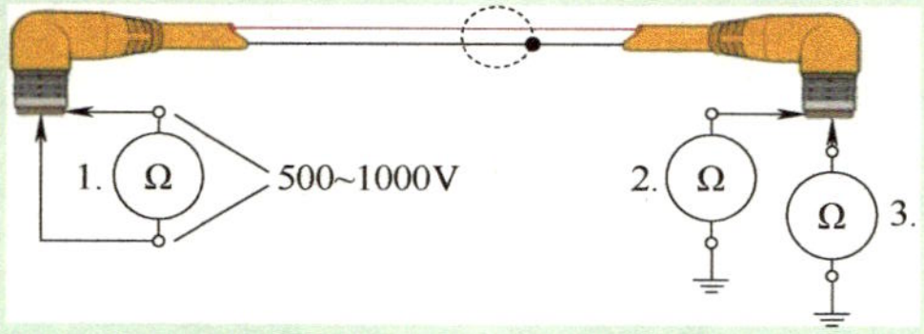

项目三 高压总成的绝缘检测

序号	操作方法	操作示意图	检测标准
1	拔下高压部件（如空调压缩机）电源插头，并对高压部件两端子进行放电或等至少5min。绝缘电阻表选择电压等级应高于动力蓄电池的电压		读取测量值与标准值对比，低于标准值为绝缘不良。标准值应>500Ω/V×动力蓄电池包总电压值

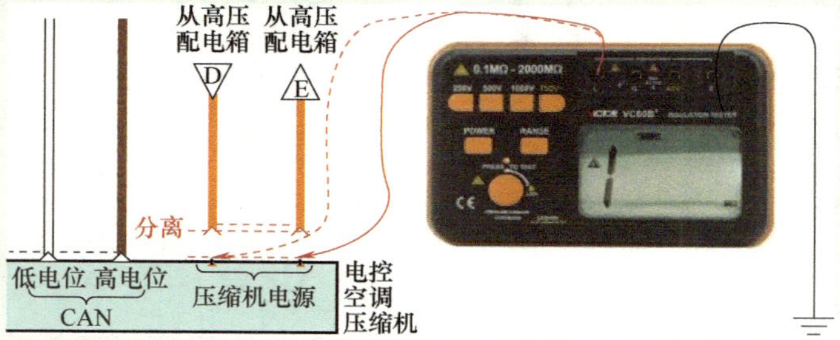

3. 竣工检验

（1）将拆卸的各部件完整复位。

（2）整理、恢复作业场地。

工作任务单

1.4　2019 款比亚迪 e5 绝缘检测（附后）

任务实施配分评分表

1.4　2019 款比亚迪 e5 绝缘检测——任务实施配分评分表（附后）

学习任务单

1.4　绝缘检测（附后）

任务五　高压供电控制系统检测

任务引入

新能源汽车高压供电系统由动力蓄电池、控制系统、安全控制装置以及加热和冷却系统等组成，主要为新能源电驱系统以及其他高压和低压电气元件供电，是新能源汽车故障高发部位。深入了解高压供电控制系统的基本组成及工作原理，有利于提高维修人员新能源汽车高压供电控制系统乃至整个高压系统的故障诊断和维修的技能水平。本任务主要学习高压供电控制系统的结构、工作原理与检修方法。

学习目标

知识目标
- 掌握高压供电控制系统的基本组成。
- 掌握高压供电控制系统的主要部件。
- 了解高压供电控制系统的控制策略。

技能目标
- 具有对高压供电控制系统主要部件故障进行检修的能力。
- 具有对高压供电控制系统的故障进行诊断分析和维修的能力。

职业素养目标
- 严格执行新能源汽车检修操作规范，养成科学严谨的工作态度。
- 养成总结训练过程和结果的习惯，为下次训练积累经验。
- 培养虚心向他人学习、尊重他人劳动的意识。
- 培养团结协作的意识。
- 养成严格执行 7S 现场管理的习惯。

知识空间

新能源汽车高压供电系统包括动力蓄电池、控制系统、安全控制装置以及加热和冷却系统等，其功能是给新能源汽车电机驱动系统以及其他高压和低压电气元件供电。其控制系统的功能是保证高压供电系统可靠安全运行。纯电动汽车和混合动力汽车高压供电系统的基本组成和工作原理非常相近，本任务以纯电动汽车为例重点讲述高压供电控制系统的结构、工作原理及检修方法。

一、高压供电控制系统的基本组成及功能

新能源汽车高压供电控制系统即蓄电池管理系统（BMS），作为一个完整的电控系统，基本组成主要由输入信号装置、控制单元（ECU）和输出信号装置三部分组成，如图 1-5-1 和图 1-5-2 所示。目前，纯电动汽车大多采用分布式蓄电池管理系统，混合动力汽车多采用整体式蓄电池管理系统。

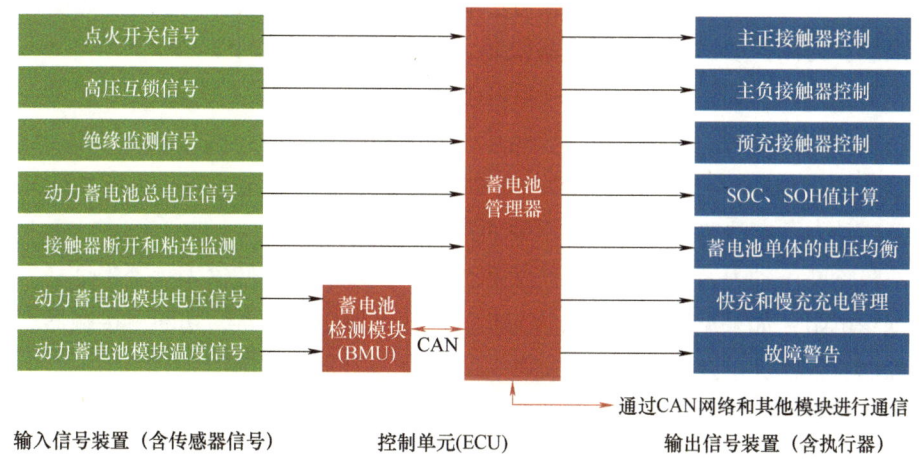

图 1-5-1 蓄电池管理系统的基本组成

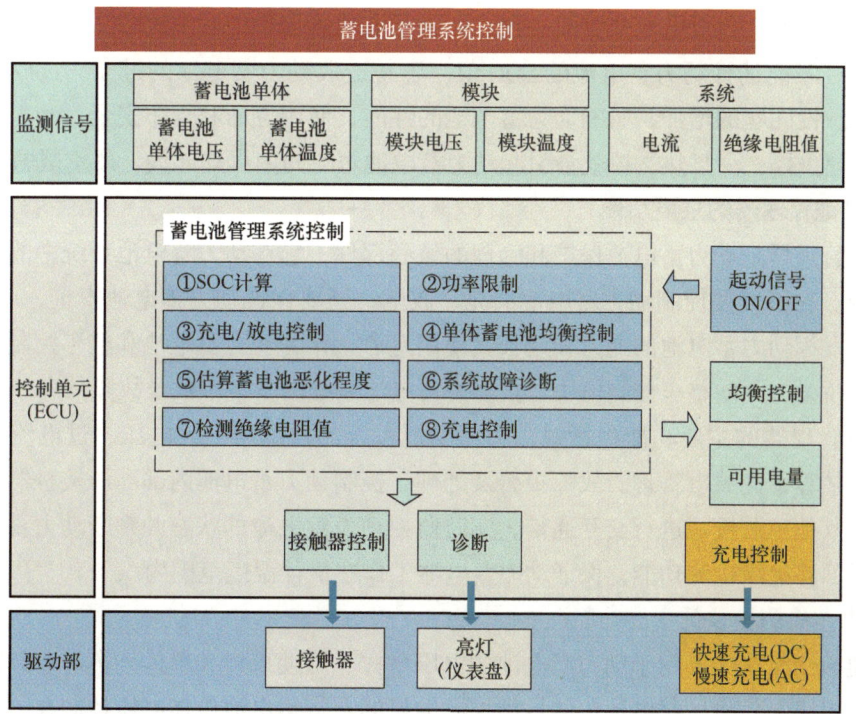

图 1-5-2 蓄电池管理系统的结构、工作原理图

输入信号主要包括电压监测、电流监测、温度监测、互锁监测以及绝缘监测等信号。

ECU 主要包括蓄电池管理器和蓄电池检测模块（BMU）。分布式蓄电池管理系统是由多个蓄电池检测模块（比亚迪称为信息采集器）、一个蓄电池管理模块（BMS）和整车控制模块（VCU）之间构成的三层两级网络控制系统。蓄电池管理模块和蓄电池检测模块的功能各自独立，蓄电池管理器负责整个动力蓄电池的管理，蓄电池检测模块负责收集每个蓄电池单体的电压、温度等信息以及蓄电池均衡，整车控制模块与蓄电池管理器之间、蓄电池管理器和蓄电池检测模块之间一般通过 CAN 网络通信。整体式蓄电池管理系统除没有多个模块检测模块外，其他基本组成和控制功能与分布式基本相同。

输出信号除了用于驱动执行器工作外，还要进行充放电管理、均衡控制和故障报警等，提高动力蓄电池的利用率，防止动力蓄电池出现过充电或过放电，延长动力蓄电池的使用寿命，保证用电安全。当动力蓄电池过电压、欠电压、过电流、过高温和过低温时，需要进行保护。

1. 蓄电池管理系统的主要控制功能

SOC 计算：动力蓄电池可用电量（相对于动力蓄电池额定容量的可放电电能量百分比）。

功率限制：为保护动力蓄电池的电量限制。

充电 / 放电控制：预测动力蓄电池可用电能量，控制过充（放）电电压。

单体蓄电池均衡控制：判断蓄电池模组单体蓄电池的一致性并执行电压均衡功能。

防止动力蓄电池恶化：即 SOH 估算，评估动力蓄电池的健康状态，为防止由车辆高压用电设备故障或动力蓄电池恶化导致安全事故而控制接触器。

系统故障诊断：动力蓄电池供电系统故障诊断，发现故障时使仪表盘警告灯亮。

检测绝缘电阻：如果车辆高电压系统与车身之间绝缘电阻异常，切断主接触器。

充电控制：快速充电及慢速充电时监测动力蓄电池电量和电压。

蓄电池管理系统除了对动力蓄电池性能参数进行监控、实施高压电性能的管理以外，还具有热管理为主的应用环境管理，实施对动力蓄电池的加热和冷却，确保动力蓄电池的良好运行环境温度以及温度场的一致性。动力蓄电池成组技术要求蓄电池单体要在容量、内阻、电压、恒流比、放电平台、自放电 6 个方面一致。如果蓄电池管理系统发生故障，就失去了对动力蓄电池的监控，不能估计动力蓄电池的 SOC 值，容易造成动力蓄电池的过充、过放、过载、过热以及不一致性问题的增加，影响动力蓄电池的性能、使用寿命和行车安全。动力蓄电池最严重的故障是热失控，一旦热失控就会引起动力蓄电池短时间内爆炸起火，严重威胁人身安全。

2. 蓄电池管理器的主要功能

蓄电池管理器是动力蓄电池保护和管理的核心部件，它在动力蓄电池系统中的作用就相当于人的大脑。它不仅要控制动力蓄电池的充、放电，还要保证动力蓄电池安全、可靠地使用，而且要充分发挥动力蓄电池的能力和延长其使用寿命，作为动力蓄电池和整车控制模块以及驾驶人沟通的桥梁，并向整车控制模块上报动力蓄电池系统的基本参数及故障信息。

蓄电池管理器的主要功能包括对动力蓄电池系统的过电压、欠电压、过电流、过温进行保护，SOC 估算、充放电管理、故障报警及处理，控制动力蓄电池内部高压接触器的接通和断开，与车辆其他控制模块进行交互通信，实时监控动力蓄电池的状态并判断动力蓄电池发生的故障，高压回路绝缘检测功能，保证动力蓄电池工作在最佳温度范围内。

3. 蓄电池检测模块的主要功能

蓄电池检测模块主要用于动力蓄电池的电压采样、温度采样和单体均衡等，并向动力蓄电池管理器上报以上信息。蓄电池单体均衡控制的目的是将蓄电池单体电压控制在一定电压差范围内。如果任一蓄电池单体电压比平均值高,以较低电压为基准执行电压均衡,包括被动均衡和主动均衡。被动均衡存在电能的消耗,主动均衡是电能的转移而不是消耗。

二、主要控制部件及信息采集装置

高压供电控制系统基本组成除了蓄电池管理模块、蓄电池检测模块、高压连接排线(汇流条)以及采样线束、通信线路外,还有安全控制装置,安全控制装置主要包括主正接触器、主负接触器、预充接触器、预充电阻、电流传感器、高压熔丝等部件,以及单体电压监测、温度监测、绝缘监测、粘连检测等装置。

1. 安全控制盒

图 1-5-3 所示为一种动力蓄电池安全控制盒的内部结构,主要包括主正接触器、主负接触器、预充接触器、预充电阻、霍尔电流传感器、高压熔丝、高压连接排线(汇流条)等。

(1) 高压接触器 高压接触器也称作高压继电器,如图 1-5-4 所示,其作用是用低电压、小电流来控制高电压、大电流的输出,相当于一个开关的作用,同时具有电压隔离的作用,

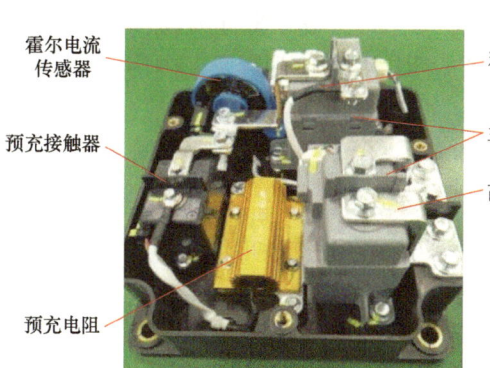

图 1-5-3 动力蓄电池安全控制盒的内部结构

防止高电压串入低压回路。高压接触器内部主要由高压触点和吸合线圈两部分组成。高压触点通过螺钉与排线固定。考虑到高压用电安全的需要,高压触点外部使用陶瓷进行密封和绝缘。同时,在密封腔体内填充以氢气为主的气体,使触点工作在一个高压、密闭的稳定环境内,提高了触点接通与分断直流高压大负载的能力,保证触点在高温、电弧的侵蚀下不易氧化。

 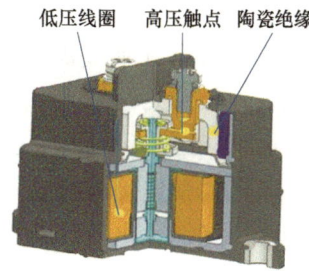 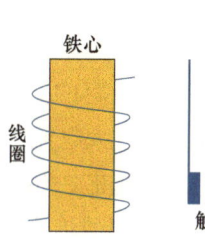

图 1-5-4 高压接触器

新能源汽车动力蓄电池电压一般都大于 100V,远高于传统汽油车的 12V。由于直流电的电流是连续不变的,且是高电压,所以必须用接触器对动力蓄电池高压回路进行控制。

高压接触器是在直流电路中用来控制高电压、大电流的装置。蓄电池管理系统利用高压接触器对动力蓄电池高压主电路进行控制,根据动力系统的需要接通或断开动力蓄电池高压主电路,用于动力蓄电池与整车用电系统的安全连接。它是新能源汽车不可或缺的核心关键零部件,具有动作快、体积小、灭弧安全性高、动作可靠性高、使用寿命长等特点。

蓄电池管理系统通过高压接触器对动力蓄电池的高压电进行控制和分配,当高压接触器故障时,可能会导致某些用电设备无法正常工作。同时,蓄电池管理系统会对高压接触器的工作情况进行监测,当高压接触器及其电路出现故障时,在相关模块内部会形成相关的故障码。当

系统报高压接触器故障时，故障原因可能是接触器本身及其相关电路故障。

接触器线圈检测：可以利用万用表测量接触器线圈电阻，检查其电阻值是否正常，如果不正常，需要更换；还可以使用加电测试的方法对接触器线圈进行检测，具体方法是：利用外部12V电源给接触器线圈通电，观察接触器是否有吸合的声音，如果有，说明接触器线圈正常。

接触器触点检测：为确保安全，新能源汽车均采用常开型接触器，在接触器线圈不供电时，测量高压触点的两个连接点之间电阻值正常应该为∞；给接触器线圈供电后，测量高压触点的两个连接点之间电阻值正常应该接近0。如果测量值不正确，则需要更换接触器。另外，当线圈断电后，触点应迅速断开，因为电弧火花等原因有可能使触点粘连，所以控制系统设有接触器触点断路和粘连检测。

（2）高压熔丝　高压熔丝也称为高压熔断器，如图1-5-5所示。其壳体为陶瓷，内部充满石英砂，熔丝埋在石英砂里进行灭弧，熔丝由铝锑合金等低熔点合金制成，对高压电路主要起过载保护的作用。

高压熔丝一般安装在动力蓄电池内部、安全控制盒内部或者某些控制模块内部，以避免维修人员轻易接触到而引起触电事故。

图1-5-5　高压熔丝

当新能源汽车高压系统的电路短路时，导致动力蓄电池瞬间大电流放电，此时动力蓄电池单体和高压线束的温度迅速升高，将会导致动力蓄电池和高压线束的燃烧，严重时还可能会引起动力蓄电池爆炸。若电路中正确地安置了熔丝，那么熔丝就会在电流异常升高到一定的值时，自身熔断切断电流，从而起到保护电路安全运行的作用。

高压熔丝好坏的判断可以用通过万用表测量电阻或者电压的方法，熔丝两端正常电阻值应该接近0，在通电情况下熔丝两端电压应该相同。如果熔丝异常，则更换高压熔丝。在更换熔丝时，必须按照要求更换同规格的熔丝，否则可能会导致更严重的后果。

（3）预充电阻　预充电阻的作用是与预充电容一起使用，限制预充电容的充电电流，延长预充电时间，防止高压上电瞬间的过大电流和过高电压冲击损坏高压电气部件。预充电阻由电阻芯、铝外壳、填充物和连接线组成。电阻芯与铝外壳之间的填充物为绝缘非燃性硅化物，用模压工艺灌装而成，使电阻芯和铝外壳形成结构坚固的电阻个体，如图1-5-6所示。

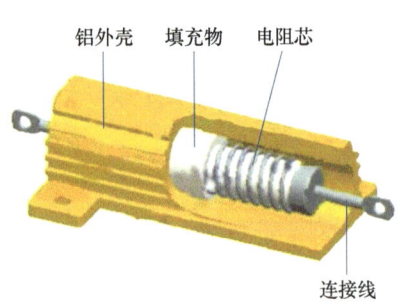

图1-5-6　预充电阻

2. 蓄电池温度传感器

动力蓄电池在充放电时会导致自身发热，如果温度过高可能会导致车辆热失控而自燃，所以必须对动力蓄电池的温度进行监测。

蓄电池温度传感器的作用是监测动力蓄电池模块的温度信息，蓄电池管理器利用此信息对动力蓄电池进行控制。

根据需要，蓄电池温度传感器可能有多个，分别监测不同动力蓄电池模块的温度，如图1-5-7所示。

蓄电池温度传感器的传感元件一般采用负温度系数热敏电阻，在温度变化时，其电阻值会发生变化。当动力蓄电池模块的温度变化时，蓄电池温度传感器的电阻值就会发生变化，根据串联分压的原理，蓄电池温度传感器信号线的电压就会发生变化。蓄电池管理器依据信号电压的高低，就可判断出动力蓄电池模块温度的高低。

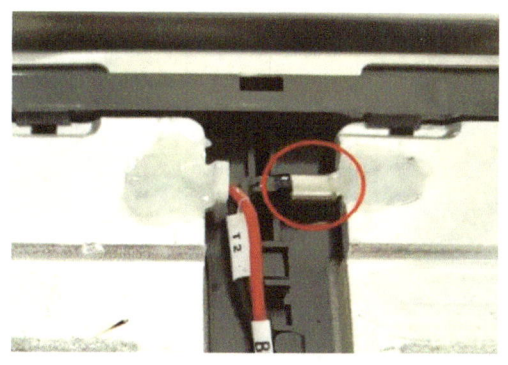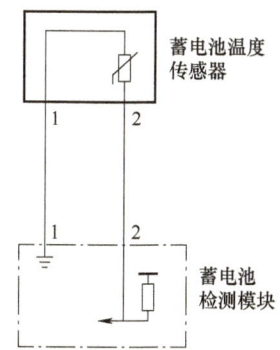

图 1-5-7　蓄电池温度传感器

可以通过诊断仪显示的动力蓄电池温度数据和当前实际的动力蓄电池温度进行对比，推断蓄电池温度传感器是否正常，也可以用万用表测量传感器电阻，其电阻值应该和标准值一致，还应该对信号线路进行检查。

3. 电流传感器和动力蓄电池总电流监测

电流传感器是一种检测导体电流大小的传感器，新能源汽车上常采用霍尔式电流传感器。

霍尔式电流传感器是根据霍尔效应原理制成的，当导体中有电流通过时，导体周围会产生正比于该电流的磁场，霍尔元件能够测量这个磁场的强弱并转换成电压信号。

通常，霍尔式电流传感器做成环形，如图 1-5-8 所示。载流导体从环中穿过，霍尔式电流传感器是通过霍尔元件间接测量导体电流大小的（是一种非接触式测量方式），具有电压隔离的作用。

蓄电池管理器需要随时监控电流传感器的数据，利用电流传感器检测的数据进行 SOC 等值的计算，从而对动力蓄电池的存电量进行精确计算。另外，当电流过大时，蓄电池管理器执行过电流控制，此时动力蓄电池系统降功率运行或者不输出动力。

霍尔式电流传感器的优点是响应速度快、精度高、体积小、频带宽、抗干扰能力强、过载能力强。

图 1-5-8　霍尔式电流传感器

4. 蓄电池单体电压监测

动力蓄电池模块内每个蓄电池单体的两端都有一根电压检测线，用来监测蓄电池单体正、负极之间的电压。蓄电池检测模块（BMU）还可以利用蓄电池单体正极和负极之间的电压差来计算出蓄电池单体的电压，从而计算出动力蓄电池模块电压和动力蓄电池包的总电压。蓄电池单体电压检测原理如图 1-5-9 所示。

5. 接触器断路和粘连监测

为确保高压上电、退电可控（即蓄电池管理器随时可控制各接触器吸合或断开）实现高压安全，只要报出接触器触点粘连（也称作烧结）故障，蓄电池管理器将禁止整车充放电。接触器触点粘连一般都是在吸合或拉断时产生拉弧时出现的。蓄电池管理器通过监测接触器触点输出的电压来判断接触器的状态。

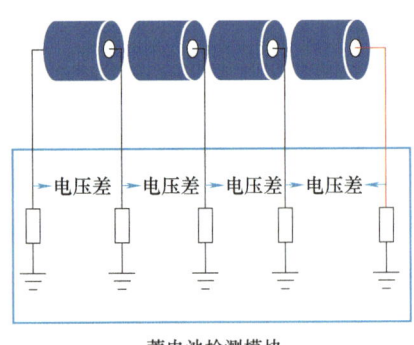

图 1-5-9　蓄电池单体电压检测原理

如果主正接触器没有工作，蓄电池管理器在主正接触器的输出端监测到工作电压，则蓄电池管理器认为主正接触器出现粘连故障。

同样，如果在蓄电池管理器驱动主正接触器工作时，蓄电池管理器在主正接触器的输出端没有监测到工作电压，则蓄电池管理器认为主正接触器存在断路故障。

图 1-5-10 所示为蓄电池管理器对接触器的粘连监测原理。

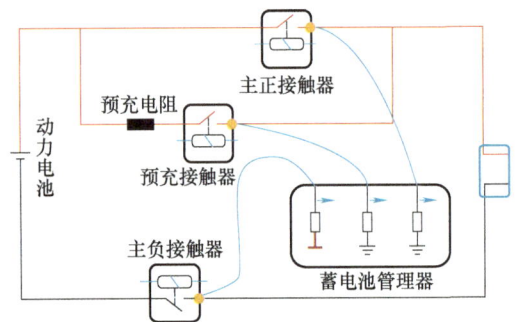

图 1-5-10　蓄电池管理器对接触器的粘连监测原理

当接触器没有工作时，蓄电池管理器应该监测到一个低电位信号。如果此时蓄电池管理器监测到一个高电位信号，则认为接触器存在粘连故障（主负接触器的监测原理与此相反）。

当蓄电池管理器控制接触器工作时，接触器吸合，蓄电池管理器应该监测到一个高电位信号，如果此时蓄电池管理器监测到一个低电位信号，则认为接触器故障（主负接触器的监测原理与此相反）。

检测过程与接触器的接合顺序相关。比亚迪粘连检测的顺序是"上电检负、退电检正"。"负"指负极接触器，"正"指蓄电池正极接触器和预充接触器。其检测方法如下：

1）上电时，动力蓄电池包内预充接触器最先吸合，然后负极接触器吸合，最后正极接触器吸合。正常情况下，只有蓄电池管理器控制吸合负极接触器后，电机控制器才能检测到动力蓄电池包过来的预充电压；如果蓄电池管理器在控制吸合预充接触器后还未吸合负极接触器时就检测到预充电压，便说明负极接触器没有控制吸合就能过电了，此时报"负极接触器烧结"。

2）退电时，蓄电池管理器先断开正极接触器，然后断开负极接触器。正常情况下，只要蓄电池管理器断开正极接触器后，电机控制器检测到预充电容的电压泄放速度能够达到规定值；如果蓄电池管理器在断开正极接触器后还未断开负极接触器时，预充电容电压泄放速度慢，就说明正极接触器可能粘连，此时报"正极接触器烧结"。

除以上检测信息外，蓄电池管理系统还有绝缘检测和高压互锁检测功能。

三、动力蓄电池供电控制系统的工作原理

1. 高压上电

高压上电的目的是为高压用电设备准备好高压电源，以便让用电设备在控制系统的控制下能够立即进入运行状态，供电系统能够立即输出电能，保证整个高压系统的高效、可靠、安全运行。新能源汽车高压供电系统的基本组成如图 1-5-11 所示。

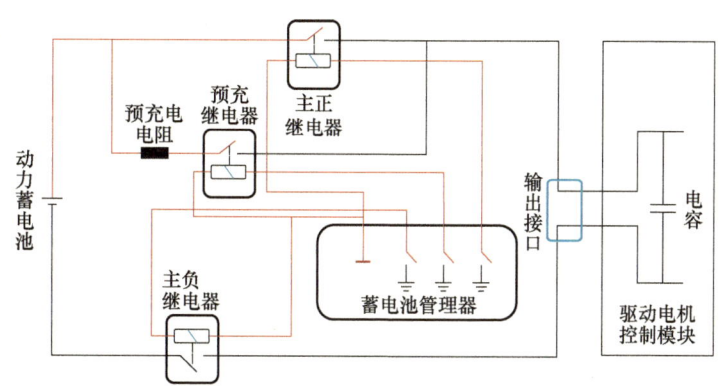

图 1-5-11　新能源汽车高压供电系统的基本组成

（1）预充　起动车辆时，为缓解高压上电对高压系统的冲击，新能源汽车均设置有预充电环节，即在高压上电时首先要经过预充。高压上电开始时，蓄电池管理器先吸合预充接触器，动力蓄电池包的高压电经过与预充接触器串联的限流电阻，给驱动电机控制器内部的电容器充电（见图 1-5-12）。当驱动电机控制器检测到母线上的电压（即电容器电压）达到动力蓄电池包电压约 90% 以上时，通过 CAN 通信向蓄电池管理器反馈一个预充满信号，蓄电池管理器收到预充满信号后控制主接触器吸合，同时，仪表上的 OK（或 READY）灯亮，随后断开预充接触器，预充完成，如图 1-5-13 所示。

预充完成时可以认为高压上电完成，尽管电容器电压仍稍低于动力蓄电池电压，但高压供电系统可以为车辆驱动电机等用电设备提供电能了。

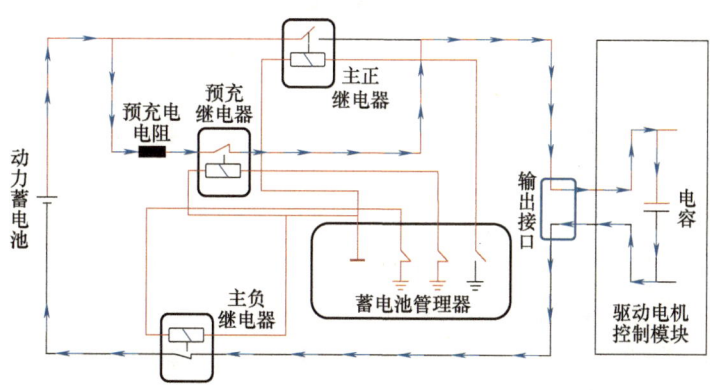

图 1-5-12　预充电时高压接触器的状态和电流的走向

（2）高压上电流程　高压上电流程如图 1-5-14 所示。

高压上电流程可以简单总结为以下 4 步：

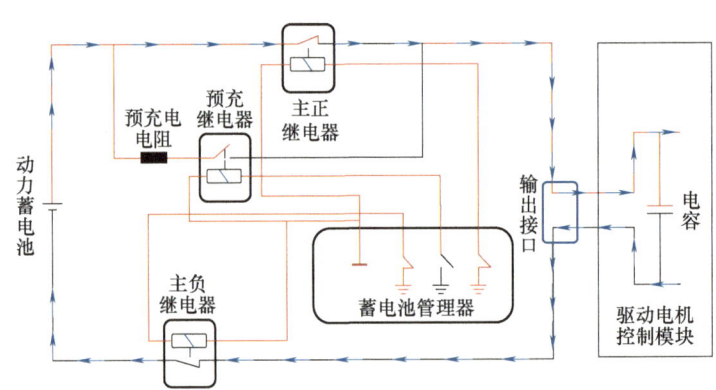

图 1-5-13 预充电结束后高压接触器的状态和电流的走向

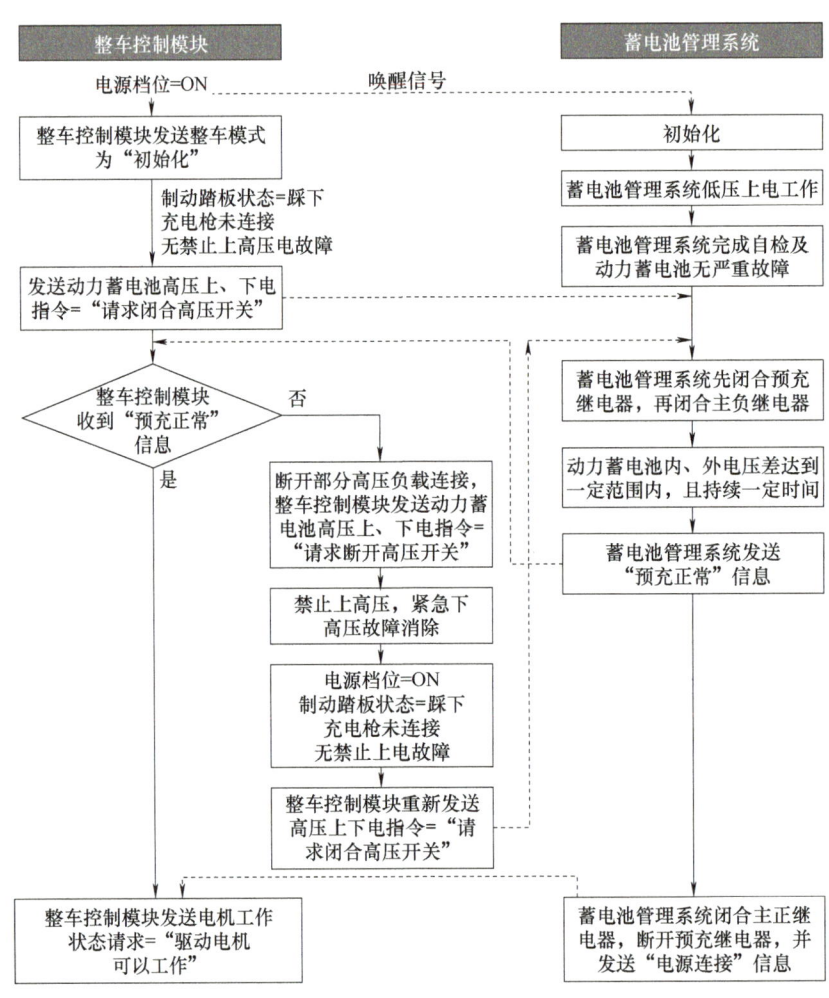

图 1-5-14 高压上电流程

1）主负接触器闭合：构成高压电路的总回路（部分车型与预充接触器闭合顺序有交换）。

2）预充接触器闭合：蓄电池管理系统吸合预充接触器，动力蓄电池包的高压电经过限流电阻给电容器充电，随着充电进行，充电电流逐渐变小，电容器两端电压越来越高。

3）主正接触器闭合：随着充电进行，当驱动电机控制器检测到母线上的电压（即电容器电压）达到动力蓄电池包电压 90% 以上时（比亚迪为压差小于 50V），通过 CAN 通道向蓄电池管理系统反馈一个预充满信号，蓄电池管理系统收到预充满信号后控制主正接触器吸合，同时仪表上的 OK（或 READY）灯亮，预充完成。

4)预充接触器断开:在主正接触器闭合后,预充接触器随后断开,电容器继续充电,直至电容器两端电压与动力蓄电池包电压相等,充电电流为零,高压上电完成。

需要强调的是:

1)在高压系统上电之前,要求低压系统上电要正常,这样才能保证 ECU 等低压控制系统正常工作。低压上电不正常是无法控制高压上电的,所以在进行高压不上电故障检修时,要注意检查低压上电是否正常。

2)低压上电后,全车所有 ECU 首先进行初始化,启动和运行控制程序,恢复和准备工作数据,然后进行自检,检测低压和高压系统是否存在导致高压不上电的故障。

3)车辆高压上电时的起动信号主要包括起动信号、钥匙防盗认证信号、高压系统无故障信号等,起动信号由启动按钮(或车钥匙)START 信号、制动开关信号、P 位信号等信号组成(起动信号由驾驶人启动操作产生),只有所有信号均正常时,整车控制器才允许高压系统上电。新能源汽车高压上电控制与传统燃油汽车发动机起动控制相类似。

4)有些高压故障在车辆行驶中是不下高压电的,允许车辆继续行驶,避免车辆突然失去动力而影响行车安全,同时方便驾驶人移动车辆进站维修;或采取关闭除动力系统外的其他高压用电设备的措施;或采取动力系统降功率运行的措施。有些高压故障需进行等级评估。故障等级一般划分为一般故障和严重故障,针对不同的故障等级再采取不同的控制策略。有些高压故障是允许高压再上电的(只进行高压故障报警),是为了便于维修,如互锁信号故障、一般漏电故障等。

(3)防盗钥匙认证 防盗钥匙认证流程如图 1-5-15 所示。

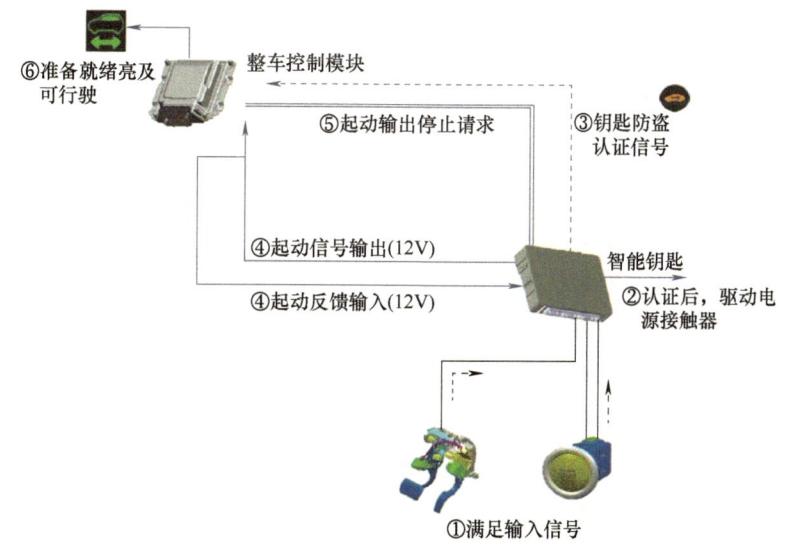

图 1-5-15 防盗钥匙认证流程

2. 高压下电

高压供电控制系统在下电时也要执行一定的流程,首先要进行卸荷,减小电流输出;然后分步断开各接触器;最后要执行泄放程序,把预充电容储存的电能释放,为下一次上电做准备。

(1)高压下电流程 高压下电流程如图 1-5-16 所示。

当蓄电池管理器接收到安全气囊系统(SRS)的碰撞信号时,要执行高压下电程序,并立即进行中控解锁,以确保人身和车辆安全。

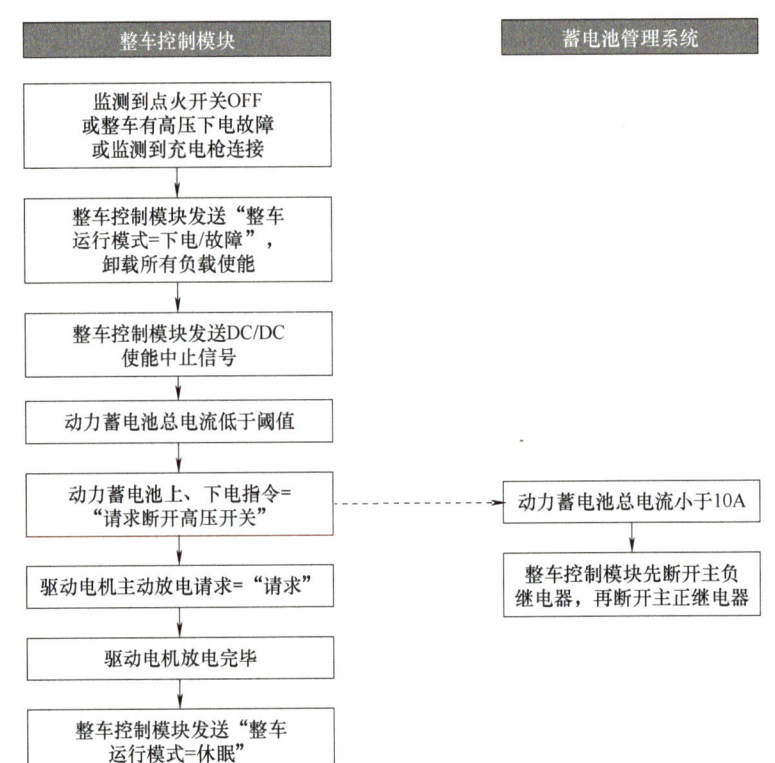

图 1-5-16　高压下电流程

（2）泄放　在执行高压下电程序时，电机控制器要对预充电容进行泄放，以便把电容器在上电时储存的电能泄放掉，为下一次高压上电做准备，如图 1-5-17 所示。一般泄放是通过一个功率电阻把电容器储存的电能消耗掉，这个电阻称为泄放电阻。泄放电阻一般布置在电机控制器内，由电机控制器的泄放电路进行控制。也可以利用驱动电机进行泄放。泄放包括主动泄放和被动泄放。被动泄放的

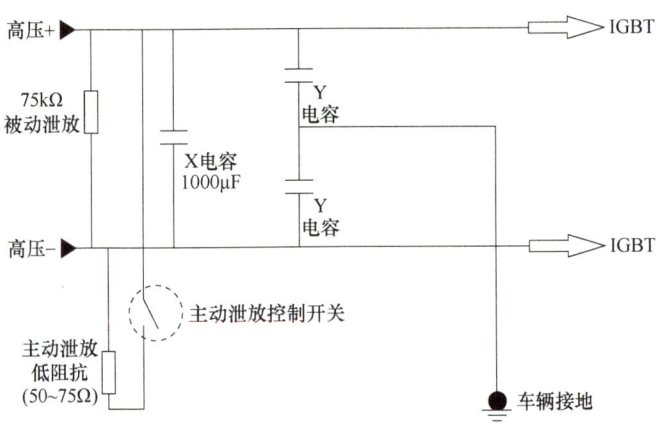

图 1-5-17　泄放电路

泄放电阻阻值大、放电时间长，放电时间几分钟到十几分钟；主动泄放泄放电阻阻值小、放电时间短，放电时间几秒到几分钟。因为存在泄放，所以在进行高压维修时，为确保维修人员人身安全，一定要在高压下电后等待一段时间，等到电容器泄放到安全电压之下（须使用万用表测量）再进行操作。

故障案例

低压供电不正常故障与接触器控制回路故障

注：本故障案例取自全国职业技能大赛《新能源汽车故障诊断与排除项目》，使用车型为 2019 款比亚迪 e5。

新能源汽车的"高压上电"相当于传统燃油汽车的发动机起动。导致新能源汽车"高压不上电"的因素很多，主要有低压供电不正常、通信故障、高压互锁故障、接触器控制回路故障等。本任务针对"低压供电不正常"和"接触器控制回路故障"导致的"高压不上电"故障进行分析。

1. 低压供电不正常故障

新能源汽车的控制策略之一是"低压控制高压"，在进行高压上电时，首先要求低压上电正常，因为低压供电系统负责为各 ECU 和高压控制器提供工作电源，并产生各种监测检测及启动控制信号。比亚迪 e5 几个关键 ECU 和高压控制器均由 IG3 继电器供电，低压供电不正常是导致高压不上电的主要原因。

（1）启动控制分析　对于低压供电不正常，首先应该检查启动控制是否正常，分析低压上电的逻辑控制回路，如图 1-5-18 所示。

1）启动按键 START 信号、制动信号、P 位信号等启动信号同时传递给车身控制模块（BCM），同时，需要防盗模块正常。

2）车身控制模块接收到以上信号后，给 IG3 继电器吸合线圈提供 12V 电源。

3）IG3 继电器吸合后给蓄电池管理器、整车控制器、电机控制器等供电，同时，蓄电池管理器与信息采集器进行通信，检测动力蓄电池供电系统有无故障。

4）蓄电池管理器发出指令，使预充接触器吸合，预充完成后吸合主正接触器，断开预充接触器。

5）电能从动力蓄电池包进入充配电总成配电，然后进入电机控制器经转换后驱动电机运转。

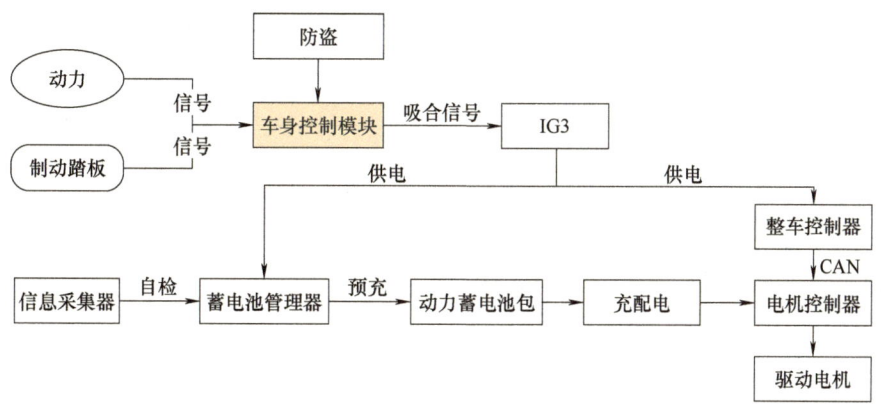

图 1-5-18　2019 款比亚迪 e5 启动控制原理图

2019 款比亚迪 e5 启动控制电路如图 1-5-19 所示。

2019 款比亚迪 e5 防盗钥匙认证原理及电路如图 1-5-20 所示。

（2）低压供电电源故障点分析　低压供电不正常故障点可能出现在熔丝和继电器等位置，如图 1-5-21 所示。在故障诊断过程中，应该根据低压上电控制逻辑和电路中的控制回路走向分析和查找故障原因。表 1-5-1 给出了 2019 款比亚迪 e5 熔丝常见故障表。

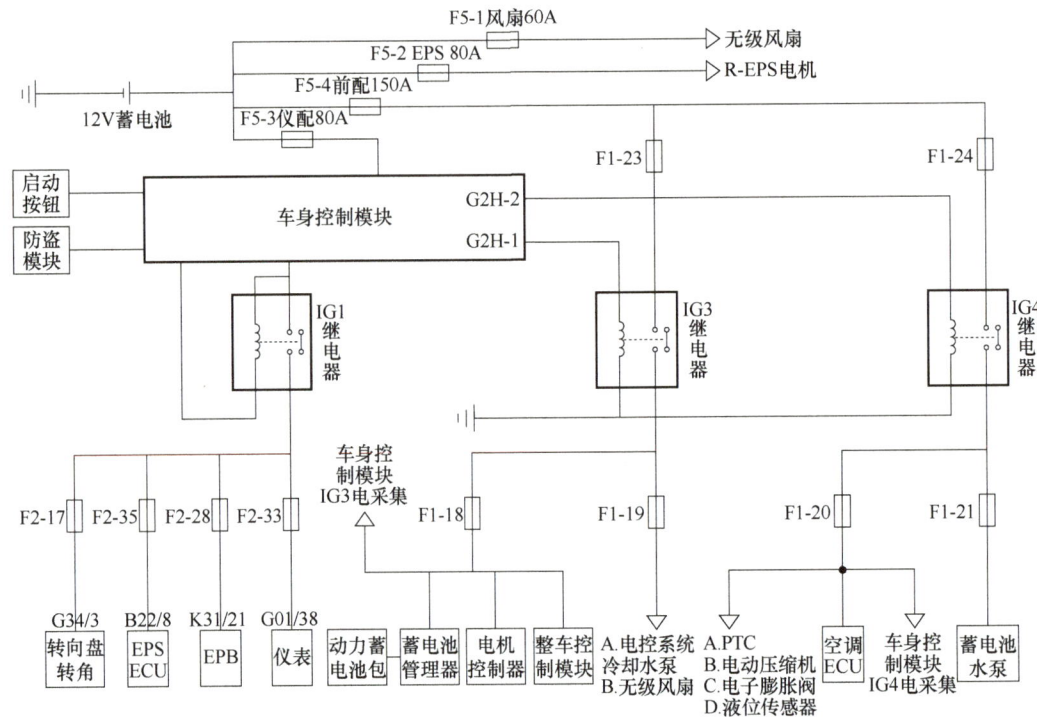

图 1-5-19 2019 款比亚迪 e5 启动控制电路

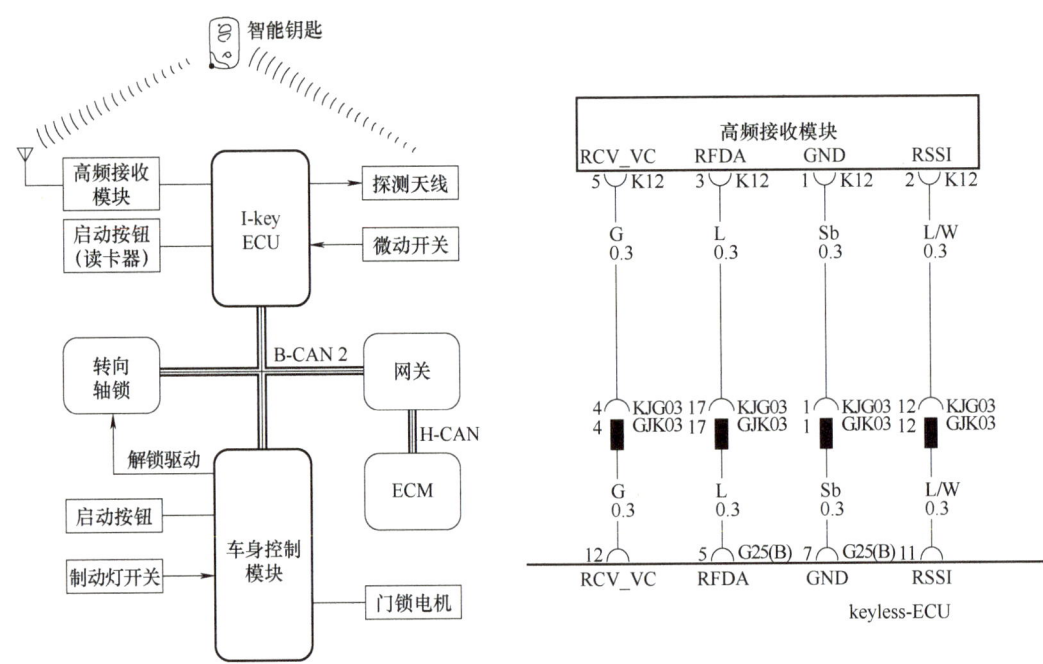

图 1-5-20 2019 款比亚迪 e5 防盗钥匙认证原理及电路图

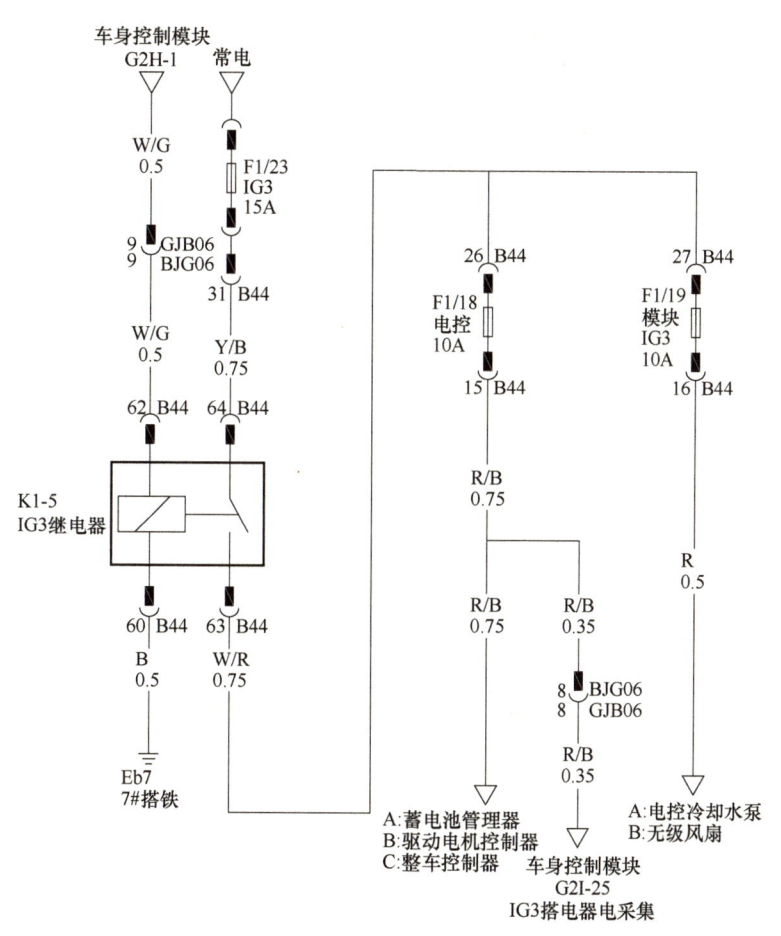

图 1-5-21 2019 款比亚迪 e5 IG3 继电器控制电路

表 1-5-1 2019 款比亚迪 e5 熔丝常见故障表

序号	故障类别	故障点	备注
1	仪表不正常	仪表板配电盒 F2-42（7.5A）熔丝熔断	仪表供电熔丝
2	检测不到钥匙	仪表板配电盒 F2-46（5A）熔丝熔断	网关、I-key 供电熔丝
3	无法连接诊断仪	仪表板配电盒 F2-41（15A）熔丝熔断	DLC 熔丝
4	无法上 OK 电	仪表板配电盒 F2-10（5A）熔丝熔断	车身控制模块供电熔丝
5	无法上 OK 电	仪表板配电盒 F2-33（15A）熔丝熔断	档位传感器熔丝
6	无法上 OK 电	前机舱配电盒 F1-23（15A）熔丝熔断	IG3 主电路熔丝
7	无法上 OK 电	前机舱配电盒 F1-7（10A）熔丝熔断	蓄电池管理器供电熔丝
8	无法上 OK 电	前机舱配电盒 F1-18（10A）熔丝熔断	电控供电
9	无法上 OK 电	前机舱配电盒 F1-6（10A）熔丝熔断	充配电总成供电熔丝
10	无法上 OK 电，交流不能充电	前机舱配电盒 K1-5 继电器故障	IG3 双路电继电器

在故障诊断过程中，不要盲目检查熔丝。应该根据故障现象，结合诊断仪读取的故障码 DTC 和数据流，分析、推断故障范围和大概位置，然后利用万用表和示波器测量相应端子，判断具体的故障部位。

(3) 高压上电控制逻辑分析（图 1-5-22 和图 1-5-23）

1) 制动信号、P 位信号与一键启动信号同时传递给车身控制模块，同时，需要防盗模块正常 [I-key 系统启动，仪表板配电盒 F2-46（5A）熔丝（网关、I-key 供电熔丝）正常；防盗控制单元与车身控制模块通信，启动 CAN 正常]。

启动防盗锁的是电机控制器（VTOG），即在整车上 OK 电之前，电机控制器需要对码。如果电机控制器未进行匹配，整车无法上 OK 电。在更换电机控制器时，需使用 VDS1000 对原车的电机控制器进行密码清除，然后对换上的备件进行防盗编程。

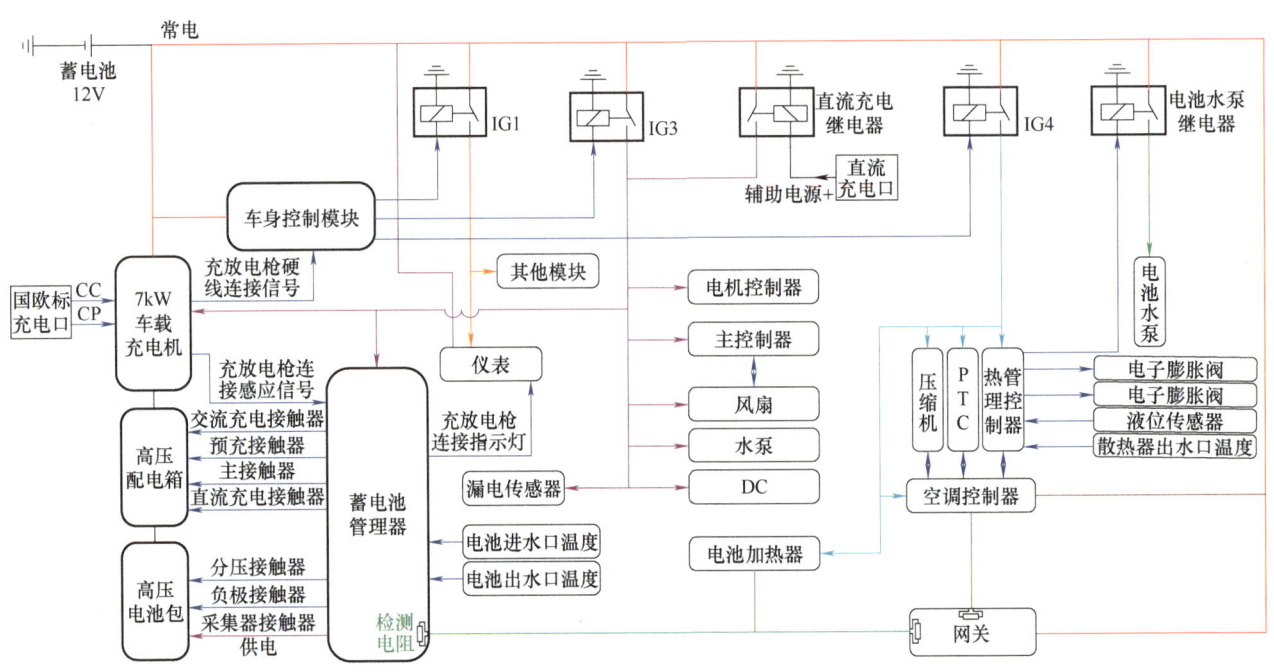

图 1-5-22　2019 款比亚迪 e5 低压配电图

2) 车身控制模块接收到以上信号后，发出 IG3 继电器的吸合信号 [车身控制模块输出供电给 IG3 继电器线圈，继电器吸合，常电经过 F1-23（15A）→继电器触点→ F1/18 电控（10A）→蓄电池管理器、驱动电机控制器、整车控制器；同时到车身控制模块 /G21-25 IG 信号采集，如果没有此信号，车身控制模块会产生相应故障码；继电器触点→ F1/19 模块 IG3（10A）→电控冷却水泵、无级风扇]。

3) IG3 继电器给蓄电池管理器及整车控制器一个电源，同时，蓄电池管理器与信息采集器进行通信，保证动力蓄电池包内部无故障（低压上电后，CAN 总线系统通信）。

4) 蓄电池管理器发出指令，使预充接触器吸合，预充完成后吸合主正接触器，断开预充接触器（高压互锁正常的情况下，进行高压上电测试）。

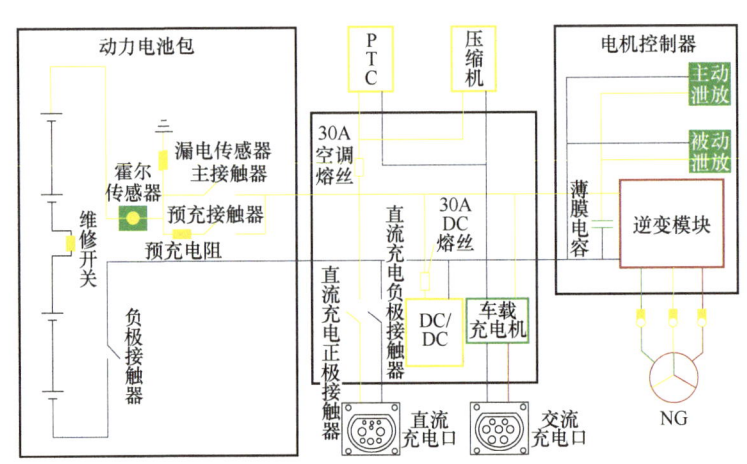

图 1-5-23　2019 款比亚迪 e5 高压配电图

OK 灯亮的条件：蓄电池管理器收到电机控制器反馈的预充满信号。

预充过程：起动车辆时，为缓解对高压系统的冲击，蓄电池管理器先吸合预充接触器，动力蓄电池包的高压电经过预充接触器串联的限流电阻后加载到电机控制器母线上，电机控制器检测到母线上的电压达到和动力蓄电池总电压相差小于 50V 时，通过 CAN 通道向蓄电池管理器反馈一个预充满信号，蓄电池管理器收到预充满信号后控制主接触器吸合，断开预充接触器。

5）电能从动力蓄电池包进入充配电总成［低压不上电，无法 OK。检查充配电总成供电熔丝 F1-6（10A）］，配电后进入电机控制器经转换后驱动电机运转（高压上电完成，OK 灯亮）。

2. 接触器控制回路故障

如图 1-5-24 所示，在低压上电正常、总线通信正常的情况下，蓄电池管理器给预充接触器发出吸合信号，进行高压上电测试，若各接触器控制回路存在故障，会导致预充失败，无法上高压电。

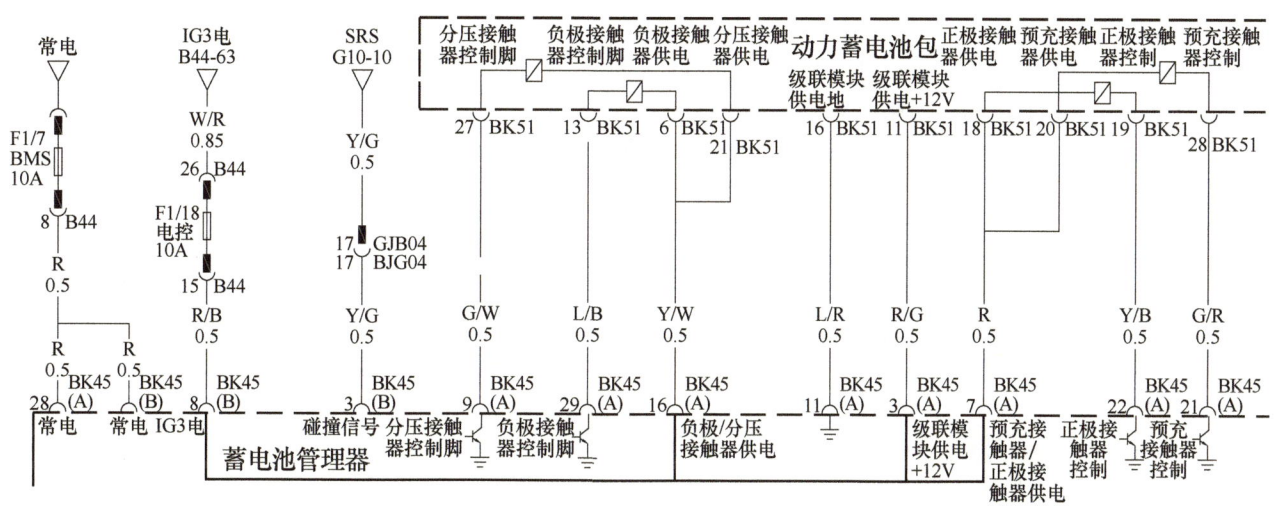

图 1-5-24　2019 款比亚迪 e5 高压供电系统接触器控制电路

1）正极 / 预充接触器 12V 电源输出断路故障。

故障现象：仪表显示请检查动力系统，充电时请检查动力系统，无故障灯，OK 灯不亮。故障码：动力蓄电池生命帧数异常。数据流：预充状态未预充，各接触器均为断开。检测：插接器 BK45（A）端子 7 与 BK45（B）端子 2 之间的电压为悬空电压，正常为下电 0、上电 12V。

2）负极 / 分压接触器 12V 电源输出断路故障。

故障现象：同正极 / 预充接触器故障，仪表显示请检查动力系统，OK 灯不亮；充电时显示请检查动力系统，无故障灯。故障码：动力蓄电池生命帧数异常。数据流：预充状态未预充；各接触器断开。检测：插接器 BK45（A）端子 16 与 BK45（B）端子 2 之间的电压为悬空电压，正常为下电 0、上电 12V。

3）预充接触器控制信号输出拉低导通断路故障。

故障现象：仪表显示请检查动力系统，OK 灯不亮，无故障灯亮；充电时显示请检查动力系统，没有故障码。数据流：预充状态未预充；各接触器断开。检测：插接器 BK45（A）端子 21 与 BK45（B）端子 2 之间的电压未上电 12V，正常上电 0.6V 左右。

4）正极接触器控制信号输出拉低导通断路故障。

故障现象：仪表显示请检查动力系统，无故障灯亮；充电时显示请检查动力系统，无故障码。数据流：预充状态未预充；各接触器断开。检测：插接器BK45（A）端子22与BK45（B）端子2之间的电压未上电12V，正常上电0.6V左右。

5）负极接触器控制信号输出拉低导通断路故障。

故障现象：仪表显示请检查动力系统，无故障灯亮；充电时显示请检查动力系统。故障码：动力蓄电池生命帧数异常。数据流：预充状态未预充。各接触器断开。检测：插接器BK45（A）端子29与BK45（B）端子2之间的电压未上电12V，正常上电0.6V左右。

任务实施

一、2019款比亚迪e5低压上电控制电路检测

1. 任务准备

安全防护：做好安全防护与场地隔离（车内外三件套、车轮挡块、警示标志及隔离带等）。

工具设备：举升机、人身安全防护套装、绝缘工具套装、常规工具套装。

车辆台架：比亚迪e5分控联动系统、比亚迪e5教学版整车。

辅助资料：教材、维修手册、任务工单、记号笔。

2. 操作步骤

注意：在操作前，应先做好场地安全防护、车辆安全防护、人身安全防护等各种防护措施，并执行高压下电程序，等待5min后再进行动手操作。

项目一		启动控制信号检测			
序号	检测项目	操作方法	故障现象及仪表、指示灯显示	检测标准	IG3继电器状态
1	制动灯开关	拔下制动灯开关插接器G28插头，起动车辆	制动灯不亮，无法上高压电，OK灯不亮，仪表报请检查动力系统	制动灯开关插接器G28端子3正常踩制动踏板12V，不踩制动踏板0	K1-5/IG3继电器不吸合，继电器B44端子62电压为0
2	启动START信号	拔下启动按钮G16插头，起动车辆	启动按钮各指示灯不亮，无法上高压电，OK灯不亮	启动按钮插接器G16端子2悬空电压为5V，正常为按下0	K1-5/IG3继电器不吸合，继电器B44端子62电压为0
3	P位开关	拔下P位开关插接器G68插头，起动车辆	无法上高压电，OK灯不亮	G68端子4/5（P位开关信号输出+/-）悬空电压分别为±5V	K1-5/IG3继电器不吸合，继电器B44端子62电压为0

项目二		低压供电电源检测	
序号	检测点	检测点说明	检测标准
1	仪表板配电盒F2-42（7.5A）熔丝熔断	仪表供电熔丝	导通或上、下游插脚电压均为12V
2	仪表板配电盒F2-46（5A）熔丝熔断	网关、I-key供电熔丝	导通或上、下游插脚电压均为12V

(续)

项目二	低压供电电源检测		
序号	检测点	检测点说明	检测标准
3	仪表板配电盒F2-41（15A）熔丝熔断	DLC熔丝	导通或上、下游插脚电压均为12V
4	仪表板配电盒F2-10（5A）熔丝熔断	车身控制模块供电熔丝	导通或上、下游插脚电压均为12V
5	仪表板配电盒F2-33（15A）熔丝熔断	档位传感器熔丝	导通或上、下游插脚电压均为12V
6	前机舱配电盒F1-23（15A）熔丝熔断	IG3主电路熔丝	导通或上、下游插脚电压均为12V
7	前机舱配电盒F1-7（10A）熔丝熔断	蓄电池管理器供电熔丝	导通或上、下游插脚电压均为12V
8	前机舱配电盒F1-18（10A）熔丝熔断	电控供电	导通或上、下游插脚电压均为12V
9	前机舱配电盒F1-6（10A）熔丝熔断	充配电总成供电熔丝	导通或上、下游插脚电压均为12V
10	前机舱配电盒K1-5继电器故障	IG3双路电继电器	给线圈加12V电压，主触点导通

3. 竣工检验

1）将拆卸的各部件完整复位。

2）整理、恢复作业场地。

二、2019款比亚迪e5接触器控制回路检测

1. 任务准备

安全防护：做好安全防护与场地隔离（车内外三件套、车轮挡块、警示标志及隔离带等）。

工具设备：举升机、人身安全防护套装、绝缘工具套装、常规工具套装。

车辆台架：比亚迪e5分控联动系统、比亚迪e5教学版整车。

辅助资料：教材、维修手册、任务工单、记号笔。

2. 操作步骤

注意：在操作前，应先做好场地安全防护、车辆安全防护、人身安全防护等各种防护措施，并执行高压下电程序，等待5min后再进行动手操作。

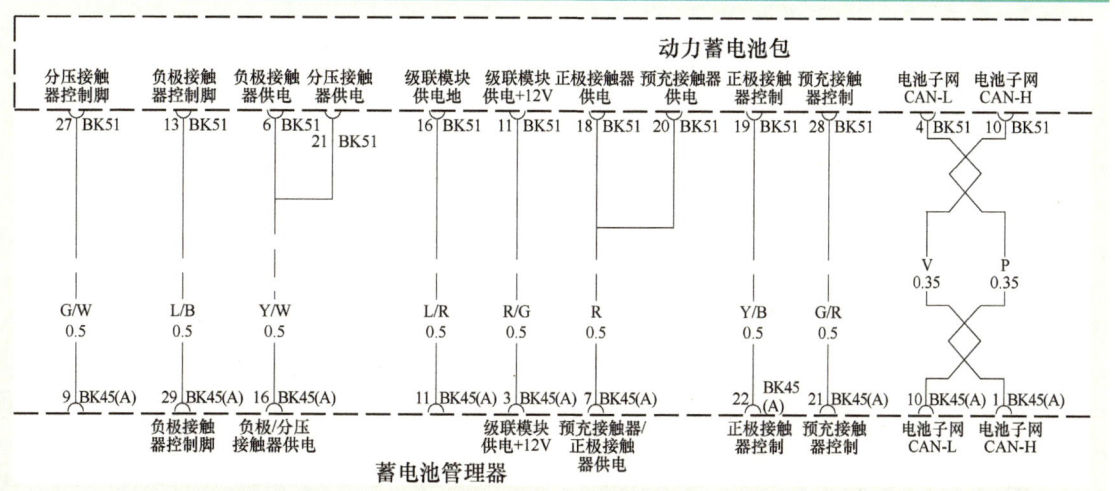

接触器控制回路控制原理图

（续）

序号	检测项目	操作方法	检测标准
1	正极/预充接触器12V电源输出电压	检测插接器BK45（A）端子7与BK45（B）端子2之间的电压	正常为下电0、上电12V
2	负极/分压接触器12V电源输出电压	检测插接器BK45（A）端子16与BK45（B）端子2之间的电压	正常为下电0、上电12V
3	预充接触器控制信号输出电压	检测插接器BK45（A）端子21与BK45（B）端子2之间的电压	未上电12V，正常上电0.6V左右
4	正极接触器控制信号输出电压	检测插接器BK45（A）端子22与BK45（B）端子2之间的电压	未上电12V，正常上电0.6V左右
5	负极接触器控制信号输出电压	检测插接器BK45（A）端子29与BK45（B）端子2之间的电压	未上电12V，正常上电0.6V左右

3. 竣工检验

1）将拆卸的各部件完整复位。

2）整理、恢复作业场地。

工作任务单

  1.5.1 2019款比亚迪e5低压上电控制电路检测（附后）

  1.5.2 2019款比亚迪e5接触器控制回路检测（附后）

任务实施配分评分表

  1.5.1 2019款比亚迪e5低压上电控制电路检测——任务实施配分评分表（附后）

  1.5.2 2019款比亚迪e5接触器控制回路检测——任务实施配分评分表（附后）

学习任务单

  1.5 高压供电控制系统检测（附后）

项目二
新能源汽车电驱系统

项目描述

本项目共两个学习任务：
任务一　驱动电机检测
任务二　变速器检测

通过两个任务的学习，可掌握新能源汽车驱动电机的基本结构、工作原理和检修方法，掌握旋转变压器的结构、工作原理及检修方法，掌握新能源汽车变速器的结构与检修方法。

任务一　驱动电机检测

任务引入

新能源汽车作为传统燃油汽车的替代品，"三电"（即蓄电池、电机、电控）已经成为新能源汽车的核心技术。新能源汽车电机驱动系统简称为电驱。驱动电机作为新能源汽车的三大核心部件之一，相比于传统工业电机，有着更高的技术要求。目前，绝大多数新能源汽车驱动电机采用永磁同步电机，异步电机（也称为感应电机）应用较少，开关磁阻电机应用更少，直流电机基本已被淘汰。本任务重点介绍异步电机和永磁同步电机。

学习目标

知识目标
- 掌握三相交流异步电机的结构与工作原理。
- 掌握三相交流永磁同步电机的结构与工作原理。
- 掌握旋转变压器的结构与工作原理。

技能目标
- 具有三相交流异步电机拆装与检修的能力。
- 具有三相交流永磁同步电机拆装与检修的能力。
- 具有旋转变压器的检修能力。

> **职业素养目标**
>
> ➢ 严格执行新能源汽车检修操作规范,养成科学严谨的工作态度。
> ➢ 养成总结训练过程和结果的习惯,为下次训练积累经验。
> ➢ 培养虚心向他人学习,尊重他人劳动的意识。
> ➢ 培养团结协作的意识。
> ➢ 养成严格执行 7S 现场管理的习惯。

知识空间

新能源汽车电驱系统相当于传统燃油汽车的动力系统,其主要由电控、电机、减速器组件、电驱冷却系统等组成,其主要功能是驱动汽车行驶和能量回收。驱动电机是将电能转换成机械能为车辆行驶提供驱动力的电气装置。绝大多数混合动力汽车和纯电动汽车使用的是永磁同步电机,只有少数混合动力汽车和纯电动汽车使用异步电机。

异步电机通过部件的相对运动,利用电磁感应原理驱动转子转动;永磁同步电机是利用定子电流的磁场对转子永磁体磁场的作用来驱动转子转动的。

一、异步电机的结构与工作原理

新能源汽车使用的异步电机,根据结构与工作原理,其全称应为三相交流笼型异步电机。三相交流是指电源为三相交流电源而不是单相电源或直流电源,笼型是指其转子导体部分形似鼠笼,异步是指转子与定子旋转磁场之间存在转速差,会使转子导体产生感应电动势和感应电流。

异步电机主要由定子和转子两部分组成,如图 2-1-1 所示。

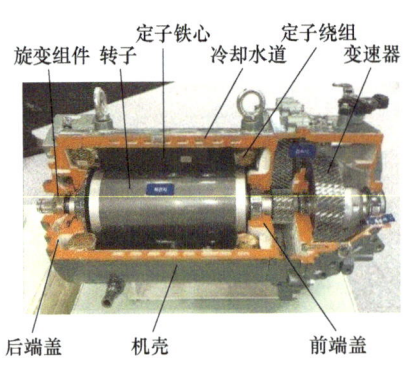

图 2-1-1 异步电机的组成

1. 定子

电机的固定部分称为定子,由定子绕组和定子铁心组成。

定子绕组由绝缘铜导线绕制而成，三相定子绕组分别用符号 U、V 和 W 表示，3 相绕组的连接端子通常命名为 U_1、U_2、V_1、V_2 和 W_1、W_2。大多数新能源汽车驱动电机定子采用圆线绕组（见图 2-1-2），而特斯拉驱动电机定子采用扁线绕组（见图 2-1-3），目前，扁线绕组电机在国产品牌中正在普及推广。

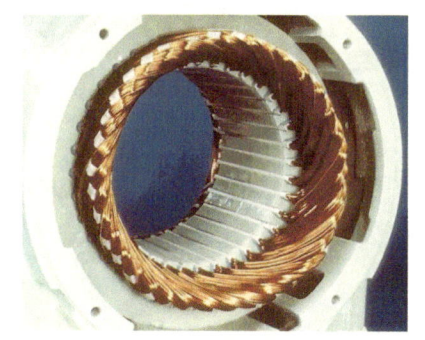

图 2-1-2　圆线绕组定子

图 2-1-3　扁线绕组定子

定子三相绕组的尾端都连接汇聚于同一点，称为中性点。此连接方式被称作星形联结或丫联结，如图 2-1-4 所示。三相绕组首尾端相接，被称作三角形联结（△联结），不存在中性点，如图 2-1-5 所示。电机绕组的接线端通常固定在与电机壳体绝缘的接线板上，并且通过三相高压电缆与汽车的变频器相连。

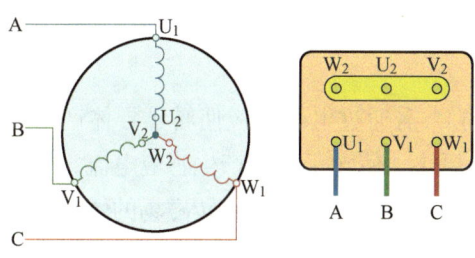

图 2-1-4　定子绕组星形联结

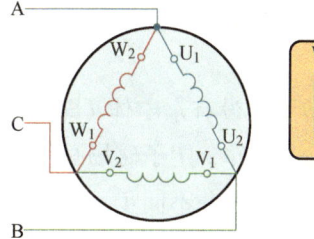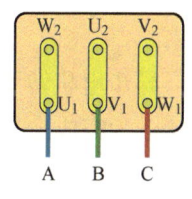

图 2-1-5　定子绕组三角形联结

定子铁心由薄硅钢片叠装而成，用于嵌放定子绕组、构成定子磁路。

2. 转子

电机中转动的部分称为转子，转子主要由转子铁心和转子导体（即转子绕组）组成。大多数的异步感应电机使用笼型绕组转子（形似鼠笼），如图 2-1-6 所示，由相互平行的导体和两端的短路环构成一个整体。转子导体通常由铝棒或者铜棒制成，每根导体被两端的圆环短路而互成回路。实际上，定子绕组产生旋转磁场，由于所有导体被两端的短路环短路，转子导体之间彼此互成回路，电磁感应就会使转子导体内产生感应电流，所以转子不需要电刷或者集电环将电流从外部电源引入至转子，转子转动时转子是悬浮在定子腔内的，与定子铁心没有接触。

图 2-1-6　笼型绕组转子

为减小磁滞损耗和涡流损耗，定子和转子铁心都由薄硅钢片叠压而成，如图 2-1-7 所示。硅钢片属于软磁性材料，剩磁非常弱，主要用于构成磁路，增强电流的磁场。若利用转子的剩磁磁场来发电，其磁场强度是远远不够的，故笼型异步感应电机不能直接用作发电机。

整个转子由轴承支撑在定子腔内转动，定子内圆与转子外圆之间的间隙很小，这个间隙（常称为气隙）非常关键，其大小对电机的效率影响

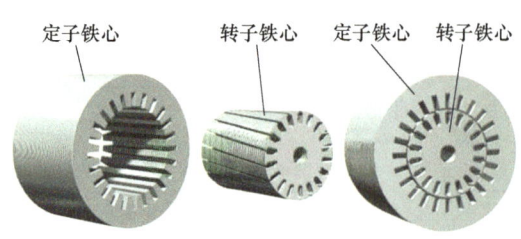

图 2-1-7　定子与转子铁心

非常大。气隙的大小决定磁通量的大小，气隙越大，磁阻越大，磁通量越小，电机的效率会降低。定子绕组产生的磁场通过这个气隙，并穿过定子和转子形成闭合的磁感线。

3. 工作原理

三相交流异步电机的工作过程可以简单归纳为以下 4 步：

1）三相定子绕组接通三相对称的交流电源后，由于三相交流电源各相之间存在 120° 的相位差，会在定子腔内产生一个旋转磁场。

2）由于转子导体在转动过程中总是比定子旋转磁场慢（异步），转子导体就会切割磁感线，使转子导体产生感应电动势。

3）由于转子所有导体均被两端的圆环短路，转子导体之间彼此互成回路，所以转子导体内会产生感应电流。

4）转子导体内的感应电流受到定子旋转磁场的磁场力作用，于是旋转磁场拉动转子转动起来。

异步电机转子内没有永磁体（即使有剩磁也很弱），需通过电磁感应使转子导体产生感应电流，为完成这一工作，定子磁场必须比转子运行得更快，使转子导体产生感应电流，所以电机转子和定子磁场转速并不同步，因此这类电机被称为异步电机。定子旋转磁场的转速称为同步转速 n_1，由三相交流电源的频率决定；转子的转速为电机的转速 n_2，电机的转速永远比同步转速低（即 $n_1 > n_2$），电机才会转动。

驱动电机的调速、反转、转矩等均由电机控制系统控制。

电机控制器即变频器或逆变器，通过 PWM 实现高压直流到三相交流的电源变换，通过改变三相交流电的频率来实现电机调速，并采用矢量控制或转矩控制实现转矩控制的快速响应，满足负载变化特性的要求。

新能源汽车驱动电机采用的三相交流电机并不是通过机械换相（交换电源线）的方式来实现反转控制的，而是通过改变三相交流电的相位差让定子旋转磁场反转来实现转子反转的。

在定子绕组中输入三相交流电，定子绕组中的励磁电流在定子铁心中产生旋转磁场，转子导体中就会有感应电流通过并拉动转子旋转。改变定子绕组电流的大小就能够控制电机的输出功率和转矩。当转子带有机械负载时，转子电流会增大，由于电磁感应的作用，定子绕组中的励磁电流也增大。

异步电机的优点是结构简单，定子和转子无直接接触，运行可靠性强、高速性能好、制造和维护成本低。它的不足之处是能耗高、转子发热快、功率因数低；需要大容量的变频器，且变频器造价较高、调速性较差。目前，异步电机主要用于空间要求较低且速度性能要求不高的电动客车、物流车等商用车型。

由于转子存在热能消耗，异步电机的效率略低于永磁同步电机。由于不需要使用永磁体，

异步电机的成本比永磁同步电机低,且不能作为发电机用于能量回收。

二、永磁同步电机的结构与工作原理

永磁同步电机是目前新能源汽车广泛采用的驱动电机。永磁同步电机是由转子与定子两部分组成的。其定子的结构与工作原理与异步电机没有区别,所以在此不再重述。它是由变频器提供三相交流电源,与异步电机一样属于三相交流电机的范畴,电机控制系统的结构与工作原理也基本相同。

1. 转子

永磁同步电机的转子包括永磁体、转子铁心、转轴等,根据永磁体在转子铁心中的位置可以分为外置式(表面式)和内置式两种。

外置式(表面式)转子的永磁体贴在转子圆形铁心外侧,如图 2-1-8 所示,永磁体直接暴露在气隙磁场中,容易退磁,由于制造工艺简单、成本低,适宜早期的永磁同步电机。内置式转子的永磁体埋于转子铁心内部,其表面与气隙之间有铁磁物质极靴保护,如图 2-1-9 所示,转子结构牢固,易于提高电动机高速旋转的安全性,目前新能源汽车驱动电机多采用内置式永磁同步电机。

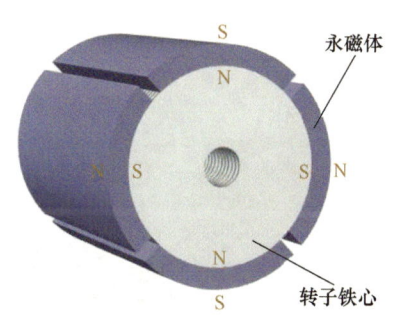

图 2-1-8 外置式(表面式)永磁转子

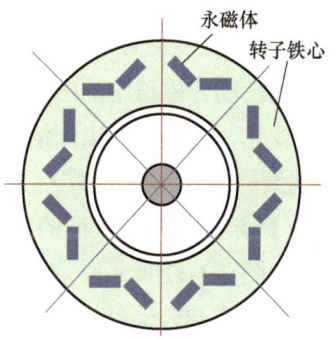

图 2-1-9 内置式永磁转子

2. 工作原理

三相定子绕组接通三相交流电源后,会在定子腔内产生一个旋转磁场,这个旋转磁场与转子永磁体的磁场之间相互作用,会对转子产生转矩,从而拉动转子转动起来。

永磁电机转子采用永磁体作为磁场,不需要引入电流励磁,没有电刷、集电环等滑动接触部件,永磁电机既可以用作电动机,又可以作为发电机使用,可以满足车辆减速和制动时进行能量回收的需要。

电机包括以下几种工作状态:

停止工作:电机内部没有接入三相交流电,定子中无旋转磁场产生,电动机处于静止状态。

正转:当转子位置确定后,通过给三相绕组提供一定相序的交流电,电机实现正转。

反转:当转子位置确定后,通过改变三相绕组的相序进行供电,即可实现电机反转。

改变转速:变频器通过改变供电的频率来调整电机转速。

发电:车辆在制动或滑行时,永磁电动机就相当于一个三相交流发电机。转子转动提供旋转磁场,定子内的三相绕组切割磁感线就会发电,发出的电能通过电机控制器内的整流器整流,输送给动力蓄电池充电。

永磁电机的优点是发热少、能耗较低、机械效率高，调速范围宽，体积小、重量轻，密封性强、免维护；缺点是现在大部分永磁材料都采用钕铁硼强磁材料，这种材料较为硬脆，因此受到强烈振动时有可能会碎裂，抗振性较差，且成本较高，电机在运行或者环境温度过高的情况下会引起永磁体退磁，会造成动力下降，抗热冲击较差。

三、旋转变压器

旋转变压器简称旋变，也称为旋变传感器，是磁感应型位置传感器。其主要作用是检测电机转子的磁极位置、旋转方向和转速，并提供给电机控制器用于驱动电机的控制，相当于传统燃油汽车的发动机曲轴位置传感器。

旋变的本质是一个变压器，如图 2-1-10 所示，其关键参数也与变压器类似，例如额定电压、额定频率和变压比。

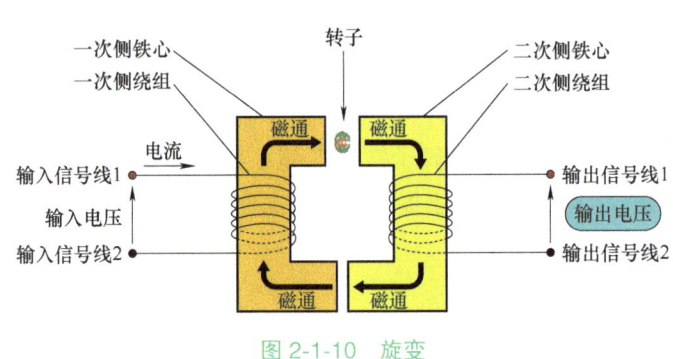

图 2-1-10 旋变

与普通变压器不同之处是，旋变磁路中加装有旋转部分，即旋变转子，也称为信号轮，固定在电机轴的后端。这个转子是旋变磁路的一部分，随着转子的转动，磁路中的磁通也会随着发生变化，会引起输出侧信号电压幅值和频率的变化。

1. 旋变的结构

旋变是基于变压器原理设计的，其结构原理图如图 2-1-11 所示。旋变只有转子随电机轴一起转动外，其余部分均不转动，也可称为定子。旋变定子由铁心和线圈组成，铁心是由硅钢片叠加而成的，其主要作用是构成磁路；线圈包括励磁线圈、正弦线圈和余弦线圈 3 组线圈。励磁线圈相当于变压器一次侧线圈，其作用是接通一定频率的交流电流使磁路中产生交变磁通；正弦线圈和余弦线圈相当于变压器二次侧线圈。根据法拉第电磁感应原理，当穿过二次侧线圈的磁通量发生变化时，二次侧线圈会输出电压信号，因为转子转动时输出电压分

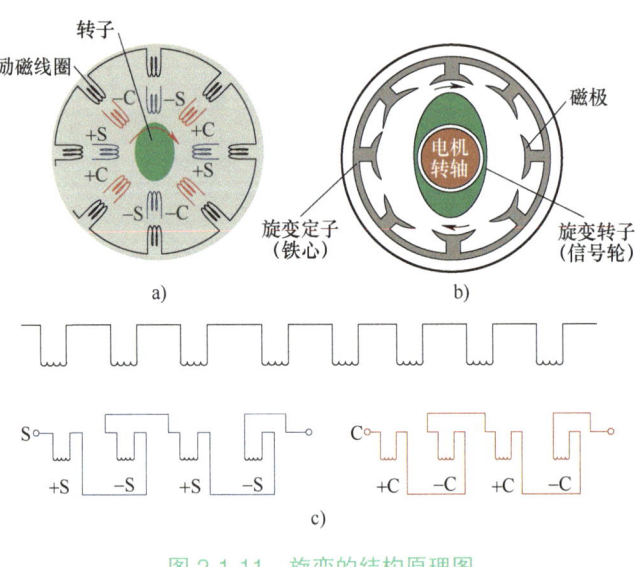

图 2-1-11 旋变的结构原理图
a）电路 b）磁路 c）线圈结构

别为正弦 sin 与余弦 cos 波形，有 90° 的电角相位差，两线圈因此得名。

比亚迪 e5 永磁同步电机正弦线圈 sin 与余弦线圈 cos 两组线圈的阻值范围均为（16±4）Ω，励磁绕组的阻值范围为（8±2）Ω。不同品牌、不同车型 3 组线圈的磁极对数、缠绕方式会不同，阻值范围也会不同，检测时须查阅维修手册的规定值。

2. 旋变的工作原理

当电机未起动旋变转子不转时，给励磁线圈输入一个固定频率的交流电流，励磁线圈就会产生一个固定频率的交变磁场（这个磁场不是一个旋转的磁场，其频率不会随着转子的转动而改变），正弦线圈和余弦线圈分别产生与励磁线圈输入电流同相位（或反相）、同频率、幅值不变的正弦（或余弦）电压信号，如图 2-1-12 所示。因为转子并未转动，这个波形称为静态波形。可以看出，因为幅值相等，这些幅值的连线所形成的边沿线（或称为包络线）是一条平直的直线，如图 2-1-13a 所示。

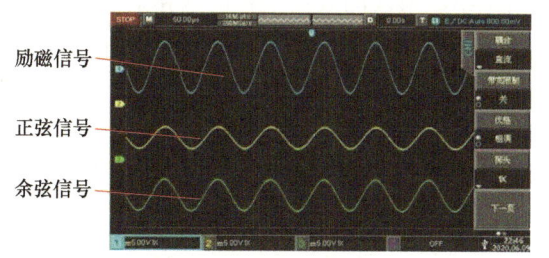

图 2-1-12 旋变波形

当电机起动旋变转子转动时，励磁线圈输入的固定频率的交流电流仍然不变，两个线圈仍然产生同样频率的交流电压信号，但与静态波形不同的是，两个线圈电压信号由于转子转动会导致穿过两个线圈的磁通发生了变化，导致幅值不再相等，这些幅值的连线所形成的包络线信号波形不再是一条平直的直线，是一条正弦曲线或余弦曲线，如图 2-1-13b 所示。因为转子随电机轴一起在转动，这个波形称为动态波形。

这两个信号都可以看成是一个复合信号波形，即在一个固定频率（10kHz）的高频信号波形的基础上叠加了一个幅值和频率都变化的低频信号。固定频率的高频信号波形由励磁线圈产生，叠加的低频信号波形正是由于转子的转动使正弦和余弦线圈产生的信号波形。随着转子信号轮的转动，这两个低频信号波形的频率和幅值都是变化的，即图中的包络线。

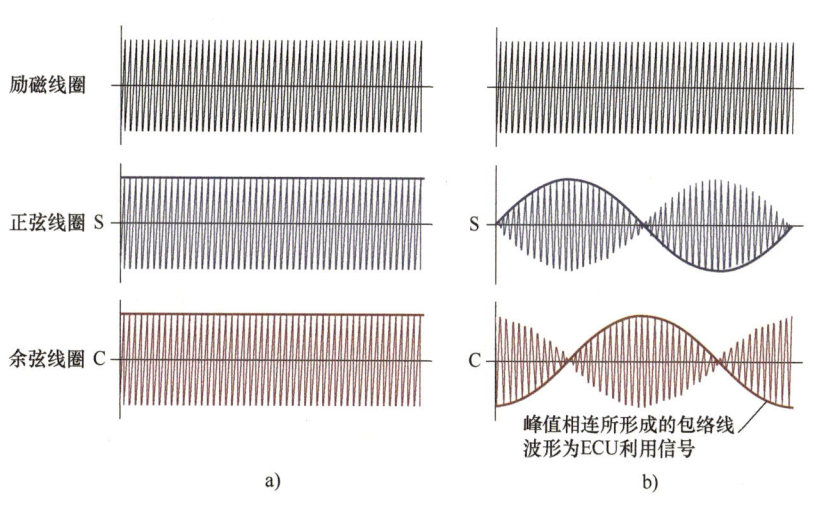

图 2-1-13 旋变工作波形
a）静态波形　b）动态波形

> **温馨提示**：想一想，如果转子不转，正弦和余弦两个线圈波形会是什么样子？

输入励磁线圈的励磁电流是高频交流电流，一般为 10kHz。这个频率是旋变的工作频率，频率高了，阻抗会变大，输出信号就弱，频率低了，电流就会增大，旋变容易烧毁。高频励磁电流输入后，输出侧有同样频率的输出，信号轮转子旋转，输出侧的幅值和频率也发生变化，最终输入输出波形如图 2-1-13 所示。

电机控制器接收到这两个信号后，经过高频滤波后，将高频成分滤除，剩下低频成分，即由包络线形成的低频正弦信号和余弦信号。这两个信号被电机控制器再进行编码，来判断电机的转向、转速和转子磁极位置，用于电机控制。旋变出现故障后，电机控制器会报编码故障，车辆能上高压电，但电机不启动。

3. 旋变的作用

旋变的作用是检测电机的转速、旋转方向（正转或反转）、电机转子磁极位置。如果旋变信号失效或丢失，电机将无法起动，它相当于发动机上的曲轴位置传感器。不论转子的速度是多少，旋转的方向是哪边，旋变都能精确测量电机的转子位置。

四、驱动电机的故障诊断与检测

驱动电机的故障类型与诊断思路从以下几个方面入手：

1）电机定子绕组电阻值检查：利用电阻表测量电机三相定子绕组之间的电阻值（也叫作相电阻）来判断定子绕组的好坏。当驱动电机定子绕组电阻值异常时，需要更换新定子或新电机。

2）电机绝缘性能检查：利用绝缘电阻表分别测量电机输入三相电引入端子对壳体之间的绝缘性能，标准值根据 1V 电压大于 500Ω 计算。当驱动电机的绝缘电阻值异常时，需要更换新的驱动电机。

3）电机工作噪声：电机工作噪声主要分为电磁噪声和机械噪声。电磁噪声高频较尖锐，属于正常现象。机械噪声可能是来自减速器、电机本体（轴承）等。确定电机内部出现轴承或转子与定子摩擦时，只能更换电机总成来解决。

4）电机转速位置传感器故障诊断：出现旋变故障时，一般分为两种情况：一种是电机旋变故障，另一种为控制器旋变解码电路故障。根据电气接口表定义，用万用表电阻档测量传感器的三组线圈电阻值，来判断线圈是否存在故障，或用示波器观察 3 组线圈的信号是否符合要求。

5）电机转速位置传感器的初始化学习：更换电机控制器时，需要进行电机转速位置传感器的初始化学习。

任务实施

一、2017款比亚迪e5驱动电机拆检

1. 任务准备

安全防护：做好安全防护与场地隔离。
工具设备：人身安全防护套装、绝缘工具套装、常规工具套装、万用表、示波器等。
车辆台架：比亚迪 e5 驱动桥台架（行云新能 INW-EV-E5-FL）。
辅助资料：教材、维修手册、任务工单、记号笔。

2. 操作步骤

> 注意：在操作前，应先做好场地安全防护、车辆安全防护、人身安全防护等各种防护措施，并执行高压下电程序，等待 5min 后再进行动手操作。

序号	操作示意图	操作方法	检测标准
1		清洁并检查电驱总成外观，松开放油螺塞，用接油盘泄放变速器油	总成壳体无缺损、无裂纹、无泄漏；变速器油妥善储存，以便回收，避免污染环境
2	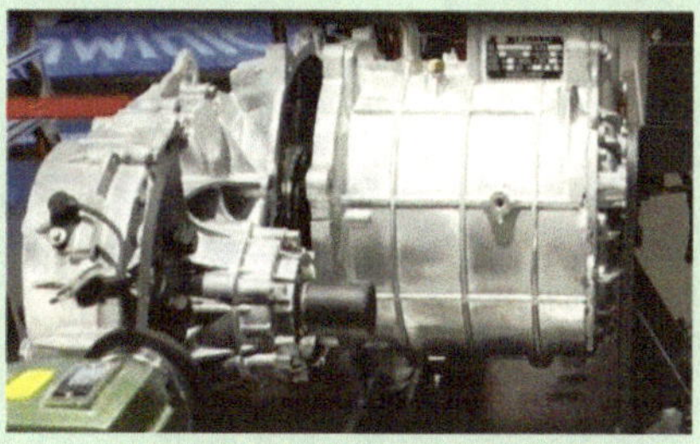	使用合适的套筒扳手拆卸电机与驱动桥总成连接螺栓，并分解电机与驱动桥总成	按照对角错开顺序松开紧固螺栓，以免螺栓应力释放不均导致驱动桥壳体产生形变
3	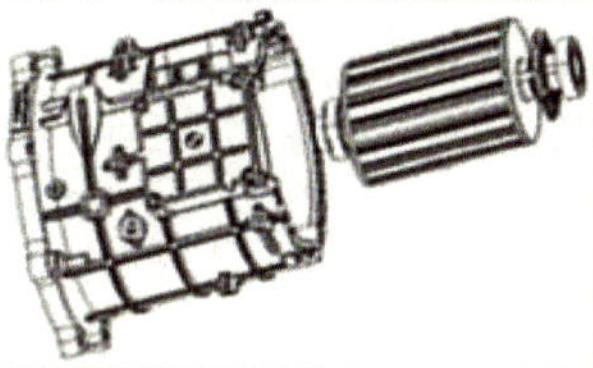	因转子与定子之间有很强的磁场吸引力，需使用专用工具将定子与转子分离	注意分离时正确使用专用工具，避免定子与转子被刮伤
4		检查转子外观，检查电机转子轴承	转子外观应无变形，无摩擦刮伤痕迹或裂纹等外伤；轴承转动灵活无间隙
5	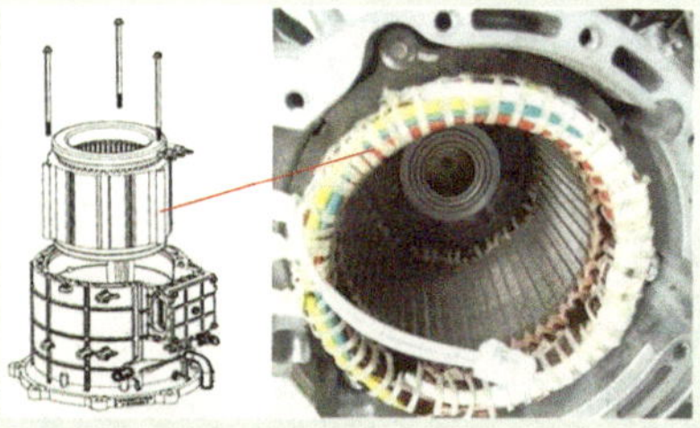	检查定子外观	定子铁心外观应无变形，无摩擦刮伤痕迹或裂纹等外伤；定子绕组无烧蚀、脏污；壳体水腔无裂纹、泄漏
6	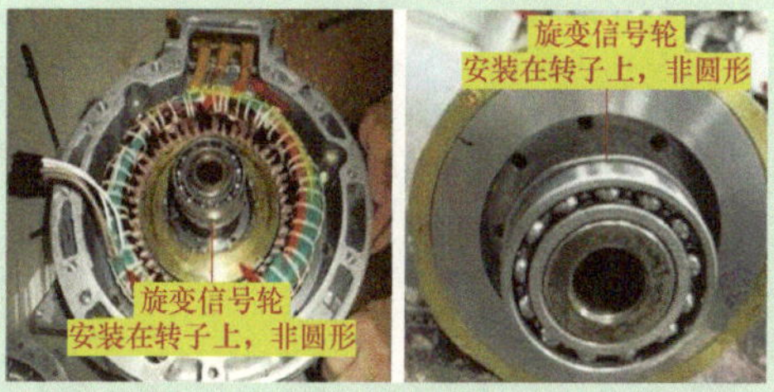	检查旋变信号轮外观	旋变信号轮无摩擦、磨损

(续)

序号	操作示意图	操作方法	检测标准
7	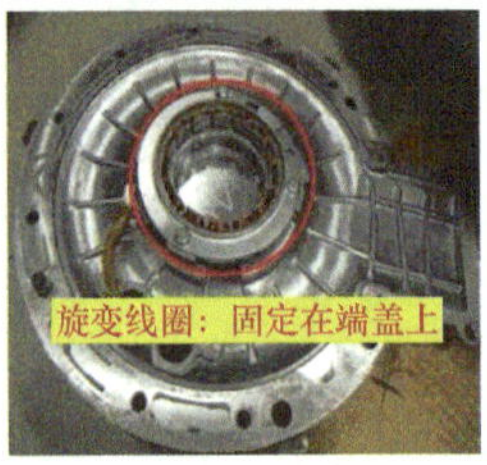 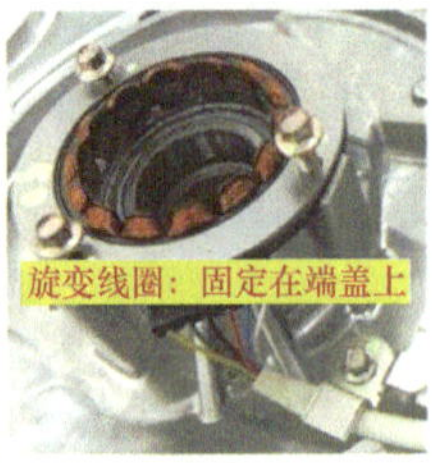 旋变线圈：固定在端盖上	检查旋变定子外观	定子铁心外观应无变形，无摩擦刮伤痕迹或裂纹等外伤；定子线圈无烧蚀、脏污
8	装复电机，上台架，连接好高压电路，进行复检		
9	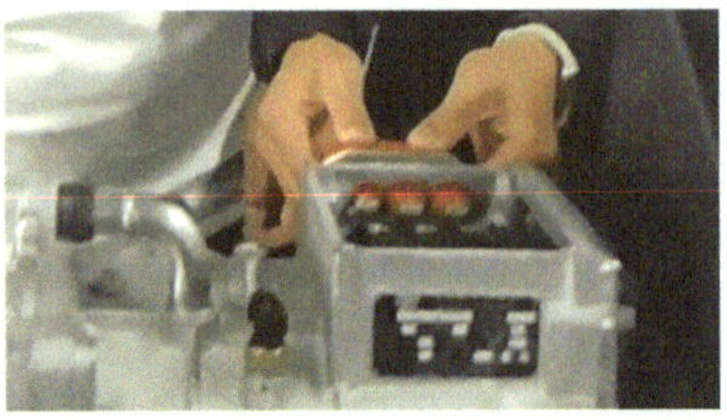	拆下电机接线盒盖，拆掉插接器紧固螺栓，拆下与电机控制器连接高压线束，检查高压线束及固定连接端子	高压线束绝缘层无破损、无短路，连接端子无松脱、无断裂、无烧蚀
10	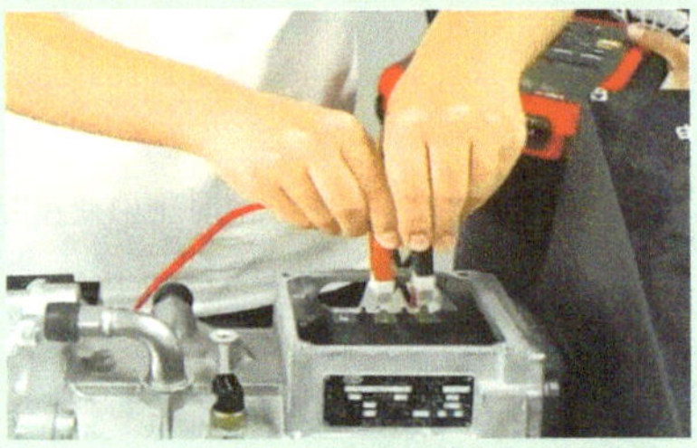	使用毫欧表120mΩ档，分别测量各相绕组的电阻值	各相绕组的电阻值应在24~28 mΩ范围内
11	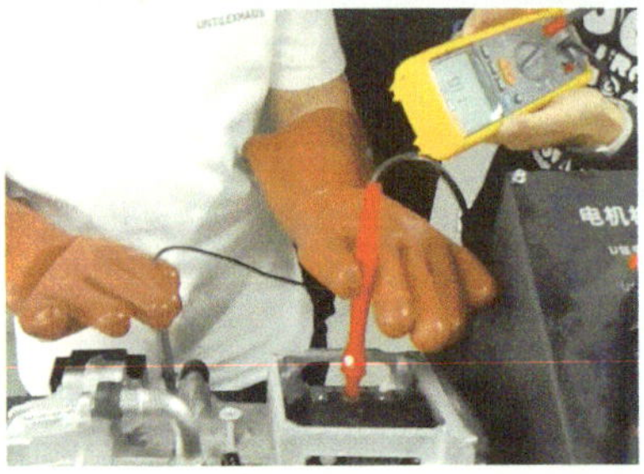	佩戴绝缘手套，使用绝缘电阻表测量各绕组对机壳的绝缘电阻值	绝缘电阻要求>20MΩ，实测为∞
12	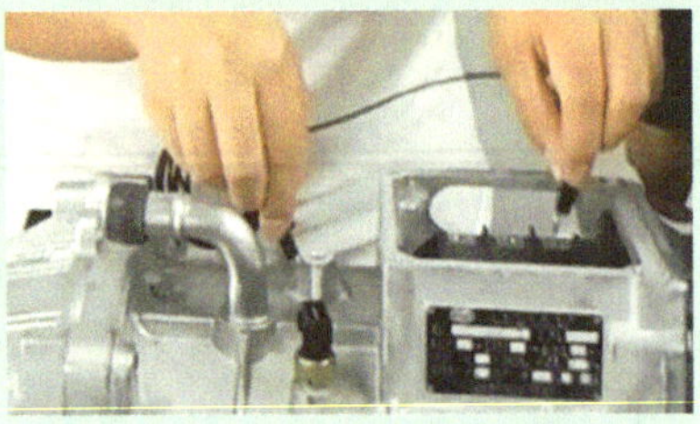	使用短路线将任一绕组与壳体短接进行放电装复	定子绕组无高压电储存，绕组与壳体间电压为0
13	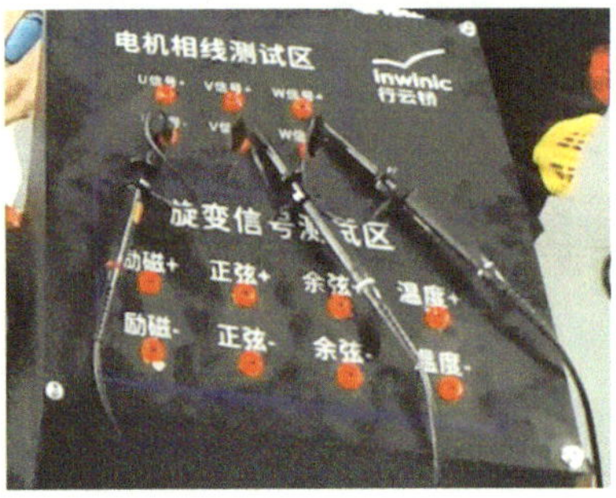	使用四通道示波器，将其中的3个探头分别连接相线测试区的各端子；示波器开机	接线时电机不要上电

(续)

序号	操作示意图	操作方法	检测标准
14		上电。进行低压和高压上电后电机不启动	电机控制器未给驱动电机供电，电机不运行，示波器显示为3条平直直线
15		启动电机，并做加减速运行，观察三相电波形变化规律	图为电机转速为300r/min时的三相交流电的波形

3. 竣工检验

1）将拆卸的各部件完整复位。

2）整理、恢复作业场地。

二、2017款比亚迪e5驱动电机旋变检测

1. 任务准备

安全防护：做好安全防护与场地隔离。

工具设备：人身安全防护套装、绝缘工具套装、常规工具套装、万用表、示波器等。

车辆台架：比亚迪 e5 驱动桥台架（行云新能 INW-EV-E5-FL）。

辅助资料：教材、维修手册、任务工单、记号笔。

2. 操作步骤

序号	操作示意图	操作方法	检测标准
1	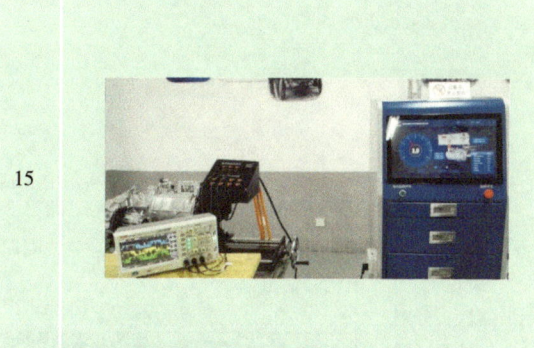	拔掉旋变与电机控制器连接线束，使用万用表检查旋变定子线圈阻值 使用绝缘电阻表检查旋变定子线圈对地绝缘电阻值	正弦线圈：(16±4)Ω 余弦线圈：(16±4)Ω 励磁线圈：(8±2)Ω 各线圈对地绝缘电阻值不得小于50MΩ

（续）

序号	操作示意图	操作方法	检测标准
2		使用万用表检查电机温度传感器电阻值	电机温度传感器电阻值为 100~150kΩ
3		将示波器探头分别连接旋变信号测试区的测试端子。上电后不启动电机，进行静态测试	低压上电后，旋变正弦和余弦线圈即有信号输出
4		启动电机，进行动态测试	实测低速波形 实测高速波形

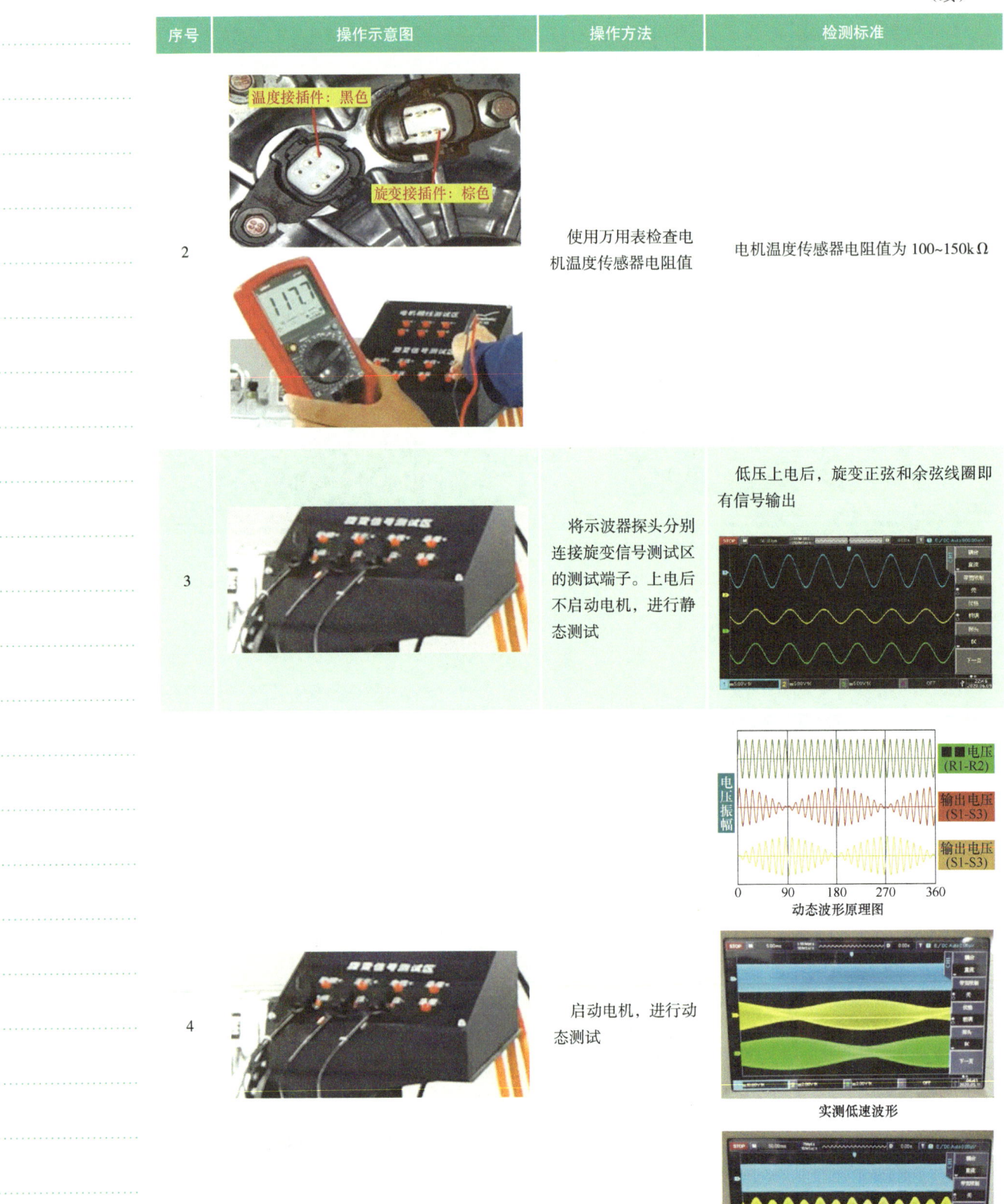

3. 竣工检验

1）将拆卸的各部件完整复位。

2）整理、恢复作业场地。

工作任务单

2.1.1　2017 款比亚迪 e5 驱动电机拆检（附后）

2.1.2　2017 款比亚迪 e5 驱动电机旋变检测（附后）

任务实施配分评分表

2.1.1　2017 款比亚迪 e5 驱动电机拆检——任务实施配分评分表（附后）

2.1.2　2017 款比亚迪 e5 驱动电机旋变检测——任务实施配分评分表（附后）

学习任务单

2.1　驱动电机检测（附后）

任务二　变速器检测

任务引入

新能源汽车电机驱动系统简称为电驱系统，相当于传统燃油汽车的动力系统，其主要由电控、电机、变速器、电驱冷却系统等组成。变速器是新能源汽车电驱传动机构的重要组成部分。由于驱动电机的转矩特性与发动机差异很大，新能源汽车的变速器与传统汽车的变速器也有很大区别。尤其是混合动力汽车，变速器设计花样繁多，每个品牌都有各自的结构特点；相对于混合动力汽车，电动汽车的变速器结构相对简单。

目前，新能源车辆多采用一体化设计，把电机、变速器及电机控制模块等集成在一起，优化空间布局，节省高压线束。为区别于传统汽车的动力系统，混合动力汽车也把电驱系统称作电混系统。

学习目标

知识目标

➢ 掌握纯电动汽车变速器的结构、工作原理。

➢ 掌握新能源汽车动力传输和架构类型。

➢ 掌握典型混合动力汽车变速器的结构、工作原理。

技能目标

➢ 具有纯电动汽车变速器拆装与检修的能力。

➢ 具有典型混合动力汽车变速器拆装与检修的能力。

职业素养目标

> ➢ 严格执行新能源汽车检修操作规范，养成科学严谨的工作态度。
> ➢ 养成总结训练过程和结果的习惯，为下次训练积累经验。
> ➢ 培养虚心向他人学习、尊重他人劳动的意识。
> ➢ 培养团结协作的意识。
> ➢ 养成严格执行 7S 现场管理的习惯。

知识空间

作为驱动车辆的动力源，驱动电机与发动机相比，无论异步电机还是永磁同步电机，都存在中低速转矩特性好而高速转矩特性差等特点，为充分发挥驱动电机的转矩特性，电动汽车的动力输出只采用固定传动比的减速器，传动比不可选、不可变，所以其传动装置应称为减速。

混合动力汽车主要包括非插电式混合动力汽车（HEV）和插电式混合动力汽车（PHEV），有发动机和驱动电机这两个甚至多个动力源，出于节能环保的目的，混合动力汽车在怠速起步和中低车速行驶时动力源以驱动电机驱动为主，而中高车速时以发动机驱动为主。为兼顾发动机和驱动电机的动力切换和耦合输出，充分发挥发动机和驱动电机的动力特性，一般混合动力汽车的变速器需重新设计。

增程式电动汽车的发动机可作为增程器为动力蓄电池充电，还用于驱动发电机，不直接驱动车辆，驱动电机是驱动车辆的唯一动力源，其变速器与纯电动汽车的相同，所以增程式汽车不应称为混合动力汽车，应该属于电动汽车的范畴，如理想、赛力斯、岚图等。轻混车型动力总成仍采用传统变速器，以发动机为主要动力源。

一、纯电动汽车变速器

纯电动汽车的变速器主要由两级减速齿轮副、差速器、驻车装置、轴承、止推装置、垫片及油封等装置组成，结构较为简单，其基本结构如图 2-2-1 所示。驱动电机通过花键连接将动力传递给变速器输入轴，经过两级减速、差速器和两个驱动半轴传递给驱动轮，对驱动电机输出的速度进行减速，以放大驱动转矩，减速比约为 10∶1。差速器采用开放式差速器（普通型），车辆转弯时，实现左、右车轮不同的速度。部分车型带有电子驻车装置，车辆停止后，对输入轴止动，约束车轮的转动；有些车辆变速器内不带驻车装置，驻车方式由电子驻车制动器代替。零件润滑采用浸油润滑方式，润滑油采用齿轮油而不采用变速器油，壳体底部带有永磁体，以吸附零件磨损产生的铁屑。壳体外部安装有加油螺塞、放油螺塞和车速传感器等部件。

由于纯电动汽车变速器采用固定传动比，传动比不可变、不可选，所以纯电动汽车的变速器实际为减速器，档位只设置 D 位（前进档）、R 位（倒车档）和 N 位（空档）3 个档位，前进档只设一个 D 位，没有手自一体模式。通过电机控制器控制三相交流电，来控制驱动电机的加减速、正反转，实现车辆的加减速、倒车以及能量回收。

为优化车辆结构、节省空间、减少高压线缆用量，大多数纯电动汽车动力总成多采用电机控制器、驱动电机和变速器一体化集成设计，通常称为电驱三合一总成，混动车型也有相似特点。图 2-2-2 所示为 2019 款比亚迪 e5 采用的电驱三合一总成，图 2-2-3 所示为电机控制器（变频器）VTOG。

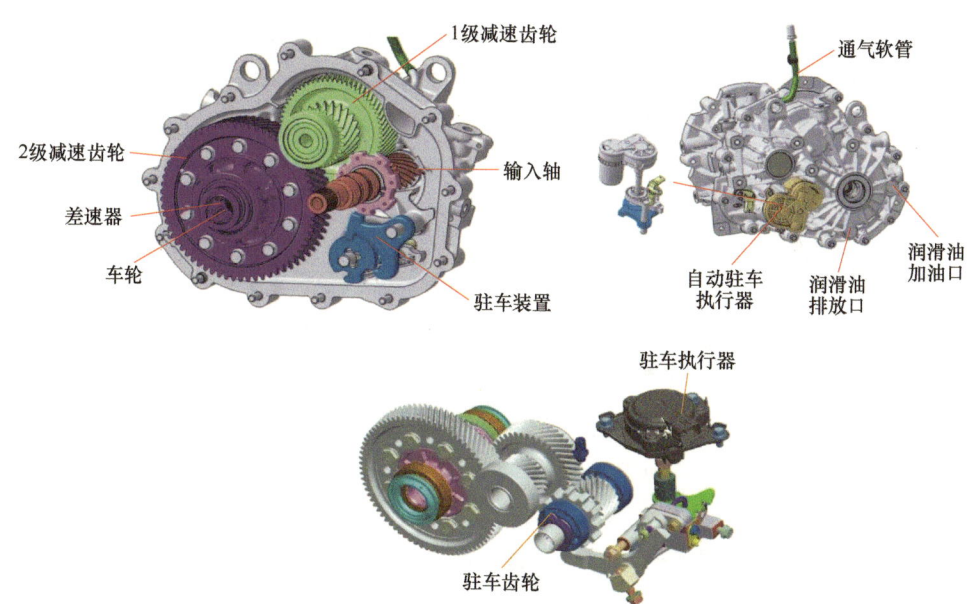

图 2-2-1　纯电动汽车变速器的基本结构

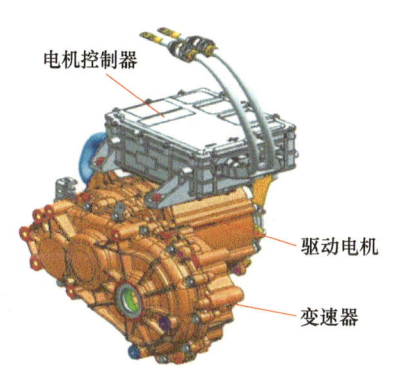

图 2-2-2　电驱三合一总成

图 2-2-3　电机控制器（变频器）VTOG

二、混合动力汽车变速器

混合动力汽车主要包括插电式混合动力汽车和非插电式混合动力汽车两种，这两种车型的主要区别是充电方式不同，动力传输采用的变速器没有区别。混合动力汽车的变速器除了传输动力外，还有实现发动机和驱动电机动力切换和输出耦合的作用，这一点是传统燃油汽车不具备的。

1. 混合动力汽车动力传输方式

混合动力汽车动力传输方式按照发动机和驱动电机的耦合方式可分为串联式、并联式和混联式，如图 2-2-4 所示。

通过分析可以看出，变速器是混合动力汽车动力传输方式切换的关键节点，而增程式电动汽车相当于混合动力汽车工作在串联模式。

一般混合动力汽车有 3 种最基本的动力模式供驾驶人选择，即纯电 EV 模式、发动机直驱模式和混动模式。选择 EV 模式时，可作为纯电动汽车使用，控制系统通过对动力蓄电池 SOC 与车辆负载进行评估，发动机适时介入；选择发动机直驱模式时，可作为传统燃油汽车使用；选择 HEV 模式时，车辆混动控制系统可在串联、并联和混联 3 种模式之间适时自动切换。通常，驾驶人驾驶混合动力汽车应选择 HEV 模式，才能发挥出混合动力汽车的优势。动力模式的切换和耦合需通过离合器、电机、控制单元等部件的密切配合来实现，而且混合动力汽车离合器、电机等部件多集成在变速器内部，采用一体化设计，使混合动力汽车变速器与传统汽车变速器有着很大的区别。

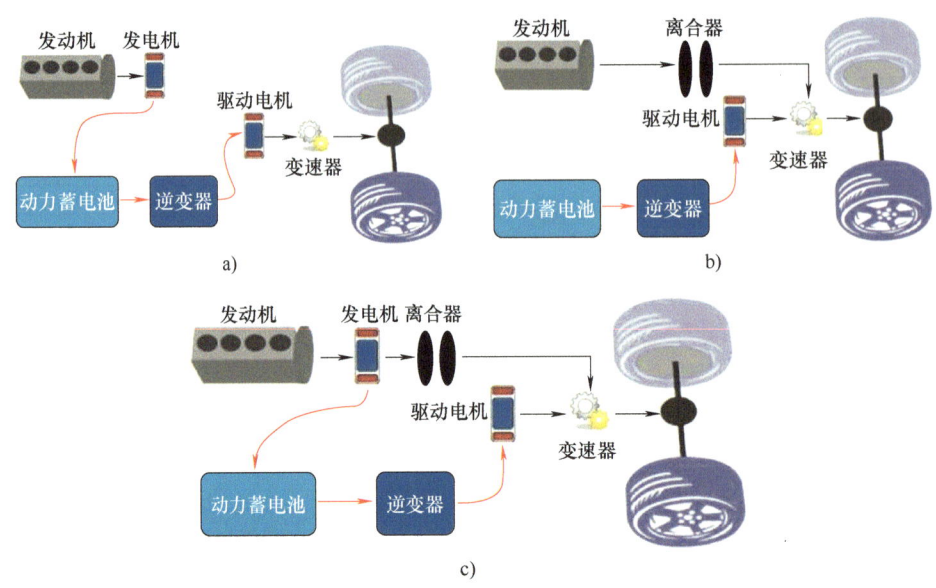

图 2-2-4　混合动力汽车动力传输方式
a）串联式　b）并联式　c）混联式

2. 混合动力汽车电机布置位置

根据电机的布置位置，混合动力汽车的动力系统有 P0、P1、P2、P3、P4 共 5 种架构，如图 2-2-5 所示。表 2-2-1 给出了每种架构的类型及特点，表 2-2-2 给出了几种常见架构组合类型。

PS（Power Split）架构：与基于传统动力总成技术改造而来的混动

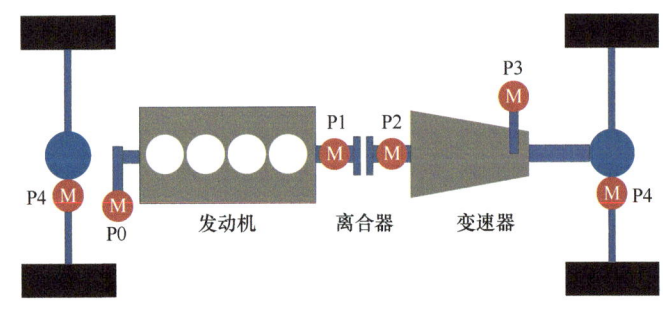

图 2-2-5　混合动力汽车电机布置位置

方式不同，PS 架构是专为混合动力汽车开发的驱动系统。通过以上两种（甚至更多种）不同架构类型的组合实现动力传输的混联，典型代表厂商为丰田。这种模式能够通过电驱系统更自由地调节转矩和转速，实现效率和动力的最大化。

表 2-2-1　混动车型动力系统架构的类型及特点

架构类型	电机特点
P0	电机安装在发动机前端，以传动带的方式与发动机连接，称为 P0 架构。此位置电机被称作 BSG 电机或 HSG 电机。轻混采用 BSG 电机，如红旗 H5；中混采用 HSG 电机，如北京现代索九混动
P1	电机在发动机后端与之刚性相连，即 P1 架构。这个位置的电机称为 ISG 电机，因为与发动机无法脱开，输出的动力易受发动机牵制，需与其他电机和离合器配合使用，是被众多中混和重混车型采用的类型

(续)

架构类型	电机特点
P2	电机安装在变速器与发动机之间的离合器之后，称为 P2 架构。这个电机集成在变速器内。这类混动系统可最大限度实现发动机和变速器的兼容，技术较为简单，比较容易实现。既可以被多电机系统采用，也可以用于单电机系统。众多欧洲厂商均采用了 P2 单电机架构，如大众的高尔夫 GTE、宝马的 530Le、奔驰的 C350eL、奥迪的 A3 e-tron 等
P3	变速器输出轴加装电机，即 P3 架构。这类车型与 P2 近似，但是区别在于电机布置的位置不同，所以运行方式也不尽相同，也被众多厂商多电机系统采用
P4	电动机加装在车轮驱动轴上，即 P4 架构。这种架构大多与其他架构联合使用，常见的有 P1P4、P2P4 的组合。比亚迪仰望 U8、U9EV 实际上也属于 P4 架构。这种电机可以称为轮边电机，正在向轮毂电机过渡

表 2-2-2　几种常见架构组合类型

序号	构型	代表车型	设计思路
1	P1+P3	普锐斯、雅阁、欧蓝德、荣威 RX5/E550、传祺 PHEV、比亚迪唐 / 宋 / 秦 Plus DMI	新开发专用变速器（动力耦合器），将发动机、发电机、驱动电机等集成于一体，目前被大多数混合动力车型广泛采用
2	P0+P2	北京现代索九混动	发动机前端安装 BSG 或 HSG 电机，传动带传动，P2 电机安装在离合器后、变速器前
3	P0+P3	比亚迪唐 / 宋 / 秦插电式混合动力汽车	发动机前端安装 BSG 或 HSG 电机，传动带传动，P3 电机与变速器集成
4	P0+P4	PSA、长城 WAY P8 插电式混合动力汽车	发动机前端安装 BSG 或 HSG 电机，传动带传动，后桥安装 P4 电机
5	P2.5	吉利博瑞插电式混合动力汽车、领克插电式混合动力汽车	将驱动电机与变速器集成，可实现 P2/P3 功能切换
6	P2	奥迪 A3、保时捷卡宴、奇瑞、长安逸动插电式混合动力汽车	单电机系统，电机为 ISG 电机
7	P0/48V	吉利博瑞、长安逸动、红旗 H5	发动机上装有 BSG 代替传统发电机，轻混单独使用

名词解释：BSG 电机、HSG 电机、ISG 电机

SG 为 Starter Generator 的缩写，即起动发电机的意思。SG 电机的主要作用是发电、起动发动机，包括 BSG、HSG、ISG 电机。

BSG（Belt-Driven Starter Generator）电机：电机被安置在发动机前端的传动带上，也就是 P0 架构。BSG 电机可以辅助起动发动机，为 48V 蓄电池充电，并助力发动机完成车辆起步。一般 48V 轻混就是 BSG 单电机方案，此方案需配一个 48V 小容量动力蓄电池，用于储存 BSG 电机作为发电机产生的电能。BSG 电机输出功率较小，一般不能单独起动发动机（发动机还需配专用起动机），通过助力发动机起动和起步，使发动机变得更加省油、平顺，但是对动力帮助不大。但有些 48V 轻混品牌已经开始取消专用起动机，如奔驰。

HSG（Hybrid Starter Generator）电机：与 BSG 电机大同小异，安置在传动带位置，属于 P0 架构，是混动专用的起动发电一体式电机。HSG 电机可单独作为起动机使用，在发动机起动时，通过传动带带动发动机曲轴转动，完成发动机起动；在发动机介入时迅速提升发动机转速,使离合器平稳接合;车辆起步或途中加速时,可助力发动机或驱动电机;当车辆在纯电模式下行驶中负荷较高时或动力蓄电池SOC较低时,可再次起动发动机,可以达到节油和静音的效果;在发动机起动后作为发电机使用,为动力蓄电池充电。HSG电机的功率和转矩比BSG电机要大,所以可单独直接起动发动机,发动机不需另配起动机。它输出的转矩通过发动机传动带可以叠加到发动机曲轴前端,和发动机的转矩一起输出,所以对动力有一定帮助。尽管HSG电机功率较BSG电机大,但混动车型并不采用HSG单电机方案,需与其他位置电机组合使用。

ISG(Integrated Starter Generator)电机:其安装位置是发动机曲轴后端,无须传动带带动,是P1或P2架构。ISG电机既可以直接带动曲轴转动起动发动机;也可以在发动机的带动下,作为发电机为动力蓄电池充电;又可以直接将转矩作用到发动机的曲轴输出端,在发动机介入时迅速提升发动机转速,使离合器平稳接合,在需要发力时,助力发动机和驱动电机,对动力有较大的提升和帮助。

3. 混合动力汽车变速器的结构与工作原理

混合动力汽车的变速器种类繁多,几乎国内外各大汽车生产商都有自己的技术路线,都相继开发出了适合混动车型转矩特性和行驶性能的变速器,但总体来讲,出现了加大电动机功率占比、减少发动机功率占比的发展趋势,也就是从以油驱动为主向以电驱动为主过渡。变速器按结构特点分为传统变速器改进型与混动专用变速器。

早期传统汽车制造厂对传统变速器进行了改进后应用在了混动车型上,采用离合器+驱动电机+传统变速器的组合方式,传统变速器[如6at、6DSG(DCT)]的传动比是可变的,可通过换档装置选择改变传动比。采用这种方式的优点是厂家有成熟的变速器制造和控制技术,开发周期短、技术成熟,但是结构复杂、成本高。比亚迪BYD6DT35(6DCT)变速器、大众DQ400e(6DSG)混动变速器(见图2-2-6)、北京现代A6MF2H(6AT)变速器(见图2-2-7)都是传统变速器在混动车型的技术应用。

图2-2-6 大众DQ400e(6DSG)混动变速器

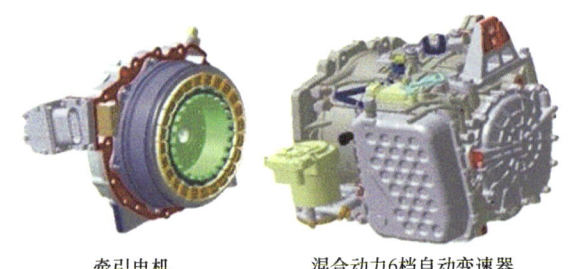

牵引电机　　混合动力6档自动变速器

图2-2-7 北京现代A6MF2H(6AT)变速器

目前来看,最适合混合动力车型的是PS(功率分流)技术,不过多年前,丰田就已将单行星排、双电机系统申请了专利,即丰田E-CVT变速器,这种变速器结构简单、稳定高效,很多厂商在研发混动技术时都不得不绕开丰田的专利,于是就出现了通用的双行星排、双电机系统,凯迪拉克的三行星排、双电机系统等架构类型的动力系统。目前,各大汽车厂商都在纷纷开发自己混动车型专用的变速器。

混合动力汽车专用变速器一般分为可变传动比和固定传动比两种,由于变速器集成了电控、电机、离合器、传动机构等部件,这种变速器又称为电混系统。

丰田 THS3 双擎混动变速器通过电机控制行星排、行星架可以实现无级变速,没有离合器和换档机构,实际应用中厂家人为设置了模拟 7~10 个档位的传动比可选可变,属可变传动比变速器。图 2-2-8 所示为丰田 THS3 双擎混动 E-CVT 变速器。有些国产品牌混动车型采用换档拨叉或行星排实现 2 个或 3 个档位的换档,由于增加了换档机构、离合器及控制机构,结构稍复杂,如荣威 R550 混动变速器、长城柠檬混动 DHT 变速器、吉利 DHT Pro 混动变速器、奇瑞鲲鹏 DHT 混动变速器等。图 2-2-9 所示为吉利 DHT Pro 混动 3 档变速器。混动车型采用可变传动比型变速器的目的是充分发挥发动机的功率和转矩特性,简单来说,换档是为发动机的需要设置的,而不是为电机设置的。混合动力汽车在 EV 模式下仍采用固定传动比传动。

 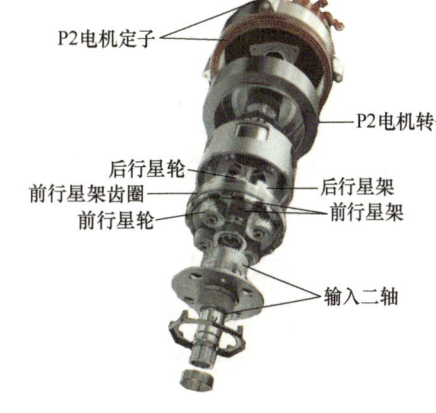

图 2-2-8　丰田 THS3 双擎混动 E-CVT 变速器　　图 2-2-9　吉利 DHT Pro 混动 3 档变速器

还有一种混动专用变速器采用固定传动比,传动比不可变、不可选,类似于电动汽车的传动方式,如比亚迪 DM-i 超级混动变速器等。这种变速器通常在发动机和电机之间加装离合器,此离合器不仅传递动力,还能够实现动力模式的切换,没有专门的换档机构,发动机和电机均采用固定传动比驱动车辆。图 2-2-10 所示为比亚迪 DM-i 超级混动"七合一"EHS 电混系统。

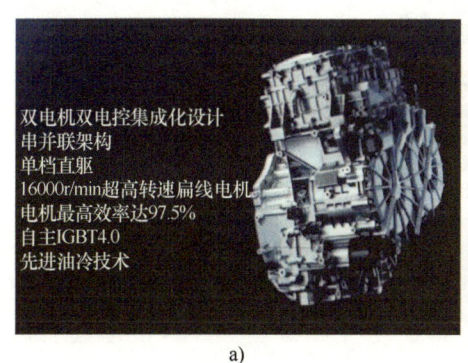 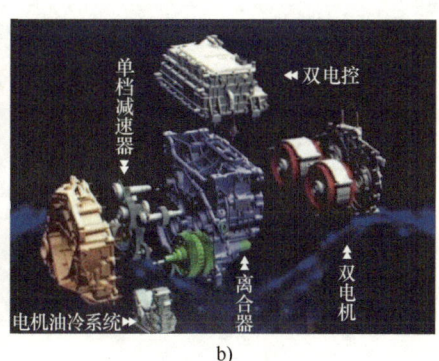

a)　　　　　　　　　　　　　　b)

图 2-2-10　比亚迪 DM-i 超级混动"七合一"EHS 电混系统
a)比亚迪 DM-i 系统 EHS 电混总成　b)比亚迪"七合一"EHS 电混总成

4. 典型混合动力汽车变速器的结构与工作原理

(1) 比亚迪 DM-i 超级混动 EHS 电混系统单级减速器的结构与工作原理　比亚迪 DM-i 超级混动 EHS 电混系统由双电机(发电机 + 驱动电机)、双电控(发电机控制器 + 驱动电机控制器)、单级减速器、离合器、电机油冷系统"七合一"组成。其中,发动机直接与 P1 发电机通过常啮合齿轮副连接，发电机为 ISG 电机，并通过一个离合器与 P3 驱动电机连接，驱动电机则通过中间齿轮、差速器等直接驱动车辆，所以此电混系统属于 P1+P3 架构。图 2-2-11 所示为比亚迪 DM-i 超级混动 EHS 电混系统内部结构，图 2-2-12 所示为 EHS 电混系统结构简图。

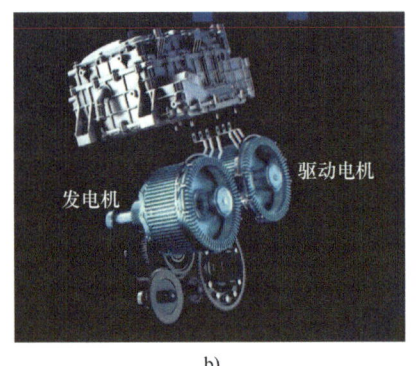

图 2-2-11　比亚迪 DM-i 超级混动 EHS 电混系统内部结构

a）单档减速器内部结构　b）双电机系统

图 2-2-12　比亚迪 DM-i 超级混动 EHS 电混系统结构简图

比亚迪 DM-i 超级混动 EHS 电混系统动力模式见表 2-2-3。

表 2-2-3　比亚迪 DM-i 超级混动 EHS 电混系统动力模式

工况	发动机	离合器	动力蓄电池	驱动电机	发电机	适用场景
EV	×	×	放电	●	×	高电量 / 动力需求不大 / 强制 EV
串联充电	●	×	充电	●	●	低电量 / 动力需求不大
串联放电	●	×	放电	●	●	动力需求大
并联充电	●	●	充电	反向	×	高速稳态
并联放电	●	●	放电	●	×	高速轻微加速
并联直驱	●	●	×	×	×	高速稳态 / 高电量
能量回收	×	×	充电	反向	×	松开加速踏板减速
原地充电	●	×	充电	×	●	极低电量 / 车辆静止
外接充电	×	×	充电	×	×	充电桩充电

1）EV 模式。EV 模式（见图 2-2-13）时发动机和发电机都不工作，离合器分离，动力蓄电池给驱动电机供电，驱动车辆行驶。

在急加速、车速过高、爬坡、温度高、温度低、电量低等情况下，动力蓄电池的放电功率不能满足大负载的工况,为了保护动力蓄电池,延长动力蓄电池的使用寿命,将动力蓄电池的放电功率进行了限制,车辆可能会自动切换到"HEV"模式。

2) HEV 串联充电模式。如图 2-2-14 所示,此时发动机在高效区工作带动发电机运转,离合器分离,发出的电能会优先满足驱动电机驱动车辆行驶,余下的电能则用于给动力蓄电池充电。这种情况一般是动力蓄电池电量在设定的 SOC 值以下,且动力需求不大的情况,此时系统所需的功率小于发动机的高效区功率。

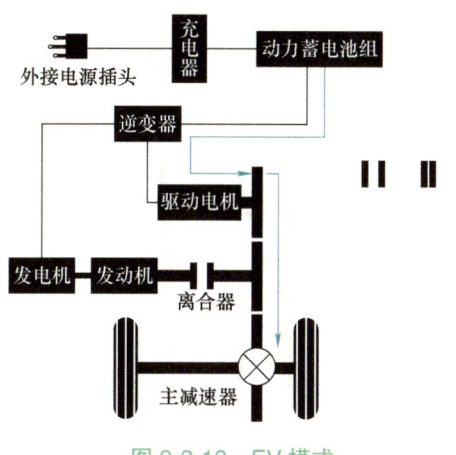

图 2-2-13　EV 模式

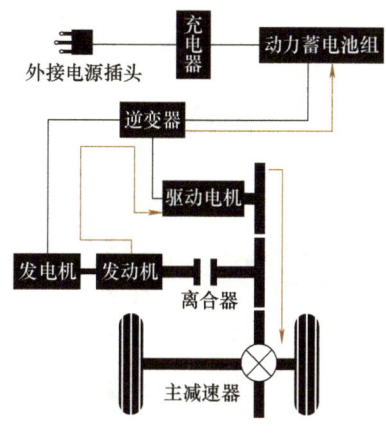

图 2-2-14　HEV 串联充电模式

3) HEV 串联放电模式。如图 2-2-15 所示,此时发动机会带动发电机发电,离合器分离,动力蓄电池会放电共同给电机供电。这种情况一般发生在动力蓄电池有较高电量时,系统会让发动机优先工作在高效区发电,动力蓄电池来承担额外的输出电能。当触发加速踏板的超车降档(Kick-Down)功能时,发动机会放弃优先保证高效区工作的策略,转而提高转速全功率发电,动力蓄电池也以较大的电能输出,从而释放驱动电机的峰值功率。

若动力蓄电池电量不足,动力蓄电池放电功率会受限,会出现动力不足现象;且若频繁触发 Kick-Down 功能,会导致整车电量较快下降。Kick-Down 功能即在车辆行驶时,当车辆在爬坡或需急加速或需深踩加速踏板时,驾驶人踩加速踏板的力突然增大,踩至接近加速踏板末端(俗称地板油),动力系统会在短时间内输出一个较大的转矩,发动机转速也会同时上升,车辆会产生较大的驱动力,克服较大的行车负载,也使车辆有一个较好的加速性能,利于超车。

4) HEV 并联充电模式。如图 2-2-16 所示,离合器接合,此时发动机动力过剩,除维持车辆行驶外,还能提供额外的功率驱动电动机发电,此时驱动电机被用作发电机给动力蓄电池充电。

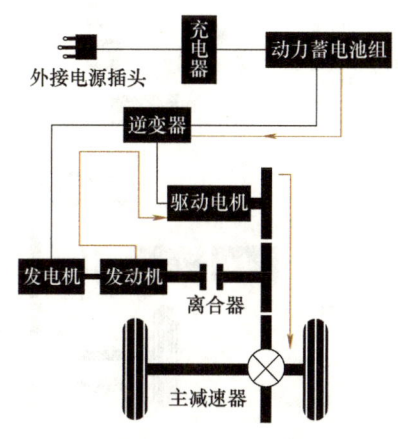

图 2-2-15　HEV 串联放电模式

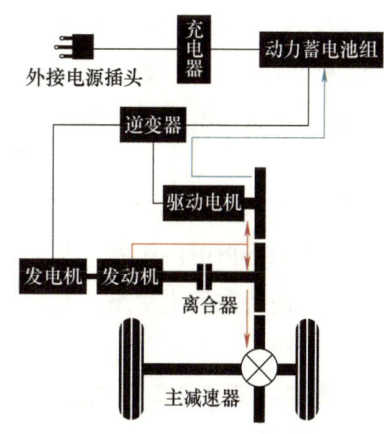

图 2-2-16　HEV 并联充电模式

5) HEV 并联放电模式。如图 2-2-17 所示，离合器接合，此时发动机动力通过机械结构直接驱动车轮，同时，动力蓄电池给驱动电机供电驱动车辆，此时发电机处于闲置状态。

6) HEV 并联直驱模式。如图 2-2-18 所示，离合器接合，此时发动机的动力刚好能够驱动车辆，驱动电机既不需要提供助力，也不需要充当发电机发电，且发电机不发电，这种情况一般是发动机正好在高效区维持车辆匀速行驶，或者车辆动力蓄电池已经充至设定 SOC 区间以上。

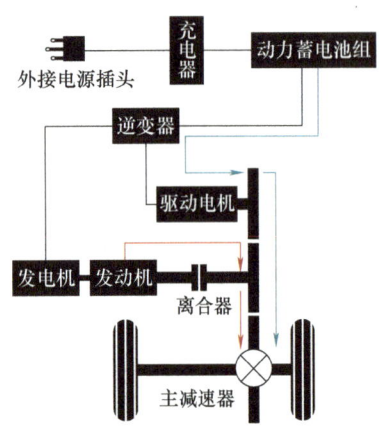

图 2-2-17　HEV 并联放电模式

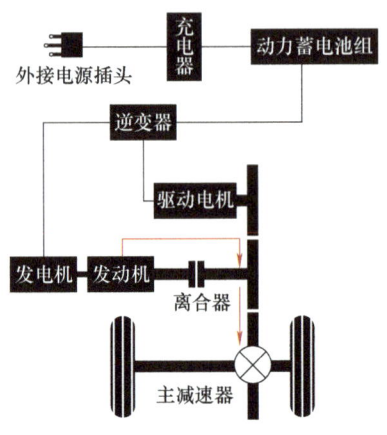

图 2-2-18　HEV 并联直驱模式

尽管发动机和发电机、电动机之间都是机械硬连接，逆变器会在发电机或电动机不工作时断开电路，此时发动机只会带动发电机和电动机的转子空转，并不会产生额外的负载。

进入发动机直驱有一个必要条件，就是要达到一定的车速，这是由车辆的机械结构所决定的。发动机通过离合器连接单档减速器将动力传递给车轮，此时单档减速器相当于普通燃油汽车的高速档，目的是在高速巡航时将发动机维持在最高效率区间工作。低于这个车速时如果想进入直驱模式，发动机可能会熄火。

因为只有一个档位，所以在发动机直驱工况下，发动机转速和车速是成正比的关系。发动机在约 1200r 即可处于高效区间，可以直接驱动车辆行驶，如果此时的车速是 60km/h，那么车辆在 80km/h、100km/h 和 120km/h 速度巡航时，发动机的转数分别为 1600r、2000r 和 2400r。

在发动机直驱模式下，由于发动机在常用速度（转速）下的转矩很弱，又没有变速器降档增矩，若只靠发动机驱动会出现高速时动力不足的情况，此时驱动电机会通过并联模式为车辆提供动力。

7) 能量回收。如图 2-2-19 所示，当驾驶人松开加速踏板或踩制动踏板制动时，车辆的惯性带动驱动电机运转给动力蓄电池充电，此时发电机和发动机都不工作，离合器处于分离状态。

8) 原地充电。如图 2-2-20 所示，当动力蓄电池电量极低，或者处于 HEV-SPORT 模式，或者挂入 P 位，踩下加速踏板时，即使车辆处在静止状态，发动机也会带动发电机给动力蓄电池充电。

9) 外接充电。如图 2-2-21 所示，动力蓄电池通过外接充电器提供的电能充电。

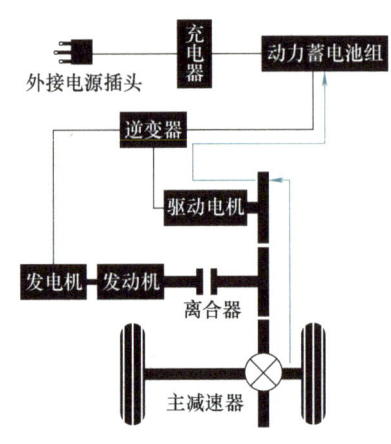

图 2-2-19　能量回收

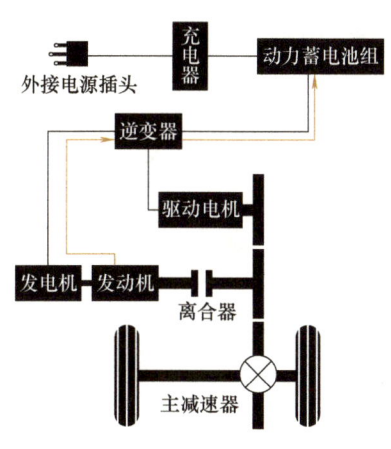

图 2-2-20 原地充电

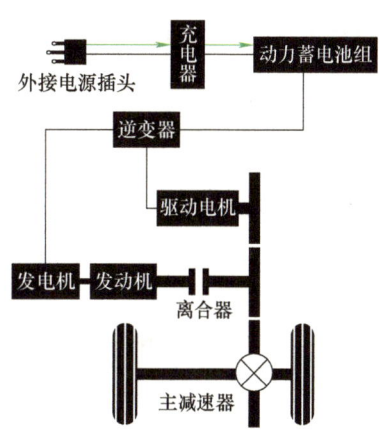

图 2-2-21 外接充电

对比长城、奇瑞和长安等国产 DHT 混动，相当于将比亚迪 DMI 的单档减速器换成了一个两档或三档变速器。使用两档或三档变速器的好处是，高速可以降档超车，发动机转速可以立刻提高到功率较大的区间，会大大增加高速再加速时的动力表现。

(2) 丰田 THS3 双擎混动变速器的结构与工作原理　丰田 THS3 混动变速器型号是 P410，P410 驱动桥的结构如图 2-2-22~ 图 2-2-25 所示，主要应用于国内一汽丰田卡罗拉双擎、双擎 E+、广汽丰田雷凌双擎、双擎 E+ 车型，结构简单、可靠性高、故障率低。

从图中可以看出，在 THS2 变速器采用一套行星排的基础上，丰田 THS3 混动 P410 变速器采用了两套行星排来改变传动比，丰田称其为复合式动力分配行星齿轮组。其中，外齿圈为两组行星排共用，并通过外齿圈齿轮与中间齿轮啮合输出动力。发动机通过阻尼器连接输出轴，输出轴穿过起动发电机 MG1 转子与行星排 1 的行星架固定连接，并穿过驱动电机 MG2 转子驱动油泵；起动发电机 MG1 转子与行星排 1 的太阳轮固定连接。行星排 2 的行星架固定锁止，太阳轮与驱动电机 MG2 转子连接，通过行星齿轮驱动外齿圈转动输出动力。

P410 混动变速器的动力输出通过复合行星排齿圈→中间齿轮组→差速器主减速器齿轮→输出轴，两级齿轮传动，复合行星排齿圈与差速器转动方向相同。

MG1、MG2 均采用三相交流永磁同步电机。尽管没有采用离合器，但根据其双电机位置，丰田 THS3 混动变速器属于 P1+P3 架构。

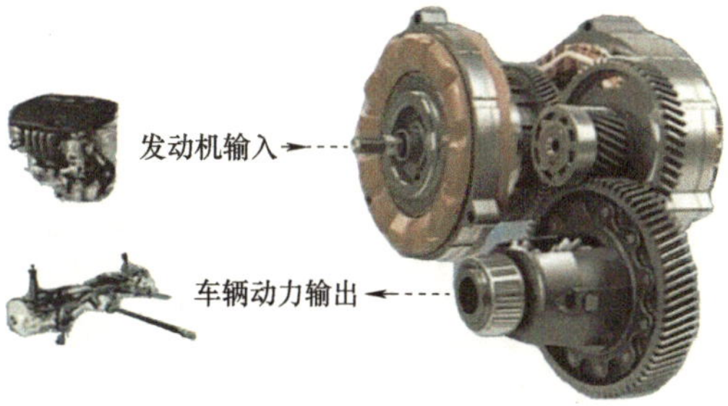

图 2-2-22 丰田 P410 驱动桥总成

丰田 P410 驱动桥工作模式如下：

工作模式一：原地起动发动机。MG2 不运转，外齿圈被锁止不转，MG1 在动力蓄电池的电能驱动下运转，通过太阳轮、行星轮驱动行星架 1 运转，起动发动机。

工作模式二：原地怠速发电。当混动控制模块检测到动力蓄电池电量不足时，会起动发动机运转，驱动 MG1 运转发电，给动力蓄电池充电。这与工作模式一传动路线相同，只是由发动机输出动力方向相反。

工作模式三：中低速前行。发动机不运行，行星架 1 被锁止；MG2 旋转，行星架 2 被锁止，通过行星轮自转驱动外齿圈运转，再通过中间齿轮、驱动差速器驱动车辆前行。此时行星架 1 被锁止，外齿圈运转，通过行星齿轮（自转）、太阳轮带动 MG1 反向空转。倒车就是 MG2 反转，太阳轮、行星齿轮、外齿圈、中间轴、输出轴均反转，驱动车辆倒车，动力传输路线不变。

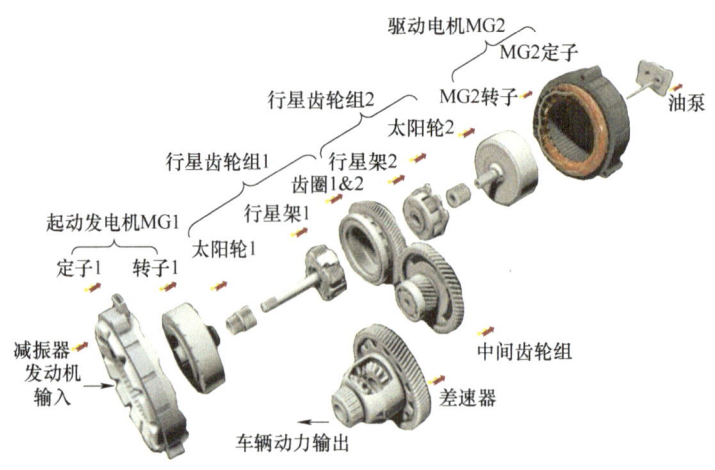

图 2-2-23　丰田 P410 驱动桥结构

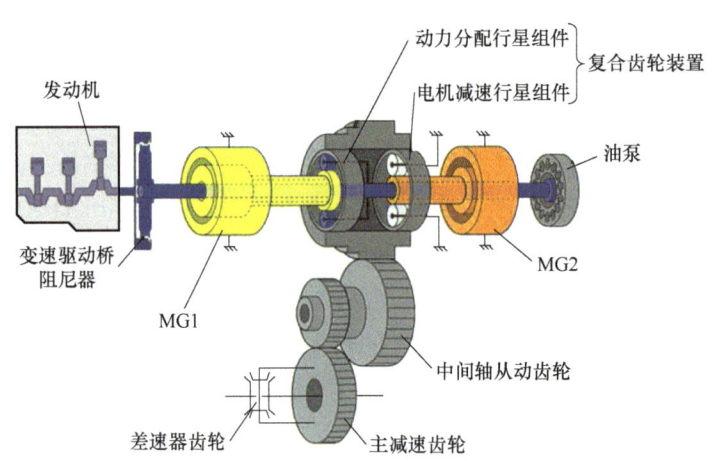

图 2-2-24　丰田 P410 驱动桥原理图——复合式动力分配行星齿轮组

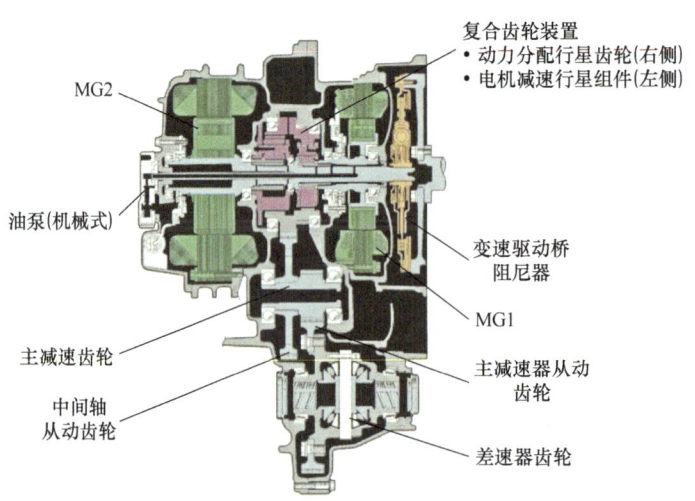

图 2-2-25　丰田 P410 驱动桥内部结构

工作模式四：混动模式。由于丰田动力蓄电池容量小，一般纯电动模式下只能行驶数千米，当系统判别其电量不足时，就会起动发动机，一部分动力带动 MG1 发电，给动力蓄电池充电，或供驱动电机用，另一部分参与车辆驱动。MG2 通电运转，与发动机一起驱动车辆。

工作模式五：高速行驶。发动机会一直运转，车辆以发动机驱动为主，这也是丰田混动高速费油的原因。系统会根据负荷大小及动力蓄电池电量状态，决定 MG1 是发电给动力蓄电池充电或给 MG2 使用，还是短时间当作电动机合力驱动车辆（例如急加速）。前者居多，以保证行驶后动力蓄电池电量充足。

工作模式六：能量回收。车辆滑行或制动时，发动机不工作，车辆惯性会带动 MG2 运转，系统根据能量回收策略来决定 MG2 发电，进行能量回收，动力传输路线与工作模式三相同，但方向相反。

可以看出，丰田 P410 变速驱动桥结构简单巧妙，机械传动部件少，可靠性极高，其主要特点如下：

1）电机 MG1、MG2 的转子分别与两个太阳轮固定连接，行星架 1 与发动机固定连接，行星架 2 被锁止，两套行星排共用外齿圈，并通过外齿圈输出动力。

2）工作时，起动发电机 MG1 和驱动电机 MG2 既可以当作电动机用，也可以当作发电机用。MG1 在起动发动机或者瞬间急加速，且动力蓄电池电量允许时，作为驱动电机使用，和 MG2、发动机一起加速车辆，但只是瞬间；在发动机运转时，根据工况和控制策略具体要求可当作发电机用，例如原地怠速、行驶中动力蓄电池电量不足需要其发电时。

3）由于发动机与行星架 1 连接，行星架 2 被锁止，所以只在发动机驱动时，通过控制 MG1 的转速和方向，能够实现传动比可变；MG2 驱动时由于行星架 2 锁止，传动比不能改变，为固定传动比。改变传动比是靠 MG1 通过太阳轮驱动行星架 1 的行星轮的自转和公转来实现的，而且能够实现无级变速；由于行星架 2 被锁止，MG2 驱动车辆时，行星架 2 只起降速增矩的作用。

4）发动机不工作时，由于行星架 1 与发动机固定连接被锁止，两个行星排均通过行星轮自转驱动外齿圈输出动力，发电机与驱动电机是同向运转的。

5）发动机运行前进时，MG2 反向运转，出于改变传动比的需要，MG1 既可以正转，也可以反向旋转，在临界点时可以不转。

6）在进行能量回收时，主要依靠 MG2 发电。

7）THS3 通过齿轮传动代替了 THS2 中的链条传动，故障率低、噪声小、效率高。

8）没有离合器。

任务实施

一、比亚迪e5驱动桥拆检

1. 任务准备

安全防护：做好台架安全防护与场地隔离。

工具设备：人身安全防护套装、绝缘工具套装、常规工具套装。

车辆台架：比亚迪 e5 驱动桥台架。

辅助资料：教材、维修手册、任务工单、记号笔。

2. 操作步骤

注意：在操作前，应先做好场地安全防护、车辆安全防护、人身安全防护等各种防护措施，并执行高压下电程序，等待 5min 后再进行动手操作。

序号	操作示意图	操作方法	检测标准
1		清洁并检查电驱总成外观，松开放油螺塞，用接油盘泄放变速器油；拆卸车速传感器	总成壳体无缺损、无裂纹、无泄漏；变速器油妥善储存，以便回收，避免污染环境
2		使用合适的套筒扳手拆卸电机与驱动桥总成连接螺栓，并分解电机与驱动桥总成	按照对角错开顺序松开紧固螺栓，以免螺栓应力释放不均导致驱动桥壳体产生形变
3		清洁驱动桥内壳体，检查内壳体及输入轴、输出轴	内壳体内侧无裂纹、无泄漏，输入轴、输出轴花键无损伤
4		拆卸内壳体与外端盖连接螺栓，使用专用工具分解内壳体与外端盖并取下外端盖，取出输出轴两侧油封弹簧、轴承垫片和永磁体	按照对角错开顺序松开紧固螺栓，以免螺栓应力释放不均导致壳体与端盖产生形变。专用工具使用要正确，避免损伤部件
5		松开输出轴轴承压板固定螺母	注意是松开但不取下螺母，用翻转架将驱动桥放置水平后再取下，以免输出轴突然掉落砸伤人员
6		用翻转架将内壳体转至水平，转动输入轴，观察驱动桥的内部结构，认识内部部件	认知各部件的名称，清楚内部结构及工作原理，各传动部件运转灵活无卡滞

项目二　新能源汽车电驱系统　　099

（续）

序号	操作示意图	操作方法	检测标准
7		拆卸输出轴轴承压板固定螺母。拆卸输出轴，检查齿轮及轴承、差速器	齿轮无缺损，轴承转动灵活无间隙，差速器两个半轴相对转动灵活无卡滞
8	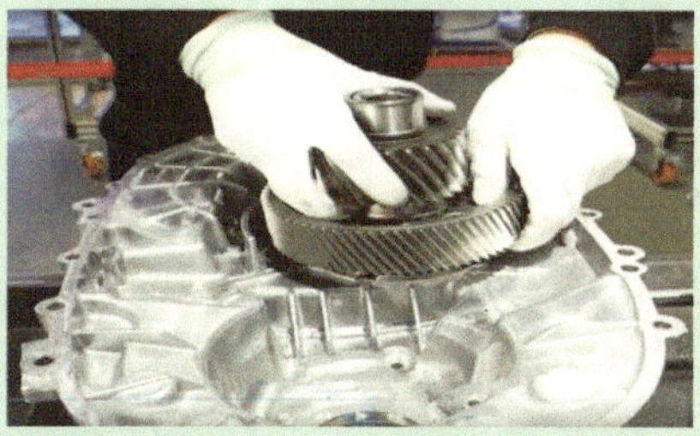	拆卸中间轴轴承压板螺栓，取出中间轴，检查齿轮及轴承	齿轮无缺损，轴承转动灵活无间隙
9		拆卸输入轴轴承压板，取出输入轴，检查齿轮及轴承	齿轮无缺损，轴承转动灵活无间隙
10	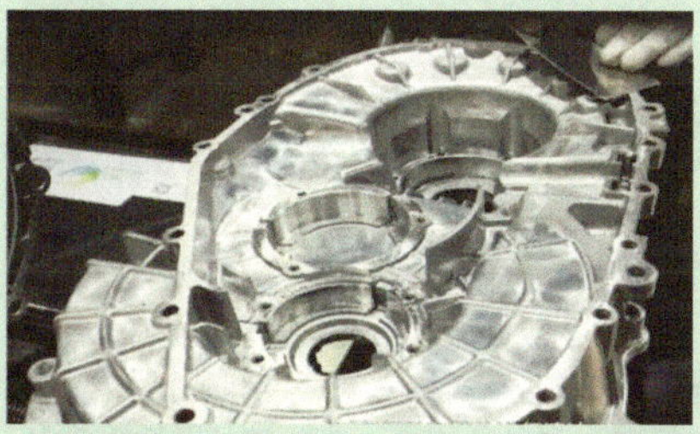	清除壳体与外端盖结合面密封胶	避免划伤壳体与外端盖结合面
11	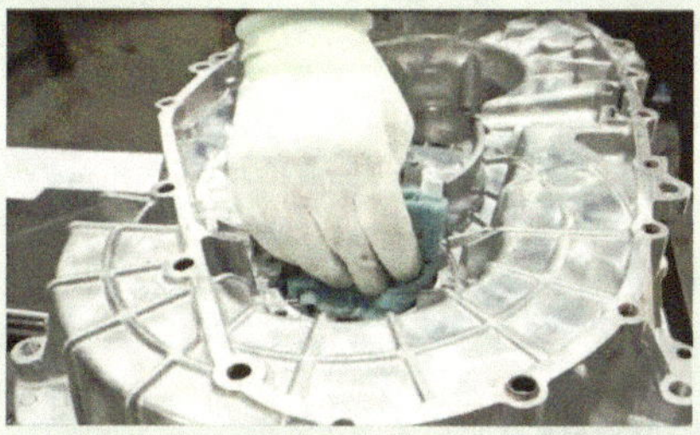	清洗、清洁壳体与外端盖内侧	使用专用洗涤剂或煤油清洗，后用压缩空气吹干，做到无脏污、无铁屑
12		清洗、清洁内部各部件，再次检查各部件。	使用专用洗涤剂或煤油清洗，后用压缩空气吹干，做到无脏污、无铁屑；各部件无缺损，轴承转动灵活无间隙

笔记栏

（续）

序号	操作示意图	操作方法	检测标准
13		按照与拆卸相反的顺序安装部件	各位置螺栓、螺母必须按标准力矩紧固。紧固力矩请查阅维修手册

3. 竣工检验

1）将拆卸的各部件完整复位。

2）整理、恢复作业场地。

二、比亚迪秦Plus DM-i驱动桥拆检

1. 任务准备

安全防护：做好台架安全防护与场地隔离。

工具设备：人身安全防护套装、绝缘工具套装、常规工具套装。

车辆台架：比亚迪秦Plus DM-i驱动桥台架（若为整车，需提前将变速器从车上拆下来并放到台架上）。

辅助资料：教材、维修手册、任务工单、记号笔。

2. 操作步骤

序号	操作示意图	操作方法	检测标准
1	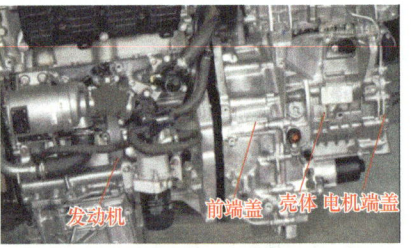	使用合适的套筒扳手拆卸发动机与驱动桥总成连接螺栓，并分解发动机与驱动桥总成	按照对角错开顺序松开紧固螺栓，以免螺栓应力释放不均导致壳体产生形变
2		清洁驱动桥壳体及前端盖，检查输入轴、输出轴。拆卸壳体与前端盖连接螺栓，使用专用工具分解壳体与前端盖并取下前端盖，取出输出轴两侧油封弹簧、轴承垫片和磁铁	端盖、壳体内侧无裂纹、无泄漏，输入轴、输出轴花键无损伤。按照对角错开顺序松开紧固螺栓，以免螺栓应力释放不均导致壳体与端盖产生形变。专用工具使用要正确，避免损伤部件

（续）

序号	操作示意图	操作方法	检测标准
3		用翻转架将壳体转至水平，转动输入轴，观察驱动桥内部结构，认识内部部件	认知各部件的名称，清楚内部结构及工作原理，各传动部件运转灵活无卡滞
4		拆卸两个油泵驱动轮	齿轮无缺损，轴承转动灵活无间隙
5		拆卸发动机输入轴及离合器，检查齿轮及轴承	齿轮无缺损，轴承转动灵活无间隙，离合器主、从两部分分离良好、转动灵活
6	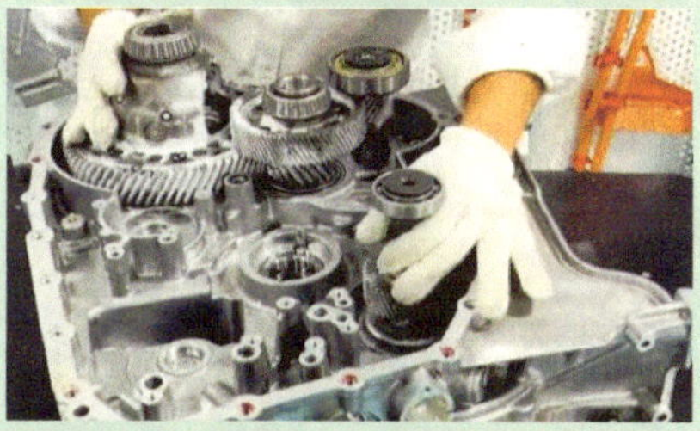	拆卸发电机轴，检查齿轮及轴承	齿轮无缺损，轴承转动灵活无间隙
7		拆卸驱动电机轴，检查齿轮及轴承	齿轮无缺损，轴承转动灵活无间隙
8	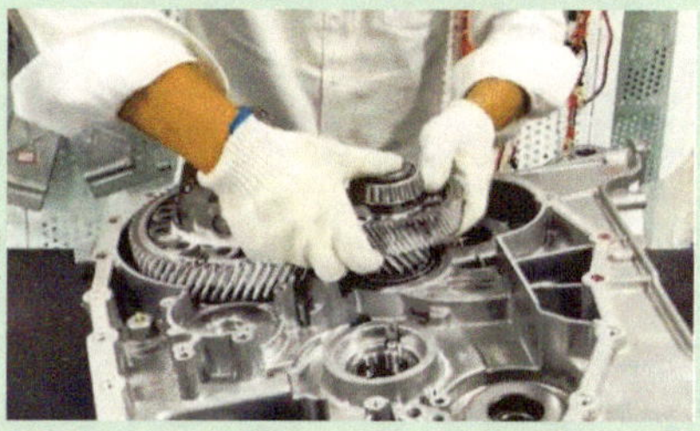	拆卸中间轴，检查齿轮及轴承	齿轮无缺损，轴承转动灵活无间隙

(续)

序号	操作示意图	操作方法	检测标准
9		拆卸输出轴,检查齿轮及轴承、差速器。清洗、清洁内部各部件,再次检查各部件。使用专用洗涤剂或煤油清洗,后用压缩空气吹干	齿轮无缺损,轴承转动灵活无间隙,差速器两个半轴相对转动灵活无卡滞。各壳体无脏污、无铁屑;各部件无缺损,轴承转动灵活无间隙
10		拆卸外端盖,清洗、清洁壳体与外端盖内侧,检查两个电机轴承	轴承转动灵活无间隙。内部无脏污、无铁屑、无异物
11		按照与拆卸相反的顺序安装部件	各位置螺栓、螺母必须按标准力矩紧固。紧固力矩请查阅维修手册

3. 竣工检验

1)转动输入轴,应转动灵活、无卡滞。
2)整理、恢复作业场地。

三、丰田THS3双擎混动P410驱动桥拆检

1. 任务准备

安全防护:做好台架安全防护与场地隔离。
工具设备:人身安全防护套装、绝缘工具套装、常规工具套装。
车辆台架:丰田THS3双擎混动P410驱动桥台架(若为整车,需提前将变速器从车上拆下来并放到台架上)。
辅助资料:教材、维修手册、任务工单、记号笔。

2. 操作步骤

序号	操作示意图	操作方法	检测标准
1	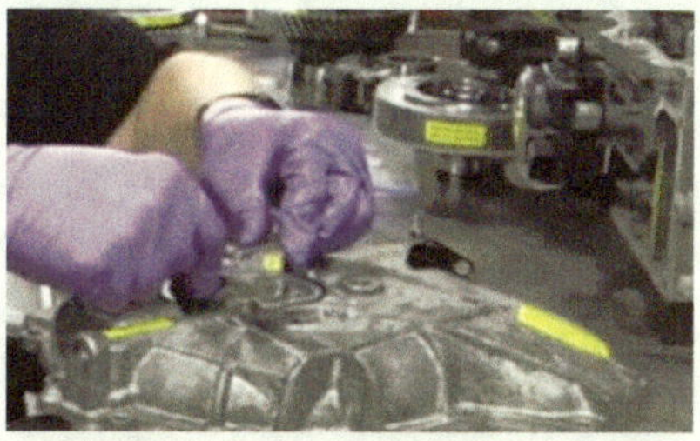	清洁变速器总成外观，将变速器总成垂直放置在工作台上，拆卸油泵盖紧固螺栓，取出油泵转子及驱动轴	无破损、无脏污、无间隙，转动灵活，驱动轴无弯曲
2		拆卸外端盖与后壳体连接螺栓，使用专用工具拆卸外端盖	外端盖无破损、裂纹、渗漏、脏污、变形
3		拆卸 MG2 永磁转子，检查轴承及太阳轮 2	转子及太阳轮 2 无破损，轴承无间隙且运转灵活无卡滞
4	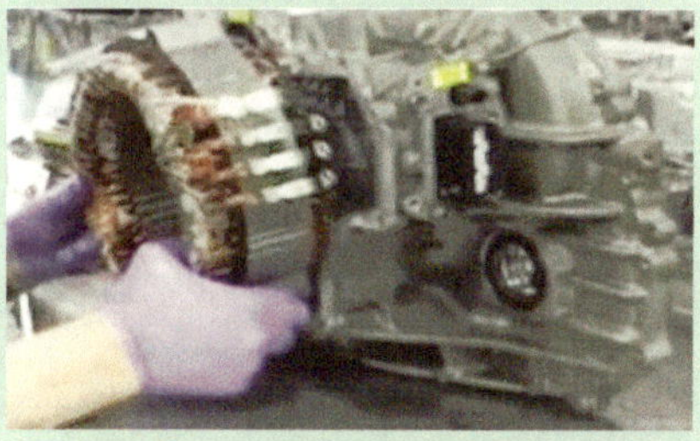	拆卸 MG2 定子	定子外观无缺损、无脏污
5		使用专用工具拆卸后壳体，清除密封胶，检查壳体并使用专用清洗剂或煤油清洗	壳体结合面无缺损、无裂纹、无渗漏
6		观察驱动桥内部结构，认识内部部件。安装 MG2 转子并转动	认知各部件的名称，清楚内部结构及工作原理，各传动部件运转灵活、无卡滞

(续)

序号	操作示意图	操作方法	检测标准
7		拆卸行星架2，检查齿轮及轴承	齿轮无缺损，各行星轮、轴承转动灵活无间隙
8	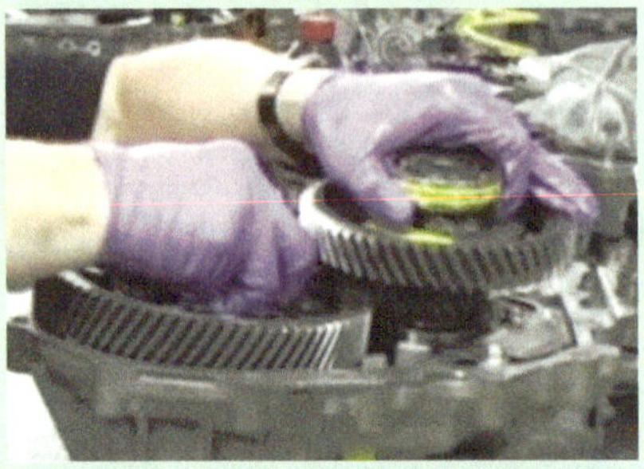	拆卸中间轴，检查齿轮及轴承	齿轮无缺损，轴承转动灵活、无间隙
9		拆卸输出轴，检查齿轮及轴承、差速器。清洗、清洁内部各部件，再次检查各部件。使用专用洗涤剂或煤油清洗，然后用压缩空气吹干	齿轮无缺损，轴承转动灵活无间隙，差速器两个半轴相对转动灵活、无卡滞。各壳体无脏污、无铁屑；各部件无缺损，轴承转动灵活无间隙
10		拆卸复合齿圈，检查各侧齿轮	齿轮内、外齿无缺损
11		拆卸行星架1，检查齿轮、花键及轴承	齿轮、花键无缺损，各行星轮、轴承转动灵活、无间隙
12		拆卸太阳轮1	齿轮无缺损

(续)

序号	操作示意图	操作方法	检测标准
13		清洗、清洁内部各部件,再次检查各部件。使用专用洗涤剂或煤油清洗,然后用压缩空气吹干	各壳体无缺损、无裂纹、无脏污、无铁屑。各部件无异常
14		按照与拆卸相反的顺序安装部件	各位置螺栓、螺母必须按标准力矩紧固。紧固力矩请查阅维修手册

3. 竣工检验

1）转动输入轴,应转动灵活、无卡滞。

2）整理、恢复作业场地。

工作任务单

2.2.1　比亚迪 e5 驱动桥拆检（附后）

2.2.2　比亚迪秦 Plus DM-i 驱动桥拆检（附后）

2.2.3　丰田 THS3 双擎混动 P410 驱动桥拆检（附后）

任务实施配分评分表

2.2.1　比亚迪 e5 驱动桥拆检——任务实施配分评分表（附后）

2.2.2　比亚迪秦 Plus DM-i 驱动桥拆检——任务实施配分评分表（附后）

2.2.3　丰田 THS3 双擎混动 P410 驱动桥拆检——任务实施配分评分表（附后）

学习任务单

2.2　变速器检测（附后）

项目三 新能源汽车电驱控制系统

项目描述

本项目共两个学习任务：

任务一　电机控制器检测与故障诊断

任务二　电驱控制系统故障诊断

通过两个任务的学习，可掌握新能源汽车电机控制器的基本结构和检修方法，掌握新能源汽车驱动电机的控制原理，掌握新能源汽车电驱控制系统的结构、工作原理及检修方法。

任务一　电机控制器检测与故障诊断

任务引入

新能源汽车电驱控制系统主要由电控、电机、变速器、电驱冷却系统等组成，电机控制器是电驱控制系统的控制中心。深入了解电机控制器的内部结构及工作原理，有利于提高维修人员新能源汽车电驱控制系统的故障诊断和维修的技能水平。

学习目标

知识目标
- 了解电机控制器的内部结构和工作原理。
- 掌握电机控制器的故障现象分析方法。

技能目标
- 具有电机控制器故障诊断、分析和维修的基本能力。

职业素养目标
- 严格执行新能源汽车检修操作规范，养成科学严谨的工作态度。
- 养成总结训练过程和结果的习惯，为下次训练积累经验。
- 培养虚心向他人学习、尊重他人劳动的意识。
- 培养团结协作的意识。
- 养成严格执行 7S 现场管理的习惯。

知识空间

新能源汽车控制器分为高压控制器和低压控制器，低压控制器即常说的电控单元（ECU），电路中不连接高压，如蓄电池管理器、整车控制器、车身控制器等；高压控制器电路中连接有高压，所示称为高压控制器，如电机控制器、车载充电机、DC/DC变换器、空调控制器（HVAC）、高压加热PTC等。高压控制器内部的控制电路、驱动电路、监测保护电路等仍属于低压电路，即ECU部分，高压电路部分相当于ECU的执行器，在高压控制器内部高、低压电路之间有严格的隔离措施，以防高电压窜入低压电路而导致危险发生。

电机控制器是电驱控制系统的控制中心，主要由DC-AC逆变模块、功率驱动模块、温度保护模块以及ECU组成。本任务主要学习逆变模块、功率驱动模块以及ECU的结构、工作原理及诊断修复。目前，新能源车辆多采用一体化设计，把电机、传动机构和电机控制模块等集成在一起，优化空间布局，节省高压线束。图3-1-1所示为比亚迪三合一电驱总成。为区别于传统汽车动力系统，混合动力汽车也把电驱系统称作电混系统。

因为电机控制器内部有逆变模块，将高压直流电转变成高压交流电，又称作逆变器；因为电机控制器能够改变提供给驱动电机的三相交流电的频率，来控制电机转速，所以也被称为变频器。实际上，逆变器和变频器只是电机控制器内部的部分电路。

目前，无论是纯电动汽车还是混动汽车，驱动电机均采用三相交流电机，电机控制器的主要作用就是给驱动电机提供三相交流电来驱动车辆。尽管不同厂家控制器内部电路设计不同，但基本功能是相同的。空调压缩机以及起动发电机等电机的控制也与驱动电机控制器的结构、工作原理相似。本任务不再区分纯电动汽车还是混合汽车，仅以驱动电机控制器为例，介绍电机控制器的结构、工作原理。图3-1-2所示为驱动电机控制器总成外观。

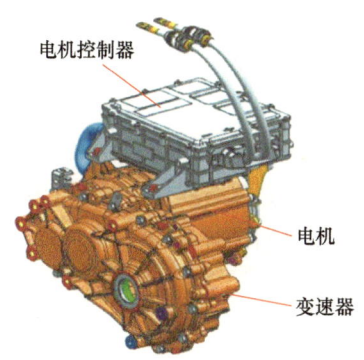

图3-1-1　比亚迪三合一电驱总成

图3-1-2　驱动电机控制器总成外观

一、电机控制器的基本组成

电机控制器是电驱系统的控制中心，以IGBT（绝缘栅双极型晶体管）模块为核心，辅以驱动集成电路（也称为驱动板）、主控集成电路（也称为控制板），如图3-1-3和图3-1-4所示。简单来说，电机控制器主要由控制板、驱动板和IGBT模块三部分组成。电机控制器通过对输入信号进行处理，并将电机控制系统运行状态的信息通过CAN网络发送给整车控制器［混合动力车型为混合动力控制器（HCU）］。电机控制器内含故障诊断电路，当诊断出异常时，它会激活一个故障码并发送给整车控制器（或HCU），同时会存储该故障码和数据。

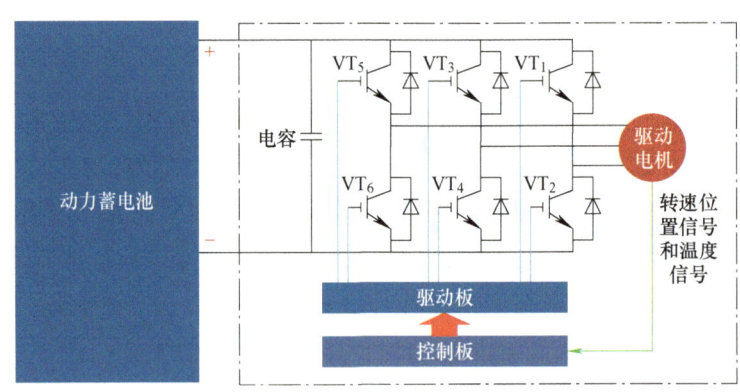

图 3-1-3　电机控制器的基本组成及控制原理简图

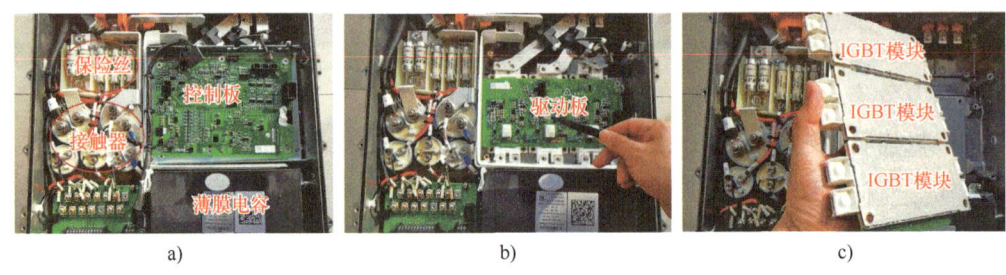

图 3-1-4　电机控制器内部电路实例

a）上层为控制板　b）下层为驱动板　c）驱动板背面为 IGBT 模块

通常，电机控制器可以与 DC/DC 变换器、车载充电机、高压配电盒等其他控制电路集成在一起，与电流传感器、漏电传感器、薄膜电容（预充电容）、泄放电阻等元器件一并集成，这种结构称为多合一，例如比亚迪 e5 的充配电总成四合一、电驱三合一，比亚迪 DM-i 超级混动 EHS 电混七合一等。

二、电机控制器的主要功能

电机控制器具有采集转矩请求信号、旋变信号等控制电机正向驱动、反驱发电功能；具有高压输出电压和电流限制功能，具有电压跌落、过电流、驱动电路过温保护、IGBT 过温保护、电机过温保护、功率限制、转矩控制限制等功能；同时，具备能量回馈控制、主动泄放、被动泄放控制功能。

三、电机控制器的结构、工作原理

电机控制器是电驱控制系统的控制中心，其内部结构主要包括控制单元（控制板）、驱动电路（驱动板）和 IGBT 模块三部分。控制单元接收各种输入信号，经过运算向驱动板输出 PWM 信号作为控制信号；驱动板接收到控制单元的 PWM 信号后，对信号进行电压放大和功率放大等处理，驱动 IGBT 导通和关断，并进行电压隔离，防止动力蓄电池的高电压窜入低压电路；IGBT 模块接受驱动，按照控制单元的 PWM 指令要求，通过不断导通和关断实现逆变、整流、变压和变频等功能，给驱动电机提供波形近似（实为等效）正弦波、相差 120° 的三相交流电，驱动电机运转；同时，控制单元接收驱动电机的转速信号和电机温度信号作为反馈信号进行闭环控制，监控驱动电机的工作状态。除驱动电机外，其他三相交流电机的控制如起动发电机、空调压缩机电机等，也需要相似的驱动控制。

1. 逆变电路

电机控制器能够将动力蓄电池的高压直流电逆变成高压三相交流电，驱动三相交流电机运转。逆变电路主要由6只IGBT构成，如图3-1-5所示，6只IGBT分成3组，构成3支桥臂，每支桥臂由两只IGBT构成，分别称为上桥和下桥，桥臂两端连接动力蓄电池正、负极，3支桥臂的中间节点分别与电机的三相定子绕组相连接，这种电路称为三相桥式全波逆变电路，简称为全桥。这样的结构形式很像三相桥式全波整流电路，整流是将交流变成直流，而逆变正好相反，是将直流变成交流，在作用和工作原理上有根本区别。

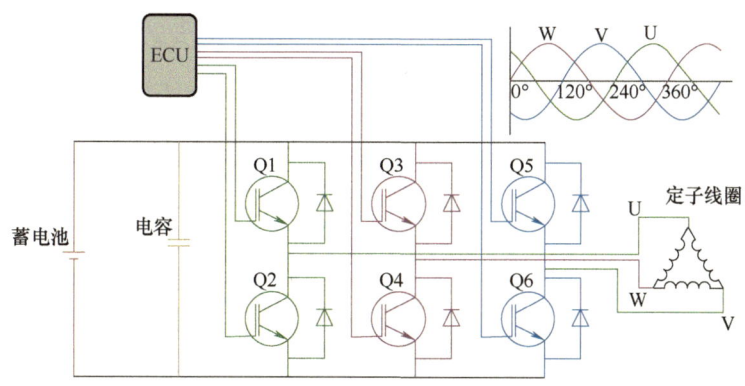

图3-1-5 逆变与整流电路原理图

（1）逆变与整流原理　IGBT在逆变电路工作过程中起开关作用。电路工作时，总是有一支桥臂的上桥和另一支桥臂的下桥同时导通，则会有电流沿某一方向流经电机的一相定子绕组。需要注意的是，不允许同一支桥臂的上、下桥同时导通（当上桥或下桥的一只IGBT击穿时就会发生，这是严重的电源被短路故障），也不允许不同桥臂的两只上桥或下桥同时导通。在控制单元的PWM信号控制下，6只IGBT成对轮流导通，通过三相定子绕组的电流就会是相差为120°的三相交流电流。分析工作过程时可先以单相桥式逆变为例。图3-1-6所示为逆变原理图。

> **温馨提示**：请自行分析一下，每一相定子绕组的正、反向电流是由哪两支IGBT导通提供的？分析完了就会明白三相桥式逆变电路是如何工作的了。

并联在IGBT集电极和发射极之间的二极管有以下两个主要作用：

① 续流作用。这只二极管名为续流二极管，用于消除IGBT关断时出现在集电极和发射极之间的反向高压，防止IGBT被击穿，起保护作用，还能提高开关速度。

② 整流作用。当驱动电机用作发电机进行能量回收时，6只二极管构成三相桥式全波整流电路，给动力蓄电池充电回收能量，如图3-1-7所示，此时6只IGBT全部处于关断状态。

（2）正弦交流电的产生原理　通过IGBT的导通与关断，已经实现了直流电变交流电，加在每相定子绕组的脉冲电压和电流波形是矩形波。控制单元通过PWM信号控制，能够等效模拟正弦交流电。PWM信号为脉宽调制信号，也就是占空比信号（绿色线）。以正半周为例，当电机在某一转速时，脉冲周期 T_s 为一个固定值，这个周期 T_s 随电机转速（或交流电的频率）改变而改变，T_{on} 为IGBT导通时间，T_{on}/T_s 为占空比 D。如图3-1-8所示，在电压上升阶段，占空比 D 逐渐增大，IGBT导通时间 T_{on} 越来越长，则一个脉冲周期内电压或电流的平均值（简称为周期平均值）也越来越大，如图中蓝色线段；在电压下降阶段，占空比 D 逐渐减小，IGBT

导通时间 T_{on} 越来越短，则一个脉冲周期内电压或电流的平均值越来越小，这样在半个周期内由蓝色线段构成了近似正弦波正半周的波形。

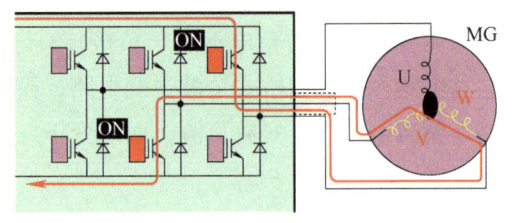 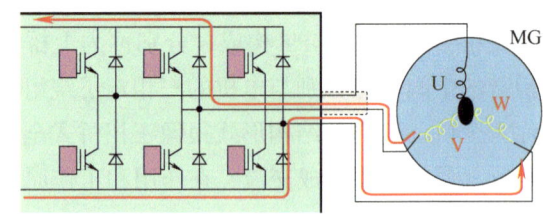

图 3-1-6　逆变原理图　　　　　　　　　图 3-1-7　整流原理图

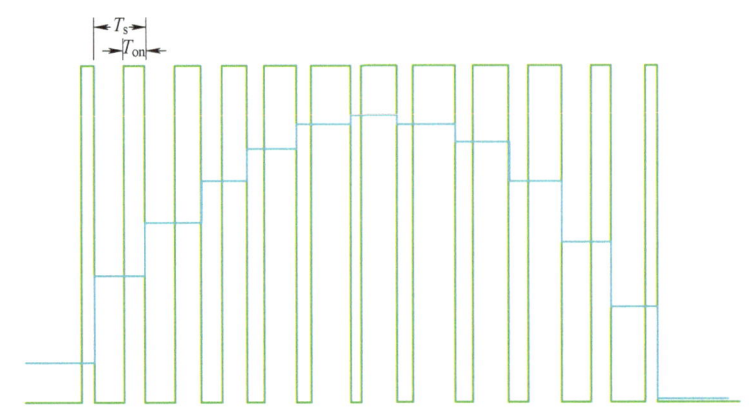

图 3-1-8　IGBT 模块正弦波模拟原理图

正弦波负半周的原理相同。这样在一个周期内，控制单元通过 PWM 信号控制全桥的 IGBT 成对轮流导通，就能够产生近似正弦波的正弦交流电，如图 3-1-9a 所示，频率越大近似程度越高。图 3-1-9b 中的蓝色正弦曲线是一种理想化的正弦波形，在实际工作中图 a 是可以等效成图 b 理想的正弦波的，也可以认为脉冲周期平均值等效为一条圆滑的正弦曲线。

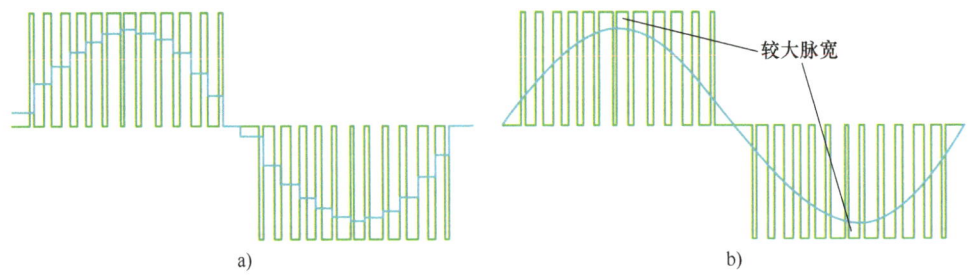

图 3-1-9　正弦波模拟原理图

在实际中，图 3-1-8 和图 3-1-9 的蓝色波形即周期平均值，使用示波器是看不到的，看到的波形应该是绿色的脉冲波形，但因为示波器显示分辨率不够高、响应速度不够快，看到的绿色脉冲波形也不是完整的，示波器显示的只是大致轮廓。图 3-1-10 所示为使用示波器采集的电机控制器输出的实际波形。可以看出，示波器显示的波形只是三相交流电的大致轮廓线（图 a 的交流电频率比图 b 低），并不是理想的正弦波形，这一点和使用示波器观察工频交流电所看到的波形是不同的。

（3）变压与变频原理　在正弦交流电频率不变的情况下，若增大 IGBT 导通频率，即 T_s 会变短，再减小占空比，IGBT 的导通时间会变得更短，使电压脉冲周期平均值变小，正弦交流电的电压幅值变小，电机控制器输出的电压减小。由此可见，通过改变 IGBT 导通频率和占空比能够使电压发生变化，如图 3-1-11 中 a 与 b 所示。电机控制器通过控制施加给驱动电机的三相交流电的电压高低，就能够控制电机绕组内的电流大小，从而达到控制电机输出功率和转矩的目的。

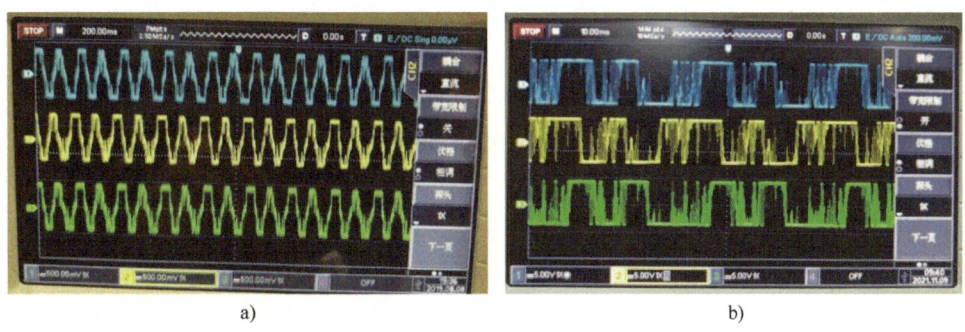

a) b)

图 3-1-10 用示波器采集的电机控制器输出的实际波形

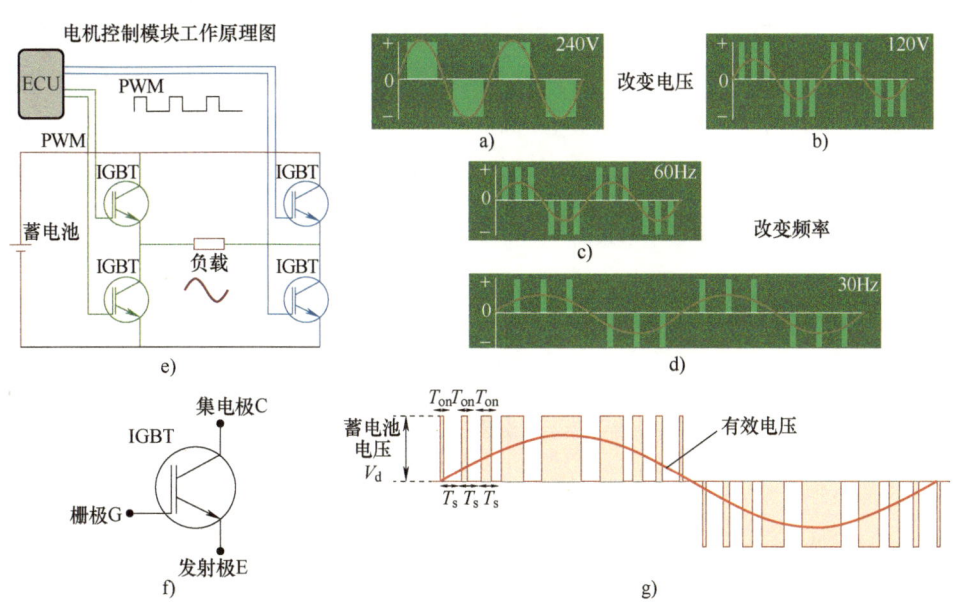

图 3-1-11 IGBT 模块变压与变频原理图

上述变压原理的前提条件是正弦交流电的频率不变，通过改变 IGBT 导通频率和占空比能够使电压发生改变。同样的道理，若正弦交流电的电压有效值不变，通过改变 IGBT 导通频率和占空比也能够使交流电的频率发生改变，这就是变频原理，如图 3-1-11 中 c 与 d 所示。电机控制器通过控制施加给驱动电机三相交流电的频率，就能够达到控制电机转速的目的。

IGBT 导通频率和占空比有相对性，IGBT 导通频率变大，占空比不一定变小，但两者之间有关联性，存在一定的数量关系。电机控制器能够同时改变正弦交流电的电压和频率，在此不做详细介绍。

通过以上分析可以得出结论，电机控制器变频和变压的根本原因是改变了 IGBT 导通频率和占空比。

电机控制器通过控制 PWM 信号，就能够实现逆变、整流、变压、变频，输出近似正弦交流电，而且能实现三相正弦交流电彼此相差 120°；能改变三相交流电的相序，实现电机正、反转控制；在能量回收时确保 IGBT 可靠关断；在高压下电后，进行主动泄放或被动泄放控制，利用放电电阻（主动泄放该电阻一般为几欧姆，被动泄放该电阻一般为十几欧姆至几十欧姆）把薄膜电容及电路中储存的高压电能泄放掉，避免出现高压触电事故。

2. 驱动电路

电机控制器的驱动电路主要由驱动芯片、推挽电路和驱动电源三部分组成，如图 3-1-12 和图 3-1-13 所示。电子控制模块（MCU）（即控制板）通过接收和采集各种信号并经过计算后，向驱动电路输出 PWM 信号，并将故障信号送到控制板。驱动芯片的主要作用是对 PWM 信号进行电压放大和电气隔离，经过电压放大的 PWM 信号送至推挽电路；推挽电路的主要作用是对信号进行功率放大，以满足 IGBT 栅极导通和关断所需的电压和电流；低压电源的作用是为驱动芯片和推挽电路提供工作电源电压，确保 IGBT 可靠导通和关断，并进行电气隔离。图 3-1-14 所示为一种由驱动芯片构成的驱动电路。

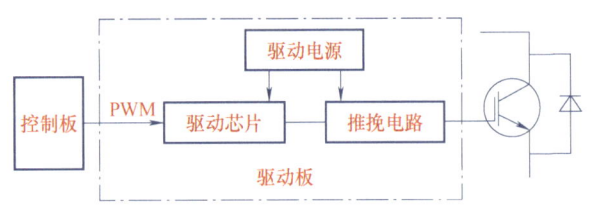

图 3-1-12　驱动板基本组成框架图

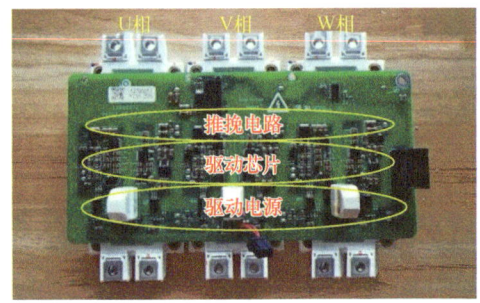

图 3-1-13　驱动板实例

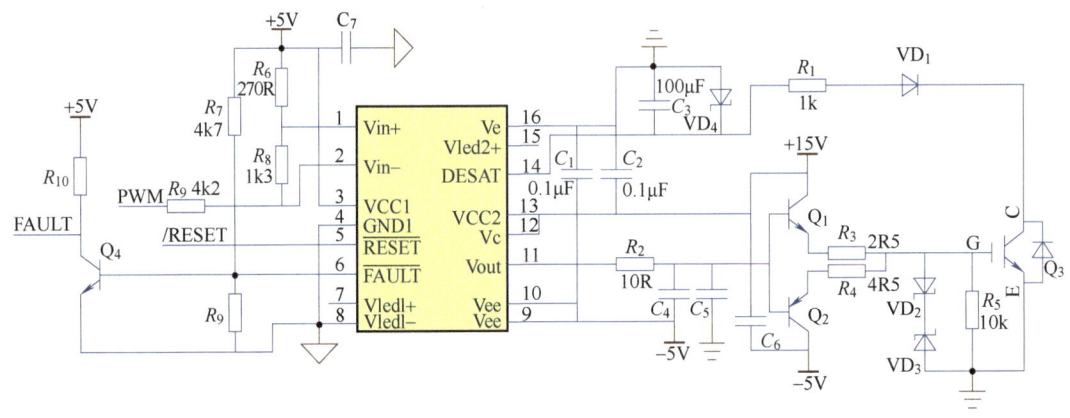

图 3-1-14　一种由驱动芯片构成的驱动电路图

新能源汽车驱动电机控制器逆变桥均为三相全桥驱动，需要 6 组 IGBT 模块，所以也需要 6 组驱动电路为三相全桥的桥臂提供 PWM 信号，如图 3-1-15 所示。IGBT 驱动电路的总体设计要求主要有两个方面，一是能够安全、可靠地导通和关断 IGBT，二是能够同时提供保护功能。

电气隔离是保证 IGBT 安全、可靠地导通和关断重要措施之一，可以防止高压窜入。电气隔离包括信号隔离和电源隔离。

信号隔离主要包括电磁隔离（即变压器隔离）、光电隔离和电容隔离，如图 3-1-16 所示。一般 IGBT 驱动电路采用快速光电耦芯片进行光电耦合，实现信号隔离，如 AVAGO 公司的 APCL352J 驱动芯片；英飞凌科技公司的驱动芯片采用的是电磁隔离；电容隔离是目前一种新兴的信号电隔技术，如德州仪器公司 TI 的驱动芯片。

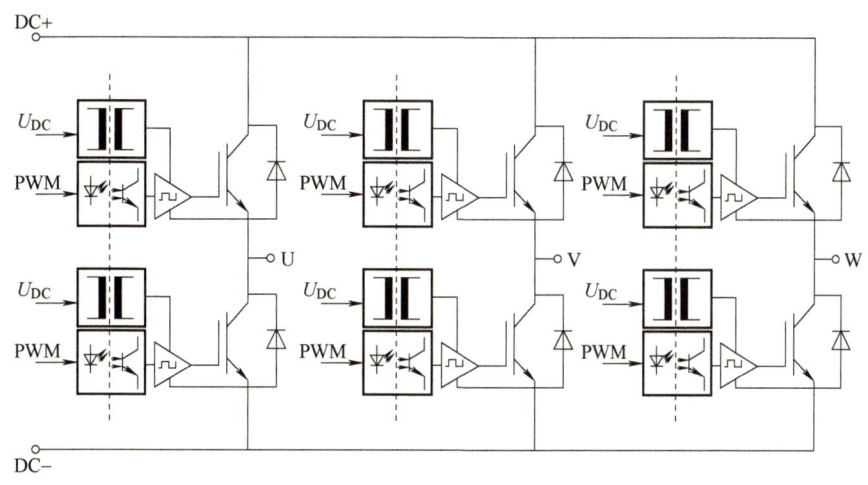

图 3-1-15 驱动电路拓扑结构

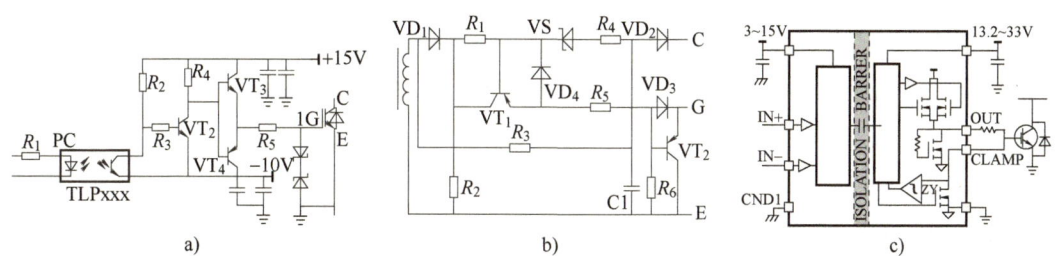

图 3-1-16 IGBT 驱动信号隔离电路图

a) 光电隔离驱动电路　b) 变压器隔离驱动电路　c) 电容隔离驱动电路

低压电源的作用是为信号传输电路、推挽电路等提供工作电压和电流，是与其他模块相互隔离的，通常采用变压器隔离的 DC/DC 变换器（开关电源）作为低压电源。

推挽电路的作用是为 IGBT 栅极提供导通和关断电压。IGBT 为压控（电压控制）型开关器件，输入阻抗极高，它的导通过程可以看成是栅极电容的充电过程，关断过程可以看成是栅极电容的放电过程。IGBT 驱动通常采用双电源驱动技术，供电电源采用正、负双电压进行供电，一般限定为 +20V/-20V 之间，如图 3-1-17 所示。IGBT 栅极正向电压使栅极电容充电，达到饱和而导通，正向导通电压一般在 12~20V 范围内；IGBT 栅极反向电压使栅极电容放电，抽取栅极

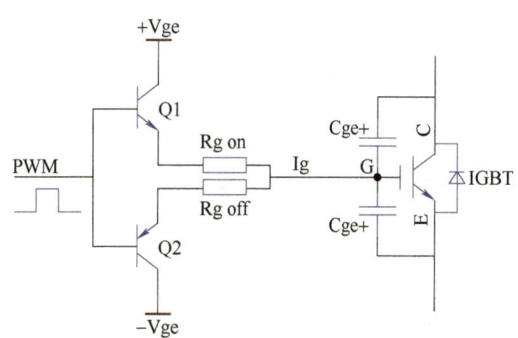

图 3-1-17 一种常见的互补对称单通道推挽电路

电容中储存的电荷，使栅极截止而关断，反向关断电压一般在 -5~-15V 范围内，栅极驱动电压超出范围时可能破坏栅极。

IGBT 保护主要包括短路、过电流、过电压、过热、死区时间控制、最小脉冲抑制等。电机控制器除了驱动芯片、推挽电路、电源电路外，还必须有各种保护电路。

3. 控制电路

控制电路（控制板）主要包括主控制芯片、电源电路、CAN 网络、旋变电路和各种采样电路，是电机控制器的控制中枢，如图 3-1-18 所示。

主控制芯片：一般为控制板上最大的芯片，主要有 MCU、DSP 和 FPGA 3 种。MCU 即微处理器（单片机），它把 CPU、内存、I/O 接口等主要部件集成到一片超大规模的集成电路芯片上。MCU 通常侧重于 I/O 接口的数量和可编程存储器的大小，非常适用于有大量的 I/O 操作的场合，但数据处理能力有限，应用场合有比较大的限制，广泛应用在低成本、低功耗和对精度要求不高的系统中，适用于中、低端电机控制，是目前市场主流的电机控制方案。在 32 位处理器中，通过提高运算处理速度，可以很好地实现空间矢量、磁场定位和 PD 闭环调节的复杂控制，应用越来

图 3-1-18　控制板实例

越多。DSP 即数字信号处理器，芯片内部集成了模/数转换、数字输入/输出、串口通信、电机控制 PWM 信号输出等接口，电机控制系统硬件设计灵活、简易，尤其 DSP 比较擅长高速运算，具有较强的控制功能，能更好地实现电机的伺服控制和保护功能，一般用于专用的相对高档的控制系统中，如图 3-1-19 所示。FPGA 即现场可编程逻辑门阵列，由逻辑单元、RAM 和乘法器等组成，具有可无限重新编程、响应快速、多轴同时处理、外设接口灵活多样、被多种工业总线支持等优点，在高端专用电机控制应用中显示出了卓越的性能。

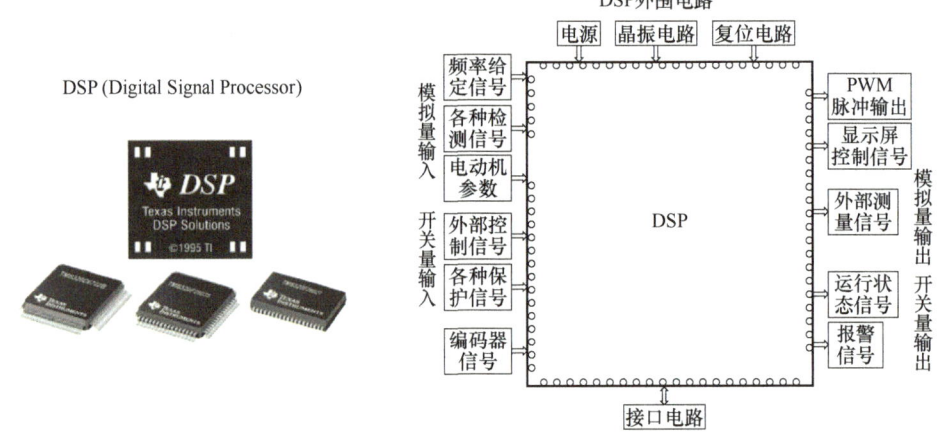

图 3-1-19　DSP 芯片及外围电路

电源电路：主要将 12V 或 24V 电转变成电控单元和部分电路所需的电压，主要由电源芯片、变压器、电解电容、大体积瓷片电容、大体积电感等元件组成。

CAN 网路：主要由解码 IC 和共模电感组成，用于 CAN 网络通信。

旋变电路：主要由旋变解码芯片、共模电感和推挽电路等组成，旋变解码芯片对旋变信号进行解码，用于计算判断转子的位置和转速，进行电机矢量控制。

各种采样电路：包括电流采样、电压采样、温度采样等。

四、IGBT 模块

IGBT 是电机控制器的核心部件，在电路中作为开关使用，能够承受较高的电压和较大的电流，为高压功率电力电子器件。在电机控制器内部通常使用 IGBT 模块。

1. IGBT 模块的基本组成

IGBT 模块是由 IGBT 与续流二极管（FWD）通过特定的电路桥接封装而成的模块化半导体产品，也称为 IGBT 模块芯片，如图 3-1-20 所示。一般 IGBT 模块内部集成两只 IGBT，其内

部等效电路如图 3-1-21 所示。封装后的 IGBT 模块直接应用在电机控制器上,电机控制器中至少需要 3 个 IGBT 模块,才能输出三相交流电。IGBT 模块具有节能、安装维修方便、散热稳定等特点。通常所说的 IGBT 也指 IGBT 模块,是电机控制器的核心器件。

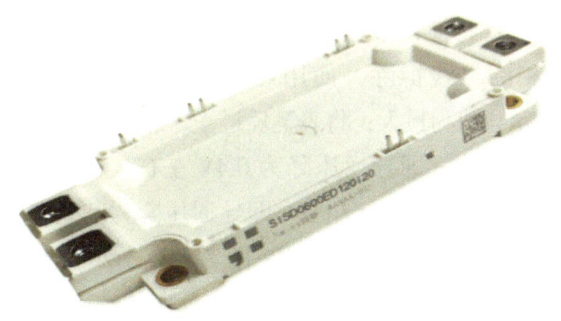 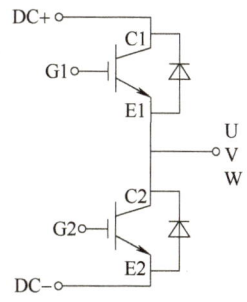

图 3-1-20　IGBT 模块芯片　　　　　　　图 3-1-21　IGBT 模块内部等效电路

2. IGBT 的结构、工作原理

IGBT 相当于一个场效应晶体管 MOSFET 和一个双极型晶体管的组合,常用作高压功率电力电子器件,电压从几十伏到上万伏,电流能达到几千安培,非常适合应用于直流电压为 600V 及以上的变流系统,如交流电机、变频器、开关电源、照明电路、牵引传动等领域。

若在 IGBT 的栅极(也称为门极)G 和发射极 E 之间加上正向驱动电压,则 MOSFET 导通,PNP 晶体管的集电极与基极之间呈低阻状态而导通,IGBT 则导通;若 IGBT 的栅极和发射极之间电压为 0 或反向电压,则 MOSFET 截止,切断 PNP 晶体管基极电流的供给,使 PNP 晶体管截止,IGBT 即关断。IGBT 是电压控制型器件,在它的栅极 G 与发射极 E 间施加十几伏的直流电压,只有 μA 级的电流流过,基本不消耗功率,而能够很容易地控制很高的电压和大电流,所以在高电压大功率的电力系统中通常作为电子开关来使用,具有无触点、动作快、安全可靠等特点,广泛应用于新能源汽车、高铁等牵引传动领域。图 3-1-22 所示为 IGBT 内部结构、内部电路及符号。

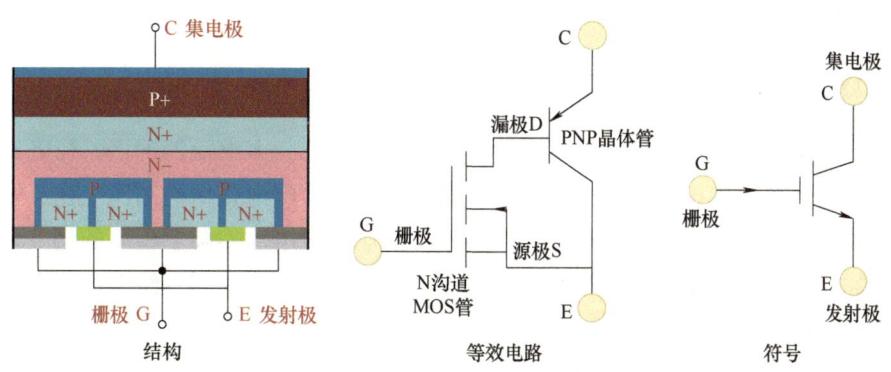

图 3-1-22　IGBT 内部结构、内部电路及符号

随着第三代半导体技术的日臻成熟,更具潜力的第三代半导体全面替代常见车用硅基功率器件的已日趋明朗。SiC 是最被看好能取代硅基器件(主要是 IGBT)的材料。SiC MOSFET 已开始在新能源汽车电控系统中应用,如特斯拉、比亚迪、华为、蔚来、小鹏等车企已相继采用。与 IGBT 相比,SiC MOSFET 导通电阻、开关损耗低,适用于更高的工作频率,在高温环境下具有优异的工作稳定性能,封装尺寸远小于 IGBT。

3. IGBT 模块好坏的判断

IGBT 模块的好坏判断主要是对 IGBT 模块内续流二极管状态的判断。对于 IGBT 模块，需判断在有触发电压的情况下能否导通和关断。

逆变器 IGBT 模块检测：将数字万用表拨到二极管测试档，测试 IGBT 模块 C1E1、C2E2 之间以及 G1 与 E1、G2 与 E2 之间正、反向二极管特性，来判断 IGBT 模块是否完好。

以六相模块为例。将负载侧 U、V、W 相的导线拆除，使用二极管测试档，红表笔接 T+（C1），黑表笔依次测 U、V、W 相，万用表显示数值为最大；将表笔反过来，黑表笔接 T+（C1），红表笔测 U、V、W 相，万用表显示数值为 400 左右（即导通压降为 0.4V 左右）。再将红表笔接 T-（E2），黑表笔测 U、V、W 相，万用表显示数值为 400 左右（即导通压降为 0.4V 左右）；黑表笔接 T-（E2），红表笔测 U、V、W 相，万用表显示数值为最大。图 3-1-23 所示为 IGBT 模块内部电路图，表 3-1-1 为 IGBT 模块检测正常值对照表。各相之间的正、反向特性应相同，若出现差别，说明 IGBT 模块性能变差，应予以更换。IGBT 模块损坏时，只有击穿短路情况出现。

表 3-1-1　IGBT 模块检测正常值对照表

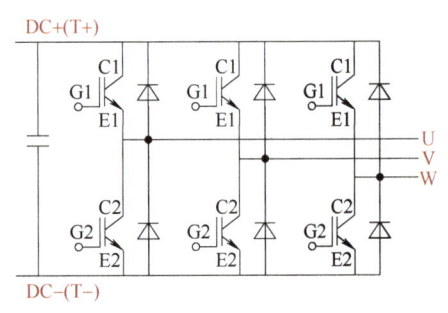

图 3-1-23　IGBT 模块内部电路图

万用表红表笔	万用表黑表笔				
	T+	T-	U	V	W
T+		无穷大	无穷大	无穷大	无穷大
T-	0.6V		0.3V	0.3V	0.3V
U	0.3V	无穷大			
V	0.3V	无穷大			
W	0.3V	无穷大			

红、黑两表笔分别测栅极 G 与发射极 E 之间的正、反向特性，万用表两次所测的数值都为最大，这时可判定 IGBT 模块栅极正常。如果有数值显示，则栅极性能变差，此模块应更换。当正、反向测试结果为零时，说明所检测的一相栅极已被击穿短路。栅极损坏时，电路板保护栅极的稳压管也将击穿损坏。

五、预充电容器

为稳定高压电源供应的高电压，缓解高压上电时高电压、大电流的冲击，在电机控制器内部安装有一个或多个薄膜电容器，也称为预充电容。动力蓄电池提供的高压电在提供到驱动电机控制模块前须经过电容器预充。电机控制器检测高压母线电压实际上检测的是电容器两端的电压，在预充时这个电压是逐渐升高的。预充完成时，为蓄电池管理系统反馈预充满信号，控制 OK 灯或 READY 灯亮，等高压上电完成后这个电压就会稳定。预充电容除具有缓解高压冲击作用外，还具有滤波作用，避免尖峰电压对电机控制器电子元器件的损害。

在高压下电或分离安全插头时，高电压就被切断，但电容器内部仍储存着高电压，需进行泄放，为下一次上电进行准备。泄放的种类包括主动泄放和被动泄放，都是通过电机控制器内的泄放控制电路进行控制。主动泄放时间短，一般为几秒钟到几分钟，被动泄放时间长，一般为几分钟到十几分钟。泄放的方式包括通过电机引导泄放和通过泄放电阻泄放两种，均是把电容器储存的电能消耗掉。如果是电阻泄放，在电机控制器内需布置泄放电阻。因电容器放电需要一段时间，维修时必须要等电容器完全放电完毕后才可以操作。

六、电机控制器的常见故障

电机控制器内含故障诊断电路，当诊断出异常时，它会激活一个故障码并发送给整车控制器，同时会存储该故障码和数据。

1. 电机控制器的故障分类

电机控制器的故障一般分为以下几类：

1）电流故障：与三相交流电流相关的故障，包括不同级别的过电流、电流变化率故障，三相不均衡故障等。

2）电压故障：包括直流母线电压欠电压、过电压，12V/24V 控制电压欠电压、过电压，驱动电路欠电压，芯片供电欠电压等。

3）速度故障：包括不同级别的电机超速。

4）温度故障：与电机、控制器的温度相关的故障，包括控制器电路板温度、IGBT 温度、电机温度、冷却液温度的过温等。

5）传感器故障：与电流传感器、速度传感器（包括旋变解码芯片上报的故障码）、温度传感器、电压传感器等传感器模块本身功能相关的故障，例如传感器对地短路、传感器超出量程、传感器失效等。

6）通信故障：包括 CAN 通信以及其他使用的通信方式相关的各种故障。

7）内存故障：在进行 EEPROM 等的读写以及校验时的故障。

8）电机本体故障：缺相故障，绕组匝间短路故障。

9）其他故障：主动放电、高压 HVIL 故障、时钟故障、转矩安全、自学习故障等。

2. 电机控制器故障的等级及控制策略

电机控制器的故障等级一般可以分为 1~5 级，不同的故障等级采取的控制策略也不同（以 5 级为例）。

一级：报警，将报警信息传递给驾驶人，性能输出不受影响。

二级：轻微故障，降功率运行，故障条件不成立时自动恢复。

三级：一般故障，进入故障模式停机，故障条件不成立时通过通信或其他方式恢复。

四级：一般故障，进入故障模式停机，故障条件不成立时重新起动才能恢复。

五级：严重故障，立即停机（开路或短路），断开高压快速放电，需停车。

电机控制器故障包括软件故障和硬件故障。软件故障通常是由软件程序损坏或数据丢失造成的，需要通过专业设备进行软件编程和数据更新来解决，但这类故障较少、不易发生。一般电机控制器的故障主要发生在硬件部分，即控制器内部的电子元器件损坏，这类硬件故障的维修专业性较强，需要维修人员具备较扎实的电子知识和维修技能基础，这也是目前制约从业人员新能源汽车维修技术水平的关键因素。

任务实施

一、比亚迪秦EV驱动电机控制器IGBT故障拆检

1. 任务准备

安全防护：做好安全防护与场地隔离（车内外三件套、车轮挡块、警示标志及隔离带等）。

工具设备：举升机、人身安全防护套装、绝缘工具套装、常规工具套装、万用表。

车辆台架：比亚迪秦 EV 分控联动示教台或教学版整车。

辅助资料：教材、维修手册、任务工单、记号笔。

2. 操作步骤

> 注意：在操作前，应先做好场地安全防护、车辆安全防护、人身安全防护等各种防护措施，并执行高压下电程序，等待 5min 后再进行动手操作。作业人员要穿防静电服，作业场地要设置防静电和放电设施，作业台使用木质台面，不得使用橡胶和塑料台布，作业过程人体不得带静电，必要时人体要进行放电并佩戴手套（说明：以下操作图片中未戴手套，属违规操作）。

序号	操作示意图	操作方法	检测标准
1		拆掉电机控制器高、低压连接线束，冷却水管及紧固螺栓，将电机控制器取下	总成壳体无缺损、无裂纹、无泄漏
2		松开电机控制器上盖紧固螺栓并将上盖取下，观察内部部件有无异常现象	密封圈无破损，壳体无进水、无烧蚀，插接器无松脱等现象
3		拔掉控制板与驱动板连接线束插头，松开控制板紧固螺栓并将控制板取出，观察控制板有无异常情况	控制板插接器无松脱，电子元器件无烧蚀、无脱落、无腐蚀，PCB 板印制电路铜片无腐蚀、无断路、无裂纹、无变形
4		松开驱动板紧固螺栓并将驱动板取出，观察驱动板有无异常情况	驱动板插接器无松脱，电子元器件无烧蚀、无脱落、无腐蚀，PCB 板印制电路铜片无腐蚀、无断路、无裂纹、无变形
5		使用数字万用表二极管检测档位分别检测 U 相 IGBT 模块上、下管并联二极管的正向导通压降	两只二极管正向导通压降均为 0.3V，并且各二极管检测值一致性较好

(续)

序号	操作示意图	操作方法	检测标准
6	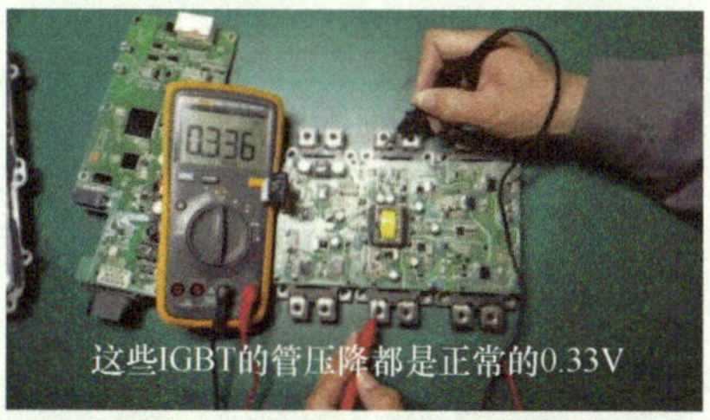	使用数字万用表二极管检测档位分别检测 V 相 IGBT 模块上、下管并联二极管的正向导通压降	两只二极管正向导通压降均为 0.3V
7	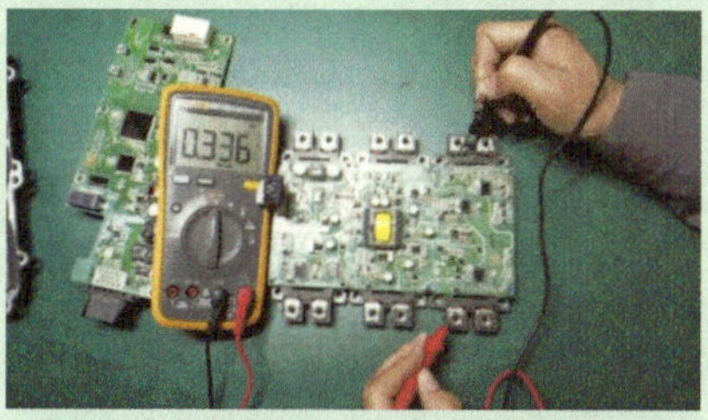	使用数字万用表二极管检测档位分别检测 W 相 IGBT 模块上、下管并联二极管的正向导通压降	两只二极管正向导通压降均为 0.3V
8	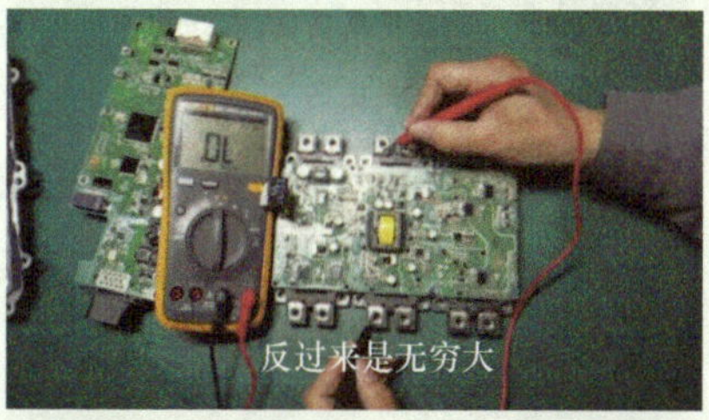	数字万用表交换黑、红表笔，使用二极管检测档位再分别检测各相 IGBT 模块上、下管并联二极管的反向截止情况	二极管反向截止。若导通，说明 IGBT 击穿损坏
9	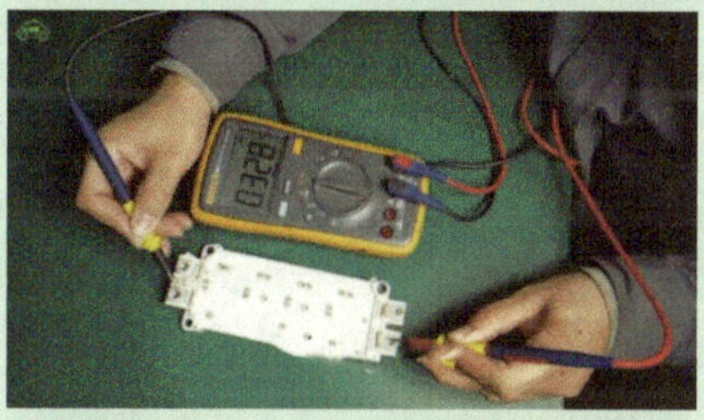	也可将 IGBT 模块从驱动板下面取下进行独立检测：使用数字万用表二极管检测档位分别检测各相 IGBT 模块上、下管并联二极管的正向导通压降	IGBT 模块外观无泡水、无腐蚀、无断针、无弯针、无裂纹、无烧蚀等现象，各二极管正向导通压降均为 0.3V
10	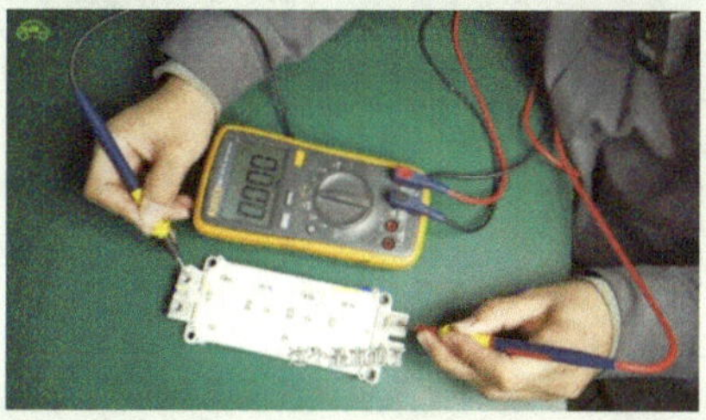	使用数字万用表二极管检测档位分别检测各相 IGBT 模块上、下管并联二极管的反向截止情况	各二极管反向截止。若导通，说明 IGBT 击穿损坏。左图检测结果为 IGBT 击穿损坏

3. 竣工检验

1）将拆卸的各部件完整复位。

2）整理、恢复作业场地。

二、比亚迪秦EV驱动电机控制器故障诊断

1. 任务准备

安全防护：做好安全防护与场地隔离（车内外三件套、车轮挡块、警示标志及隔离带等）。

工具设备：举升机、人身安全防护套装、绝缘工具套装、常规工具套装、万用表。

车辆台架：比亚迪秦 EV 分控联动示教台或教学版整车。

辅助资料：教材、维修手册、任务工单、记号笔。

2. 操作步骤

序号	诊断流程	操作方法	检测标准
1	车辆进入车间	做好各项防护措施	
2	检查辅助蓄电池电压	使用万用表测量	9~16V
3	读取电机控制器故障码	插入诊断仪，进行终端诊断后，读取并记录所有故障码	
4	清除故障码	清除所有故障码，退到 OFF 档	清除历史故障码
5	重新上 ON 电	等待 3min，重新上 ON 电，读取并再次记录所有故障码	故障码为当前故障
6	查阅故障码表	查阅故障码表，核对故障现象是否在故障码表中	
7	上 OK 电	若故障现象在故障码表中，检查高压直流母线是否加载高压	OK 灯亮，正常值为 250~510V
		若故障现象不在故障码表中，检查充配电三合一或动力蓄电池	OK 灯亮，正常值为 250~510V
8	维修或更换电机控制器		
9	测试确认		
10	结束		

参考：比亚迪秦 EV 电机控制器故障码表

序号	故障码	故障定义	可能故障模块
1	P1BB000	前驱动电机过电流	电机控制器、驱动电机
2	P1BB200	前驱动电机一般过温告警	电机控制器、驱动电机、冷却系统
3	P1BB298	前驱动电机严重过温告警	电机控制器、驱动电机、冷却系统
4	P1BB300	前驱动电机控制器 IGBT-NTC 一般过温告警	电机控制器、冷却系统
5	P1BAC00	前驱动电机控制器 IGBT 核心温度一般过温告警	电机控制器、冷却系统
6	P1BB319	前驱动电机控制器 IGBT-NTC 严重过温告警（关波）	电机控制器、冷却系统
7	P1BAC19	前驱动电机控制器 IGBT 核心温度严重过温告警（关波）	电机控制器、冷却系统
8	P1BB500	前驱动电机控制器高压欠电压	动力蓄电池、电机控制器
9	P1BB600	前驱动电机控制器高压过电压故障	动力蓄电池、电机控制器
10	P1BB700	前驱动电机控制器电压采样故障	电机控制器
11	P1BB800	前驱动电机控制器碰撞信号故障	网关、SRS 模块、低压线束、电机控制器

（续）

序号	故障码	故障定义	可能故障模块
12	P1BB900（预留）	前驱动电机控制器开盖保护	
13	P1BBA00	前驱动电机控制器 EEPROM 错误	电机控制器
14	P1BBC00	前驱动电机控制器 DSP 复位故障	电机控制器
15	P1BBD00	前驱动电机控制器主动泄放故障	电机控制器
16	P1BBF00	前驱动电机旋变故障信号丢失	电机控制器、旋变、低压线束
17	P1BC000	前驱动电机旋变故障角度异常	电机控制器、旋变、低压线束
18	P1BC100	前驱动电机旋变故障信号幅值减弱	电机控制器、旋变、低压线束
19	P1BC200	前驱动电机缺 A 相	电机控制器、高压线束、低压线束
20	P1BC300	前驱动电机缺 B 相	电机控制器、高压线束、低压线束
21	P1BC400	前驱动电机缺 C 相	电机控制器、高压线束、低压线束
22	P1BC900	前驱动电机控制器电流霍尔传感器 A 故障	电机控制器
23	P1BC500	前驱动电机控制器电流霍尔传感器 B 故障	电机控制器
24	P1BC600	前驱动电机控制器电流霍尔传感器 C 故障	电机控制器
25	P1BC800	前驱动电机控制器 IGBT 三相温度校验故障报警	电机控制器
26	U014187	与整车控制器通信故障	整车控制器、低压线束
27	P1BD119	前驱动电机控制器驱动 CPLD 过电流故障	电机控制器
28	P1BD117	前驱动电机控制器驱动 CPLD 过电压故障	电机控制器
29	P1BD000	前驱动电机控制器驱动 DSP1 死机故障	电机控制器
30	P1BD400	前驱动电机控制器驱动 CPLD 运行故障	电机控制器
31	P1BD200	前驱动电机控制器驱动 CPLD 检测 IGBT 上桥报错故障	电机控制器
32	P1BD300	前驱动电机控制器驱动 CPLD 检测 IGBT 下桥报错故障	电机控制器
33	P1BAB00（预留）	低压输出断线	
34	P1B2516	辅助蓄电池电压过低	辅助蓄电池、低压线束
35	P1B2517	辅助蓄电池电压过高	辅助蓄电池、低压线束
36	U011100	与 BMC 通信故障	蓄电池管理器
37	U015129	电机控制器接收 SRS CAN 信号异常	SRS
38	U015229	电机控制器接收 SRS 硬线信号异常	SRS

3. 竣工检验

1）将拆卸的各部件完整复位。

2）整理、恢复作业场地。

工作任务单

3.1.1　比亚迪秦 EV 驱动电机控制器 IGBT 故障拆检（附后）
3.1.2　比亚迪秦 EV 驱动电机控制器故障诊断（附后）

任务实施配分评分表

3.1.1　比亚迪秦 EV 驱动电机控制器 IGBT 故障拆检——任务实施配分评分表（附后）
3.1.2　比亚迪秦 EV 驱动电机控制器故障诊断——任务实施配分评分表（附后）

学习任务单

3.1　电机控制器检测与故障诊断（附后）

任务二　电驱控制系统故障诊断

任务引入

新能源汽车电驱系统（Electric Drive System，EDS）是新能源汽车的动力系统，其主要由高压供电系统、电驱控制系统和电驱热管理系统等组成。电驱控制系统是新能源汽车电驱系统的重要组成部分，它是一个由多控制模块组成、多层级协同控制的控制平台，而不是由某一个控制模块独立完成的系统，是整车高压控制系统的最主要组成部分。了解新能源汽车电驱控制系统的结构与工作原理，有利于提高维修人员对新能源汽车电驱控制系统乃至整车高压系统的故障诊断和维修的技能水平。

学习目标

知识目标
- 掌握电驱控制系统的基本架构。
- 掌握电驱控制系统的控制策略。

技能目标
- 具有电驱控制系统各元件的结构、工作原理与功能的认知能力。
- 具有电驱控制系统故障诊断、分析和维修的能力。

职业素养目标
- 严格执行新能源汽车检修操作规范，养成科学严谨的工作态度。
- 养成总结训练过程和结果的习惯，为下次训练积累经验。
- 培养虚心向他人学习、尊重他人劳动的意识。
- 培养团结协作的意识。
- 培养严格执行 7S 现场管理的习惯。

知识空间

新能源汽车电驱控制系统的 ECU 主要包括整车控制器（混动车型也称为 HCU）、蓄电池管理器、电机控制器和车身控制器等。纯电动汽车的整车控制器和混合动力汽车的 HCU 是控制平台的上位机，负责接收驾驶人的驾驶意图，协调电驱系统控制，是电驱控制系统的最高层级控制器；车身控制器是车身电气系统的控制中心，负责电驱控制系统低压 12V 电源（部分品牌车型已采用低压电源管理器控制）的管理与控制；蓄电池管理器是高压供电系统的控制中心，负责整车高压系统高压电源的控制；电机控制器是电驱系统的控制中心，负责电驱系统驱动电机的控制。

电机控制系统是新能源汽车电驱控制系统最重要的组成部分。前面的任务已经介绍了高压供电控制系统的结构与工作原理、驱动电机的结构与工作原理、电机控制器的结构与工作原理、电子驻车机构的结构与工作原理，本任务重点介绍纯电动汽车和混合动力汽车的电机控制系统。

一、纯电动汽车电驱控制系统

纯电动汽车使用电机取代传统燃油汽车内燃机向整车提供动力，电机驱动系统是直接将电能转换为机械能的部分，作为电动汽车的动力系统，决定了电动汽车的动力性能。一般电动汽车的驱动电机、驱动电机控制模块以及减速器集成在一起，安装在前机舱内。纯电动汽车电驱控制系统主要针对驱动电机进行控制，可以认为其电驱控制系统就是电机控制系统。

1. 电驱控制系统的基本组成与功能

纯电动汽车电驱控制系统主要由整车控制器、驱动电机控制模块、加速踏板位置传感器、制动踏板位置传感器、电机位置传感器、电机温度传感器和电子换档开关等组成，控制对象主要是驱动电机。纯电动汽车电驱控制系统的基本组成如图 3-2-1 所示、见表 3-2-1（表中信号不包含电机控制器内部采集信号）。

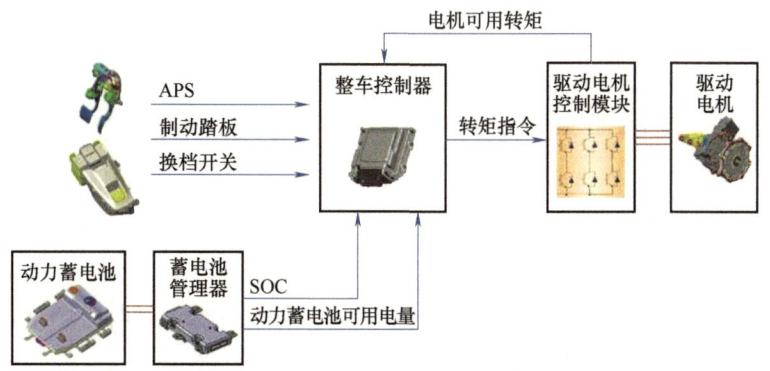

图 3-2-1 纯电动汽车电驱控制系统的基本组成

表 3-2-1 纯电动汽车电驱控制系统的基本组成

输入信号与传感器	控制单元	执行器
电子换档开关信号	整车控制器	驱动电机
加速踏板位置传感器	驱动电机控制模块	驻车机构
制动踏板位置传感器	蓄电池管理器	冷却装置

(续)

输入信号与传感器	控制单元	执行器
电机转速位置传感器（旋变）	车身控制器	故障报警
电机温度传感器		
动力蓄电池 SOC 信号		

（1）传感器与输入信号

1）电子换档开关。电子换档开关产生的是开关信号，由换档控制模块通过 CAN 网络把换档信号传输给整车控制器进行档位控制，有移动杆式、旋钮式和按键式等几种操作方式。图 3-2-2 所示为 3 种操作形式的电子换档开关。

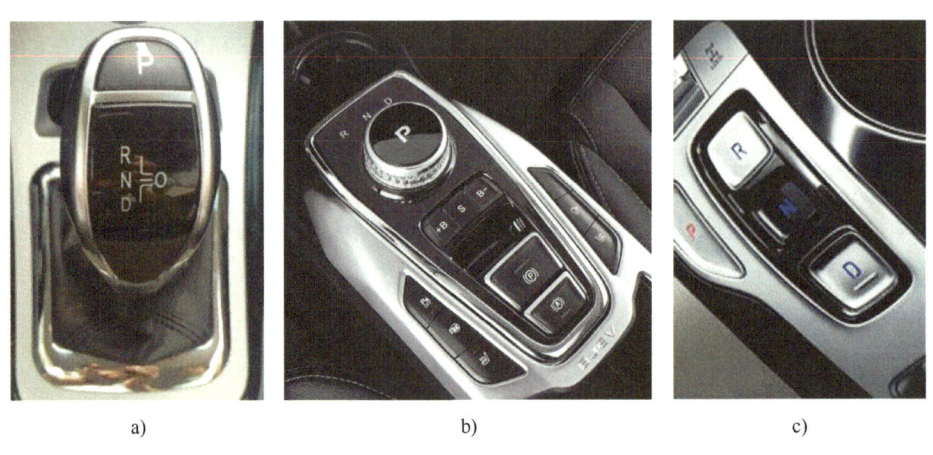

图 3-2-2　3 种操作形式的电子换档开关
a）移动杆式　b）旋钮式　c）按键式

电子换档开关一般有 P、D、N、R 4 个档位。出于安全考虑，一般电子换档机构具有自动驻车功能和防误操作等功能。

自动驻车功能：

① 在 D/R 位，车辆 OFF 状态，会自动转换到 P 位（便利性）。

② 在 D/R 位，车辆 ON 状态，打开车门时，会自动转换到 P 位（安全性）（仅在加速踏板 OFF、制动踏板 OFF、座椅安全带 OFF 和一定车速下时，才会转换到 P 位）。

③ 在 N 位，车辆 OFF 状态后一定时间内（一般为 3~5min）打开车门时，按照一定操作，会自动转换到 P 位（安全性）。

④ 在 N 位，车辆 OFF 状态后超出一定时间（一般为 3~5min）时，则继续保持 N 位（防止在洗车场等因 P 位而损坏动力传动系统）。

2）加速踏板位置传感器（APS）。加速踏板位置传感器也称为加速踏板深度传感器，与传统燃油汽车发动机电控系统的加速踏板位置传感器的结构、工作原理完全相同，有霍尔式（非接触式）和滑动电阻式（接触式）两种，采用双传感器设置，有两个输出信号直接提供给整车控制器，均为线性输出信号。其作用是反映驾驶人的驾驶意图，当驾驶人踩加速踏板时，不同的电压信号提供给整车控制器，整车控制器依此信号计算出目标转速和目标转矩值，通过 CAN 网络给电机控制器发出控制指令，再由电机控制器控制电机运行。这个信号非常重要，是控制电机运行、进行负荷控制的主控信号。

3）制动踏板位置传感器（BPS）。制动踏板位置传感器也称为制动踏板深度传感器，与加速踏板位置传感器的结构、工作原理完全相同，有霍尔式和滑动电阻式两种，也是采用双传感器设置，有两个输出信号直接提供给整车控制器，均为线性输出信号。其作用是反映驾驶人的驾驶意图，当驾驶人踩制动踏板时，不同的电压信号提供给整车控制器，再由整车控制器通过 CAN 网络给电机控制器发出控制指令，电机控制器控制电机运行，是再生制动的主控信号，用于控制能量回馈的力度。

4）电机转速传感器。电机转速位置传感器即旋变，安装在电机内部，电机轴后端盖内。其主要作用是电机控制器用来检测驱动电机转子的位置、旋转方向和转速的信号，反馈给整车控制器实施闭环控制，精确控制电机的旋转方向、速度和转矩输出。这个信号也非常重要，相当于传统燃油汽车发动机曲轴位置传感器，是控制电机运行、进行负荷控制的主控信号。

5）电机温度传感器。电机温度传感器采用负温度系数热敏电阻，用来检测电机定子绕组的温度。电机控制器利用其信号来防止电机过热，当电机运行过温时进行功率限制，是电机控制的修正信号。

除以上信号外，电驱控制系统使用的信号还需提供以下工作信息：

① 动力蓄电池 SOC 信号：动力蓄电池可用电量信号，由蓄电池管理器通过网络通信提供给整车控制器，用于电机转矩控制和电机功率限制，为电机控制主控信号。

② 电流传感器数据信号：包括母线电流、三相交流电流，用以检测动力蓄电池、电机工作时流入、流出的实际电流。

③ 电压传感器数据信号：包括动力蓄电池电压、辅助蓄电池电压，用以检测供给电机控制器工作的实际电压。

④ 温度传感器数据信号：包括 IGBT 模块温度、电机控制器板载温度，与电机温度传感器一起，用于监测控制模块和电机的温度。电机控制器根据温度传感器信号执行温度控制，当控制模块或电机温度超过临界值时，冷却系统被激活开始工作。当温度过高时，电机的输出功率将受到限制。

⑤ 漏电传感器数据信号：用以检测动力蓄电池和电机绕组绝缘电阻值。

⑥ 安全气囊碰撞信号：在车辆发生碰撞时停止电机运行，切断动力输出并通知中控解锁。

(2) 控制模块　纯电动汽车电驱控制系统是一个由多控制模块组成、多层级协同控制的控制平台，主要控制单元包括整车控制器、电机控制器、蓄电池管理器和车身控制器等。

1）整车控制器。整车控制器是纯电动汽车电驱控制系统多层级控制平台的最高级控制模块，也是整车控制的上位机，也称为主动控制器；其他控制模块要接受整车控制器的协调指挥，称为被动控制器。整车控制器是纯电动汽车的"大脑"，作为纯电动汽车全部电气运行平台的最高层级控制器，它的性能优劣直接影响其他系统电气性能的发挥，是整车性能好坏的决定性因素之一，混合动力汽车也有类似的设计特点。

纯电动汽车只由电机驱动车辆，整车控制器最重要的控制就是协调电机驱动。为此，整车控制器从蓄电池管理器接收动力蓄电池 SOC 等信息，并考虑驾驶人的意图控制电机的转矩和功率输出。

纯电动汽车的电驱控制方案一般采用分级控制方式。整车控制器作为第一级，即主动 ECU，其他控制模块为第二级，即被动 ECU，一般各控制模块之间通过 CAN 网络进行信息交互，共同实现电驱的功能控制。

整车控制器根据车辆运行的不同情况（包括车速、档位、蓄电池 SOC 值）来决定电机输出转矩和功率。当电机控制器从整车控制器处得到输出命令时，将动力蓄电池提供的直流电转化成三相正弦交流电，驱动电机输出转矩，通过机械传输来驱动车辆（有发展成线控的趋势，如比亚迪仰望 U8、U9）。减速时利用驱动电机进行能量回收，给动力蓄电池充电。

2）电机控制器。电机控制器是电机驱动系统的控制中心，它接收整车控制器的指令对电机进行控制。电机控制器的主要作用是将输入的直流电逆变成电压、频率可调的三相交流电，供给配套的三相交流电机使用。通过电机的正转来实现整车加速、减速；通过电机的反转来实现倒车。电机控制器另一个重要功能是通信和保护，实时监测驱动电机的运行状态，保护电机驱动系统和整车安全可靠运行。表 3-2-2 为电机控制器主要功能表。

表 3-2-2　电机控制器主要功能表

控制状态	控制方法
驱动时	逆变器将动力蓄电池提供的直流电逆变为电压、频率可调的三相交流电，供驱动电机使用，驱动汽车运行
制动时	驱动电机作为发电机运行，将车辆动能变为电能产生三相交流电，经逆变器变为直流电反馈回动力蓄电池，进行再生制动
行驶速度控制	采用 PWM 控制，改变逆变器输出的三相交流电的频率，就可以改变电机的转速，对车辆进行速度控制
运行方向控制	通过改变逆变器 IGBT 的导通顺序，就可以改变输出三相交流电的相序，即改变了三相电机定子三相绕组所接交流电的相序，三相电机反转运行，改变车辆的行驶方向
驱动与制动控制	通过改变三相交流电的电压高低来改变电流大小，控制电机的转矩和功率输出，控制汽车的驱动力；控制三相电机是处于电动机状态还是发电机状态，控制汽车的能量回收及制动

3）蓄电池管理器。蓄电池管理器是动力蓄电池保护和管理的核心部件，是蓄电池管理系统的控制中心。它不仅要控制动力蓄电池的充放电，还要保证动力蓄电池安全可靠地使用，而且要充分发挥动力蓄电池的能力和延长其使用寿命，作为动力蓄电池和整车控制器以及驾驶人沟通的桥梁，并向整车控制器上报动力蓄电池系统的基本参数及故障信息。

蓄电池管理器的主要功能有充放电管理、继电器控制、功率限制、动力蓄电池异常状态报警和保护、SOC 值计算、自检以及通信等。

蓄电池管理器接收内部监测信号和外部其他模块通过 CAN 网络发送的信号，经过运算分析后对整个动力蓄电池系统进行管理和控制。

4）车身控制器。车身控制器是车身电气系统的控制中心，主要负责灯光、车窗、天窗、中控、防盗、座椅以及低压电源管理等功能，一般新能源汽车高压控制系统的 12V 电源由车身控制器提供和控制，部分品牌车型由低压电源管理器进行电源管理和配电。低压供电正常是保证高压系统正常工作的基础条件，在进行高压系统故障检修时，要首先对低压电源的供电条件、供电电路进行分析、诊断和检测。

(3) 执行器　电驱系统的执行器主要是驱动电机，除此以外还包括电驱系统冷却装置、电子驻车机构、仪表故障报警提示等。

电子驻车装置有两种形式：一种是变速器内部有驻车机构，由电子换档控制模块控制；另外一种是通过控制制动系统实施驻车，一般由整车控制器控制。

电驱热管理系统主要包括冷却风扇、电子水泵和散热器等，功能包括电机和电控的冷却，目前电机油冷技术已开始应用。电驱系统的冷却与动力蓄电池的冷却属于不同的冷却系统。

故障报警提示等信息是通过CAN网络传输给仪表控制模块显示的。

2. 电驱控制系统的工作原理

电驱控制系统最重要的控制部分是驱动电机控制系统。驱动电机控制系统的主要作用是把动力蓄电池的电能转化为机械能，产生驱动转矩，驱动车辆行驶。为了实现车辆的前进、后退、改变车速、停车等功能，驱动电机必须能实现正转、反转、改变转速和停机；在车辆制动或者滑行时，车轮反拖驱动电机转动，此时驱动电机转变为发电机进行发电，将电能储存到动力蓄电池中，进行能量回收，以此适当延长电动汽车的续驶里程。

纯电动汽车电机控制系统的工作原理图如图3-2-3所示。

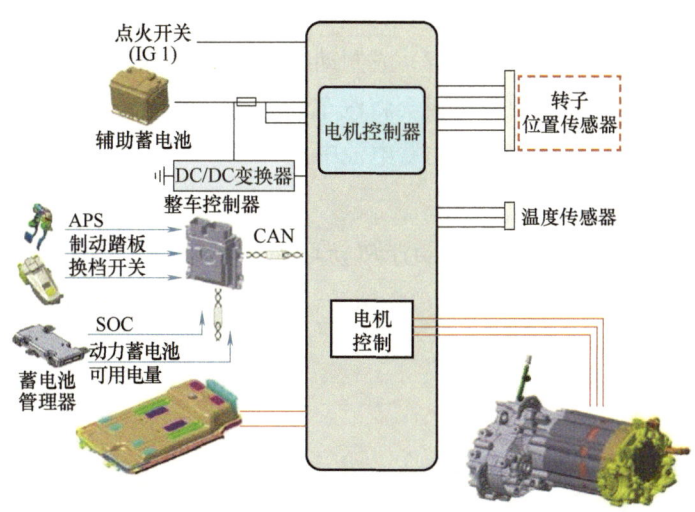

图3-2-3　纯电动汽车电机控制系统的工作原理图

在电驱控制系统中，驱动电机的输出动作主要是靠电机控制器给定命令执行的；车载网络和传感器采集各部件的信息，将数据传送给整车控制器，经过处理后形成新的指令信号传送到相应的功能模块，以实现驱动控制、制动能量回收控制、电能补给和冷却控制等。蓄电池管理器提供动力蓄电池电压、电流信息和SOC信息，供整车控制器计算控制；整车控制器考虑动力蓄电池可用电量、电机可用转矩、驾驶人要求（APS、BPS等）计算和控制电机转矩；电机控制器给整车控制器发送电机可用转矩，执行从整车控制器接收的转矩指令并驱动电机。

整车控制器根据车辆运行的不同情况，包括车速、档位、动力蓄电池SOC值来决定电机输出的转矩和功率。当电机控制器从整车控制器处得到转矩输出命令时，将动力蓄电池提供的直流电转化成三相正弦交流电，驱动电机输出转矩，通过机械传输来驱动车辆。减速时利用驱动电机进行能量回收，给动力蓄电池充电。转子位置传感器和温度传感器用于反馈电机的温度和转子位置信息。

能量回收也称为再生制动，能量回收控制（图3-2-4）也是由整车控制器进行控制的，整车控制模块对整车的状态信息进行分析，正确判断进入能量回收的条件，并计算能量回收力度的大小，通过CAN总线与电机控制器进行控制指令交互，要求电机控制系统切换到发电模式，进行一定转矩的发电输出，此部分发电量可储存在动力蓄电池内部，或提供给车辆的用电设备，实现制动能量的转换与回收，同时，电机发电模式会产生制动力矩，通过传动系统和驱动轮对整车产生制动作用。

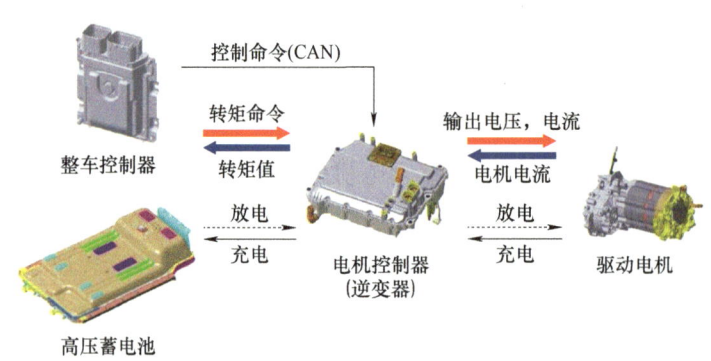

图 3-2-4　电驱控制系统能量回收原理图

能量回收包括滑行能量回收和制动能量回收两部分，所以系统需要采集加速踏板、制动踏板和车速等信息。当车辆在溜车（滑行）或制动时，电机控制器从整车控制器得到发电命令后，驱动电机处于发电状态。此时，电机会将汽车动能转化成电能。然后，三相正弦交流电通过电机控制器转化为直流电，储存到动力蓄电池中。

温馨提示：在进行能量回收时，由于驱动电机作为发电机使用，会对车辆产生一定的制动作用，类似于传统燃油车的发动机制动，但并不是控制系统对驱动电机实施制动控制。

二、混合动力汽车电驱控制系统

混合动力汽车在传统的发动机驱动基础上增加了一套电驱动系统，以进行混合动力驱动，多采用 P1+P3 架构的双电机双电控混动系统（少数德系汽车采用单电机混动，如大众的 P2 架构单电机混动系统）。其高压系统也是由动力蓄电池供电系统、动力蓄电池充配电系统以及电机驱动系统三部分组成的。混合动力汽车电驱系统的高压供电、电机控制、冷却方式等与纯电动汽车相近。

通常，混合动力汽车电驱系统的驱动电机、电机控制模块以及变速器集成在一起，称为电混系统，安装在前机舱内。混动车型需要小型化、轻量化、高输出且高效的电混系统。为了应对这种需求，各品牌汽车公司都在现有的混合式电机驱动技术基础上，不断研发集更高输出与高效为一体的电驱系统。

P1+P3 架构的双电机双电控混动系统车型中配备两个电机。这两个电机包括用作主动力的驱动（牵引）电机，以及相当于传统燃油汽车中的起动机和发电机的 ISG 电机。下面简单介绍 P1+P3 架构的双电机双电控混动系统的控制。

1. 混合动力汽车电驱控制系统与纯电动汽车电驱控制系统的主要区别

混合动力汽车电驱控制系统与纯电动汽车电驱控制系统基本相同，准确来说应该是混合动力汽车电驱控制系统的电机控制与纯电动汽车电驱控制系统的电机控制基本相同，因为混合动力汽车电驱控制不只包含电机控制，还包含其他控制项目。混合动力汽车电驱控制系统与纯电动汽车电驱控制系统不同之处主要体现在以下几个方面：

1）混合动力汽车在对电驱系统进行控制的同时，还需兼顾发动机动力系统的控制。

2）混合动力汽车须兼顾发动机驱动和电机驱动模式的切换与耦合。

3）发动机离合器的控制。混合动力汽车为兼顾发动机驱动和电机驱动的模式切换与耦合，增加了离合器及控制装置（丰田混动等除外），包括传感器、控制模块、高压油泵、电磁阀等。为区别于变速器内用于换档控制的变速器离合器，这个离合器称为发动机离合器。因为发动机可能不运行，所以油泵不能通过发动机机械驱动，所以高压油泵采用电机驱动，电机可采用高压三相交流供电；油泵的控制和离合器的控制是相对独立的，一般需单独设置离合器控制模块和油泵控制模块，或者均由变速器控制模块（TCU）控制，控制模块的设置由厂家设计。

4）变速器不同。目前，纯电动汽车的变速器实际上只是一套减速装置，传动比不可变不可选；而混合动力汽车既可以采用单级减速器，也可以采用多档变速器，多档变速器换档适用于发动机驱动模式，换档控制由变速器控制模块或ECM来控制，不属于电驱控制系统的控制内容。

混合动力汽车的控制系统既包括发动机动力系统的控制，还包括电驱系统的控制，两者还要相互兼顾，控制技术比纯电动汽车要复杂得多，汽车制造成本比传统燃油汽车或纯电动汽车都高，对从事新能源汽车维修专业人员的技术、知识、技能要求更高。

2. 混合动力汽车电驱控制系统的基本组成及功能

混合动力汽车电驱控制系统有纯电动汽车电驱控制系统所有的传感器输入信号、控制模块及执行器等，在此不再赘述，下面主要介绍其与纯电动汽车电驱控制系统几个主要不同之处：

（1）驱动电机与起动发电机控制　混合动力汽车P1+P3架构双电机系统中的P1电机为起动发电机，即ISG电机，其主要作用是起动发动机和在发动机的带动下发电为动力蓄电池充电；P2电机为驱动电机，其主要作用是驱动车辆和能量回收。目前，这两个电机均采用三相永磁同步电机，在结构、工作原理及控制技术上与纯电动汽车的驱动电机控制相似，只是这两个电机在功率、功能和安装位置等方面区别较大。

（2）发动机离合器及控制　发动机离合器是混合动力汽车的核心部件之一，用于连接发动机和变速器。它位于变速器总成内部，采用的是湿式多片式离合器。发动机离合器壳（主动部分）与发动机曲轴连接，离合器花键毂（从动部分）与变速器输入轴连接。发动机离合器除了传递和输出发动机的动力外，还用于发动机驱动和电机驱动的模式切换与耦合。

发动机离合器控制是混合动力汽车的核心控制技术，车辆行驶期间将车辆动力源从牵引电机转换到发动机时，发动机离合器控制发动机曲轴与运转的变速器输入轴啮合。发动机离合器布置位置及功能原理图如图3-2-5所示。

发动机离合器采用常开型，液压控制，液压来自于电动油泵，其接合由离合器控制模块或变速器控制模块驱动油路中的电磁阀来执行，电磁阀布置在变速器内。离合器压力传感器用于检测变速器内部油路的压力，来自这个传感器的信号直接传输到

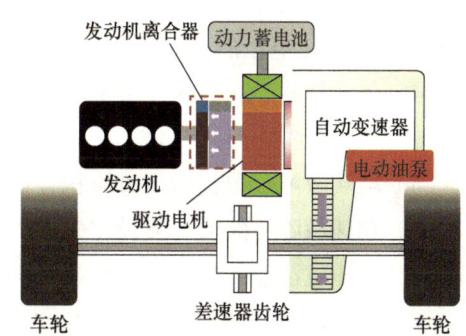

图3-2-5　发动机离合器布置位置及功能原理图

控制模块，用于发动机离合器的控制和学习。离合器控制模块通过车辆转矩和变速器油温确定目标液压，控制变速器阀体中电磁阀的电流。通常，离合器控制模块是独立的控制器，有些品牌车型中发动机离合器由变速器控制模块控制，当离合器控制模块故障时，可由变速器控制模块来控制。

当离合器控制模块故障或离合器电磁阀故障时，离合器变成打开状态，车辆不能由发动机驱动，而是由驱动电机驱动。但此时发动机将会运转，通过 ISG 电机给动力蓄电池充电。

车辆驾驶期间将车辆动力源从驱动电机转换到发动机时，混合动力控制器控制 ISG 电机，迅速增大发动机转速，与变速器输入轴转速同步。发动机离合器毂和花键毂转速基本相同时，混合动力控制器将目标液压传送至离合器控制模块，控制发动机离合器平稳接合。

（3）电动油泵和油泵控制　传统自动变速器的油泵为机械油泵，由发动机通过液力变矩器驱动，当发动机转动时产生油压。但是混合动力车辆在原地驻车时以及纯电动模式行驶时发动机都会停止运行，导致机械油泵不能工作。为了解决这个问题，混合动力车型需安装电动油泵和油泵控制模块，常采用高压三相交流电供电。

油泵控制模块给电动油泵提供高压三相交流电源，由变速器控制模块控制油泵转速。控制系统的基本组成如图 3-2-6 所示。电动油泵产生工作液压，控制离合器工作，同时对变速器零件进行润滑和控制。

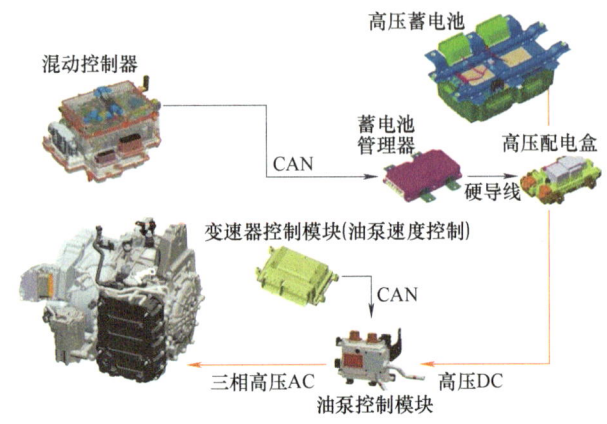

图 3-2-6　控制系统的基本组成

三、新能源汽车电驱控制系统常见故障及诊断

新能源汽车电驱控制系统常见故障有以下几类（不同厂家的故障等级分级、评估及控制策略不同）：

1）过电流故障：分为软件过电流和硬件过电流两种。软件过电流阈值根据实际情况设定，硬件过电流信号由检测电路反馈。

2）控制器温度故障：分为一般故障（80℃＜温度≤90℃）和严重故障（超过 90℃）等。一般故障限制功率，可恢复；严重故障需要停机处理，不可恢复。

3）过电压故障：分为一般故障（超过额定电压的 1.2 倍、小于额定电压的 1.4 倍）和严重故障（超过额定电压的 1.4 倍）等。一般故障限制功率，严重故障停机处理。

4）欠电压故障：分为一般故障（超过额定电压的 0.8 倍、小于额定电压的 0.7 倍）和严重故障（超过额定电压的 0.7 倍）等。一般故障限制功率，严重故障停机处理。

5）堵转故障：根据堵转电流积分值来判定。

6）超速故障：阈值一般设定为最大转速的 1.2 倍。

7）低压电源输入故障：12V 系统正常范围为 9~16V，24V 系统正常范围为 17~30V。

8）总线故障：根据接收到的 CAN 数据进行判断，3s 内没有接收到 CAN 数据报该故障。

9）旋变角度故障：即旋变角度产生了突变。

10）旋变硬件故障：此信号由旋变解码芯片反馈。

11）电机过温故障：分为一般故障（140℃＜温度≤160℃）和严重故障（超过 160℃）等。一般故障限制功率，严重故障停机处理。

新能源汽车电驱控制系统常见典型故障及诊断见表 3-2-3。

表 3-2-3　新能源汽车电驱控制系统常见典型故障及诊断

序号	故障名称	故障可能原因	解决办法
1	电机控制器直流母线过电压故障	1）电机系统突然大功率充电 2）高压回路非正常断开	分析整车数据，若总线信号电压与实际电压不相符，则需要检查高压供电回路，如高压接触器、高压接插件有无异常
2	电机控制器相过电流故障	负载突然变化、旋变信号故障等导致电流畸变，例如动力蓄电池或接触器频繁通断	检测高压回路
		控制器损坏（硬件故障）	更换控制器
		控制器电压采样电路故障，与实际电压不一致	检查控制器采样电路；重新标定电压，控制器编程
3	电机超速故障	整车负载突然降低，电机转矩控制失效	检查 APS 信号及传输电路是否正常，如重新上电后故障不再现，不用处理
		电机低压插接器插头松脱或有退针	检查低压插接器及端子
		控制器损坏	更换控制器
4	电机过温故障	电机低压插接器插头松脱或有退针	检查低压插接器及端子
		冷却系统故障异常	检查冷却液是否充足、水泵是否正常工作、冷却管路是否堵塞或气阻
		电机本体损坏（长时间过载运行）	更换电机
5	电机控制器 IGBT 过温故障	同电机过温故障	同电机过温故障
6	电机控制器低压电源欠电压故障	12V 辅助蓄电池电压过低	检查辅助蓄电池电压，若电压过低进行充电或更换辅助蓄电池
		12V 电源电路接触不良	检查电路是否有破损、漏电，检查插接器是否有锈蚀和退针等，测量电源线电压是否低于 9V
7	与电机控制器通信丢失故障	1）未收到整车控制器信号 2）网络干扰严重 3）低压线束故障	检查 CAN 信号是否正常，检查插接器连接是否正常，检查电路是否正常，更换控制器
8	高压连接系统故障	高压插接器松脱	检查高压插接器，如无故障则复位
		高压互锁信号	检查互锁线信号及电路
9	高压绝缘电阻过低报警	1）高压线束老化、破损、化学腐蚀	更换高压线束
		2）漏电传感器故障	更换漏电传感器
10	电机异响（噪声）	电磁噪声（高频较尖锐）	分贝值不高属于正常，如果过高，需更换电机
		机械噪声，可能是来自电机、减速器、传动轴等	检查电机、减速器轴承，检查传动轴，更换电机

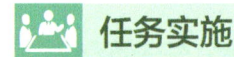

比亚迪秦EV整车控制器故障诊断

1. 任务准备

安全防护：做好安全防护与场地隔离（车内外三件套、车轮挡块、警示标志及隔离带等）。

工具设备：举升机、人身安全防护套装、绝缘工具套装、常规工具套装、万用表。

车辆台架：比亚迪秦EV分控联动示教台或教学版整车。

辅助资料：教材、维修手册、任务工单、记号笔。

2. 操作步骤

序号	诊断流程	操作方法	检测标准
1	车辆进入车间	做好各项防护措施	
2	检查辅助蓄电池电压	使用万用表测量	9~16V
3	读取整车控制器故障码	插入诊断仪，进行终端诊断后，读取并记录所有故障码	
4	清除故障码	清除所有故障码，退到OFF档	清除历史码
5	重新上ON电	等待3min，重新上ON电，读取并再次记录所有故障码	故障码为当前故障
6	查阅故障码表	查阅故障码表，故障现象是否在故障码表中	
7	上OK电	若现象在故障码表中，检查高压直流母线是否加载高压	OK灯亮，正常值为250~510V
		若现象不在故障码表中，检查充配电三合一或动力蓄电池	OK灯亮，正常值为250~510V
8	维修或更换整车控制器		
9	测试确认		

参考：比亚迪秦EV整车控制器故障码表

序号	故障码	故障定义	可能故障位置
1	P1D7902	整车控制器碰撞信号故障	整车控制器、SRS模块、低压线束
2	P1D6144	整车控制器EEPROM错误	整车控制器
3	P1D6200（预留）	整车控制器巡航开关信号故障	
4	P1D6300（预留）	整车控制器水泵驱动故障	
5	P1D7B00	节气门信号故障——1信号故障	整车控制器、加速踏板位置传感器、低压线束
6	P1D7C00	节气门信号故障——2信号故障	整车控制器、加速踏板位置传感器、低压线束
7	P1D6600	节气门信号故障校验故障	整车控制器、加速踏板位置传感器、低压线束
8	P1D6700（预留）	制动信号故障——1信号故障	整车控制器、制动踏板位置传感器、低压线束

(续)

序号	故障码	故障定义	可能故障位置
9	P1D6800（预留）	制动信号故障——2信号故障	整车控制器、制动踏板位置传感器、低压线束
10	P1D6900（预留）	制动信号故障——校验故障	整车控制器、制动踏板位置传感器、低压线束
11	U011187	与蓄电池管理器通信故障	蓄电池管理器、低压线束
12	U024E87	与ESC通信故障	ABS/ESC、低压线束、网关
13	U012887	与EPB通信故障	EPB模块、低压线束、网关
14	U029187	与档位控制器通信故障	档位控制器、低压线束
15	U016487	与空调通信故障	空调控制器、低压线束、网关
16	U014087	与车身控制模块通信故障	车身控制模块、低压线束、网关
17	U029887	与DC通信故障	充配电三合一、低压线束
18	U012187	与ABS通信故障	ABS/ESC、低压线束、网关
19	U01A600（预留）	与后驱动电机控制器（RMCU）通信故障	
20	U01A500	与前驱动电机控制器（FMCU）通信故障	电机控制器、低压线束
21	U024C87	与I-key通信故障	智能钥匙（I-key）、低压线束、网关
22	P1D6D00	整车控制器DSP复位故障	整车控制器
23	P1D9017（预留）	动力蓄电池单体电压过高	
24	P1D9016（预留）	动力蓄电池单体电压过低	
25	P1D9100（预留）	动力蓄电池总电压过高	
26	P1D9117（预留）	动力蓄电池总电压严重过高	
27	P1D9200（预留）	动力蓄电池总电压过低	
28	P1D9216（预留）	动力蓄电池总电压严重过低	
29	P1D9308（预留）	动力蓄电池生命帧异常	
30	P1D8500	真空泵系统失效	整车控制器、真空泵及管路、低压线束
31	P1D8600	真空泵严重漏气故障	整车控制器、真空泵及管路
32	P1D8700	真空泵一般漏气故障	整车控制器、真空泵及管路
33	P1D8800	真空泵到达极限寿命	整车控制器、真空泵
34	P1D8900	真空泵继电器1故障	整车控制器、真空泵继电器、低压线束
35	P1D8A00	真空泵继电器2故障	整车控制器、真空泵继电器、低压线束
36	P1D8B00	真空泵继电器1、2故障	整车控制器、真空泵继电器、低压线束
37	P1D9A00	真空压力传感器故障	整车控制器、真空压力传感器、低压线束
38	P1D9900（预留）	大气压力传感器故障	
39	P1D8400	冷却液温度故障	整车控制器、温度传感器（充配电三合一内）
40	P1D9400（预留）	低压输出断线	
41	P1D9516（预留）	低压供电电压过低	
42	P1D9517（预留）	低压供电电压过高	

(续)

序号	故障码	故障定义	可能故障位置
43	P1D9600	动力蓄电池生命帧异常——计数器乱序	蓄电池管理器
44	P1D9700	动力蓄电池生命帧异常——校验值异常	蓄电池管理器
45	P1D9800	温度采样异常	电机控制器
46	P1D8300	过温限扭	电机控制器、驱动电机
47	B17A300	SRS CAN 信号异常	SRS
48	B17A400	SRS 硬线信号异常	SRS
49	U029F87	与车载充电机通信故障	车载充电机
50	P1D8D00	无级风扇电机堵转、短路等故障	无级风扇
51	P1D8E00	无级风扇过温保护、电子错误等故障	无级风扇
52	U029400	与模式开关通信故障	模式开关
53	P1D9B00	冷却液温度传感器故障	冷却液温度传感器
54	P1D9C00	冷却液温度过温	冷却系统
55	P1B1F00	防盗验证失败	I-key
56	U014F87	与充配电总成通信故障（预留）	
57	B116212	冷却液温度传感器短路故障	冷却液温度传感器
58	B116214	冷却液温度传感器断路故障	冷却液温度传感器
59	U012A00	与 EPS 通信故障	EPS
60	P1BA000	巡航配置未写入	巡航未标定
61	U011987	整车控制器与升压 DC 失去通信	升压 DC

3. 竣工检验

1）将拆卸的各部件完整复位。

2）整理、恢复作业场地。

工作任务单

3.2 比亚迪秦 EV 整车控制器故障诊断（附后）

任务实施配分评分表

3.2 比亚迪秦 EV 整车控制器故障诊断——任务实施配分评分表（附后）

学习任务单

3.2 电驱控制系统故障诊断（附后）

项目四
新能源汽车电驱热管理系统与整车控制策略

项目描述

本项目共两个学习任务：

任务一　电驱热管理系统检修

任务二　整车控制策略

通过两个任务的学习，可掌握新能源汽车电驱热管理系统的基本结构和检修方法，掌握新能源汽车整车控制策略及整车网络架构，了解新能源汽车整车控制系统的电子电气架构现状及其发展趋势。

任务一　电驱热管理系统检修

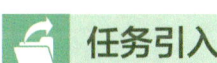

任务引入

新能源汽车电驱系统运行过程中会产生大量热量，电驱控制系统进行过温控制是其控制内容，而热管理可为电驱系统提供良好的运行环境，电驱系统的热管理也是电驱控制系统的控制内容。了解新能源汽车电驱热管理系统的结构与工作原理，有利于提高维修人员对新能源汽车电驱控制系统故障诊断与维修的技能水平。

学习目标

知识目标

- 掌握电驱热管理系统的基本组成。
- 掌握电驱热管理系统的控制策略。
- 掌握电驱热管理系统的诊断与维修方法。

技能目标

- 具有电驱热管理系统养护、故障诊断与维修的能力。

职业素养目标

- 严格执行新能源汽车检修操作规范，养成科学严谨的工作态度。
- 养成总结训练过程和结果的习惯，为下次训练积累经验。
- 培养虚心向他人学习、尊重他人劳动的意识。
- 培养团结协作的意识。
- 养成严格执行 7S 现场管理的习惯。

知识空间

新能源汽车电驱热管理系统也称为电驱冷却系统，该系统对于保障电驱系统的安全及使用寿命、最大限度发挥电驱系统的性能具有重要作用。电驱控制系统除了对电驱性能参数进行监控、实施驱动控制以外，还要对新能源汽车的高压部件（如电机、控制器等）进行冷却，确保电驱系统保持最佳的工作温度和良好的应用环境。蓄电池热管理系统与电驱热管理系统为两个独立的冷却循环系统，这是因为动力蓄电池不但需要冷却，有时还需要加热。本任务主要对新能源汽车电驱系统的热管理系统进行介绍。

一、电动汽车电驱热管理系统

大多数电动汽车采用液冷方式对电机和电控进行冷却。电动汽车电驱热管理系统主要由电动水泵、膨胀水箱、散热器、冷却风扇以及管路等组成。不同品牌电动汽车的电驱系统集成方式和零部件总成分布不同，其冷却管路也有所不同，基本组成区别不大。图 4-1-1 所示为电动汽车电驱热管理系统的基本组成，图 4-1-2 所示为其冷却液循环路径。

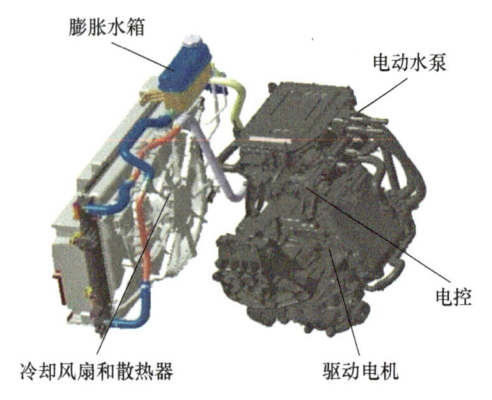

图 4-1-1 电动汽车电驱热管理系统的基本组成

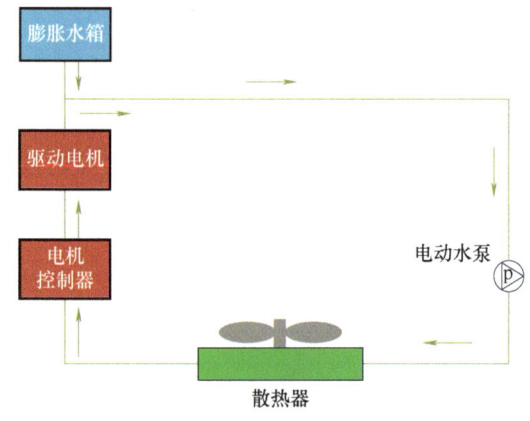

图 4-1-2 电动汽车电驱热管理系统冷却液循环路径

冷却液由电动水泵驱动在冷却管路中循环，冷却风扇驱动空气流通将散热器中的热量传递到大气中。

1. 散热器

电动汽车的散热器位于车辆前部、空调冷凝器后面，可以与空调冷凝器共用风扇。

散热器的作用是增大散热面积，加速冷却液的散热。

散热器由进水室、出水室和散热器芯等组成，如图 4-1-3 所示。冷却液在散热器内流动，利用周围空气把冷却液中的热量带走。当冷却液温度过高时，冷却风扇起动，加快冷却液的散热。

图 4-1-3　散热器的结构

2. 冷却风扇

冷却风扇是冷却系统中的辅助部件，它可以通过吸入空气来增大散热效果。电驱热管理系统的冷却风扇通常采用电动风扇，可以根据冷却部件的温度自动调节风扇转速，提高散热效率。冷却风扇采用轴流式风扇，主要由扇叶、电机和外框三部分组成，多采用无刷直流电机，如图4-1-4所示。

整车控制模块监控各部件的工作温度。如有必要，起动电动水泵驱动冷却液循环。一般冷却风扇有两种控制方式：第一种是传统控制方式，即通过继电器直

图 4-1-4　冷却风扇

接控制冷却风扇电机控制模块的电源，包括电机调速，这种控制方式的电路比较简单；第二种是智能控制方式，即由冷却风扇电机控制模块控制，冷却风扇电机控制模块的电源由冷却风扇继电器提供，工作过程中由整车控制器给冷却风扇电机控制模块输出控制指令，冷却风扇电机控制模块控制冷却风扇电机开始工作。

智能冷却风扇电机由整车控制器通过PWM信号控制。整车控制器监测空调的启动信号、冷却液温度和车速，然后向冷却风扇电机控制模块发出PWM信号，控制冷却风扇电机工作。同时，根据车辆状况和空调负载情况对冷却风扇的转速进行控制，也可以通过LIN线等通信方式控制冷却风扇电机。

冷却风扇的故障主要有由于叶片不平衡或粘连异物导致工作时振动，电机烧毁，电机内部轴承磨损、卡滞导致转动阻力大，由于安装方向错误或者线束连接错误导致冷却风扇反转。

诊断维修：检查风扇叶片有无变形、损伤、脏污，必要时更换叶片。检查电机是否正常，有无烧毁、异响、电机内部损坏、运转阻力过大等故障，必要时更换电机。检查风扇风向是否正确，必要时进行调整。

3. 电动水泵

电动水泵主要由水泵、驱动电机和控制模块、进水口和出水口组成，如图4-1-5所示。电动水泵的控制方式与冷却风扇电机相似，分为传统控制方式和智能控制方式。

电动水泵运转后，对冷却液加压，保证其在冷却系统中循环流动，并能根据冷却液温度高低进行调速。

智能电动水泵内部包括驱动电机、控制器以及水泵，多采用直流电机。图4-1-6所示为电动水泵驱动电机控制原理图。由PWM信号控制电机调速、低压电源供电，整车控制器根据冷却液温度传感器的信号，通过PWM信号控制水泵的运转，不同的PWM信号代表不同的转速，也可以通过LIN线等通信方式控制电动水泵驱动电机。

当电动水泵内部存在故障时，水泵控制器将故障信息反馈给整车控制器。电动水泵的维修

可按表 4-1-1 的诊断思路与维修方法进行。

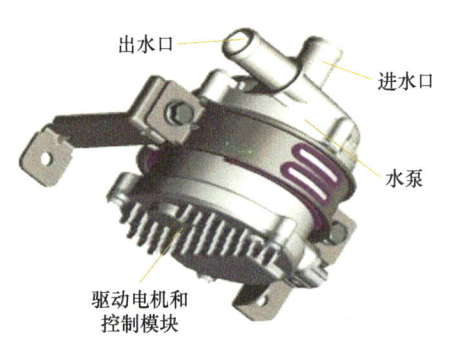

图 4-1-5　电动水泵的组成

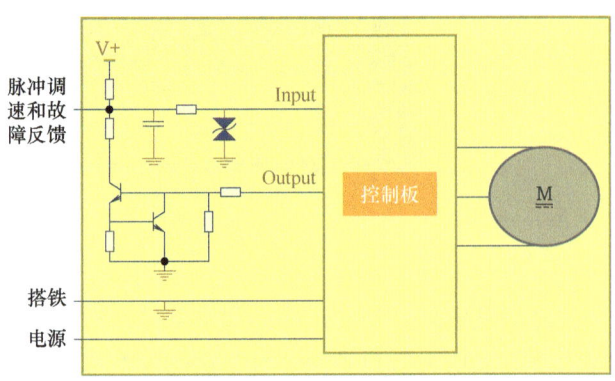

图 4-1-6　电动水泵驱动电机控制原理图

表 4-1-1　电动水泵的故障与维修

序号	故障现象	原因	维修
1	电流大，流量小	转子内有杂质	从出水口注水进去清洗
2	不转，电流时大时小	转子因异物卡死	排出导致转子卡死的异物
3	不转，出现短路电流	控制板损坏	更换水泵
4	不转，无电流	输入信号故障、电路故障、水泵损坏、整车控制器故障	检查接插件是否连接完好，检查水泵、输入信号以及整车控制器
5	噪声大	泵内有杂质	排出杂质
		泵内有气体无法排出	将出水口朝上放置，保证液体源中没有空气
		泵内无液体，水泵干磨	使泵内有液体即可

电动汽车电驱热管理系统一般采用乙二醇型长效防锈电机冷却液，禁止使用普通清水，电机冷却液不能混用。在加注或补充冷却液时，必须要按照厂家要求添加相同型号和用量的冷却液，并按照维修手册的要求执行排气操作程序。

二、混合动力汽车电驱热管理系统

混合动力汽车电驱系统的热管理系统与发动机热管理系统采用不同的冷却液循环路径，是两个相对独立的系统，只是冷却风扇可以共用，结构、工作原理与电动汽车的热管理系统基本相同。不同品牌混合动力汽车的电驱系统集成方式和零部件总成分布不同，其冷却管路也有所不同。图 4-1-7 所示为混合动力电驱系统冷却液循环路径。

由于发动机燃烧室冷却区域的温度与电驱电控高电压半导体部件冷却区域的温度明显不同，因此，两个系统不可能使用同一个冷却管路，这也是系统中的发动机冷却管路不共享的原因。

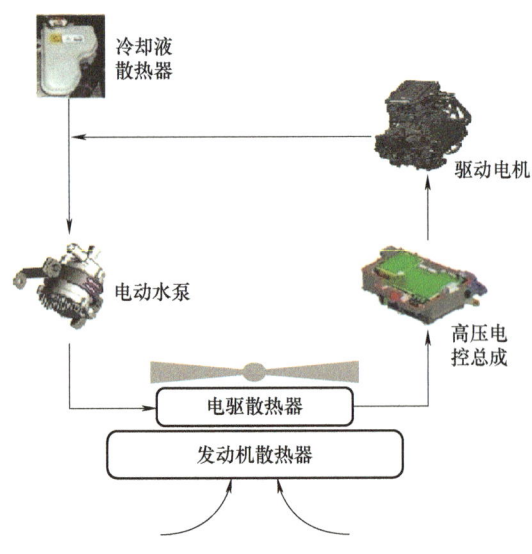

图 4-1-7　混合动力电驱系统冷却液循环路径

混合动力汽车电驱热管理系统一般采用乙二醇型长效防锈电机冷却液，禁止使用普通清水，冷却液不能混用。有些品牌新能源汽车要求使用绝缘型冷却液（或者称为低导电率型冷却液），不得加注乙二醇型长效防锈电机冷却液。在加注或补充冷却液时，必须要按照厂家要求添加相同型号和用量的冷却液，并按照维修手册要求执行排气操作程序。

随着扁线电机的推广普及，电机冷却技术开始采用油冷技术，如特斯拉、比亚迪等新能源汽车都采用了油冷技术。

三、典型案例

1. 2015款比亚迪e5电驱热管理系统

电子水泵冷却循环系统、双散热风扇、冷却电子水泵安装在驱动电机前部底端；加注乙二醇型长效防锈冷却液（常温性：冰点为 –25℃，适用于我国南方全年及北方夏季；耐寒性：冰点为 –40℃，适用于我国北方冬季），用量为6.2L。图4-1-8所示为该系统基本组成及冷却液循环路径。

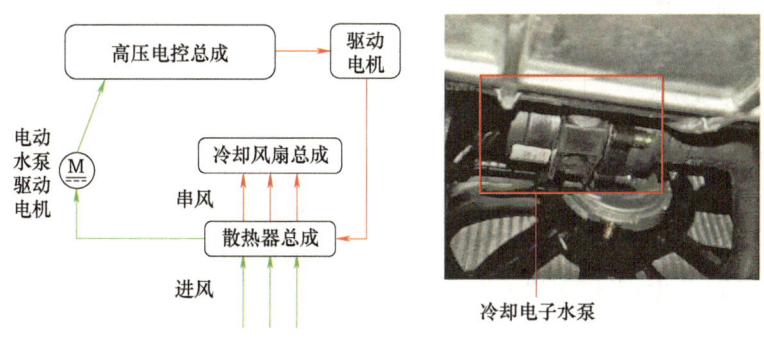

图4-1-8 2015款比亚迪e5纯电动汽车电驱热管理系统基本组成及冷却液循环路径

冷却风扇由整车控制器进行控制，通过对冷却液温度传感器的检测，并且参考空调请求状态共同决定对冷却风扇和冷凝风扇的控制，确保各系统在正常温度下工作。图4-1-9所示为冷却风扇控制电路图。

冷却风扇开启温度参数如下：

1）冷却液温度：40~50℃低速请求；>55℃高速请求。
2）IPM：53~64℃低速请求；>64℃高速请求；>85℃报警。
3）IGBT：55~75℃低速请求；>75℃高速请求；>90℃限制功率输出；>100℃报警。
4）电机温度：90~110℃低速请求；>110℃高速请求。

满足3个低速请求，冷却风扇低速转；满足1个高速请求，冷却风扇高速转。

2. 2019款比亚迪秦Pro-DM混动电驱热管理系统

比亚迪秦Pro-DM混动电驱热管理系统由发动机冷却系统和电机冷却系统两部分组成。

发动机冷却系统与传统涡轮增压车型冷却系统一样，系统冷却液温度一般为90~100℃，允许最高温度为110℃。

电驱热管理系统采用了第三套独立的冷却系统，用于电机与控制器的冷却，通过单独的电动水泵驱动冷却液的独立循环系统。它由散热器、冷却风扇、水管、水壶、电机水套、电机控制器、水泵（安装在散热器立柱上的电动水泵）组成。其基本组成如图4-1-10所示。图4-1-11所示为其电驱热管理系统冷却液循环路径。

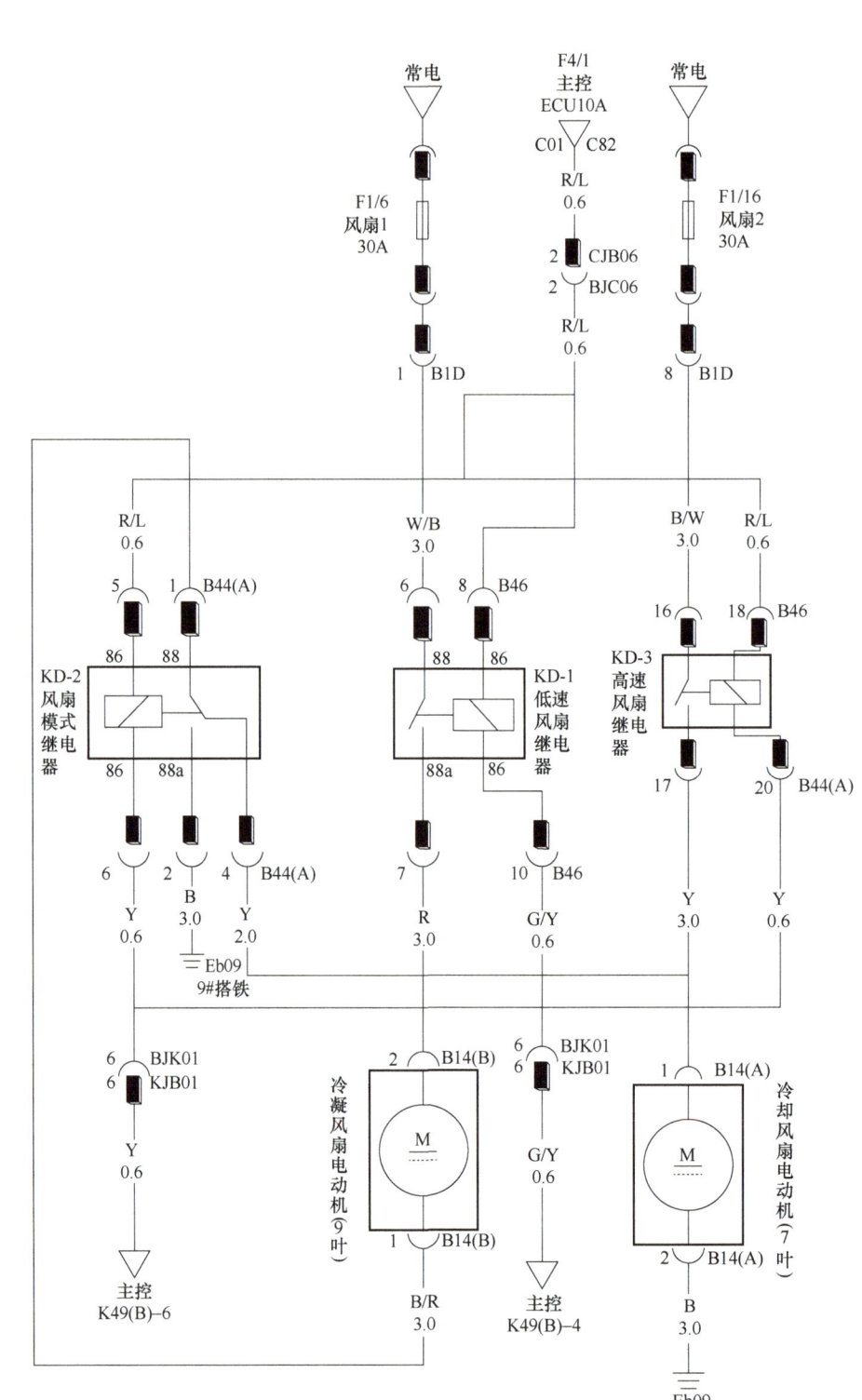

图 4-1-9　2015 款比亚迪 e5 纯电动汽车电驱热管理系统冷却风扇控制电路图

冷却风扇开启温度参数如下：
(1) 发动机

发动机出水口 >98℃、散热器出水口 >80℃，电子风扇低速运转。
发动机出水口 <98℃、散热器出水口 <80℃，电子风扇停止运转。
发动机出水口 >106℃、散热器出水口 >86℃，电子风扇低速运转。

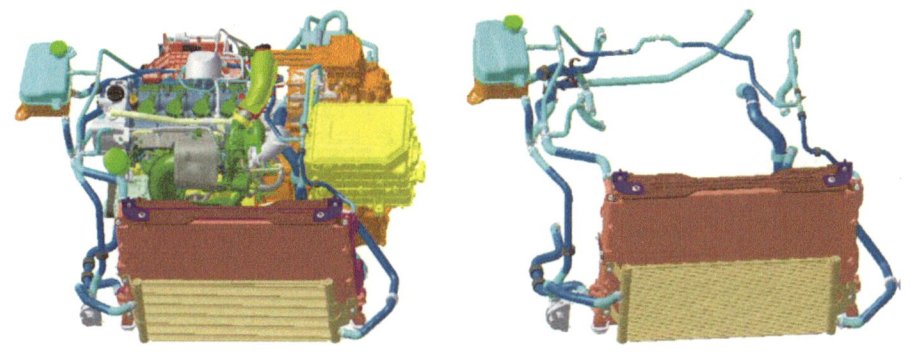

图 4-1-10　2019 款比亚迪秦 Pro DM 混合动力汽车电驱热管理系统的基本组成

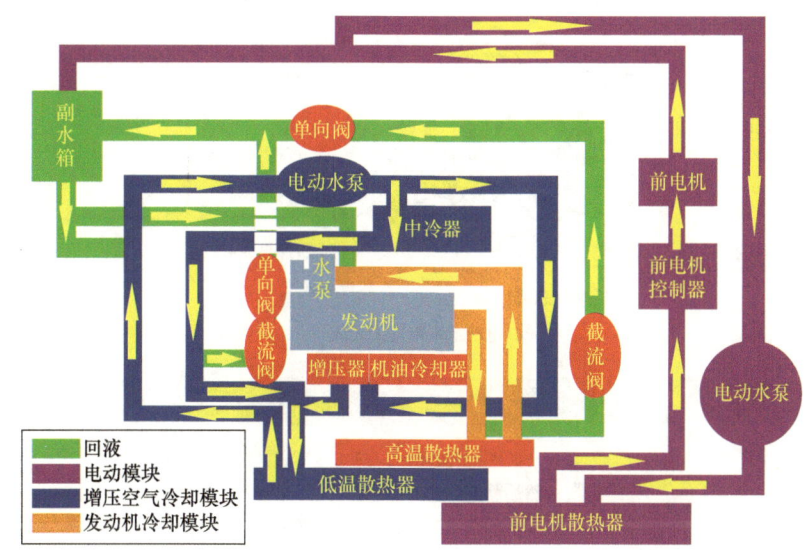

图 4-1-11　2019 款比亚迪秦 Pro DM 混合动力汽车电驱热管理系统冷却液循环路径

发动机出水口 <100℃、散热器出水口 <75℃，电子风扇停止运转。

（2）电机系统

1）电机冷却液温度：47~64℃低速请求；>64℃高速请求。

2）IPM：53~64℃低速请求；>64℃高速请求。

3）IGBT：55~75℃低速请求；>75℃高速请求。

4）电机温度：90~110℃低速请求；>110℃高速请求。

满足 3 个低速请求，电子风扇低速运转；满足 1 个高速请求，电子风扇高速运转。

（3）变速器系统　干式双离合器、电液控制模块液压油温度高于 330℃，电机风扇高速运转。

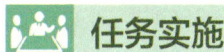 任务实施

比亚迪秦 EV 电驱热管理系统部件检测与更换

1. 任务准备

安全防护：做好安全防护与场地隔离（车内外三件套、车轮挡块、警示标志及隔离带等）。

工具设备：举升机、人身安全防护套装、绝缘工具套装、常规工具套装、万用表。

车辆台架：比亚迪秦 EV 分控联动示教台或教学版整车。

辅助资料：养护工单、任务工单、记号笔。

2. 操作步骤

> **注意**：在操作前，应先做好场地安全防护、车辆安全防护、人身安全防护等各种防护措施，并执行高压下电程序，等待5min后再进行动手操作。

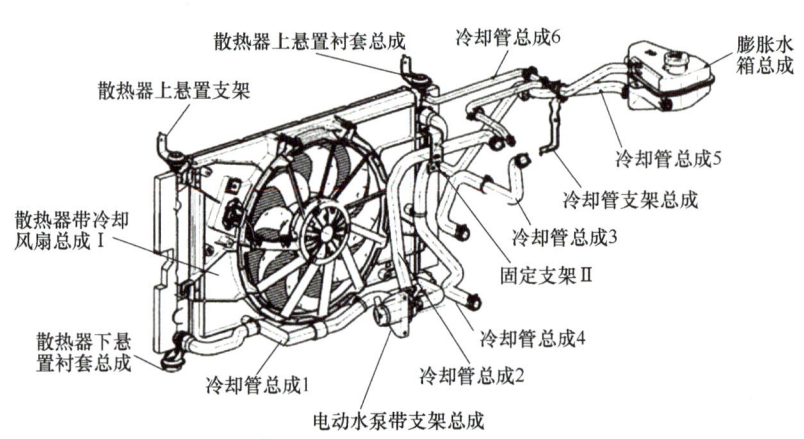

组件位置索引

步骤	项目	内容	说明
1	膨胀水箱盖的测试	操作方法	1）拆下膨胀水箱盖（A），用冷却液湿润其密封圈，然后将它装在压力测试仪（B）上。使用一个小的配合件 H-901122-09（C）安装膨胀水箱盖 2）施加 15kPa 的压力 3）检查压力是否下降 4）如果压力降低，更换膨胀水箱盖
		检测标准	压力不降低
2	膨胀水箱的测试	操作方法	1）电机、电控冷却以后，小心地拆下膨胀水箱盖，给膨胀水箱注入冷却液，直至膨胀水箱 MAX（最高）标记处 2）将压力测试仪装在膨胀水箱上。使用一个小的配合件 H-901122-09 连接压力测试仪 3）施加 15~45kPa 的力 4）检查冷却液是否泄漏，如膨胀水箱泄漏，更换膨胀水箱总成 5）拆除压力测试仪，然后重新安装膨胀水箱盖
		检测标准	无泄漏，注入冷却液至膨胀水箱 MAX（最高）标记处
3	冷却液的检查	操作方法	1）观察膨胀水箱中冷却液的液位。确认液位处于 MAX（最高）标记（A）和 MIN（最低）标记（B）之间 2）如果膨胀水箱中冷却液的液位处于或低于 MIN 标记，向膨胀水箱中添加冷却液，直至 MAX 标记，并检查冷却系统有无泄漏 3）使用冰点仪检测冷却液冰点
		检测标准	液位处于 MAX（最高）标记（A）和 MIN（最低）标记（B）之间，无泄漏。冰点符合厂家要求

(续)

步骤	项目	内容	说明
4	冷却液的更换	操作方法	1）用手触摸膨胀水箱箱体，确认膨胀水箱内部冷却液已冷却 2）沿逆时针方向慢慢转动膨胀水箱盖，释放冷却系统中的残余压力 3）取下膨胀水箱盖 4）拆掉散热器出水管路（冷却管总成1），排尽冷却液。排出的冷却液应储存于合适的容器内 5）待冷却液排净后，装配好散热器出水管 6）将比亚迪公司指定的冷却液倒入膨胀水箱，直至达膨胀水箱MAX线，液位不再下降为止 7）上电让水泵运转约5min，运转过程中如膨胀水箱液位下降，同步向膨胀水箱加注冷却液，直至加注至液面到MAX线不再降低为止，断电停车 8）重复上电、断电至少3个循环，每个循环水泵上电运转5min，同步观察膨胀水箱内冷却液的液位，并补加冷却液至液面到MAX线不再下降为止。冷却系统的容量约为4.25L 9）盖上膨胀水箱盖并旋至最终停止位，彻底拧紧
		检测标准	液位处于MAX（最高）标记（A）和MIN（最低）标记（B）之间，无泄漏
5	散热器和风扇的更换	操作方法	1）拆掉散热器出水管路（冷却管总成1），排尽冷却液 2）拆除散热器上的软管与冷凝器紧固螺栓 3）断开冷却风扇开关插接器 4）拆除上悬置支架、散热器上横梁，然后拉起散热器 5）拆除散热器上的冷却风扇总成及其他部件 6）按与拆卸相反的顺序安装散热器，确认上、下衬套安装就位且牢固 7）按照冷却液更换方法加注冷却液
		检测标准	液位处于MAX（最高）标记（A）和MIN（最低）标记（B）之间，散热器无泄漏，风扇转动灵活无卡滞
6	电动水泵的更换	操作方法	1）拆掉散热器出水管路（冷却管总成1），排尽冷却液 2）断开水泵接插件 3）拆开水泵进出水软管 4）拆下紧固水泵的螺栓，拆除电动水泵 5）清除溢出的冷却液 6）安装水泵 7）连接水泵进、出水软管 8）连接水泵接插件 9）按照冷却液更换方法加注冷却液
		检测标准	水泵起动正常、运转无异响、回水流动正常

3. 竣工检验

1）将拆卸的各部件完整复位。
2）整理、恢复作业场地。

工作任务单

4.1 比亚迪秦EV电驱热管理系统部件检测与更换（附后）

任务实施配分评分表

4.1 比亚迪秦EV电驱热管理系统部件检测与更换——任务实施配分评分表（附后）

笔记栏

学习任务单

4.1 电驱热管理系统检修（附后）

任务二　整车控制策略

任务引入

新能源汽车整车控制系统是一个由多控制模块、多层级协同控制的综合控制平台，而不是由某一个控制模块独立完成的系统。了解新能源汽车整车控制系统的组织架构，有利于提高维修人员对新能源汽车整车控制系统的故障诊断和维修技能水平。

学习目标

知识目标
- 了解分布式电子电气整车控制架构的特点。
- 了解域集中式电子电气整车控制架构的特点。
- 了解车辆集中式电子电气整车控制架构的特点。
- 了解几种常用总线类型的结构、工作原理及特点。

技能目标
- 具有对新能源汽车分布式电子电气整车网络架构及故障诊断的能力。

职业素养目标
- 严格执行新能源汽车检修操作规范，养成科学严谨的工作态度。
- 养成总结训练过程和结果的习惯，为下次训练积累经验。
- 培养虚心向他人学习、尊重他人劳动的意识。
- 培养团结协作的意识。
- 养成严格执行7S现场管理的习惯。

知识空间

目前，我国汽车"新四化"（电动化、智能化、网联化、共享化）整体进程较快，电动化越发成熟，电动化已经完成了新能源汽车革命的上半场，智能化、网联化的发展将开启新能源汽车革命的下半场，随着信息技术的发展与融合，"软件定义汽车"时代已经到来。汽车传统分布式整车电子电气架构难以满足日益增长的智能化需求，能够集合算力、降低线束及制造成本、提升复用率的域集中式架构乃至车辆集中式架构应运而生，汽车域控制器架构时代正在加速到来。

博世公司将汽车整车电子电气架构演进分为三大阶段，分别是分布式电子电气整车控制架构、域集中式电子电气整车控制架构和车辆集中式电子电气整车控制架构。传统车型采用分布式电子电气整车控制架构，目前，中高端车型已开始普及域集中式电子电气整车控制架构，车辆集中式电子电气整车控制架构也已经开始应用。

一、分布式电子电气整车控制架构

新能源汽车经过近10年的技术进步，由传统汽车技术向新能源汽车电动化技术转型已经完成，早期新能源汽车整车控制架构是由传统汽车演变而来的，仍采用分布式电子电气整车控制架构。

1. 分布式电子电气架构整车控制策略

传统汽车的电子电气架构一般采用分布式，如图4-2-1所示，分布式电子电气架构过于复杂且难以快速迭代升级，其控制中枢由ECU通过CAN总线和LIN总线连接，在传感器、电源及通信芯片、执行器等零部件的配合下，实现对汽车状态与功能的操控。每个控制系统采用单独的ECU，不同的电控系统功能保持独立性，每增加一个功能就需要增加一个ECU，因此传统汽车智能功能的增加和升级主要依赖于ECU和传感器数量的累加，分布式电子电气架构算力分散、布线复杂、软硬件耦合深、通信带宽瓶颈等缺点越来越突出。

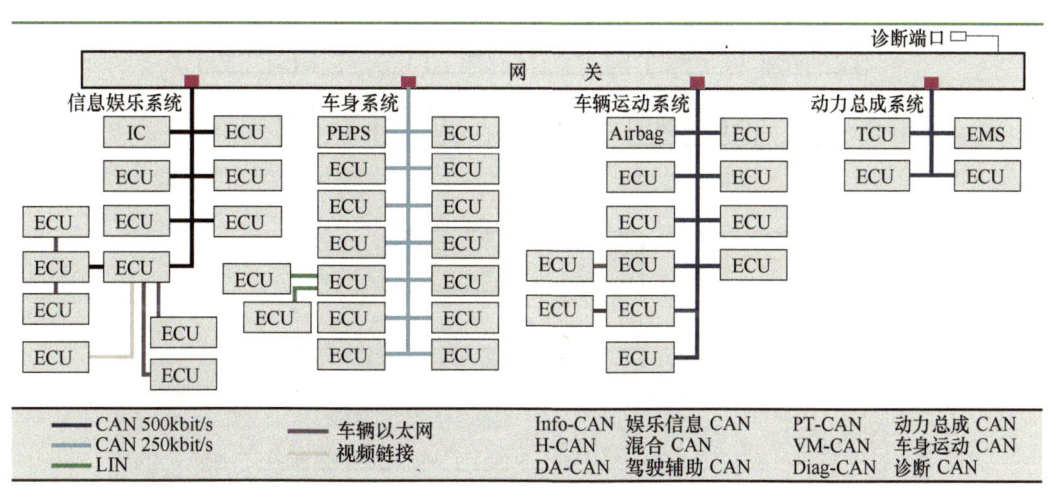

图 4-2-1　传统分布式电子电气架构

（1）纯电动汽车整车控制策略　纯电动汽车的整车控制系统的结构如图4-2-2所示。

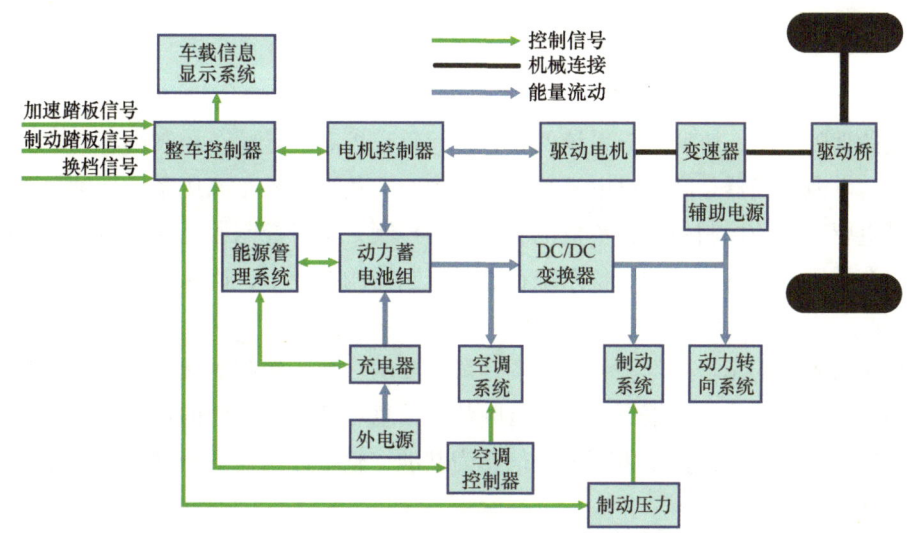

图 4-2-2　纯电动汽车的整车控制系统的结构

纯电动汽车的整车控制平台一般分为三级，如图4-2-3所示。整车控制模块为主系统的顶层控制器，为一级控制器，是控制内容和功能权限最高的决策层控制器，直接接收反映驾驶人驾驶意图的传感器信号，用于整车控制；主系统二级控制器为执行层控制器，每个控制模块接收上层控制器的指令和各自控制系统的输入信号，实现各自控制系统的专有功能，是该控制系统的控制中心。一级和二级控制器构成整车控制的主网络系统，共同实现整车控制功能。目前，CAN2.0总线是主系统各控制模块之间进行信息交换的主要网络类型。三级控制器为二级控制器的子系统，如图4-2-4所示，一般采用CAN总线或LIN总线，主要用于信息采集和执行器驱动，如蓄电池管理器的子系统蓄电池检测模块（或称为信息采集器）、空调系统鼓风机和压缩机的控制、冷却风扇的控制、自动灯光、智能刮水器、中央门锁系统等。

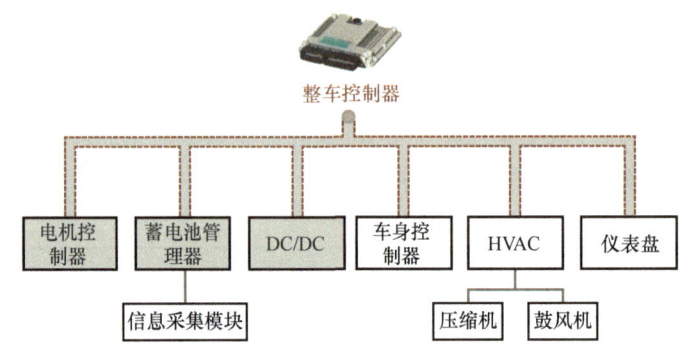

图4-2-3　纯电动汽车的整车控制平台层级

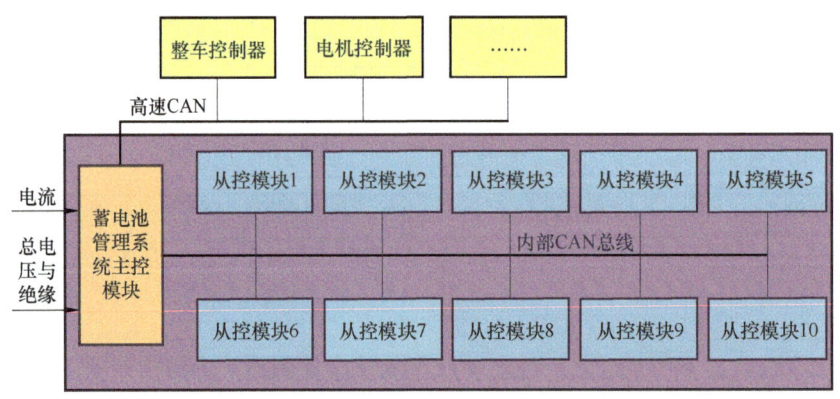

图4-2-4　分布式蓄电池管理器蓄电池监测子系统

纯电动汽车的整车控制器是整车控制平台的决策中心，主要负责动力系统的控制，负责接收驾驶人的驾驶意图，协调各分系统的关系进行整车控制，是整车控制内容和功能的最高层级控制器。蓄电池管理器是高压供电系统的控制中心，负责为整车高压系统提供高压电源；电机控制器是电驱系统的控制中心，负责电驱系统的控制；车身控制器是车身电气系统的控制中心，负责整车低压电源系统管理。各系统在整车控制器的指令下，确保各系统的正常运行，如图4-2-5所示。

为了控制行驶中的车辆，驾驶人的意图是最重要的。整车控制器接收驾驶人操作的换档指令、加速踏板、制动等信号，根据车辆的行驶状态信息和动力蓄电池的荷电状态进行不同的控制，以通过通信接收的车辆及动力蓄电池信息为基准，整车控制器适当地分配各控制器所需的高电压。

概括来讲，整车控制器接收的信号包括两类：一类是通过硬线直接获取的信号，如加速信号、制动信号、真空泵压力信号、碰撞信号等，这些信号直接反映驾驶人的驾驶意图；另一类信号是通过车载网络，由各控制模块传来的间接获取的信号，这些信号是各系统传输的关键数据，如换档信号、车速信号、SOC 信号等。通过整车控制器综合计算后，向相关系统控制模块发出指令。整车控制最主要和重要的控制内容是动力控制，通过协调其他控制系统，为电驱系统提供可靠安全的高压电源。在一定程度范围内，整车控制器的功能与控制内容基本代表和反映了整车的控制功能与内容。表 4-2-1 给出了纯电动汽车整车控制器的主要控制内容及功能。

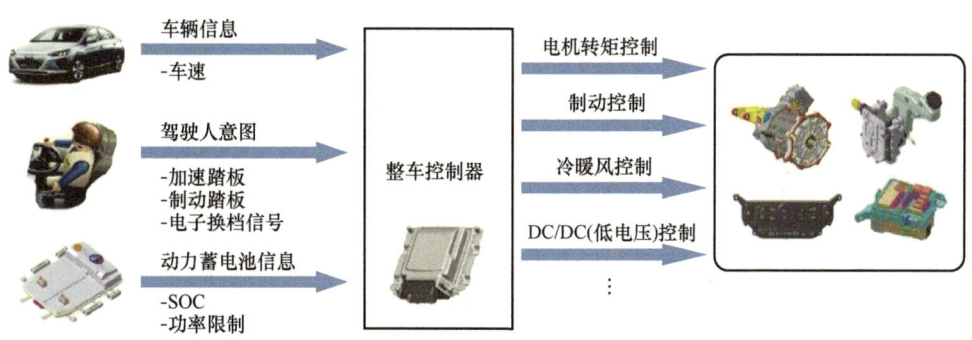

图 4-2-5　纯电动汽车整车控制器整车控制原理

表 4-2-1　纯电动汽车整车控制器的主要控制内容及功能

控制功能	控制内容
电机驱动控制	整车控制器根据驾驶人的驾驶（加减速、制动、换档等）要求、车辆状态、道路及环境状况，经过分析和处理，计算动力蓄电池可用电量、电机可用转矩，决定变速档位，向电机控制器发出电机转矩指令，满足驾驶工况要求。对于多电机系统，这些控制功能和内容同样存在，还要增加多电机转矩分配等控制内容
再生制动控制	整车控制器根据制动踏板和加速踏板信息、车辆行驶状态信息、动力蓄电池荷电状态信息，计算再生制动执行量、制动减速度，向电机控制器发出电机充电转矩指令，当满足制动回馈条件时，将能量反充给动力蓄电池组
整车能量管理与优化	整车控制器通过 CAN 总线与蓄电池管理系统连接共同承担整车的能量管理，以提高能量的利用率。在蓄电池管理系统的协助下完成参数监测、信息通信、充放电控制、热管理、故障诊断等功能；根据动力蓄电池信息及空调控制器的请求电量，发送最终空调控制器许可电量，对空调进行负荷控制；动力蓄电池可用电量不足时，指令电机控制器功能限制（功率限制和停机），进行低 SOC 控制；根据动力蓄电池信息及车辆的状态决定 DC/DC 变换器的工作模式，控制低压电气负荷电源。通过综合分析判断，再根据具体行驶情况实现车辆安全行驶和能量的合理分配
整车网络化管理	整车控制器作为信息控制中心，负责组织信息传输、网络状态监控、网络节点管理、信息优先权的动态分配（网关功能）等功能，对仪表进行电量表、能量流、节能灯、换档、维修灯及准备就绪灯亮请求等显示控制，并根据动力蓄电池可用电量、历史行驶情况显示车辆的续驶里程
车辆状态监视和故障诊断及保护	车载网络连接的各个子系统控制器实时将各自控制对象的信息发布至总线上，由整车控制器通过综合数字仪表显示出来，整车控制器能对故障信息及时处理并做出相应的安全保护处理

整车控制器的硬件和软件功能决定了其控制功能与内容。图 4-2-6 所示为整车控制器内部结构及功能示意图，通过分析可以大概了解整车控制器的功能与控制内容。

（2）混合动力汽车整车控制策略　混合动力汽车与纯电动汽车整车控制架构相近，只是控制功能和内容比纯电动汽车更为复杂。如图 4-2-7 所示，在混合动力汽车动力控制系统中，混合动力控制器（或整车控制器，不同品牌名称不一样）为决策层控制器，是层级最高的控制单元，充当各种角色并保持最佳性能。它能控制 ECU、电机控制器、变速器控制模块、蓄电池管理器、车载充电机、DC/DC、HVAC 等。

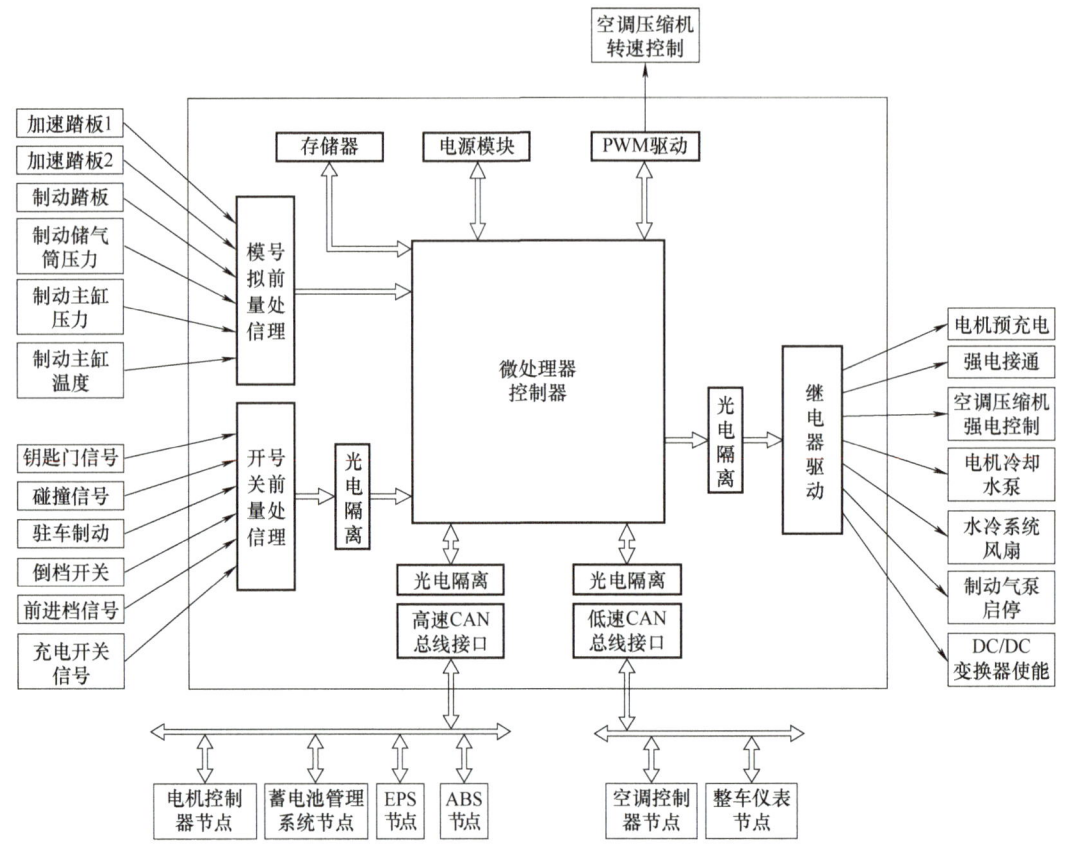

图 4-2-6　整车控制器内部结构及功能示意图

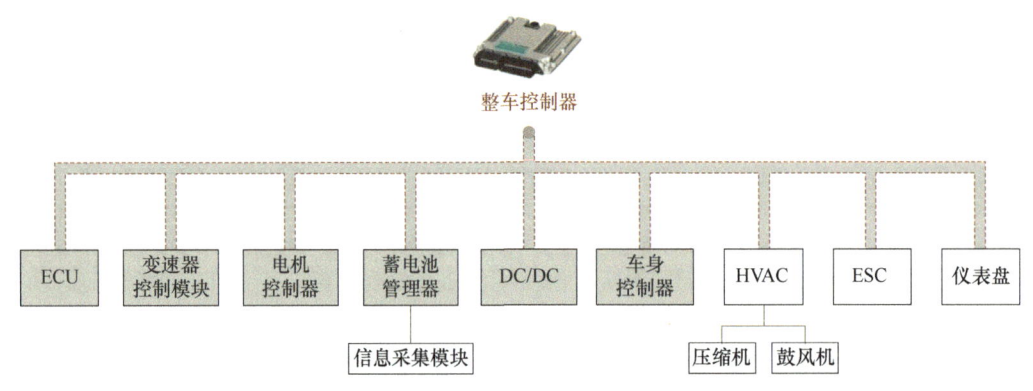

图 4-2-7　混合动力汽车分布式整车控制架构层级

混合动力汽车的整车控制器是整车控制平台的控制中心，负责接收驾驶人的驾驶意图，协调各分系统的关系进行整车控制，是整车控制内容和功能的最高层级控制器。各系统在整车控制器的协调控制下，主要服务于整车能量管理和动力控制。与纯电动汽车相比，其控制内容主要增加了发动机（起停、转速、转矩）、变速器（档位）的控制以及动力模式的切换，如图 4-2-8 所示。

混合动力汽车整车控制器的主要功能包括测定转矩需求，协调转矩控制，再生制动控制，电动驱动（EV）和混合动力驱动（HEV）模式判定，动力蓄电池 SOC 平衡，发动机控制，发动机起动和停止控制。

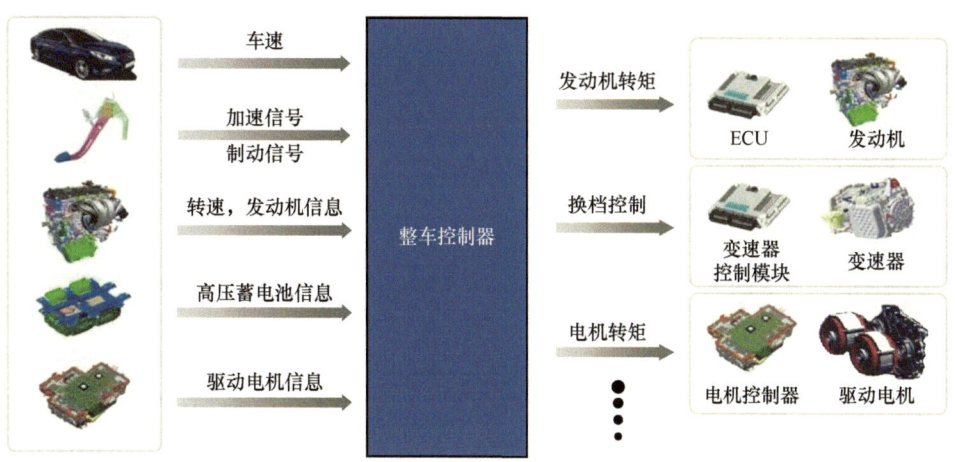

图 4-2-8　混合动力汽车整车控制器整车控制原理图

混合动力汽车整车控制器接收驾驶人操作的换档指令、加速和制动等信号，根据车辆的行驶条件和动力蓄电池的荷电状态进行不同的控制，以通过通信接收的车辆及动力蓄电池信息为基准，适当地分配各控制器所需的高压电电量。有些混合动力汽车的整车控制器与电机控制器集成在一起，如比亚迪秦 DM 混合动力汽车。

整车控制器接收信号通过综合计算后，向相关系统控制模块发出指令。整车控制最主要和重要的控制内容是动力控制，通过协调其他控制系统，为电驱系统提供可靠、安全的高压电源。一定程度范围内，整车控制器的功能与控制内容基本代表和反映了整车的控制功能与内容。表 4-2-2 给出了混合动力汽车整车控制器的主要控制内容及功能。

表 4-2-2　混合动力汽车整车控制器主要控制内容及功能

控制功能	控制内容
SOC 平衡	控制发动机和驱动电机运转，保持动力蓄电池的最佳 SOC 值。如果 SOC 处于过充状态时，电机驱动增加使动力蓄电池放电；如果 SOC 低到一定值，那么汽车的电力输出将受到限制，发动机需要输出额外的动力带动发电机给动力蓄电池充电
驱动转矩分配（动力模式控制或混动控制）	整车控制器控制车辆在各种驱动条件下使用最有效的电源。当车辆起动或低速行驶时发挥电机的效率更高，此时整车控制器只控制驱动电机运转；在需要高转矩输出（如突然加速）时，整车控制器为了确保车辆所需的输出功率，控制发动机和驱动电机同时工作。起步或低速范围内仅电机驱动，中/高速范围内仅发动机驱动（不同品牌车型有差异），突然加速或上坡时发动机+电机混合动力驱动
ECM 控制	整车控制器将发动机的起动和停止指令、转矩和速度指令发送给 ECM，在行驶时确保最有效地控制发动机。根据车辆负荷只控制发动机工作或指令发动机和驱动电机一起工作，适时进行动力源耦合切换。并根据动力蓄电池 SOC 的值，控制发动机利用 ISG 或 HSG 给动力蓄电池充电，此时控制切断发动机离合器，断开电动机和发动机之间的连接。当发动机和驱动电动机通过发动机离合器连接，在车辆减速时，指令电机控制器、ECM 可以通过驱动电机给动力蓄电池充电，进行能量回收
电机控制模块控制	每个电机控制模块主要用于电机动力输出转矩控制以及电机和逆变器的过热保护，当电机或逆变器温度过高时，电机控制模块将限制电机的动力输出，包括 ISG 控制和驱动电机
变速器控制模块控制	对于多档位变速器混合动力汽车，在行驶中进行换档时，变速器控制模块请求整车控制器（而不是 ECM）指令 ECM 减少转矩输出，整车控制器根据电动机和发动机转矩数据获得最优的分配，使自动变速器的变速冲击降到最低

2. 分布式电子电气架构整车控制网络

早期新能源汽车分布式电子电气架构（主要是低端车型）车载网络仍然是以 CAN 总线为

整车主干网络架构，其一般结构示意图如图 4-2-9 所示。新能源汽车整车控制器（HCU/VCU）是车辆控制系统中的"大脑级"控制器，主要负责整车能量管理与动力控制。子系统按照功能分有动力系统、底盘系统、舒适娱乐系统、信息显示系统等。网关起路由作用，用于不同子系统之间的数据转换及传输。CAN 总线按数据传输速度分为 500kbit/s（125~500kbit/s）高速 CAN 总线和 100kbit/s 低速 CAN 总线两种。

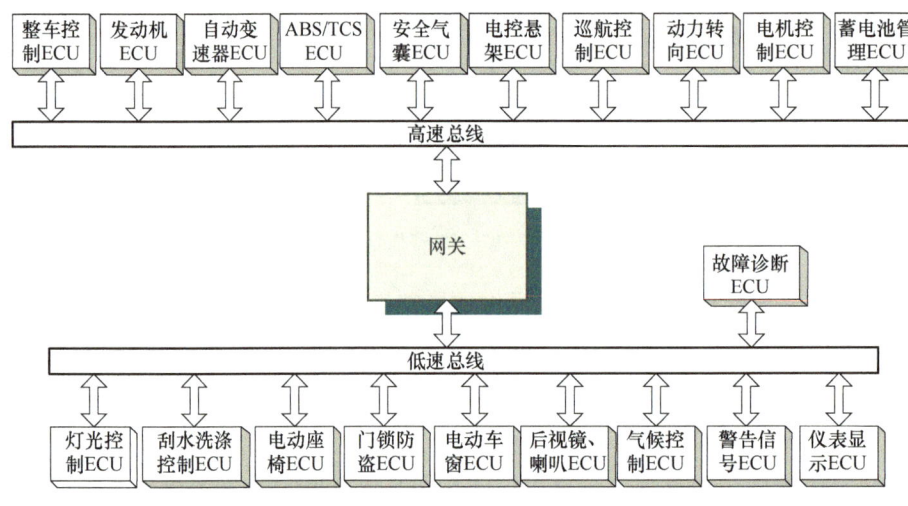

图 4-2-9　分布式电子电气架构 CAN 总线车载主干网络一般结构示意图

CAN 总线有以下优点：
1）通信速率最高可达 1MB/s（此时距离最长 40m）。
2）节点数实际可达 110 个。
3）采用短帧结构，每一帧的有效字节数为 8 个。
4）每帧信息都有 CRC 校验及其他检错措施，数据出错率极低。
5）通信介质一般采用廉价的非屏蔽双绞线即可，无特殊要求。
6）节点在错误严重的情况下，具有自动关闭总线的功能，切断它与总线的联系，以使总线上的其他操作不受影响。

图 4-2-10 所示为 2019 款比亚迪 e5 纯电动汽车车载网络拓扑结构。
图 4-2-11 所示为比亚迪秦 Pro-DM 混合动力汽车车载网络拓扑结构。

二、域集中式电子电气整车控制架构

随着信息技术的发展与融合，"软件定义汽车"时代已经到来。汽车传统分布式电子电气架构已经难以满足日益增长的智能化需求，能够集合算力、降低线束及制造成本、提升复用率的域集中式电子电气架构应运而生。

1. 域集中式电子电气架构整车控制策略

近年来，随着汽车智能化进程的不断推进，汽车呈现显著的功能集成化趋势。相比于结构较为复杂的燃油汽车，新能源汽车在车辆结构、动力系统、操控难度上都更容易向智能化发展。为满足汽车电子电气架构从分布式向集中式进行集成的需求，域控制器应运而生。

（1）域集中式电子电气架构的产生及优点　随着整车电子电气产品应用的增加，单车 ECU 数量激增，分布式电子电气架构由于算力分散、布线复杂、软硬件耦合深、通信带宽瓶颈等缺点而无法适应汽车智能化的进一步发展，正向域集中式电子电气架构迈进。

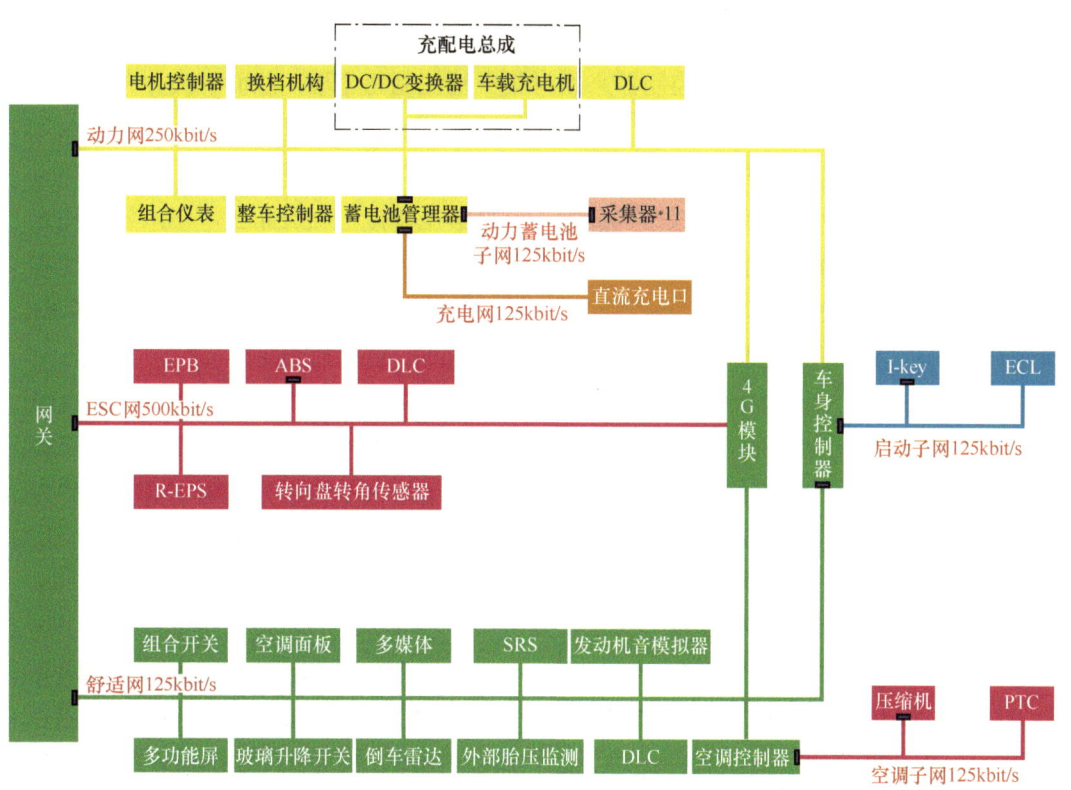

图 4-2-10　2019 款比亚迪 e5 纯电动汽车车载网络拓扑结构

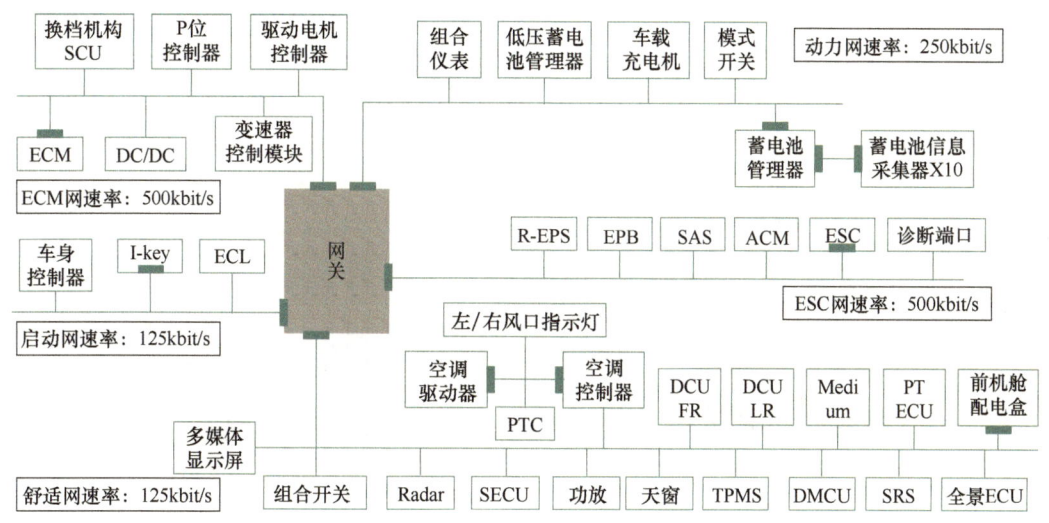

图 4-2-11　比亚迪秦 Pro-DM 混合动力汽车车载网络拓扑结构

不同于"ECU+CAN/LIN"的分布计算与低速总线架构，域集中式架构的特点在于高算力（域控制器）和快传输（以太网）。与 ECU 采用 MCU（即微控制处理器，单片机）不同，域控制器多采用 SoC 芯片，即系统级（集运算和存储一体功能）的芯片，在算力上领先于电机控制器。处理器计算和决策的集中化是智能驾驶的未来趋势之一，而域控制器是实现集中式架构的主要载体，其主要组成包括域主控处理器、操作系统和应用软件及算法。

域和域控制器推动了汽车电子电气架构由分布式到集中式的发展，并能在电动智能时代实现功能快速升级。在电子化和智能化发展的需要下，传统的分布式电子电气架构逐渐进化为域集中式电子电气架构，域和域控制器产生。域控制器最早由博世、大陆、德尔福等 Tier1 厂商

（一级零件供应商）提出，通过利用处理能力更强的多核 CPU/GPU 芯片，引入以太网并将分散的 ECU 集成为运算能力更强的域控制器来相对集中地控制每个域，从而解决分布式架构存在的成本、算力等局限性。

域集中式电子电气架构的优势主要包括：

① 域集中式电子电气架构可以节约成本、降低装配难度。在分布式电子电气架构中，随着 ECU 数量增加产生的大量内部通信需求导致线束成本增加并加大装配难度；而域集中式电子电气架构将传感与处理分开，传感器和 ECU 不是一对一，管理更便捷，有效减少了 ECU 和线束的数量，从而降低了硬件成本和人工安装成本，同时，更有利于部件布局。

② 域集中式电子电气架构可以提高通信效率，实现软硬件解耦，便于整车 OTA 升级。在分布式电子电气架构中，来自不同供应商的 ECU 的软件开发框架和底层代码不同，导致冗余，并提高了维护和 OTA 统一升级的难度；而域集中式电子电气架构做到对各 ECU（可称为执行 ECU）进行统一管理与信息交互，统一软件底层开发框架，从而便于 OTA 升级和拓展功能的实现。

③ 域集中式电子电气架构能进一步集中算力，减少冗余。分布式电子电气架构中的各个 ECU 之间算力无法协同，相互冗余，产生极大浪费；而域控制式电子电气架构将原本分散的 ECU 进行算力集中，软硬件解耦，减少算力冗余，更能满足高阶自动驾驶对于算力的高要求。

（2）域的划分　2016 年，博世等传统 Tier1 提出了按照功能分区（即功能域）的五域架构，将汽车电子控制系统分为动力域（安全）、底盘域（车辆运动）、座舱域（娱乐信息）、自动驾驶域（驾驶辅助）和车身域（车身电子）5 个域，如图 4-2-12 所示。

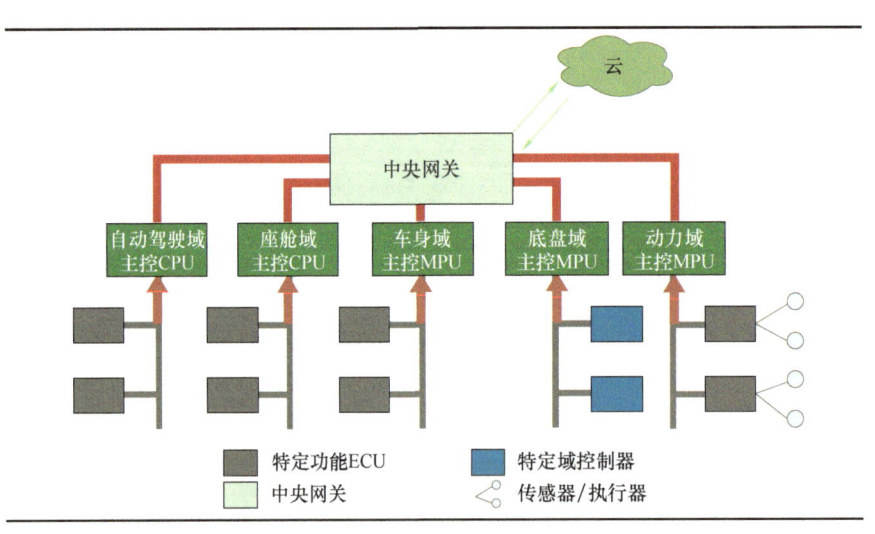

图 4-2-12　域的划分

动力域用于动力总成的优化与控制，同时兼具电气故障智能诊断、智能节电、总线通信等功能。动力域控制器是一种智能化的动力总成管理单元，借助 CAN/FlexRay 实现变速器管理、发动机管理、动力蓄电池监控、发电机调节。其优势在于为多种动力系统单元（内燃机、电动机/发电机、动力蓄电池、变速器）计算和分配转矩，通过预判驾驶策略实现 CO_2 减排、通信网关等，主要用于动力总成的优化与控制，同时，兼具电气故障智能诊断、智能节电和总线通信等功能。

底盘域将集成整车制动、转向、悬架等车辆横向、纵向、垂向相关的控制功能，实现一体化控制。传动系统负责把发动机的动力传给驱动轮，可以分为机械式、液力式和电力式等；行驶系统把汽车各个部分连成一个整体并对全车起支撑作用；转向系统保证汽车能按驾驶人的意愿进行直线或转向行驶；制动系统迫使路面在汽车车轮上施加一定的与汽车行驶方向相反的外力，对汽车进行一定程度的强制制动，其功能是减速停车和驻车制动。底盘域可在传动系统、行驶系统和制动系统中集成多种功能，较为常见的有空气弹簧的控制、悬架阻尼器的控制、后轮转向功能、电子稳定杆功能、转向柱位置控制功能等。若提前预留足够的算力，底盘域将集成整车制动、转向、悬架等车辆横向、纵向、垂向相关的控制功能，实现一体化控制。实现底盘域的功能需要实现底盘域驱动、制动和转向算法的集成。

智能座舱域将 HUD（抬头显示）、仪表、车载信息娱乐等座舱电子集成，实现一芯多屏。智能座舱的构成部件主要包括全液晶仪表、大屏中控系统、车载信息娱乐系统、抬头显示系统、流媒体后视镜等。座舱域控制器通过以太网/MOST/CAN，实现抬头显示、仪表盘、导航等部件的融合，不仅具有传统座舱电子部件，还进一步整合智能驾驶辅助系统和车联网 V2X 系统，从而进一步优化智能驾驶、车载互联和信息娱乐等功能。智能座舱域可以实现"独立感知"和"交互方式升级"。一方面，车辆具有"感知"人的能力；另一方面，车内交互方式从仅有"物理按键交互"升级至"触屏交互""语音交互""手势交互"并存的状态，体验感更好。

自动驾驶域能够使车辆具备多传感器融合、定位、路径规划、决策控制、图像识别、高速通信、数据处理的能力。自动驾驶域通常需要外接多个摄像头、毫米波雷达和激光雷达等等车载传感器来感知周围环境，通过传感器数据处理及多传感器信息融合，以及适当的工作模型制订相应的策略，进行决策与规划。域控制器的输入为各项传感器的数据，所进行的算法处理涵盖了感知、决策和控制3个层面，最终将输出传送至执行机构，进行车辆的横纵向控制。自动驾驶域所集成的功能基本不涉及机械部件，且与座舱域交互密切，并和智能座舱域一样需要处理大量数据，对算力要求较高，因此需要匹配核心运算力强的芯片，来满足自动驾驶的算力需求，简化设备，大大提高系统的集成度。

车身域将集成传统车身控制器功能和空调风门控制、胎压监测、PEPS 和网关等功能，未来率先与智能座舱域融合。传统的车身控制器功能主要包括内/外部车灯、刮水器、车窗、车门、电子转向锁等的控制，通过 CAN/LIN 与各个小节点进行通信，节点较多，线束设计、软件控制逻辑均较复杂。而车身域控制器对车身节点实现了功能和零部件的集成，对于各个车身电子进行集中控制，对采集到的信息进行统一的分析和处理，效率更高；技术上，车身域控制器要求传统车身控制器开发经验、硬件集成能力、软件架构能力、芯片保供能力，未来将集成网关以及一些低等级 ADAS 功能，并率先与智能座舱域实现融合。

有些厂商并不是按功能划分域的，而是按位置进行划分的（即位置域），如特斯拉搭载在早期版本的 Model 3 上的车身域按位置划分为前/左/右车身域，由3个域控制器构成，主要负责配电和车身电气系统控制。特斯拉将大量 ECU 集成后，车身上只需保留负责各个功能的执行器，而主要的控制功能都统一在域控制器中，只采用少量的电机控制器，更多的是使用软件来完成功能控制。

（3）域控制器的结构　从结构上来看，域控制器主要由硬件（主控芯片和元器件等）和软件构成，其功能的实现主要来自于主控芯片、软件操作系统及中间件、应用算法软件等多层次软硬件之间的有机结合。

1）域控制器硬件主要包括主控芯片、PCB 板、电源、I/O 接口、电阻电容等无源元器件、射频元器件、支架、散热组件、密封性金属外壳等部分,其中,主控芯片是核心部件。目前来看,对算力要求较高的智能座舱域和自动驾驶域使用的主控芯片普遍由提供控车功能的电机控制器芯片和包括中央处理器(CPU)、图像处理器(GPU)、音频处理器(DSP)、深度学习加速单元(NPU)、图像信号处理器(ISP)、应用型专用集成芯片(ASIC)、半定制电路芯片(FPGA)等部件的 SoC 芯片来共同提供所需算力,以支撑各种场景下的硬件加速需求。而底盘域、车身域、动力域由于相对较低的算力要求和成本考量,其主控芯片仍然多为较为传统的电机控制器芯片。

2)软件主要包括底层操作系统、中间层和开发框架、上层应用软件层,如图 4-2-13 所示。底层操作系统包括基础汽车操作系统、定制操作系统、虚拟机和系统内核等。中间层和开发框架包括 AP AutoSar、SOA 等,处于底层操作系统与上层应用软件之间,为应用软件功能,实现底层特定处理器和底层操作系统相关的细节,并实现与车辆网络、电源等系统交互所需的基础服务。上层应用软件层包括智能座舱(HMI)、ADAS/AD 算法、网联算法、云平台等,实际实现对于车辆的控制与各种智能化功能。

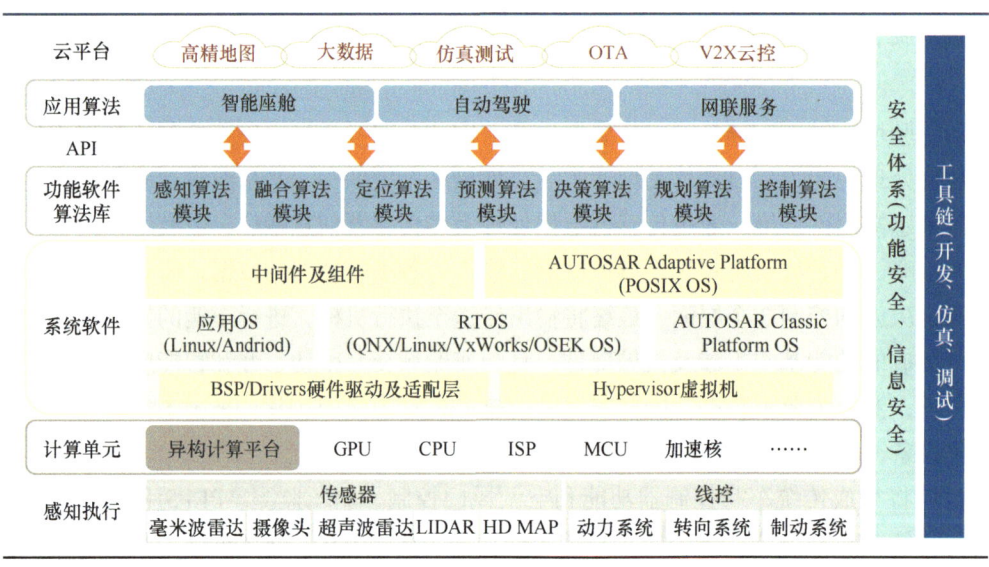

图 4-2-13 域控制器软件的结构

(4)**域控制器的性能特点** 域控制器相较于传统汽车 ECU,最大差别是能够实现软硬解耦,通过高算力芯片、系统软件进行功能模块集成,减少整车 ECU 的数量,因而域控制器常被视为汽车运算决策中心,是驱动智能汽车软硬件功能耦合的核心系统。其多功能模块的实现主要依赖于主控芯片强大的算力及并行处理能力,以及软件操作系统、中间件和应用算法等软件架构与硬件性能的有机结合。

1)智能座舱域控制器。智能座舱的构成主要包括全液晶仪表、大屏中控系统、车载信息娱乐系统、抬头显示系统、流媒体后视镜等,核心控制部件是域控制器。智能座舱域控制器(DCU)通过以太网/MOST/CAN,实现抬头显示、仪表盘、导航等部件的融合,不仅具有传统座舱电子部件,还进一步整合智能驾驶辅助系统和车联网 V2X 系统,从而进一步优化智能驾驶、车载互联、信息娱乐等功能。

智能座舱域控制器对算力有持续的需要,但目前仍未大幅超越现有消费电子类功能,短期内高端手机芯片的算力仍可满足下一代座舱性能需求,SoC 芯片将成为未来智能座舱主控芯片主流。随着车内场景的不断丰富，软件/操作系统的优化对于算力仍有持续的需要。长期来看，随着座舱域控制器集成功能逐渐变多和对智能化的需求上升，电机控制器芯片、高端手机芯片的占比预计将逐步降低，座舱功能对芯片算力的需求将超越消费电子，且安全要求会随着域融合而提升，预计为座舱专门开发芯片将取代消费电子芯片在车内的应用。多核 SoC（车规级座舱 AI 芯片）将成为未来智能座舱主控芯片的主流，丰富生态的中控大屏、"一芯多屏"系统、AR-HUD 等多屏场景需求，以及执行语音识别、车辆控制等操作都需要多核 SoC 芯片进行支持。

2）自动驾驶域控制器。目前，自动驾驶域控制器已具有辅助与部分自动驾驶功能，支持达到最高功能安全 ASIL-D 等级，可实现前方碰撞预警（FCW）、车道偏离预警（LDW）、自动紧急制动（AEB）、自适应巡航控制（ACC）、车道保持辅助（LKA）、驾驶人确认换道（DCLC）等功能；泊车方面包括 360° 全景影像（AVM）等功能，如图 4-2-14 所示，可实现领航辅助和自动变道等 L2~L4 级别功能，支持 OTA 持续功能升级。

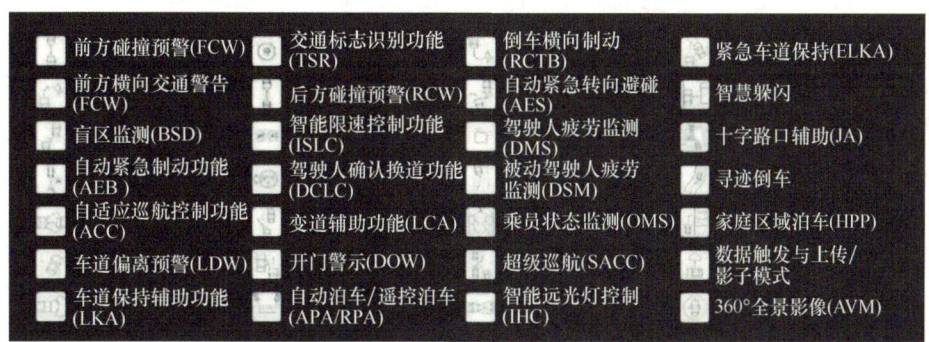

图 4-2-14　域控制器支持的自动驾驶功能

自动驾驶系统的构成主要包括感知层、决策层和执行层三大核心部分，如图 4-2-15 所示。感知层主要传感器包括车载摄像头、毫米波雷达、超声波雷达、激光雷达、智能照明系统等，车辆自身运动信息主要通过车身上的速度传感器、角度传感器、惯性导航系统等部件获取。

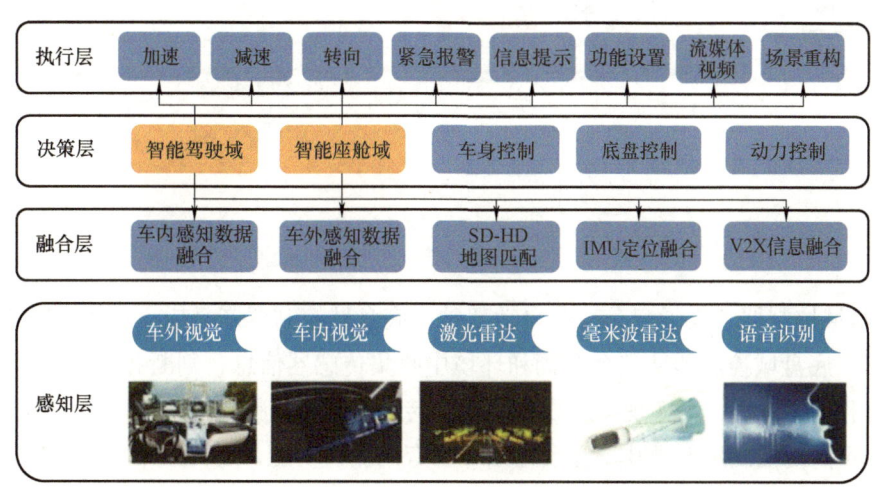

图 4-2-15　自动驾驶系统的基本组成

目前，自动驾驶技术路线有两种，特斯拉采取的是单车智能技术路线，国内厂商采取的是车路协同技术路线。

智能驾驶辅助功能（即 ADAS 功能）通过座舱域控制器可实现"独立感知"和"交互方式升级"。一方面，车辆具有"感知"人的能力。智能座舱系统通过独立感知层，能够拿到足够的感知数据，例如车内视觉（光学）、语音（声学）以及转向盘、制动踏板、加速踏板、档位、安全带等底盘和车身数据，利用生物识别技术（车舱内主要是人脸识别、声音识别），来综合判断驾驶人（或其他乘员）的生理状态（人像、脸部识别等）和行为状态（驾驶行为、声音、肢体行为），随后根据具体场景推送交互请求。另一方面，车内交互方式从仅有"物理按键交互"升级至"触屏交互""语音交互""手势交互"并存的状态。此外，多模交互技术通过融合视觉、语音等模态的感知数据，做到更精准、更智能、更人性化的交互。

3）车身域控制器。车身域控制器是车身控制模块的进一步集成产品，在传统车身控制模块的内/外部车灯、刮水器、车窗、中控、车门、电子转向锁、座椅、电动行李舱门、后视镜等功能的基础上，和空调、热管理、EPB、胎压监测、无钥匙进入及一键启动、主动进入及接近灯光、座椅调节及记忆、多色氛围灯控制、灯光秀控制、大数据采集、整车 OTA 升级、远程诊断等系统功能模块进行了集成。车身域控制器的功能是配电和车身电气的控制，其基本组成如图 4-2-16 所示。目前来看，车身域控制器对主控芯片的算力要求不高，在目前阶段主要使用电机控制器芯片。未来，车身域将趋向于集成网关、低级 ADAS 等功能，按照就近原则进行区域集成，并采用大量 HSD（High Side Driver，高边开关）芯片替代继电器和熔丝，可靠性提高，而且可以编程，能更好地实现软件定义汽车。

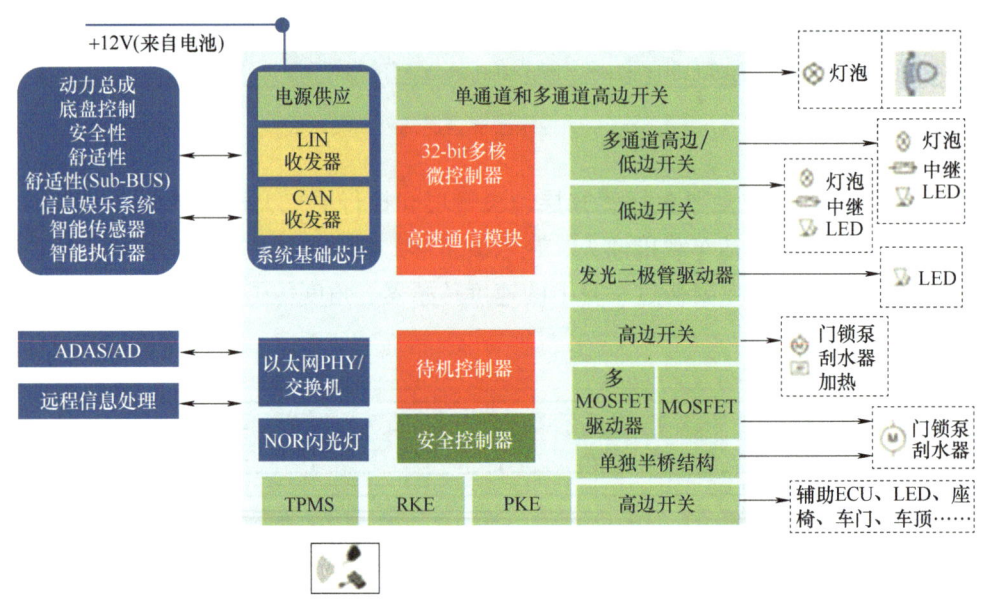

图 4-2-16　车身域控制器的基本组成

4）底盘域控制器。为了配套高阶自动驾驶，底盘域控制器产品应运而生，智能化推动线控底盘发展。底盘域控制器从整个车辆和环境中收集传感器信息，判断并优化集成控制底盘、转向、制动和动力系统，可实现集成线控制动、转向、悬架、换档等功能。集成减振器阻尼控制、空气弹簧高度控制、电子驻车冗余控制等已有的底盘功能，还可以集成后轮转向功能、电子稳定杆功能、转向柱位置控制功能等。通过与智能执行器的结合，预留足够算力的底盘域控制器可以支持集成整车转向、制动、悬架等车辆横向、纵向、垂向相关的控制功能，完成整车的高水平底盘协调控制与车辆运动轨迹控制，支持 L3 及以上智能驾驶。一方面承接与智能驾驶系统的交互工作，执行自动驾驶系统下发的各项操作指令，让车辆实现自动驾驶；另一方面可以在底盘各个执行器之间建立联系，使各子系统相互交互，提升车辆的动态性能。

5）动力域控制器。动力域控制器是一种智能化的动力总成管理单元，借助CAN/FlexRay实现变速器管理、发动机管理、动力蓄电池监控、交流发电机调节，并集成车载充电机、DC/DC等功能。其优势是可为多种动力系统单元（内燃机、电动机/发电机、变速器、动力蓄电池、充放电）计算和分配转矩、通过预判驾驶策略实现 CO_2 减排、通信网关等，主要用于动力总成的优化与控制，同时兼具电气故障智能诊断、智能节电、总线通信等功能。

(5) 域控制器产业链　域控制器产业链包括上游硬件和软件供应商、中游域控制器总成厂商和下游主机厂。

上游硬件和软件供应商：硬件部分，最核心的主控芯片包括SoC芯片和电机控制器芯片，其中，SoC芯片的主要供应商包括海外的Mobileye、高通、英伟达等厂商和国内的地平线、黑芝麻、华为等厂商，电机控制器芯片的主要供应商包括恩智浦、英飞凌、瑞萨等传统电机控制器芯片巨头；软件部分，底层操作系统的国内主要供应商包括国汽智控、华为、百度、斑马智行等，中间层的主要供应商包括EB、Vector、TATA、Mentor、ETAS、KPIT等传统供应商和TTTech、未动科技、纽劢科技、中科创达、东软睿驰、映驰科技等国内新兴供应商。中游域控制器总成厂商：主要是国内、外Tier1，国外Tier1供应商主要包括博世、伟世通、德尔福、大陆、采埃孚等，国内Tier1供应商包括德赛西威、科博达、华阳集团、均胜电子、经纬恒润等。下游主机厂：主要包括蔚来、理想、小鹏等国内新势力车企以及大众、上汽、比亚迪、长安、广汽等国内、外老牌传统车企。

从中期维度看，域控制器的主流合作模式还是由整车厂和Tier1厂商共同研发完成的，实力较强的国内Tier1厂商将有可能抓住域控制器市场空间全面增长机遇；从长期来看，整车厂自研域控制器是趋势，有实力的整车厂出于软件定义汽车和后续OTA升级等需求，更倾向于实现域控制器自研。

(6) 域控制器发展趋势：从分布式到域集中式，再到车辆集中式　博世将电子电气架构演进分为三大阶段、六小阶段，分类标准受到业界认可。其中，三大阶段分别是分布式电子电气架构、域集中式电子电气架构和车辆集中式电子电气架构，六小阶段分别是模块化阶段、集成化阶段、区域集中化阶段、域融合阶段、车载ECU+区域控制器阶段和车-云计算阶段。根据国家智能网联汽车创新中心与中国智能网联汽车产业创新联盟的研究结果显示，当前汽车行业的整车电子电气架构正处于从分布式电子电气架构向域集中电子电气架构过渡的阶段，中央域控制器+车云协同计算将成为整车电子电气架构的长期发展方向。

目前，主流量产车型基本遵循博世电子电气架构路线，由分布式向域集中式过渡，推进"功能域"控制器集成。主流车企量产车型正在从分布式架构向"功能域"集中式架构演进，实现博世五域中全部或部分域的集成。新势力车企和部分传统车企已经实现域集中式架构车型的搭载和量产。新势力、头部自主率先进入域集中式电子电气架构阶段，合资、外资车企陆续发展出域集中式架构车辆。

未来，车辆电子电气架构将向车辆集中式电子电气架构进一步发展。相对于域集中式电子电气架构，车辆集中式集成化程度进一步提升，算力更加集中，将几个域融合为一体，各域控制器也将逐渐融合为一体，成为中央计算平台"整车大脑"。预计底盘域、动力域、车身域的决策层会与智能座舱域、自动驾驶域进行融合，成为中央计算平台，而感知层、执行层会分置于不同的域控制器，分布在车身的不同区域。

2. 域集中式电子电气架构整车控制网络

在域控制器增加算力的同时，域控制器之间以及域控制器与各执行 ECU 之间的数据传输速度需要相应加快。以太网以及 FlexRay、CAN XL、CAN FD 等更高速度的通信网络正得到快速普及应用。

目前，众多车厂正在开发新的汽车通信架构，而这个架构主要就是由车载以太网来实现的。域集中式汽车车载网络架构由一个中央网关和数个域控制器单元组成，如图 4-2-17 所示。车辆的拓扑结构已从分布式 ECU 开发转变为集中式域控制器的开发，整车功能已从分散式软件开发转变为统一软件架构的聚合开发。中央网关和域控制器之间通过百兆或千兆以太网连接，域内可通过百兆以太网、FlexRay 或者 CAN 总线（包括 CAN XL、CAN FD 总线）、LIN 总线连接。这个架构是整车厂目前正在积极布局的架构。目前，先进域控制器都是使用 100BASE-T1 或 1000BASE-T1 车载以太网，未来的汽车电子架构中，CAN 与 FlexRay 都会被以太网取代。

如今以 GPS、V2X、3G/4G 为主的无线连接已经打通汽车与外网连接的通道，将来汽车内部的每个域、每个 ECU，包括座椅、车窗、加速踏板、制动踏板、发动机、转向、轮胎、悬架、电力系统都可接入云中心，连接大数据的服务，以及 OTA 在线升级的服务等，这会引发汽车更多新的应用。

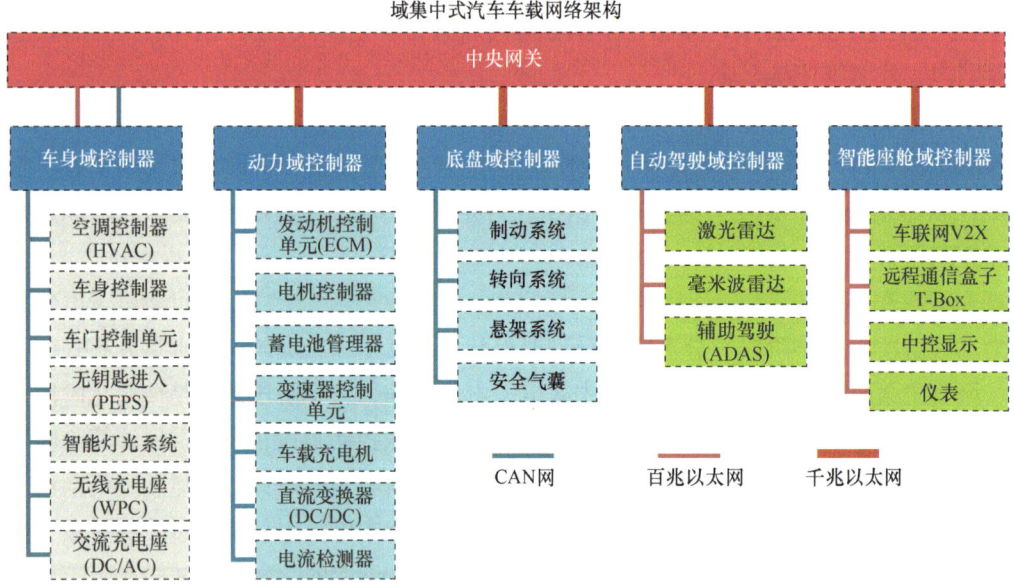

图 4-2-17　域集中式汽车车载网络架构

车载以太网和 CAN 的网络拓扑结构不同，车载以太网采用的是点对点的星形拓扑结构，CAN 总线采用的是总线型结构。

图 4-2-18 所示为 2021 款比亚迪秦 Plus EV 纯电动汽车车载网络拓扑结构，该款车型已开始采用域控制器，但主干网仍采用 CAN 总线。

CAN：均为 500kbit/s，网关集成在右车身控制器，包括底盘网、能量网、车身网、智能进入网。

LIN1：仪表台氛围灯。

LIN2：前排脚部氛围灯、天窗防夹电动机。

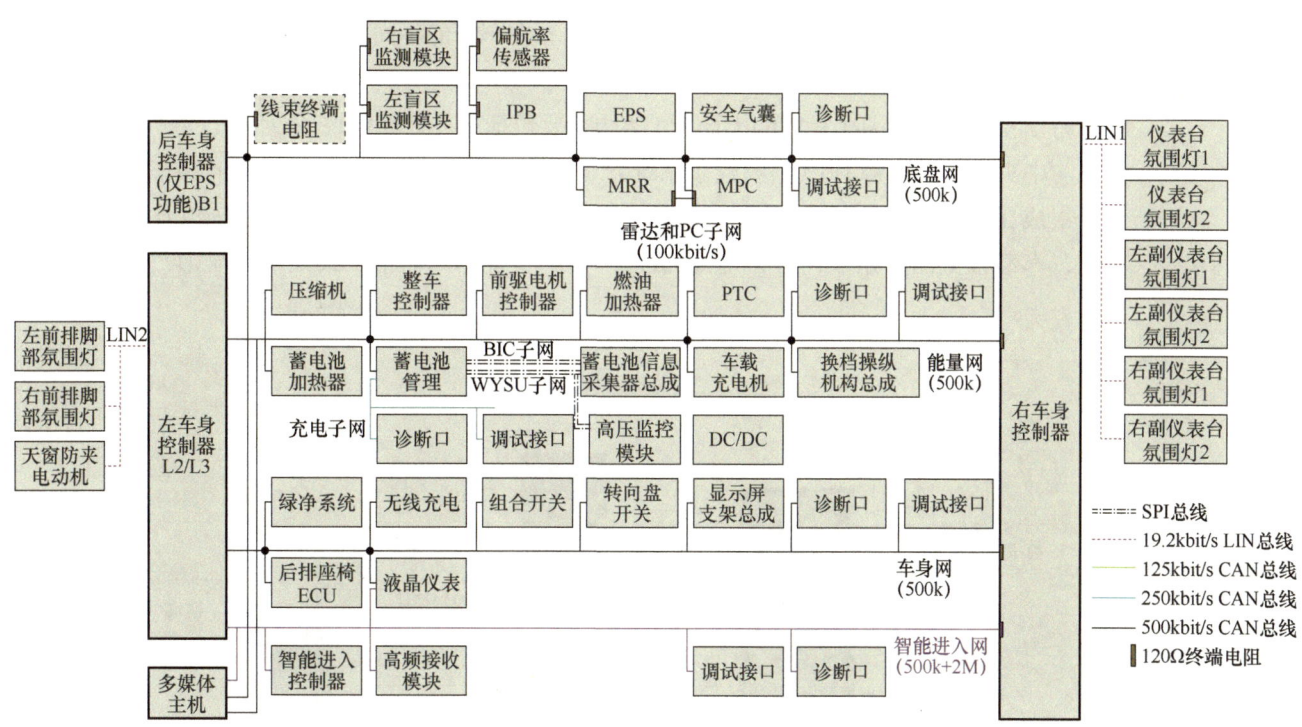

图 4-2-18 2021 款比亚迪秦 Plus EV 纯电动汽车车载网络拓扑结构

图 4-2-18 中，右车身控制器、左车身控制器、后车身控制器为域控制器，右车身控制器兼有中央网关作用。图 4-2-19 所示为其车身域控制器的结构。

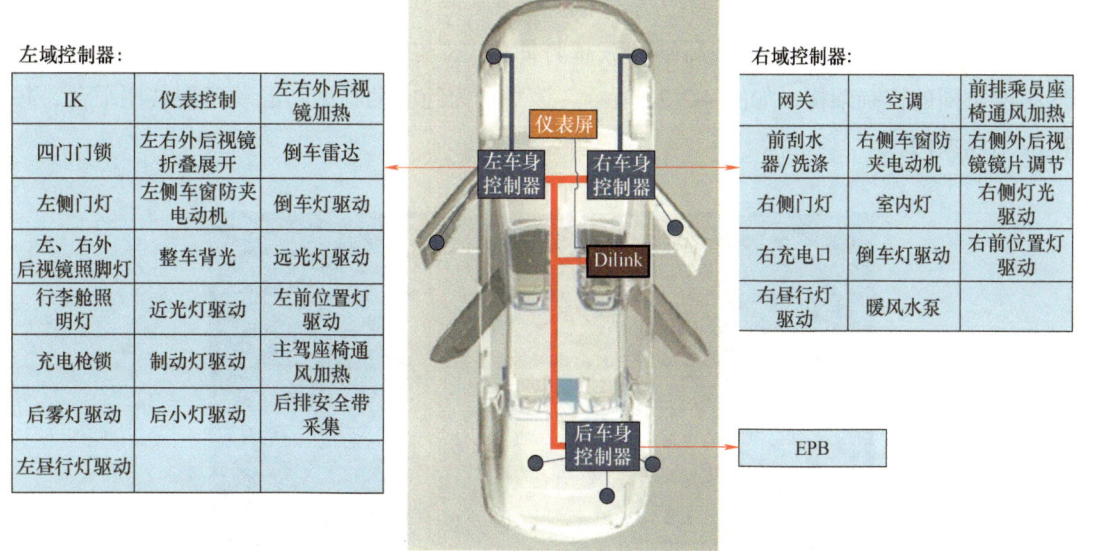

图 4-2-19 2021 款比亚迪秦 Plus EV 车身域控制器的结构

三、车辆集中式电子电气整车控制架构

车辆集中式电子电气整车控制架构也称为整车集中式或中央集中式电子电气整车控制架构。相对于域集中式电子电气架构，车辆集中式电子电气架构的集成化程度进一步提升，将几个域融合为一体，算力更加集中，各域控制器也融合为一体成为中央计算平台"整车大脑"。预计底盘域、动力域、车身域的决策层会与智能座舱域、自动驾驶域进行融合，成为中央计算

平台，而感知层、执行层将成为区域控制器，分布在车身的不同区域。

1. 特斯拉车辆集中式整车控制结构

特斯拉搭载在 Model 3 上的电子电气架构主要包括中央计算模块（CCM）、左/右车身控制模块。中央计算模块将 IVI（信息娱乐系统）、ADAS/Autopilot（辅助驾驶系统）和车内外通信三部分集成在一起，左/右车身控制模块负责车身与便利系统、底盘与安全系统以及动力系统的功能，车载以太网开始取代 CAN 总线结构，基本实现了车辆集中式架构的雏形，如图 4-2-20 所示。

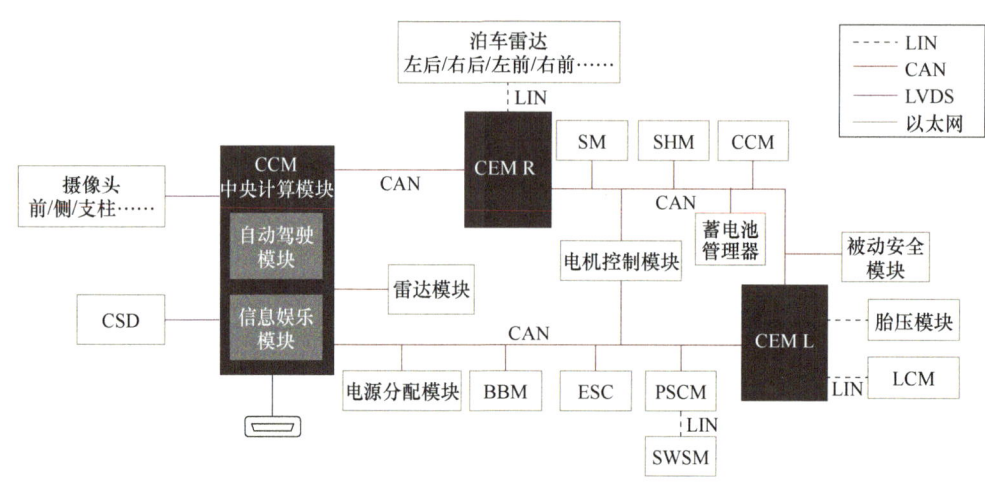

图 4-2-20　特斯拉 Model 3 车辆集中式整车控制架构

2. 比亚迪车辆集中式整车控制结构

比亚迪发布的 e^4 平台新车型高端硬派越野仰望 U8 和轿跑 U9，采用中央计算平台+域控制器高度协同的控制架构，如图 4-2-21 所示。该平台为纯电动车型与混动车型共用平台，并且首次应用以太网。

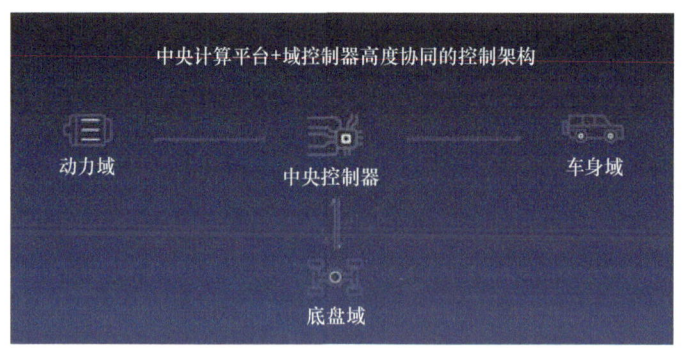

图 4-2-21　比亚迪 e^4 平台车辆集中式整车控制架构

（1）比亚迪 e^4 平台配备三大核心控制技术

1）四电机独立控制：平台通过四电机可以对每个车轮的驱动力进行矢量控制，无须制动器介入即可实现每个车轮以不同的转矩向前或向后转动，可实现横向移动、原地调头、应急浮水等功能。四电机系统可称为轮边电机系统（而非轮毂电机）。图 4-2-22 所示为比亚迪 e^4 平台四电机独立驱动架构。

2）极限防滑控制：平台通过多传感器的融合感知，计算每个车轮与地面的最大摩擦力，并根据需求快速响应，能够保证在积水、冰雪等路面下的车辆横向稳定性和快速平稳的起步。

3）车身稳定性控制：平台可以为每个车轮独立分配转矩，给车辆带来横向和纵向的车身稳定性调节能力，可实现120km/h以内的高速爆胎控制。

（2）比亚迪 e^4 平台三电、智驾等配置全面领先

1）电驱方面：平台单电机功率达 220~240kW，转矩达 320~420N·m，最高效率达97.7%，最高转速达20500r/min，整车功率超过 800kW。图 4-2-23 所示为比亚迪 e^4 平台电驱总成架构。

图 4-2-22　比亚迪 e^4 平台四电机独立驱动架构

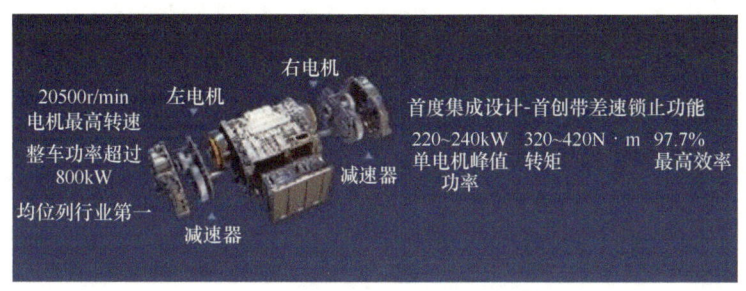

图 4-2-23　比亚迪 e^4 平台电驱总成架构

2）电控方面：平台标配碳化硅（SiC），最高效率达 99.5%，电流输出能力 +50%，功率密度 +100%，整车工控效率 +3pct 以上。在动力蓄电池方面，平台采用了刀片电池。

3）感知方面：平台深度融合 IMU、旋变等整车传感器，以及摄像头、激光雷达等智能驾驶传感器数据。计算平台方面，平台采用了中央计算平台加域控制器高度协同的控制架构。图 4-2-24 所示为比亚迪 e^4 平台整车深度融合感知系统。

整体来看，统一的中央计算机虽然集成度高，但不可避免地带来了控制器和受控器件的距离增大，从而增加了线束长度，提高了成本，而且元件集成密度也有一定的限制，不可能在有限的空间内无限制集成，因此集中化是有上限的。

图 4-2-24　比亚迪 e^4 平台整车深度融合感知系统

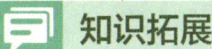
知识拓展

几种常见车载总线控制技术

目前，新能源汽车应用的总线类型主要有 LIN 总线、CAN 总线、MOST 总线、FlexRay 总线等，整车网络仍以 CAN 总线为主干网，但车载以太网（Ethernet）作为新一代车载主干网络正在兴起。表 4-2-3 给出了目前常用的几种总线类型概况，下面对这几种总线进行简要介绍。

表 4-2-3　目前常用的几种总线类型概况

总线类别	总线名称	通信速度	通信介质	适用范围	开发单位
A 类	LIN	19.2kbit/s	线型、单线	车身控制系统，智能传感器、智能执行器控制	LIN 联盟
B 类	CAN	100k~1Mbit/s	线型、双绞线	动力/传动/车身/仪表/诊断系统，为应用最广泛的世界标准车用 LAN 协议	博世开发 ISO 标准
C 类	FlexRay	10~20Mbit/s	线型/星型/环形、双绞线	被动安全系统、行驶动态管理系统	戴姆勒-克莱斯勒、宝马、摩托罗拉和飞利浦联合开发
D 类	MOST	24.8Mbit/s	环形、光纤	信息娱乐系统	MOST 合作组织
E 类	车载以太网	100M~10Gbit/s	星型、双绞线	车辆编程、汽车多媒体系统、车辆网、无人驾驶，新一代车载网络主干网	IEEE 组织

1. LIN 总线

LIN（Local Interconnect Network）是面向汽车低端分布式应用的低成本、低速串行通信总线。它的目标是为现有汽车网络提供辅助功能，主要应用于车身系统智能传感器、智能执行器的数据传输，在不需要 CAN 总线的带宽和多功能的场合使用，降低成本。

LIN 联盟成立于 1999 年，并发布了 LIN1.0 版本。最初的成员有奥迪、宝马、克莱斯勒、摩托罗拉、博世、大众和沃尔沃等。

LIN 相对于 CAN 的成本节省主要是由于采用单线传输、硬件无须在从属节点中使用石英陶瓷谐振器以及软件的低成本，其最大传输速率为 19.2kbit/s，只需要一根数据传输线。单主控制器/多从控制器设备模式无须仲裁机制，通过单主/多从的原则保证系统安全。

LIN 包含一个主控节点和一个或多个从控节点。在实时 LIN 通信中，总线上所有通信都由主控节点发起，主控节点根据进度表来确定当前的通信内容，发送相应的帧头，并为报文帧分配帧通道。总线上的从控节点接收帧头之后，通过解读标识符来确定自己是否应该对当前通信做出响应、做出何种响应，一个报文帧可以同时被多个节点接收利用，如图 4-2-25 所示。

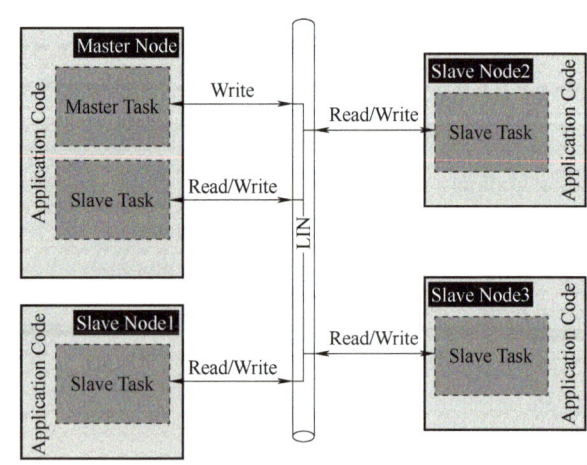

图 4-2-25　LIN 总线通信原理图

主/从控单元发送信息时，通过收发器内的开关将一个 12V 电压不断地接地，从而在总线上形成一个图 4-2-26 所示的波形，波形包括信息标题和信息内容两部分。

带有主控制单元命令的信息：LIN 主控制单元通过信息标题内的标志符来要求 LIN 从控制单元使用包含在回应内的数据，信息内容也由 LIN 主控制单元来发送，即信息标题和信息内容均由主控单元发送。

带有从控制单元回应的信息：LIN 主控制单元要求 LIN 从控制单元发送的信息标题内包含这样一些信息，如开关状态或测量值；回应即信息内容由 LIN 从控制单元来发送，即信息标题由主控单元发送，信息内容由从控单元发送。

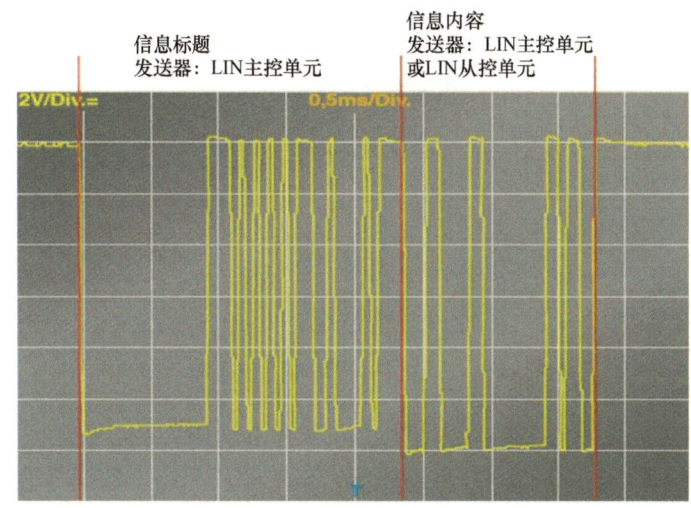

图 4-2-26　LIN 总线波形图

信号传递安全性：在隐性电平和显性电平收发时，通过预先设定公差值来保证数据传输的稳定性。发送信号电压必须满足隐性电平大于电源电压的 80%，显性电平小于电源电压的 20%，如图 4-2-27 所示。为了能在有干扰辐射的情况下仍能收到有效的信号，允许接收的电压值范围要宽一些，隐性电平大于电源电压的 60%，显性电平小于电源电压的 40%，如图 4-2-28 所示。通过这种方式确保 LIN 总线信号传递的安全性。

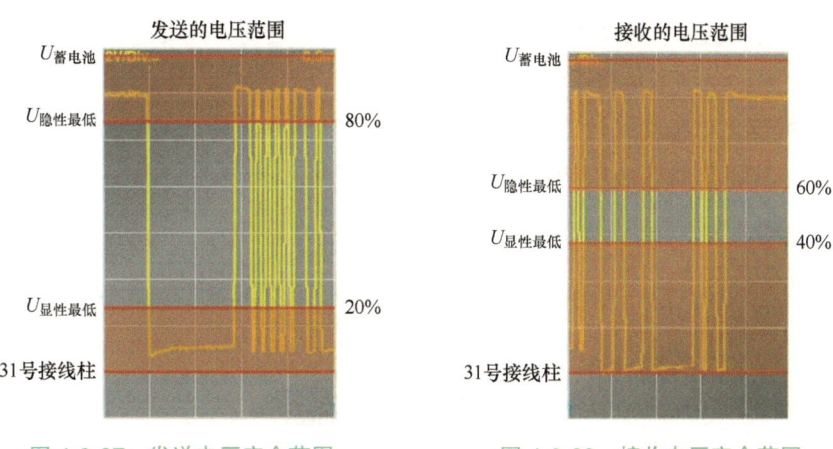

图 4-2-27　发送电压安全范围　　　图 4-2-28　接收电压安全范围

2. CAN 总线

CAN（Controller Area Network）即控制器局域网，可以归属于工业现场总线的范畴，通常称为 CAN bus，即 CAN 总线，是目前国际上应用最广泛的开放式现场总线之一。

CAN 最初出现在汽车工业中，20 世纪 80 年代由德国博世公司最先提出。其最初动机是解决现代汽车中庞大的电子控制装置之间的通信，减少不断增加的信号线。

CAN 总线系统由控制单元、协议控制器、收发器、数据传输线和终端电阻 5 部分组成，如图 4-2-29 所示。

CAN 总线是一种串行数据通信协议，其通信接口中集成了 CAN 协议的物理层和数据链路层功能，可完成对通信数据的成帧处理，包括位填充、数据块编码、循环冗余检验、优先级判别等项工作。

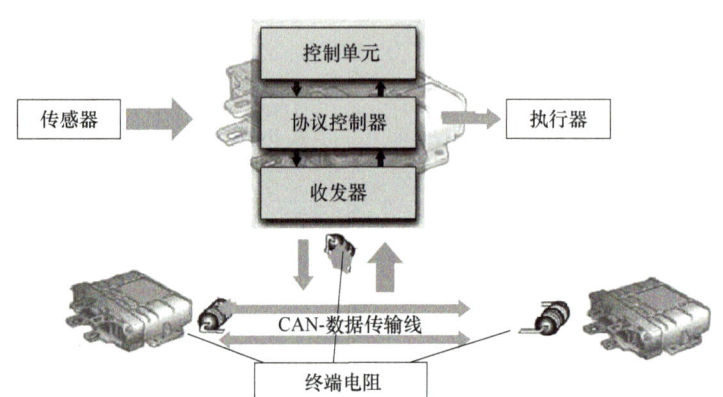

图 4-2-29　CAN 数据总线系统的基本组成

CAN 总线标准规定为两个 120Ω 的电阻，并联在总线两终端。控制单元之间的所有信息都是通过两根数据线（CAN-Low 和 CAN-High）来传输的。原则上数据传输总线用一条导线就足以满足功能要求了，两条导线采用差分信号传输，接收端将两条线的电压相差，这样可有效地抑制外部干扰。

CAN 总线采用总线型拓扑结构，数据传递就像一个电话会议，一个电话用户（电控单元）将数据"讲入"网络中，其他用户通过网络"接听"这个数据，对这个数据感兴趣的用户就会利用数据，而其他用户选择忽略。当一个节点要向其他节点发送数据时，该节点的 CPU 将要发送的数据和自己的标识符传送给本节点的 CAN 芯片，并处于准备状态；当它收到总线分配时，转为发送报文状态。CAN 芯片将数据根据协议组织成一定的报文格式发出，这时，网上的其他节点处于接收状态。每个处于接收状态的节点对接收到的报文进行检测，判断这些报文是否是发给自己的，以确定是否接收它。

CAN 总线按数据传输速度分为 500kbit/s（125~500kbit/s）高速 CAN 总线和 100kbit/s 低速 CAN 总线两种。其标准信号及波形如图 4-2-30~ 图 4-2-33 所示。

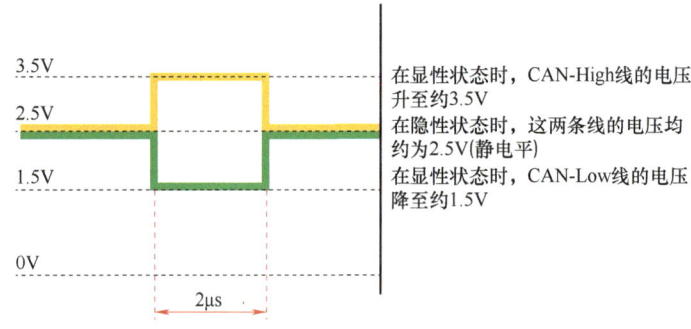

图 4-2-30　高速 CAN 总线信号

控制器接收信号时用 CAN-High 线上的电压（3.5V–X）减去 CAN-Low 线上的电压（1.5V–X），因此，在经过差动处理后，(3.5V–X)–(1.5V–X)=2V，差动信号中就不再有干扰脉冲了。表 4-2-4 给出了高速 CAN 总线控制单元判断双线的电平及逻辑信号的方法。

在正常的工作模式下，使用的是 CAN-High "减去" CAN-Low 所得的信号（差分数据传递），这样就可以将故障对 CAN 舒适/信息数据总线的两条导线的影响降至最低（与高速 CAN 数据总线是一样的）。表 4-2-5 给出了低速 CAN 总线控制单元判断双线的电平及逻辑信号的方法。

表 4-2-4　高速 CAN 总线控制单元判断双线的电平及逻辑信号的方法

状态	CAN-High/V	CAN-Low/V	差动输出信号电压 /V	逻辑信号
显性	3.5	1.5	3.5−1.5=2	0
隐性	2.5	2.5	2.5−2.5=0<2	1

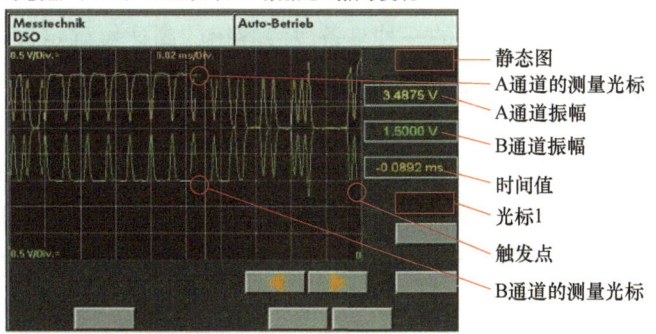

显性和隐性电平交替轮换，
$U_{\text{CAN-High}}$ 为 3.48V，$U_{\text{CAN-Low}}$ 为 1.5V
调整：0.5V/Div，0.02ms/Div

图 4-2-31　高速 CAN 总线实测信号标准波形

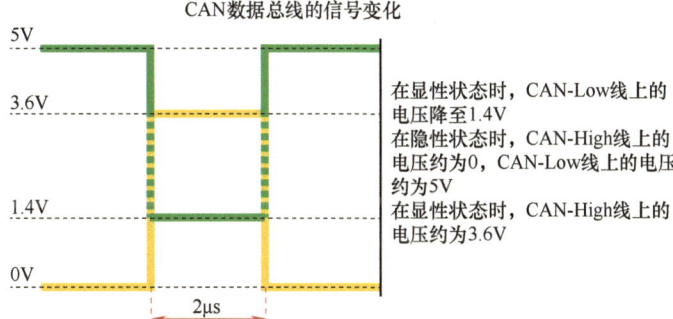

图 4-2-32　低速 CAN 总线信号

表 4-2-5　低速 CAN 总线控制单元判断双线的电平及逻辑信号的方法

状态	CAN-High/V	CAN-Low/V	差分输出信号电压 /V	逻辑信号
显性	3.6	1.4	3.6−1.4=2.2>2	0
隐性	0	5	0−5=−5<0	1

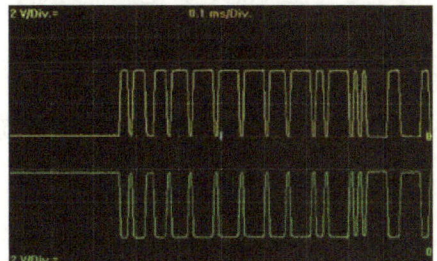

显性电平和隐性电平交替转换，
在显性状态时 $U_{\text{CAN-High}}$ 为 3.6V，$U_{\text{CAN-Low}}$ 为 1.4V
调整：2V/Div，0.1ms/Div

图 4-2-33　低速 CAN 总线实测信号标准波形

3. FlexRay 总线

FlexRay 总线由戴姆勒-克莱斯勒、宝马、摩托罗拉和飞利浦创建的 FlexRay 联盟于 2000 年推出，于 2010 年发布了 3.0.1 版规范，开始推动作为 ISO 标准，并在 2013 年发布了 ISO 17458 标准规范。2006 年年底第一款采用 FlexRay 的量产车宝马 X5 推出，FlexRay 应用在电子控制减振系统中。2008 年全新宝马 7 系全面采用了 FlexRay。另外，奥迪、梅赛德斯-奔驰以及领克等车型上也逐渐应用。

FlexRay 是专为车内局域网设计的一种具备故障容错的高速可确定性车载总线系统，采用基于时间触发机制，具有高带宽、容错性好等特点，在实时性、可靠性及灵活性方面都有很大的优势，非常适用于安全性要求较高的线控场合及带宽要求高的场合。

FlexRay 支持两通道，可通过一个或两个通道进行数据传输，单个通道的数据传输速率可达 10Mbit/s，两通道平行传输数据时可达 20Mbit/s。也可通过双通道传输相同的数据，当其中某个通道出现故障或信息有误时，另一通道可继续正常传输，并不影响整个网络的数据通信，通过这种冗余备份实现很好的容错性。

FlexRay 的拓扑是多样的，有线型、星型和混合型 3 类，结合单通道和双通道的使用，其最终组合的结果有很多种，既有点对点的线型结构或多节点的线型结构，还有增加冗余性的双通道星型拓扑结构等。图 4-2-34 所示为 FlexRay 总线的结构原理图。

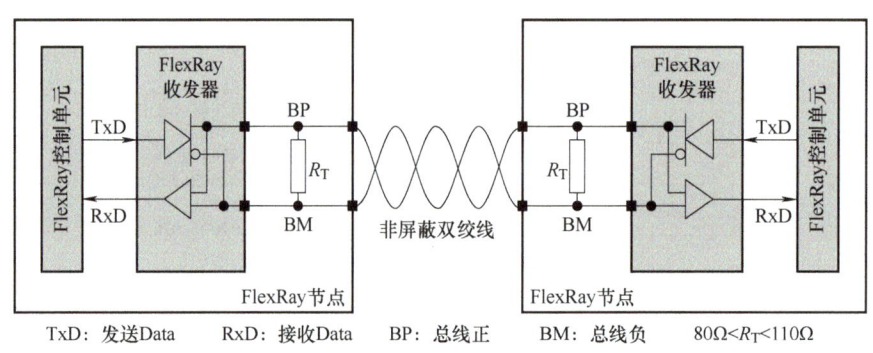

图 4-2-34　FlexRay 总线的结构原理图

FlexRay 可采用屏蔽或不屏蔽的双绞线，每个通道有两根导线，即总线正（Bus-Plus，BP）和总线负（Bus-Minus，BM）。采用不归零法（Non-Return to Zero，NRZ）进行编码，控制单元可通过测量 BP 和 BM 之间的电压差识别（差分）总线状态，这样可减少外部干扰对总线信息的影响，因为这些干扰同时作用在两根导线上可相互抵消。每一通道需使用 80~110Ω 的终端电阻（一般为 95Ω 左右）。将不同的电压加载在一个通道的两根导线上，可使总线有 Idle_Lp（Low power）、Idle、Data_0 和 Data_1 共 4 种状态。显性状态差分电压不为 0（Data_0 和 Data_1），隐性状态差分电压为 0（Idle_Lp、Idle）。图 4-2-35 所示为 FlexRay 总线信号。

FlxRay 总线信号必须在规定范围内（需使用专用示波器）。无论在时间轴上还是电压轴上，总线信号都不应进入内部区域。图 4-2-36 和图 4-2-37 所示为 FlexRay 总线系统的正常、非正常波形。

4. MOST 总线

MOST 是一种专门针对车内使用而开发的、服务于多媒体应用的数据总线技术。

MOST 的传输技术近似于公众交换式电话网络（Public Switched Telephone Network，PSTN），有数据信道（Data Channel）与控制信道（Control Channel）的设计定义，控制信道即用来设定如何使用与收发数据信道。一旦设定完成，信息就会持续地从发送处流向接收处，过程中不用再有进一步的处理程序，将运作机制如此设计，最适合用于实时性音讯、视讯串流传输。

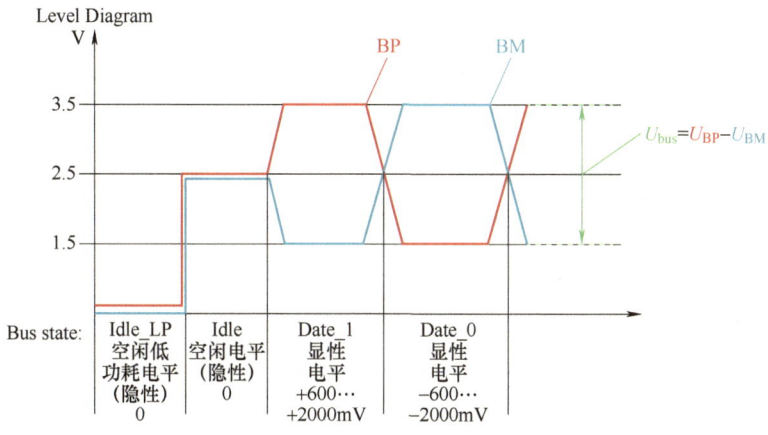

图 4-2-35　FlexRay 总线信号

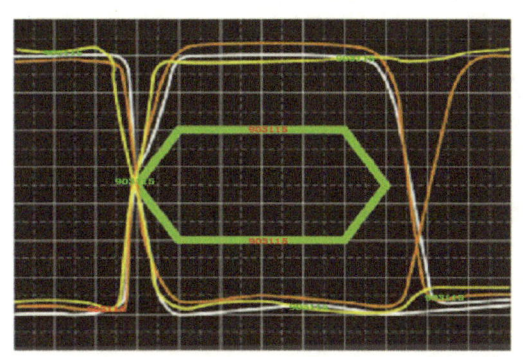

图 4-2-36　FlexRay 总线系统的正常波形

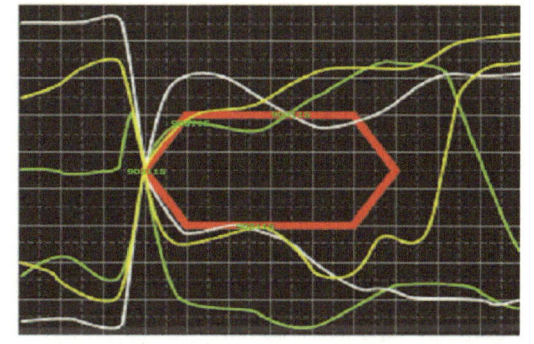

图 4-2-37　FlexRay 总线系统的非正常波形

MOST 在制订上完全合乎 ISO/OSI 的 7 层数据通信协议，而在网线连接上 MOST 采用环状拓扑，每套 MOST 传控网络允许最多达 64 个的装置（节点）连接。

MOST 总线基于环形拓扑（见图 4-2-38），允许共享多个发送和接收器的数据。MOST 总线主控器有助于数据采集，所以该网络可支持多个主拓扑结构，在一个网络上最多高达 64 个主设备。

MOST 的总数据传输率为 24.8Mbit/s，这已是将音、视讯的串流资料与封包传控资料一并列计，在 24.8Mbit/s 的频宽中还可区隔成 60 个传输信道、15 个 MPEG-1 的视讯编码信道，这些可由传控设计者再行组态、规划与调配。

由于具有这些优点，MOST 成为汽车电子中应用最多的多媒体传控网络。

5. 车载以太网

以太网是 IEEE 组织定义的一种局域网协议，此协议已经成为应用最广

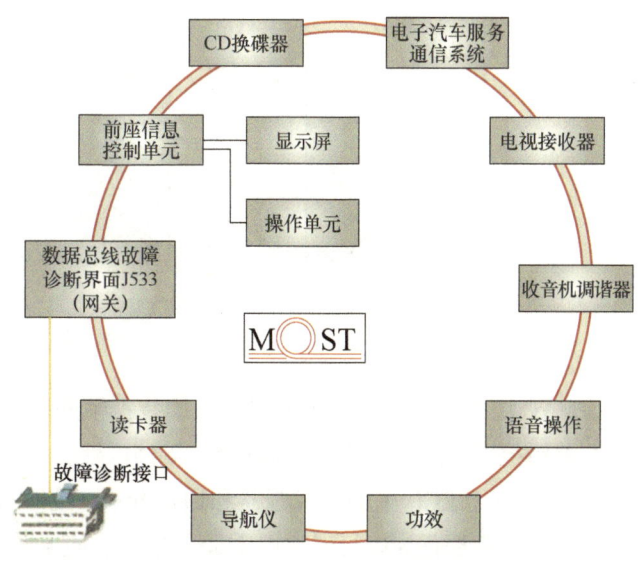

图 4-2-38　MOST 总线环形拓扑

泛的局域网协议。以太网目前有百兆以太网（100Mbit/s）、千兆以太网（1Gbit/s）、万兆以太网（10Gbit/s）。传输介质不仅有双绞线铜线，还有光纤，具有成本低、速率快和可靠性高等特点。车载以太网是 IEEE 组织定义的 802.3bw/802.3bp 标准，即 100BASE-T1/1000BASE-T1 标准，802.3bw 对应 100BASE-T1，802.3bp 对应 1000BASE-T1。802.3bw 传输速度为 100Mbit/s，802.3bp 传输速度为 1000Mbit/s。通过一对双绞线，可实现以太网协议的 100Mbit/s/1000Mbit/s 的数据双向传输。车载以太网的设计是为了满足车载环境中的一些特殊需求，如满足车载设备对于电气特性的要求，满足车载设备对高带宽、低延迟以及音视频同步等应用的要求，满足车载系统对网络管理的需求等。图 4-2-39 所示为车载以太网结构原理图。

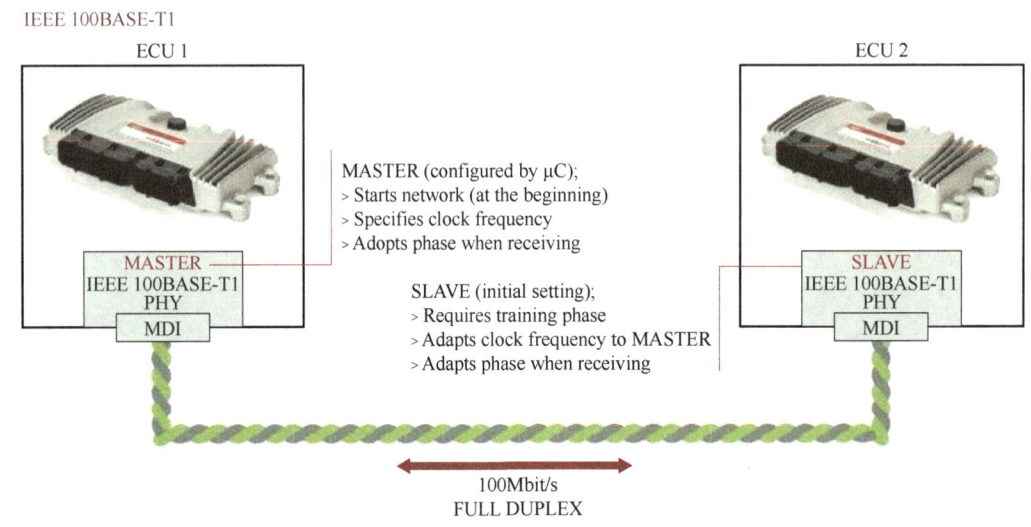

图 4-2-39　车载以太网结构原理图

从硬件的角度看，以太网接口电路主要由媒体访问控制器（Media Access Controller，MAC）、物理层接口（Physical Layer，PHY）和媒体专用接口（Medium Dependent Interface，MDI）三大部分构成，如图 4-2-40 所示。

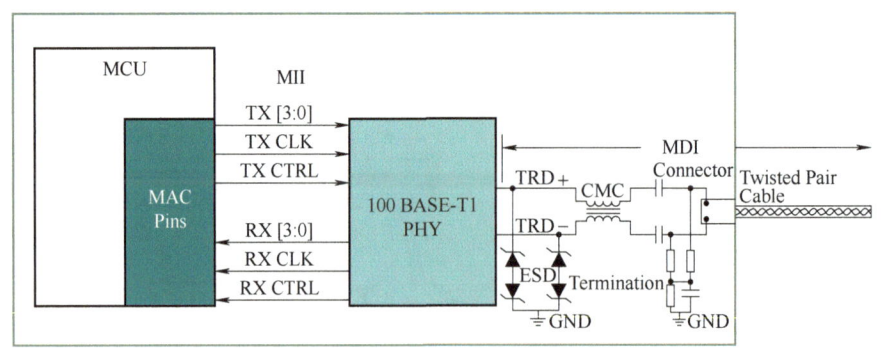

图 4-2-40　以太网接口电路结构

MAC 层的作用：数据帧的封装与卸装；帧的寻址与识别；帧的接收与发送；链路的管理；帧的差错控制；透明传输；数据封装；路由寻址；数据交付，端到端服务；数据解析。

PHY 位于 ECU 中的微控制器和通信介质（物理介质、铜线、光纤等）之间，将微控制器发出的并行数据化为串行流数据（即编码），再把数据送出去；接收数据时的流程相反。

MDI 用于两个 PHY 芯片之间的连接，它包括静电防护、共模干扰抑制、直流隔离（电容隔离）、车载接头和双绞线几个部分，并把PAM3输出的数字信号转变为模拟信号。

MII即媒体独立接口。MII接口是MAC与PHY连接的标准接口，以太网MAC通过该接口发出数据帧经过PHY后传输到其他网络节点上，同时，其他网络节点的数据先经过PHY然后由MAC接收。MII是IEEE-802.3定义的以太网行业标准，MII接口提供了MAC与PHY之间的互联技术，该接口支持10Mbit/s与100Mbit/s的数据传输速率，数据传输的位宽为4位。

CMC共模扼流圈过滤MDI上的共模噪声。尽可能降低共模噪声非常重要，因为它会干扰PHY的接收器。

100BASE-T1采用独特的4~3bit（4B/3B）、3bit至2三进制对（3B/2T）和三级脉冲幅度调制（PAM3）编码方案，分三步（见图4-2-41）：

① 4B/3B转换。MII接口通信速率是100Mbit/s，数据宽度是4bit，速率是25M。为了匹配25MHz×4bit=100Mbit/s的速率，PHY从MII接口收到数据后，会首先进行一个4B/3B的转换，并将时钟频率提高到33.33333MHz，以保持100Mbit/s的位速率。

② PHY进行3B/2T编码，将每次接收到的3个bit转化为2个三电平值（取值范围是-1，0，1）bit，具体的3B/2T的对应关系如图4-2-42中所示。3个bit有8种组合（即2的三次方），两个三电平值有9种组合（即3的平方），所以后者可以覆盖前者。此时，时钟周期仍然是33.333M，但是每个时钟周期中的两个电平就能够表示3个bit了，所以此时的数据速率仍然是100Mbit/s，每个电平实际上包含了1.5bit信息。

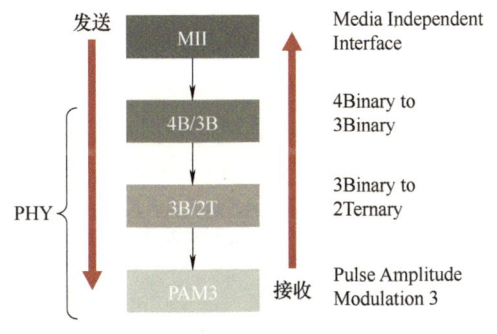

图4-2-41　100BASE-T1以太网编码方案

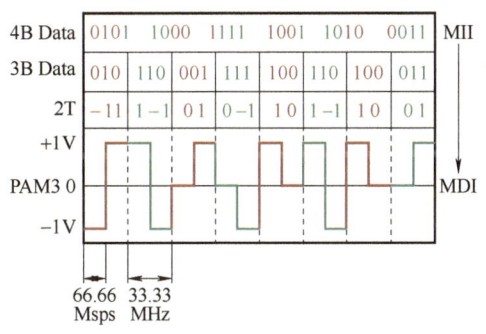

图4-2-42　100BASE-T1以太网编码原理图

③ 三电平脉冲幅值调制PAM3，将逻辑2T信号调制为的一个三电平值（-1，0，1）数字信号。所以，最终在总线上信号的波特率为66.666MHz，但是它实现了100Mbit/s的通信速率。图4-2-43所示为MAC通过MII总线控制PHY编码流程图。

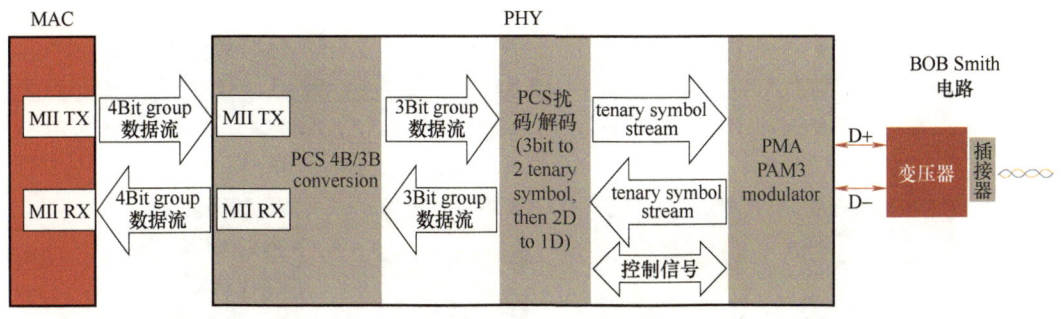

图4-2-43　MAC通过MII总线控制PHY编码流程图

实际上，双绞线上的信号并不是数字信号，而是模拟交流信号，如图4-2-44所示。这是因为经过三电平脉冲幅值调制 PAM3 后,再经过 MDI 最终转化为双绞线上的模拟电压信号。

由于以太网信号过于复杂,以太网的测量方式和传统网络协议的测量方式是不同的,专业性很强,需使用专用示波器。图 4-2-45 所示为专业人员使用的专用示波器,图 4-2-46 所示为车载以太网实采波形。

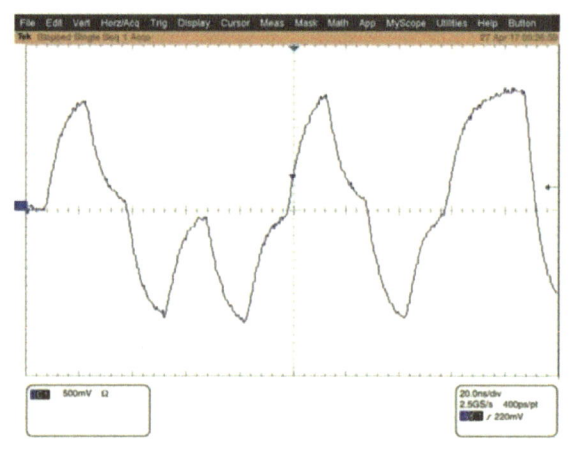

图 4-2-44　100BASE-T1 双绞线波形图

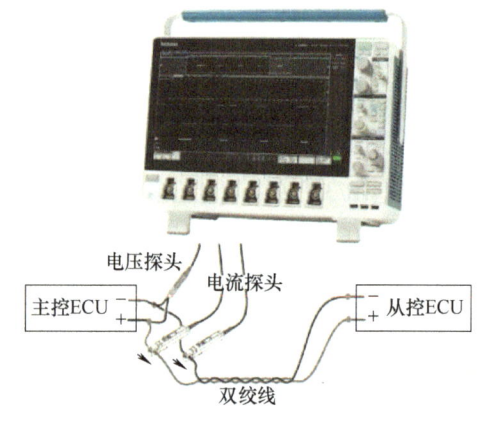

图 4-2-45　专用示波器

系统级的挑战

- **减少入侵**:系统级测试要求对测试中的系统进行最小程度的干预。
- **全双工信号**:信号重叠,意味着连接高阻抗电压探针不会产生有用的信息。

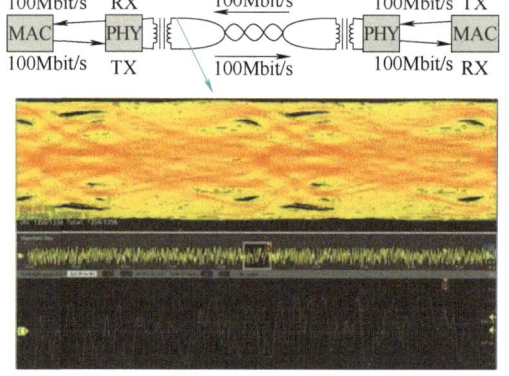

图 4-2-46　车载以太网实采波形

全双工模式通信(即双向通信)时,示波器上无法读取有效的波形,如图 4-2-47 中彩色波形部分所示;单向通信时,通过示波器并配备专业的协议解析模块,是可以读取有效数据的,如图 4-2-48 所示。

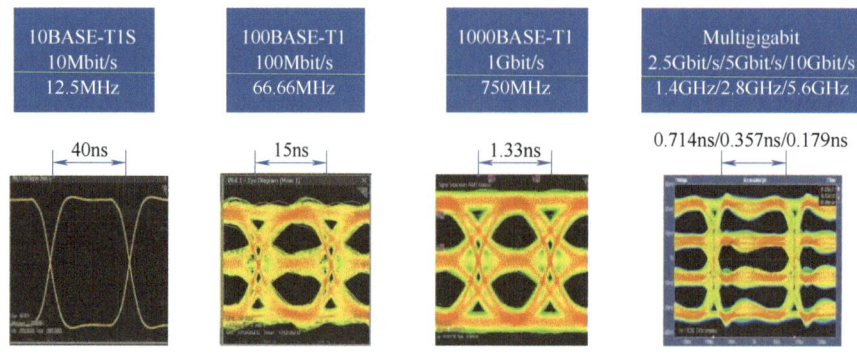

图 4-2-47　不同传输速度车载以太网波形图

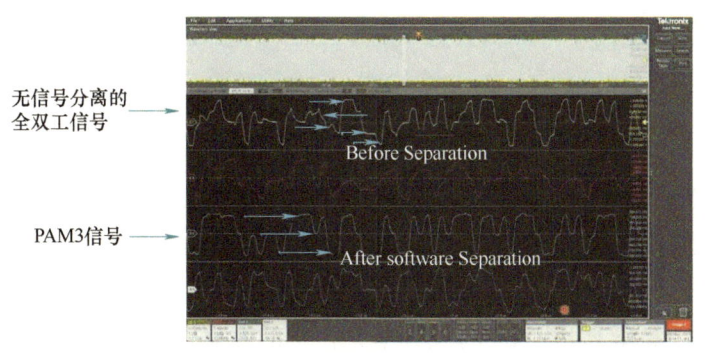

图 4-2-48 解码前、后车载以太网双绞线实采波形图

车载以太网的电信号是交流信号，因此不同于 CAN 总线的终端电阻，车载以太网的终端电阻是通过电阻、电感、电容等组合等效出来的，阻值为 100Ω 左右。这个 100Ω 的阻值是无法直接通过万用表进行测量的。

总之，100BASE-T1 物理层的工作原理就是通过 4B/3B 转换、3B/2T 编码、PAM3 调制，最终通过一对双绞线上的差分信号以及回音消除实现 100Mbit/s 的全双工通信。车载以太网突出的特点是，只使用一对非屏蔽双绞线，就可以实现 100Mbit/s、1000Mbit/s 速度等级的传输，速度比 CAN 总线要快很多。它可以支持 15m 的传输，屏蔽双绞线可达 40m 传输。车载以太网和 CAN 的网络拓扑结构不同，车载以太网采用的是点对点的星形拓扑结构，而 CAN 总线采用的是总线型结构。

众多车厂开始开发新的汽车通信架构，而这个架构主要是由车载以太网来实现的。新一代汽车的网络架构由一个中央网关和数个域控制器（Domain Controller）单元组成，如图 4-2-49 所示。车辆的拓扑结构已从分布式 ECU 开发转变为集中式域控制器和中央计算机，整车功能已从分散式软件开发转变为统一软件架构的聚合开发。中央网关和域控制器之间通过千兆车载以太网或者百兆以太网连接，域内可通过百兆以太网或者 CAN 总线连接。这个架构是整车厂目前正在积极布局的架构。目前，先进域控制器都是使用 100BASE-T1 或 1000BASE-T1 车载以太网，未来的汽车电子架构中，CAN 与 FlexRay 都会被以太网取代。

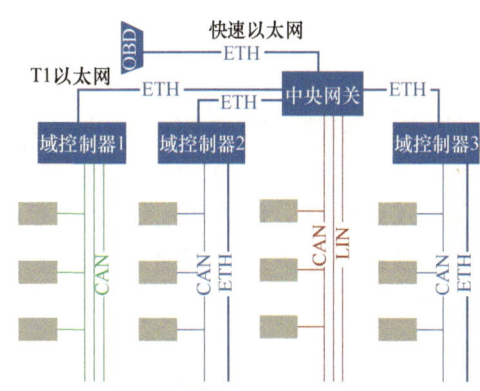

图 4-2-49 车载以太网拓扑结构

故障案例

2019款比亚迪e5 CAN通信故障

注：本故障案例取自全国职业技能大赛《新能源汽车故障诊断与排除项目》，使用车型为2019款比亚迪e5。

新能源汽车的"高压上电"相当于传统燃油汽车的发动机起动。导致新能源汽车"高压不上电"的因素很多，主要有低压供电不正常、通信故障、高压互锁故障、接触器控制回路故障等。本任务针对"CAN通信故障"而导致的"高压不上电"故障进行分析。

当低压上电正常后（保证各个控制单元的供电端和搭铁端正常），首先进行的是各个控制单元的CAN总线通信，当控制单元之间无法通信，则无法上高压电，OK灯不亮。因此，在故障诊断过程中，必须了解总线系统的拓扑结构。同时，也应该熟练掌握总线波形特点（125~500kbit/s波形相同，如图4-2-50所示），根据故障波形判断故障类型。

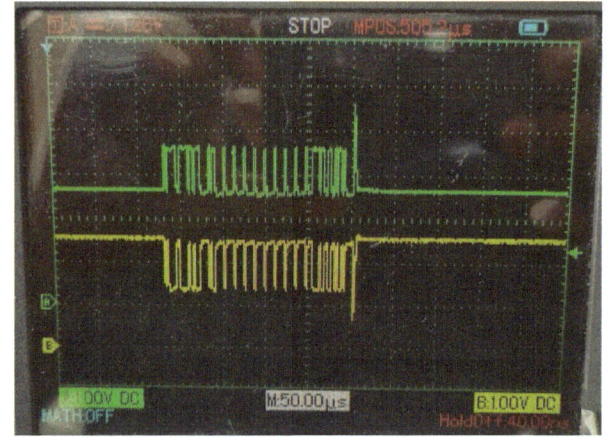

图 4-2-50　比亚迪 e5 动力网、ESC 网和舒适网 CAN 线标准波形图

任务实施

2019款比亚迪e5 CAN通信故障诊断

1. 任务准备

安全防护：做好安全防护与场地隔离（车内外三件套、车轮挡块、警示标志及隔离带等）。
工具设备：举升机、人身安全防护套装、绝缘工具套装、常规工具套装、万用表。
车辆台架：比亚迪e5分控联动系统、比亚迪e5教学版整车。
辅助资料：教材、维修手册、任务工单、记号笔。

2. 操作步骤

注意：在操作前，应先做好场地安全防护、车辆安全防护、人身安全防护等防护措施。

序号	故障设置	故障现象	仪表显示	检测操作	参考波形及数据
1	蓄电池管理系统动力网CAN-H断路故障	无法上OK电；诊断仪无法连接，整车通信丢失	仪表显示请检查动力系统，请检查电子驻车系统，请及时充电。动力系统故障灯亮，动力蓄电池SOC为零，动力蓄电池故障灯亮，OK灯不亮	使用示波器检测BK45b16（CAN-H）与BK45b17（CAN-L）的波形，或使用万用表测量两点与地之间的电压	CAN-H/CAN-L 均为 2.1V 左右
2	蓄电池管理系统动力网CAN-L断路故障	无法上OK电；诊断仪无法连接，整车通信丢失	仪表显示请检查动力系统，请检查电子驻车系统，请及时充电。动力系统故障灯亮，动力蓄电池SOC为零，动力蓄电池故障灯亮，OK灯不亮	使用示波器检测BK45b16（CAN-H）与BK45b17（CAN-L）的波形，或使用万用表测量两点与地之间的电压	CAN-H/CAN-L 均为 2.6V 左右
3	蓄电池子网CAN-L断路故障	无法上OK电；BIC-CAN通信超时故障	OK灯不亮	使用示波器检测BK45a-10CAN-L与BK45a-1CAN-H的波形，或使用万用表测量两点与地之间的电压	U20B000~600等故障码均报通信超时 CAN-H 3.67V/CAN-L 2.1V
4	充配电总成动力网CAN-H断路故障	风扇起动；显示与VTOG通信丢失，与电加热PTC通信丢失	仪表显示请检查电子驻车系统。动力系统故障灯亮，乌龟灯亮	使用示波器检测充配电总成B74-16（CAN-H）与B74-17（CAN-L）的波形，或使用万用表测量两点与地之间的电压	整车控制器报故障码： U29887 与DC通信故障 P1D8300 整车功率限制 U029F87 与车载充电机通信故障 CAN-H 2.4V/CAN-L 1.47V

(续)

序号	故障设置	故障现象	仪表显示	检测操作	参考波形及数据
5	充配电总成动力网 CAN-L 断路故障	风扇起动；显示与 VTOG 通信丢失，与电加热 PTC 通信丢失	仪表显示请检查充电系统。动力系统故障灯亮，乌龟灯亮	使用示波器检测充配电总成 B74-16（CAN-H）与 B74-17（CAN-L）的波形，或使用万用表测量两点与地之间的电压	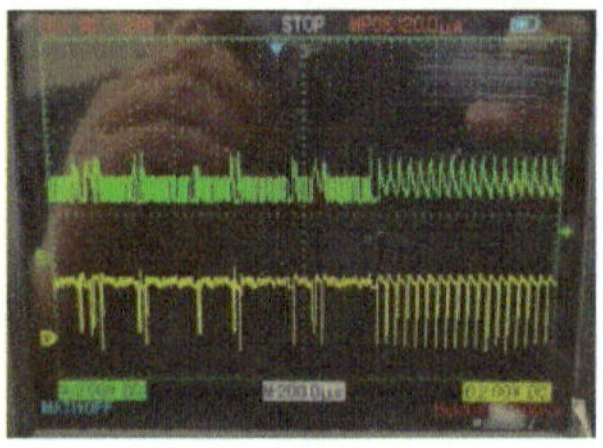 整车控制器报故障码： U29887 与 DC 通信故障 P1D8300 整车功率限制 U029F87 与车载充电机通信故障 CAN-H 3.25V/CAN-L 2.62V
6	整车控制器动力网 CAN-H 断路故障	无法上 OK 电，诊断仪与整车控制器通信故障	仪表显示请检查电子驻车系统，请检查制动系统，请检查动力系统，OK 灯不亮，动力系统故障灯亮	使用示波器检测 BK49-22（CAN-L）与 BK49-21（CAN-H）的波形，或使用万用表测量两点与地之间的电压	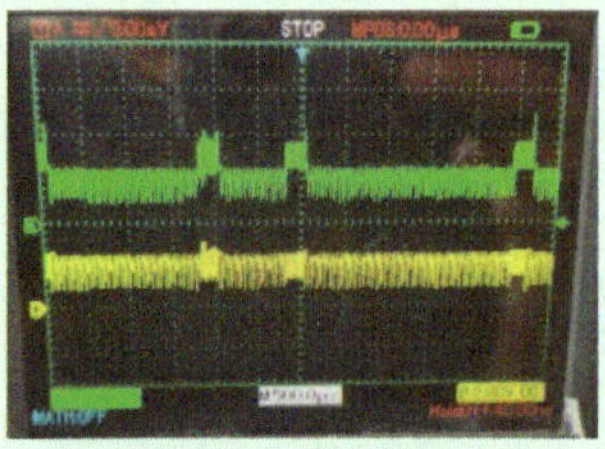 电机控制器报故障码： U014187 与整车控制器通信故障 CAN-H 2.12V/CAN-L 1.95V

3. 竣工检验

1）将拆卸的各部件完整复位。

2）整理、恢复作业场地。

工作任务单

4.2　2019 款比亚迪 e5 CAN 通信故障诊断（附后）

任务实施配分评分表

4.2　2019 款比亚迪 e5 CAN 通信故障诊断——任务实施配分评分表（附后）

学习任务单

4.2　整车控制策略（附后）

参考文献

[1] 吕冬明，杨运来. 新能源汽车电机及控制系统检修 [M]. 北京：机械工业出版社，2018.
[2] 康拉德·莱夫. BOSCH 汽车电气与电子 [M]. 北京：北京理工大学出版社，2017.
[3] 罗旭，李娟. 电动汽车动力系统原理与维修 [M]. 北京：机械工业出版社，2018.
[4] 吴书龙，何宇漾. 新能源汽车电气技术 [M]. 北京：机械工业出版社，2018.
[5] 凌永成，王岩松. 汽车网络技术 [M]. 北京：清华大学出版社，2012.

新能源汽车驱动电机及控制技术

工 单

班级 _____

姓名 _____

学号 _____

机械工业出版社

1.1.1 工作任务单		比亚迪 e5 高压组件认知		评分	
班级		组号		小组成员	

1. 车辆信息记录

品牌		整车型号		行驶里程	
电机型号		蓄电池容量		制造年月	
电机功率		工作电压		乘坐人数	
最大允许总质量		车辆识别代号			

2. 作业场地准备

检查设置隔离栏	□是 □否
检查设置安全警示牌	□是 □否
检查灭火器压力、有效期	□是 □否
安装车辆内外防护、挡块	□是 □否
是否已完成高压下电流程并等待 5min？	□是 □否

3. 动力蓄电池包认知

蓄电池参数记录	蓄电池类型		额定电压	
	蓄电池容量		质量	
	存储温度			

认知项目	认知结果	认知项目	认知结果
壳体是否正常？	□是 □否	是否找到高压标记？	□是 □否
是否看到动力蓄电池包？	□是 □否	是否找到高压线束？	□是 □否
是否看到分压接触器？	□是 □否	是否找到铜排？	□是 □否
是否看到正极接触器？	□是 □否	是否找到维修开关？	□是 □否
是否看到负极接触器？	□是 □否	是否看到信息采集线束？	□是 □否
是否找到预充接触器？	□是 □否	是否看到温度传感器？	□是 □否
是否找到电流传感器？	□是 □否	是否看到信息采集器？	□是 □否
是否找到漏电传感器？	□是 □否	是否找到蓄电池管理器？	□是 □否
是否找到预充电阻？	□是 □否	是否找到低压插接器？	□是 □否
是否找到预充电容？	□是 □否	是否找到动力蓄电池包热量管理装置？	□是 □否
请说明不能认知的部件			

4. 高压配电总成认知

认知项目	认知结果	认知项目	认知结果
是否找到高压配电盒？	□是 □否	是否找到高压标记？	□是 □否
是否找到动力蓄电池包高压线束？	□是 □否	是否找到直流充电高压线束？	□是 □否
是否找到动力总成高压线束？	□是 □否	是否找到交流充电高压线束？	□是 □否

(续)

4. 高压配电总成认知

认知项目	认知结果	认知项目	认知结果
是否找到空调压缩机高压线束？	□是 □否	是否找到 DC/DC 变换器输出低压线束？	□是 □否
是否找到 PTC 高压线束？	□是 □否	是否找到配电盒低压插接器及线束？	□是 □否
请说明不能认知的部件			

5. 充电口认知

认知项目	认知结果	认知项目	认知结果
是否找到充电口？	□是 □否	是否找到高压标记？	□是 □否
是否找到交流充电口？	□是 □否	是否找到直流充电高压线束？	□是 □否
是否找到直流充电口？	□是 □否	是否连接慢充充电枪？	□是 □否
是否找到交流充电高压线束？	□是 □否	是否连接交流电源？	□是 □否
是否能够正确解除锁止机构？	□是 □否		
请说明不能认知的部件			

6. 电驱总成认知

认知项目	认知结果	认知项目	认知结果
是否找到逆变器？	□是 □否	是否找到高压标记？	□是 □否
是否找到驱动电机？	□是 □否	是否找到逆变器高压线束及接口？	□是 □否
是否找到变速器？	□是 □否	是否找到驱动电机高压线束及接口？	□是 □否
请说明不能认知的部件			

7. 其他高压部件认知

认知项目	认知结果	认知项目	认知结果
是否找到电动压缩机总成？	□是 □否	是否找到高压标记？	□是 □否
是否找到电动压缩机高压线束接口？	□是 □否	是否找到 PTC 加热器？	□是 □否
是否找到压缩机电机控制器？	□是 □否	是否找到 PTC 加热器高压线束及接口？	□是 □否
是否清楚压缩机管路连接？	□是 □否	是否清楚 PTC 加热器管路连接？	□是 □否
请说明不能认知的部件			

8. 作业场地恢复

整理、清洁工具	□是 □否
将高压警示牌等放至原位置	□是 □否
清洁、整理场地	□是 □否
工作任务单填写是否完成	□是 □否

1.1.2 工作任务单		丰田卡罗拉双擎混合动力汽车高压组件认知		评分	
班级		组号		小组成员	

1. 车辆信息记录

品牌		整车型号		行驶里程	
电机型号		蓄电池容量		制造年月	
电机功率		工作电压		乘坐人数	
最大允许总质量		车辆识别代号			

2. 作业场地准备

检查设置隔离栏	□是 □否
检查设置安全警示牌	□是 □否
检查灭火器压力、有效期	□是 □否
安装车辆内外防护、挡块	□是 □否
是否已完成高压下电流程并等待 10min？	□是 □否

3. 动力蓄电池包认知

蓄电池参数记录	蓄电池类型		额定电压	
	蓄电池容量		质量	

认知项目	认知结果	认知项目	认知结果
壳体是否正常？	□是 □否	是否找到高压标记？	□是 □否
是否看到动力蓄电池包？	□是 □否	是否找到低压插接器？	□是 □否
是否看到分压接触器？	□是 □否	是否找到维修塞？	□是 □否
是否看到正极接触器？	□是 □否	是否找到动力蓄电池包高压线束？	□是 □否
是否找到动力蓄电池鼓风机？	□是 □否	是否找到 SMR 主继电器？	□是 □否
是否找到动力蓄电池鼓风机进气口？	□是 □否	是否找到高压配电盒？	□是 □否
请说明不能认知的部件			

4. 高压配电盒认知

认知项目	认知结果	认知项目	认知结果
是否找到高压配电盒？	□是 □否	是否找到高压标记？	□是 □否
是否找到 SMRB 接触器？	□是 □否	是否找到电流传感器？	□是 □否
是否找到 SMRP 接触器？	□是 □否	是否找到电抗器？	□是 □否
是否找到 SMRG 接触器？	□是 □否	是否找到电源管理控制器（HC CPU）？	□是 □否
请说明不能认知的部件			

5. 逆变器总成认知

认知项目	认知结果	认知项目	认知结果
是否找到带变换器的逆变器总成？	□是 □否	是否找到高压标记？	□是 □否
是否找到 MG1 电机高压线束？	□是 □否	是否找到动力蓄电池包高压线束？	□是 □否
是否找到 MG2 电机高压线束？	□是 □否	是否找到壳体压缩机高压线束？	□是 □否
是否找到 DC/DC 变换器输出端子？	□是 □否		

6. 作业场地恢复

整理、清洁工具	□是 □否
将高压警示牌等放至原位置	□是 □否
清洁、整理场地	□是 □否
工作任务单填写是否完成	□是 □否

1.2.1 工作任务单		比亚迪 e5 高压线束拆检					评分	
班级		组号		小组成员				

1. 车辆信息记录

品牌		整车型号		行驶里程	
电机型号		蓄电池容量		制造年月	
电机功率		工作电压		乘坐人数	
最大允许总质量		车辆识别代号			

2. 作业场地准备

检查设置隔离栏	□是 □否
检查设置安全警示牌	□是 □否
检查灭火器压力、有效期	□是 □否
安装车辆内外防护、挡块	□是 □否
是否已完成高压下电流程并等待 5min？	□是 □否

3. 高压线束拆检

作业项目		检查情况						检查结果判定	
连接动力蓄电池包与高压电控总成线束	线缆	破损□	鼓包□	干涉□	短路□	断路□	漏电□	正常□	异常□ 正常□
	插接器	破损□	裂纹□	变形□	松脱□	退针□	温升□	正常□	异常□ 正常□
	端子	烧蚀□	弯曲□	漏铜□	短路□	断路□	漏电□	正常□	异常□ 正常□
连接高压电控总成与驱动电机线束	线缆	破损□	鼓包□	干涉□	短路□	断路□	漏电□	正常□	异常□ 正常□
	插接器	破损□	裂纹□	变形□	松脱□	退针□	温升□	正常□	异常□ 正常□
	端子	烧蚀□	弯曲□	漏铜□	短路□	断路□	漏电□	正常□	异常□ 正常□
连接高压电控总成与交流充电口线束	线缆	破损□	鼓包□	干涉□	短路□	断路□	漏电□	正常□	异常□ 正常□
	插接器	破损□	裂纹□	变形□	松脱□	退针□	温升□	正常□	异常□ 正常□
	端子	烧蚀□	弯曲□	漏铜□	短路□	断路□	漏电□	正常□	异常□ 正常□
连接高压电控总成与直流充电口线束	线缆	破损□	鼓包□	干涉□	短路□	断路□	漏电□	正常□	异常□ 正常□
	插接器	破损□	裂纹□	变形□	松脱□	退针□	温升□	正常□	异常□ 正常□
	端子	烧蚀□	弯曲□	漏铜□	短路□	断路□	漏电□	正常□	异常□ 正常□
连接高压电控总成与电动空调压缩机线束	线缆	破损□	鼓包□	干涉□	短路□	断路□	漏电□	正常□	异常□ 正常□
	插接器	破损□	裂纹□	变形□	松脱□	退针□	温升□	正常□	异常□ 正常□
	端子	烧蚀□	弯曲□	漏铜□	短路□	断路□	漏电□	正常□	异常□ 正常□
连接高压电控总成与 PTC 加热器线束	线缆	破损□	鼓包□	干涉□	短路□	断路□	漏电□	正常□	异常□ 正常□
	插接器	破损□	裂纹□	变形□	松脱□	退针□	温升□	正常□	异常□ 正常□
	端子	烧蚀□	弯曲□	漏铜□	短路□	断路□	漏电□	正常□	异常□ 正常□

4. 作业场地恢复

整理、清洁工具	□是 □否
将高压警示牌等放至原位置	□是 □否
清洁、整理场地	□是 □否
工作任务单填写是否完成	□是 □否

1.2.2 工作任务单		丰田卡罗拉双擎混合动力汽车高压线束拆检					评分	
班级		组号		小组成员				

1. 车辆信息记录

品牌		整车型号		行驶里程	
电机型号		蓄电池容量		制造年月	
电机功率		工作电压		乘坐人数	
最大允许总质量		车辆识别代号			

2. 作业场地准备

检查设置隔离栏	□是 □否
检查设置安全警示牌	□是 □否
检查灭火器压力、有效期	□是 □否
安装车辆内外防护、挡块	□是 □否
是否已完成高压下电流程并等待 10min？	□是 □否

3. 高压线束拆检

作业项目		检查情况							检查结果判定	
连接动力蓄电池包与逆变器总成线束	线缆	破损□	鼓包□	干涉□	短路□	断路□	漏电□	正常□	异常□	正常□
	插接器	破损□	裂纹□	变形□	松脱□	退针□	温升□	正常□	异常□	正常□
	端子	烧蚀□	弯曲□	漏铜□	短路□	断路□	漏电□	正常□	异常□	正常□
连接空调压缩机与逆变器总成线束	线缆	破损□	鼓包□	干涉□	短路□	断路□	漏电□	正常□	异常□	正常□
	插接器	破损□	裂纹□	变形□	松脱□	退针□	温升□	正常□	异常□	正常□
	端子	烧蚀□	弯曲□	漏铜□	短路□	断路□	漏电□	正常□	异常□	正常□
连接起动发电机 MG1 与逆变器总成线束	线缆	破损□	鼓包□	干涉□	短路□	断路□	漏电□	正常□	异常□	正常□
	插接器	破损□	裂纹□	变形□	松脱□	退针□	温升□	正常□	异常□	正常□
	端子	烧蚀□	弯曲□	漏铜□	短路□	断路□	漏电□	正常□	异常□	正常□
连接电动机 MG2 与逆变器总成线束	线缆	破损□	鼓包□	干涉□	短路□	断路□	漏电□	正常□	异常□	正常□
	插接器	破损□	裂纹□	变形□	松脱□	退针□	温升□	正常□	异常□	正常□
	端子	烧蚀□	弯曲□	漏铜□	短路□	断路□	漏电□	正常□	异常□	正常□

4. 作业场地恢复

整理、清洁工具	□是 □否
将高压警示牌等放至原位置	□是 □否
清洁、整理场地	□是 □否
工作任务单填写是否完成	□是 □否

1.3 工作任务单　　2019 款比亚迪 e5 高压互锁回路拆检　　评分

班级		组号		小组成员	

1. 车辆信息记录

品牌		整车型号		行驶里程	
电机型号		蓄电池容量		制造年月	
电机功率		工作电压		乘坐人数	
最大允许总质量		车辆识别代号			

2. 作业场地准备

检查设置隔离栏		□是　□否
检查设置安全警示牌		□是　□否
检查灭火器压力、有效期		□是　□否
安装车辆内外防护、挡块		□是　□否
是否已完成高压下电流程并等待 10min？		□是　□否

3. 故障诊断

故障码	故障码定义	数据流（互锁回路）	仪表故障警告灯	仪表信息提示	诊断结果
		锁止□　未锁止□	灭□　亮□	有□　无□	异常□　正常□
		锁止□　未锁止□	灭□　亮□	有□　无□	异常□　正常□

4. 高压互锁回路拆检

序号	作业项目	测量数据	端子状态	检查结果判定
1	BMC 插头 BK45（B）的端子 4→动力蓄电池包 B 插头 K51 的端子 30 导线	∞□　0□	松旷□　退针□　正常□	异常□　正常□
2	动力蓄电池包插座 BK51 的 30 针→BK51 的 29 针	∞□　0□	弯曲□　断针□　正常□	异常□　正常□
3	动力蓄电池包插头 BK51 的端子 29→充配电总成插头 B74 的端子 12 导线	∞□　0□	松旷□　退针□　正常□	异常□　正常□
4	充配电总成插座 B74 的 12 针→B74 的 13 针	∞□　0□	弯曲□　断针□　正常□	异常□　正常□
5	充配电总成插头 B74 的端子 13→BMC 插头 BK45（B）的端子 5 导线	∞□　0□	松旷□　退针□　正常□	异常□　正常□
6	BMC 插头 BK45（B）的端子 10→充配电总成插头 B74 的端子 14 导线	∞□　0□	弯曲□　断针□　正常□	异常□　正常□
7	充配电总成插座 B74 的 14 针→B74 的 15 针	∞□　0□	松旷□　退针□　正常□	异常□　正常□
8	充配电总成插头 B74 的端子 15→BMC 插头 BK45（B）的端子 11 导线	∞□　0□	松旷□　退针□　正常□	异常□　正常□

5. 高压互锁回路其他特征

互锁监测方式	电平监测□　PWM 监测□	请画出信号波形（注意画出坐标系并标明单位）
监测信号电压	5V□　12V□	
信号源		
信号发出端子		

6. 作业场地恢复

整理、清洁工具	□是　□否
将高压警示牌等放至原位置	□是　□否
清洁、整理场地	□是　□否
工作任务单填写是否完成	□是　□否

1.4 工作任务单	2019 款比亚迪 e5 绝缘检测		评分	

班级		组号		小组成员	

1. 车辆信息记录

品牌		整车型号		行驶里程	
电机型号		蓄电池容量		制造年月	
电机功率		工作电压		乘坐人数	
最大允许总质量		车辆识别代号			

2. 作业场地准备

检查设置隔离栏	□是 □否
检查设置安全警示牌	□是 □否
检查灭火器压力、有效期	□是 □否
安装车辆内外防护、挡块	□是 □否
是否已完成高压下电流程并等待 5min？	□是 □否

3. 故障诊断

故障码	故障码定义	数据流	仪表故障警告灯	仪表信息提示	诊断结果
					异常□ 正常□

4. 绝缘检测

	作业项目一 动力蓄电池包绝缘电阻检测	测量数据
1	动力蓄电池包输出"+"对托盘电压 $U_{正1}$	
2	动力蓄电池包输出"-"对托盘电压 $U_{负1}$	
3	并联 100kΩ 电阻后动力蓄电池包输出"+"对托盘电压 $U_{正2}$	
4	并联 100kΩ 电阻后动力蓄电池包输出"-"对托盘电压 $U_{负2}$	
5	并联电阻实测值	
6	动力蓄电池包输出总电压实测值	
	计算结果	检查结果判定 异常□ 正常□

	作业项目二 高压线束绝缘电阻检测	测量数据	检查结果判定
1	动力蓄电池包与高压配电盒高压母线"+"对车身地		异常□ 正常□
2	动力蓄电池包与高压配电盒高压母线"-"对车身地		异常□ 正常□
3	高压配电盒与电机控制器高压线束"+"对车身地		异常□ 正常□
4	高压配电盒与电机控制器高压线束"-"对车身地		异常□ 正常□
5	高压配电盒与电动压缩机高压线束"+"对车身地		异常□ 正常□
6	高压配电盒与电动压缩机高压线束"-"对车身地		异常□ 正常□
7	高压配电盒与 PTC 高压线束"+"对车身地		异常□ 正常□
8	高压配电盒与 PTC 高压线束"-"对车身地		异常□ 正常□

(续)

作业项目三　高压部件电阻检测		测量数据	检查结果判定
1	电机控制器"+"端子对车身地		
2	电机控制器"-"端子对车身地		
3	电动压缩机"+"端子对车身地		
4	电动压缩机"-"端子对车身地		
5	PTC加热器"+"端子对车身地		
6	PTC加热器"-"端子对车身地		
7	配电盒各"+"端子对车身地		
8	配电盒各"-"端子对车身地		
5. 作业场地恢复			
整理、清洁工具		□是　□否	
将高压警示牌等放至原位置		□是　□否	
清洁、整理场地		□是　□否	
工作任务单填写是否完成		□是　□否	

(续)

1.5.1 工作任务单		2019 款比亚迪 e5 低压上电控制电路检测		评分	
班级		组号		小组成员	

1. 车辆信息记录

品牌		整车型号		行驶里程	
电机型号		蓄电池容量		制造年月	
电机功率		工作电压		乘坐人数	
最大允许总质量		车辆识别代号			

2. 作业场地准备

检查设置隔离栏	□是 □否
检查设置安全警示牌	□是 □否
检查灭火器压力、有效期	□是 □否
安装车辆内外防护、挡块	□是 □否
是否已完成高压下电流程并等待 5min？	□是 □否

3. 启动信号检测

序号	检测项目	操作	检测点	检测数据记录	检测结果	上电结果记录
1	制动灯开关	拔下制动灯开关插接器 G28 插头，起动车辆	制动灯开关插接器 G28 端子 3 与搭铁之间的电压	12V□ 5V□ 0□ 其他_____	异常□ 正常□	
		插上制动灯开关插接器 G28 插头，起动车辆	制动灯开关插接器 G28 端子 3 与搭铁之间的电压	12V□ 5V□ 0□ 其他_____	异常□ 正常□	
2	启动 START 信号	拔下启动按钮 G16 插头，起动车辆	启动按钮插接器 G16 端子 2 与搭铁之间的电压	12V□ 5V□ 0□ 其他_____	异常□ 正常□	
		插上启动按钮 G16 插头，起动车辆	启动按钮插接器 G16 端子 2 与搭铁之间的电压	12V□ 5V□ 0□ 其他_____	异常□ 正常□	
3	P 位开关	拔下 P 位开关插接器 G68 插头，起动车辆	P 位开关插接器 G68 端子 4/5（P 位开关信号输出 +/-）与搭铁之间的电压	12V□ 5V□ 0□ 其他_____	异常□ 正常□	
		插上 P 位开关插接器 G68 插头，起动车辆	P 位开关插接器 G68 端子 4/5（P 位开关信号输出 +/-）与搭铁之间的电压	12V□ 5V□ 0□ 其他_____	异常□ 正常□	

4. 低压供电电源检测

序号	检测项目	编号	熔丝通断	熔丝下游触点电压	检查结果判定
1	仪表供电熔丝	F2-42（7.5A）	通□ 断□	12V□ 0□	异常□ 正常□
2	网关、I-key 供电熔丝	F2-46（5A）	通□ 断□	12V□ 0□	异常□ 正常□
3	DLC 熔丝	F2-41（15A）	通□ 断□	12V□ 0□	异常□ 正常□
4	车身控制器供电熔丝	F2-10（5A）	通□ 断□	12V□ 0□	异常□ 正常□
5	档位传感器熔丝	F2-33（15A）	通□ 断□	12V□ 0□	异常□ 正常□

(续)

4. 低压供电电源检测					
序号	检测项目	编号	熔丝通断	熔丝下游触点电压	检查结果判定
6	IG3 主电路熔丝	F1-23（15A）	通□ 断□	12V□ 0□	异常□ 正常□
7	蓄电池管理器供电熔丝	F1-7（10A）	通□ 断□	12V□ 0□	异常□ 正常□
8	电控供电	F1-18（10A）	通□ 断□	12V□ 0□	异常□ 正常□
9	充配电总成供电熔丝	F1-6（10A）	通□ 断□	12V□ 0□	异常□ 正常□
10	IG3 双路电继电器	K1-5	通□ 断□	12V□ 0□	异常□ 正常□
5. 作业场地恢复					
整理、清洁工具			□是 □否		
将高压警示牌等放至原位置			□是 □否		
清洁、整理场地			□是 □否		
工作任务单填写是否完成			□是 □否		

1.5.2 工作任务单		2019 款比亚迪 e5 接触器控制回路检测		评分	
班级		组号	小组成员		

1. 车辆信息记录

品牌		整车型号		行驶里程	
电机型号		蓄电池容量		制造年月	
电机功率		工作电压		乘坐人数	
最大允许总质量		车辆识别代号			

2. 作业场地准备

检查设置隔离栏	□是 □否
检查设置安全警示牌	□是 □否
检查灭火器压力、有效期	□是 □否
安装车辆内外防护、挡块	□是 □否
是否已完成高压下电流程并等待 5min？	□是 □否

3. 接触器控制回路检测

序号	故障设置	故障现象	数据记录
1	正极预充接触器12V电源输出断路故障	仪表显示	
		故障码及意义	
		数据流	
		检测点电压	
		检测结果	
2	负极分压接触器12V电源输出断路故障	仪表显示	
		故障码及意义	
		数据流	
		检测点电压	
		检测结果	
3	预充接触器控制信号输出拉低导通故障	仪表显示	
		故障码及意义	
		数据流	
		检测点电压	
		检测结果	
4	正极接触器控制信号输出拉低导通断路故障	仪表显示	
		故障码及意义	
		数据流	
		检测点电压	
		检测结果	

(续)

3. 接触器控制回路检测			
序号	故障设置	故障现象	数据记录
5	负极接触器控制信号输出拉低导通断路故障	仪表显示	
		故障码及意义	
		数据流	
		检测点电压	
		检测结果	

4. 作业场地恢复	
整理、清洁工具	□是 □否
将高压警示牌等放至原位置	□是 □否
清洁、整理场地	□是 □否
工作任务单填写是否完成	□是 □否

2.1.1 工作任务单		2017款比亚迪e5驱动电机拆检			评分	
班级		组号		小组成员		

1. 车辆信息记录

品牌		整车型号		行驶里程	
电机型号		蓄电池容量		制造年月	
电机功率		工作电压		乘坐人数	
最大允许总质量		车辆识别代号			

2. 作业场地准备

检查设置隔离栏	□是 □否
检查设置安全警示牌	□是 □否
检查灭火器压力、有效期	□是 □否

3. 驱动电机拆检

作业项目	检查情况	检查结果判定
电驱总成	裂纹□ 破损□ 渗漏□ 磨损□ 变形□ 烧蚀□ 脏污□	异常□ 正常□
电机总成	裂纹□ 破损□ 渗漏□ 磨损□ 变形□ 烧蚀□ 脏污□	异常□ 正常□
转子	裂纹□ 破损□ 渗漏□ 磨损□ 变形□ 烧蚀□ 脏污□	异常□ 正常□
定子	裂纹□ 破损□ 渗漏□ 磨损□ 变形□ 烧蚀□ 脏污□	异常□ 正常□
旋变转子	裂纹□ 破损□ 渗漏□ 磨损□ 变形□ 烧蚀□ 脏污□	异常□ 正常□
旋变定子	裂纹□ 破损□ 渗漏□ 磨损□ 变形□ 烧蚀□ 脏污□	异常□ 正常□

4. 定子绕组检测

三相交流电源线是否断开	是□ 否□	定子绕组的连接方式		△联结□ Y联结□	
驱动电机定子绕组电阻测量	U-V 相	V-W 相	U-W 相	检测结果	
				异常□ 正常□	
驱动电机定子绕组对机壳绝缘电阻测量	U 相	V 相	U 相	检测结果	
				异常□ 正常□	

5. 请画出三相交流电波形（电机转速为300r/min，示波器探头使用×10档衰减）

6. 作业场地恢复

整理、清洁工具	□是 □否
将高压警示牌等放至原位置	□是 □否
清洁、整理场地	□是 □否
工作任务单填写是否完成	□是 □否

2.1.2 工作任务单	2017款比亚迪e5驱动电机旋变检测		评分	
班级		组号	小组成员	

1. 车辆信息记录

品牌		整车型号		行驶里程	
电机型号		蓄电池容量		制造年月	
电机功率		工作电压		乘坐人数	
最大允许总质量		车辆识别代号			

2. 作业场地准备

检查设置隔离栏	□是 □否
检查设置安全警示牌	□是 □否
检查灭火器压力、有效期	□是 □否

3. 旋变阻值检测

三相交流电源线是否断开	是□ 否□			
旋变线圈阻值测量	励磁线圈阻值	正弦线圈阻值	余弦线圈阻值	电机温度传感器阻值
旋变线圈绝缘阻值测量				
检测结果	异常□ 正常□	异常□ 正常□	异常□ 正常□	异常□ 正常□

4. 旋变波形检测（示波器探头使用 ×1 档衰减）

驱动电机旋变静态检测波形		请画出旋变3个线圈的静态波形
（1）励磁线圈 P-P 值	V	
（2）正弦线圈 P-P 值	V	
（3）余弦线圈 P-P 值	V	
（4）正弦信号与余弦信号相位差	（°）	
（5）励磁电流的频率	Hz	
驱动电机旋变动态检测波形		请画出旋变3个线圈的动态波形
（1）励磁线圈 P-P 值	V	
（2）正弦线圈 P-P 值	V	
（3）余弦线圈 P-P 值	V	
（4）正弦信号与余弦信号相位差	（°）	
（5）励磁电流的频率	Hz	

5. 作业场地恢复

整理、清洁工具	□是 □否
将高压警示牌等放至原位置	□是 □否
清洁、整理场地	□是 □否
工作任务单填写是否完成	□是 □否

2.2.1 工作任务单		比亚迪 e5 驱动桥拆检		评分	
班级		组号		小组成员	

1. 车辆信息记录

品牌		整车型号		行驶里程	
电机型号		蓄电池容量		制造年月	
电机功率		工作电压		乘坐人数	
最大允许总质量		车辆识别代号			

2. 作业场地准备

检查设置隔离栏	□是 □否
检查设置安全警示牌	□是 □否
检查灭火器压力、有效期	□是 □否
安装车辆挡块	□是 □否
是否已完成高压下电流程并等待 5min？	□是 □否

3. 驱动桥拆检

作业项目	检查情况	检查结果判定
前壳体（内端盖）	破损□ 裂纹□ 变形□ 老化□ 卡滞□ 正常□	异常□ 正常□
后壳体（外端盖）	破损□ 裂纹□ 变形□ 老化□ 卡滞□ 正常□	异常□ 正常□
输入轴花键	破损□ 裂纹□ 变形□ 老化□ 卡滞□ 正常□	异常□ 正常□
输出轴花键	破损□ 裂纹□ 变形□ 老化□ 卡滞□ 正常□	异常□ 正常□
前、后端盖结合面	破损□ 裂纹□ 变形□ 老化□ 卡滞□ 正常□	异常□ 正常□
零部件运转	破损□ 裂纹□ 变形□ 老化□ 卡滞□ 正常□	异常□ 正常□
输出轴齿轮	破损□ 裂纹□ 变形□ 老化□ 卡滞□ 正常□	异常□ 正常□
输出轴轴承	破损□ 裂纹□ 变形□ 老化□ 卡滞□ 正常□	异常□ 正常□
差速器	破损□ 裂纹□ 变形□ 老化□ 卡滞□ 正常□	异常□ 正常□
中间轴齿轮	破损□ 裂纹□ 变形□ 老化□ 卡滞□ 正常□	异常□ 正常□
中间轴轴承	破损□ 裂纹□ 变形□ 老化□ 卡滞□ 正常□	异常□ 正常□
输入轴齿轮	破损□ 裂纹□ 变形□ 老化□ 卡滞□ 正常□	异常□ 正常□
输入轴轴承	破损□ 裂纹□ 变形□ 老化□ 卡滞□ 正常□	异常□ 正常□
中间轴轴承垫片	破损□ 裂纹□ 变形□ 老化□ 卡滞□ 正常□	异常□ 正常□
复装后整体运转	破损□ 裂纹□ 变形□ 老化□ 卡滞□ 正常□	异常□ 正常□

4. 作业场地恢复

整理、清洁工具	□是 □否
将高压警示牌等放至原位置	□是 □否
清洁、整理场地	□是 □否
工作任务单填写是否完成	□是 □否

2.2.2　工作任务单		比亚迪秦 Plus DM-i 驱动桥拆检		评分	
班级		组号		小组成员	

1. 车辆信息记录

品牌		整车型号		行驶里程	
电机型号		蓄电池容量		制造年月	
电机功率		工作电压		乘坐人数	
最大允许总质量		车辆识别代号			

2. 作业场地准备

检查设置隔离栏	□是　□否
检查设置安全警示牌	□是　□否
检查灭火器压力、有效期	□是　□否
安装车辆挡块	□是　□否
是否已完成高压下电流程并等待 5min？	□是　□否

3. 驱动桥拆检

作业项目	检查情况	检查结果判定
前端盖	破损□　裂纹□　变形□　老化□　卡滞□　正常□	异常□　正常□
后端盖	破损□　裂纹□　变形□　老化□　卡滞□　正常□	异常□　正常□
主壳体	破损□　裂纹□　变形□　老化□　卡滞□　正常□	异常□　正常□
输入轴花键	破损□　裂纹□　变形□　老化□　卡滞□　正常□	异常□　正常□
输出轴花键	破损□　裂纹□　变形□　老化□　卡滞□　正常□	异常□　正常□
前、后端盖结合面	破损□　裂纹□　变形□　老化□　卡滞□　正常□	异常□　正常□
零部件运转	破损□　裂纹□　变形□　老化□　卡滞□　正常□	异常□　正常□
油泵驱动齿轮	破损□　裂纹□　变形□　老化□　卡滞□　正常□	异常□　正常□
发动机轴齿轮	破损□　裂纹□　变形□　老化□　卡滞□　正常□	异常□　正常□
发动机轴轴承	破损□　裂纹□　变形□　老化□　卡滞□　正常□	异常□　正常□
离合器（片）	破损□　裂纹□　变形□　老化□　卡滞□　正常□	异常□　正常□
发电机轴齿轮	破损□　裂纹□　变形□　老化□　卡滞□　正常□	异常□　正常□
发电机轴轴承	破损□　裂纹□　变形□　老化□　卡滞□　正常□	异常□　正常□
驱动电机轴齿轮	破损□　裂纹□　变形□　老化□　卡滞□　正常□	异常□　正常□
驱动电机轴轴承	破损□　裂纹□　变形□　老化□　卡滞□　正常□	异常□　正常□
中间轴齿轮	破损□　裂纹□　变形□　老化□　卡滞□　正常□	异常□　正常□
中间轴轴承	破损□　裂纹□　变形□　老化□　卡滞□　正常□	异常□　正常□
输出轴齿轮	破损□　裂纹□　变形□　老化□　卡滞□　正常□	异常□　正常□
输出轴轴承	破损□　裂纹□　变形□　老化□　卡滞□　正常□	异常□　正常□
差速器	破损□　裂纹□　变形□　老化□　卡滞□　正常□	异常□　正常□
双电机	破损□　裂纹□　变形□　老化□　卡滞□　正常□	异常□　正常□
复装后整体运转	破损□　裂纹□　变形□　老化□　卡滞□　正常□	异常□　正常□

4. 作业场地恢复

整理、清洁工具	□是　□否
将高压警示牌等放至原位置	□是　□否
清洁、整理场地	□是　□否
工作任务单填写是否完成	□是　□否

2.2.3 工作任务单	丰田 THS3 双擎混动 P410 驱动桥拆检					评分	
班级		组号		小组成员			

1. 车辆信息记录

品牌		整车型号		行驶里程	
电机型号		蓄电池容量		制造年月	
电机功率		工作电压		乘坐人数	
最大允许总质量		车辆识别代号			

2. 作业场地准备

检查设置隔离栏	□是 □否
检查设置安全警示牌	□是 □否
检查灭火器压力、有效期	□是 □否
安装车辆挡块	□是 □否
是否已完成高压下电流程并等待10min？	□是 □否

3. 驱动桥拆检

作业项目	检查情况	检查结果判定
后端盖	破损□ 裂纹□ 变形□ 老化□ 卡滞□ 正常□	异常□ 正常□
油泵及驱动轴	破损□ 裂纹□ 变形□ 老化□ 卡滞□ 正常□	异常□ 正常□
驱动电机转子太阳轮2	破损□ 裂纹□ 变形□ 老化□ 卡滞□ 正常□	异常□ 正常□
驱动电机定子	破损□ 裂纹□ 变形□ 老化□ 卡滞□ 正常□	异常□ 正常□
后壳体及结合面	破损□ 裂纹□ 变形□ 老化□ 卡滞□ 正常□	异常□ 正常□
行星架2	破损□ 裂纹□ 变形□ 老化□ 卡滞□ 正常□	异常□ 正常□
中间轴齿轮	破损□ 裂纹□ 变形□ 老化□ 卡滞□ 正常□	异常□ 正常□
输出轴齿轮	破损□ 裂纹□ 变形□ 老化□ 卡滞□ 正常□	异常□ 正常□
差速器	破损□ 裂纹□ 变形□ 老化□ 卡滞□ 正常□	异常□ 正常□
复合齿圈	破损□ 裂纹□ 变形□ 老化□ 卡滞□ 正常□	异常□ 正常□
行星架1	破损□ 裂纹□ 变形□ 老化□ 卡滞□ 正常□	异常□ 正常□
太阳轮1	破损□ 裂纹□ 变形□ 老化□ 卡滞□ 正常□	异常□ 正常□
前壳体及结合面	破损□ 裂纹□ 变形□ 老化□ 卡滞□ 正常□	异常□ 正常□
零部件运转	破损□ 裂纹□ 变形□ 老化□ 卡滞□ 正常□	异常□ 正常□
MG1转子	破损□ 裂纹□ 变形□ 老化□ 卡滞□ 正常□	异常□ 正常□
MG1定子	破损□ 裂纹□ 变形□ 老化□ 卡滞□ 正常□	异常□ 正常□
缓冲器	破损□ 裂纹□ 变形□ 老化□ 卡滞□ 正常□	异常□ 正常□
复装后整体运转	破损□ 裂纹□ 变形□ 老化□ 卡滞□ 正常□	异常□ 正常□

4. 作业场地恢复

整理、清洁工具	□是 □否
将高压警示牌等放至原位置	□是 □否
清洁、整理场地	□是 □否
工作任务单填写是否完成	□是 □否

3.1.1 工作任务单	比亚迪秦 EV 驱动电机控制器 IGBT 故障拆检		评分	
班级		组号	小组成员	

1. 车辆信息记录

品牌		整车型号		行驶里程	
电机型号		蓄电池容量		制造年月	
电机功率		工作电压		乘坐人数	
最大允许总质量		车辆识别代号			

2. 作业场地准备

检查设置隔离栏	□是 □否
检查设置安全警示牌	□是 □否
检查灭火器压力、有效期	□是 □否
安装车辆挡块	□是 □否
是否已完成高压下电流程并等待 5min？	□是 □否

3. 电机控制器外观拆检

作业项目	检查情况	检查结果判定
壳体	破损□ 裂纹□ 烧蚀□ 腐蚀□ 脱落□ 浸水□ 渗漏□ 断路□	异常□ 正常□
端盖	破损□ 裂纹□ 烧蚀□ 腐蚀□ 脱落□ 浸水□ 渗漏□ 断路□	异常□ 正常□
控制板	破损□ 裂纹□ 烧蚀□ 腐蚀□ 脱落□ 浸水□ 渗漏□ 断路□	异常□ 正常□
低压线束	破损□ 裂纹□ 烧蚀□ 腐蚀□ 脱落□ 浸水□ 渗漏□ 断路□	异常□ 正常□
驱动板	破损□ 裂纹□ 烧蚀□ 腐蚀□ 脱落□ 浸水□ 渗漏□ 断路□	异常□ 正常□
IGBT 模块	破损□ 裂纹□ 烧蚀□ 腐蚀□ 脱落□ 浸水□ 渗漏□ 断路□	异常□ 正常□

4. IGBT 模块检测

检测项目	数据记录	结果判定
U 相上桥二极管正向导通压降	V	异常□ 正常□
U 相下桥二极管正向导通压降	V	异常□ 正常□
U 相上桥二极管反向导通情况	导通□ 不导通□	异常□ 正常□
U 相下桥二极管正向导通情况	导通□ 不导通□	异常□ 正常□
V 相上桥二极管正向导通压降	V	异常□ 正常□
V 相下桥二极管正向导通压降	V	异常□ 正常□
V 相上桥二极管反向导通情况	导通□ 不导通□	异常□ 正常□
V 相下桥二极管反向导通情况	导通□ 不导通□	异常□ 正常□
W 相上桥二极管正向导通压降	V	异常□ 正常□
W 相下桥二极管正向导通压降	V	异常□ 正常□
W 相上桥二极管反向导通情况	导通□ 不导通□	异常□ 正常□
W 相下桥二极管反向导通情况	导通□ 不导通□	异常□ 正常□

5. 作业场地恢复

整理、清洁工具	□是 □否
将高压警示牌等放至原位置	□是 □否
清洁、整理场地	□是 □否
工作任务单填写是否完成	□是 □否

3.1.2 工作任务单		比亚迪秦 EV 驱动电机控制器故障诊断		评分	
班级		组号		小组成员	

1. 车辆信息记录

品牌		整车型号		行驶里程	
电机型号		蓄电池容量		制造年月	
电机功率		工作电压		乘坐人数	
最大允许总质量		车辆识别代号			

2. 作业场地准备

检查设置隔离栏	□是 □否
检查设置安全警示牌	□是 □否
检查灭火器压力、有效期	□是 □否
安装车辆挡块	□是 □否
是否已完成高压下电流程并等待 5min？	□是 □否

3. 诊断流程

序号	操作步骤	故障现象	数据记录	结果判定
1	车辆进入车间			正常□ 异常□
2	检查蓄电池电压			正常□ 异常□
3	读取电机控制器故障码			正常□ 异常□
4	清除故障码			正常□ 异常□
5	重新读取控制器故障码		将故障码记录在下面表格中	正常□ 异常□
6	排除故障，上 OK 电			正常□ 异常□
7	查阅故障表	故障码表序号：		

4. 故障码记录

序号	故障码	故障码含义	故障原因判定
1			
2			
3			
4			
5			
6			
7			
8			
9			
10			

5. 作业场地恢复

整理、清洁工具	□是 □否
将高压警示牌等放至原位置	□是 □否
清洁、整理场地	□是 □否
工作任务单填写是否完成	□是 □否

3.2 工作任务单		比亚迪秦 EV 整车控制器故障诊断		评分	
班级		组号	小组成员		

1. 车辆信息记录

品牌		整车型号		行驶里程	
电机型号		蓄电池容量		制造年月	
电机功率		工作电压		乘坐人数	
最大允许总质量		车辆识别代号			

2. 作业场地准备

检查设置隔离栏	□是 □否
检查设置安全警示牌	□是 □否
检查灭火器压力、有效期	□是 □否
安装车辆挡块	□是 □否
是否已完成高压下电流程并等待 5min？	□是 □否

3. 诊断流程

序号	操作步骤	故障现象	数据记录	结果判定
1	车辆进入车间			正常□ 异常□
2	检查蓄电池电压			正常□ 异常□
3	读取整车控制器故障码			正常□ 异常□
4	清除故障码			正常□ 异常□
5	重新读取控制器故障码		将故障码记录在下面表格中	正常□ 异常□
6	上 OK 电			正常□ 异常□

4. 故障码记录

序号	故障码	故障码含义	故障原因判定
1			
2			
3			
4			
5			
6			
7			
8			
9			
10			

5. 作业场地恢复

整理、清洁工具	□是 □否
将高压警示牌等放至原位置	□是 □否
清洁、整理场地	□是 □否
工作任务单填写是否完成	□是 □否

4.1 工作任务单		比亚迪秦 EV 电驱热管理系统部件检测与更换		评分	
班级		组号		小组成员	

1. 车辆信息记录

品牌		整车型号		行驶里程	
电机型号		蓄电池容量		制造年月	
电机功率		工作电压		乘坐人数	
最大允许总质量		车辆识别代号			

2. 作业场地准备

检查设置隔离栏	□是 □否
检查设置安全警示牌	□是 □否
检查灭火器压力、有效期	□是 □否
安装车辆挡块	□是 □否
是否已完成高压下电流程并等待 5min？	□是 □否

3. 部件检测

序号	操作项目	操作步骤	操作完成情况	检测结果判定
1	膨胀水箱盖的测试	拆下膨胀水箱盖（A），用冷却液湿润其密封圈，然后将它装在压力测试仪（B）上。使用一个小的配合件 H-901122-09（C）安装膨胀水箱盖	□是 □否	正常□ 异常□
		施加 15kPa 的压力	□是 □否	
		检查压力是否下降	□是 □否	
2	膨胀水箱的测试	电机、电控冷却以后，小心地拆下膨胀水箱盖，给膨胀水箱注入冷却液，直至膨胀水箱 MAX（最高）标记处。	□是 □否	正常□ 异常□
		将压力测试仪装在膨胀水箱上。使用一个小的配合件 H-901122-09 连接压力测试仪	□是 □否	
		施加 15~45kPa 的力	□是 □否	
		检查冷却液是否泄漏，如膨胀水箱泄漏，则更换膨胀水箱总成	□是 □否	
		拆除测试仪，然后重新安装膨胀水箱盖	□是 □否	
3	冷却液的检查	观察膨胀水箱中冷却液的液位。确认液位处于 MAX（最高）标记（A）和 MIN（最低）标记（B）之间	□是 □否	正常□ 异常□
		如果膨胀水箱中冷却液的液位处于或低于 MIN 标记，向膨胀水箱中添加冷却液，直至 MAX 标记，并检查冷却系统有无泄漏。并使用冰点仪检测冷却液冰点	□是 □否	

4. 部件更换

序号	操作项目	操作步骤	完成情况
1	冷却液的更换	用手触摸膨胀水箱箱体，确认膨胀水箱内部冷却液已冷却	是□ 否□
		沿逆时针方向慢慢转动膨胀水箱盖，释放冷却系统中的残余压力	是□ 否□
		取下膨胀水箱盖	是□ 否□

(续)

4. 部件更换			
序号	操作项目	操作步骤	完成情况
1	冷却液的更换	拆掉散热器出水管路（冷却管总成1），排净冷却液。排出的冷却液应储存于合适的容器内	是□ 否□
		待冷却液排净后，装配好散热器出水管	是□ 否□
		将指定的冷却液倒入膨胀水箱，直至达膨胀水箱MAX线，液位不再下降为止	是□ 否□
		上电并让水泵运转约5min，运转过程中如膨胀水箱液位下降，同步向膨胀水箱加注冷却液，直至加注至液面在MAX线不再降低为止，断电停车	是□ 否□
		重复上电、断电至少3个循环，每个循环水泵上电运转5min，同步观察膨胀水箱内冷却液液位，并补加冷却液至MAX线不再下降为止。冷却系统的容量约为4.25L	是□ 否□
		盖上膨胀水箱盖并旋至最终停止位，彻底拧紧	是□ 否□
2	散热器和风扇的更换	拆掉散热器出水管路（冷却管总成1），排净冷却液	是□ 否□
		拆除散热器上的软管与冷凝器紧固螺栓	是□ 否□
		断开冷却风扇开关插接器	是□ 否□
		拆除上悬置支架、散热器上横梁，然后拉起散热器	是□ 否□
		拆除散热器上的冷却风扇总成及其他部件	是□ 否□
		按与拆卸相反的顺序安装散热器，确认上、下衬套安装就位且牢固	是□ 否□
		按照冷却液更换方法加注冷却液	是□ 否□
3	电动水泵的更换	拆掉散热器出水管路（冷却管总成1），排净冷却液	是□ 否□
		断开水泵接插件	是□ 否□
		拆开水泵进、出水软管	是□ 否□
		拆下紧固水泵的螺栓，拆除电动水泵	是□ 否□
		清除溢出的冷却液	是□ 否□
		安装水泵	是□ 否□
		连接水泵进、出水软管	是□ 否□
		连接水泵接插件	是□ 否□
		按照冷却液更换方法加注冷却液	是□ 否□
4	复检	液位处于MAX（最高）标记（A）和MIN（最低）标记（B）之间，冷却风扇及水泵起动正常、运转无噪声、回水流动正常、管路部件无渗漏	是□ 否□

5. 作业场地恢复	
整理、清洁工具	□是 □否
将高压警示牌等放至原位置	□是 □否
清洁、整理场地	□是 □否
工作任务单填写是否完成	□是 □否

4.2 工作任务单		2019 款比亚迪 e5 CAN 通信故障诊断		评分	
班级		组号	小组成员		

1. 车辆信息记录

品牌		整车型号		行驶里程	
电机型号		蓄电池容量		制造年月	
电机功率		工作电压		乘坐人数	
最大允许总质量		车辆识别代号			

2. 作业场地准备

检查设置隔离栏	□是 □否
检查设置安全警示牌	□是 □否
检查灭火器压力、有效期	□是 □否
安装车辆挡块	□是 □否

3. 故障码读取

序号	读取项目	故障现象	仪表显示	故障码及解释	结果判定
1	蓄电池管理系统动力网 CAN-H 断路故障				
2	蓄电池管理系统动力网 CAN-L 断路故障				
3	动力蓄电池子网 CAN-L 断路故障				
4	充配电总成动力网 CAN-H 断路故障				
5	充配电总成动力网 CAN-L 断路故障				
6	整车控制器动力网 CAN-H 断路故障				

4. 示波器与万用表检测

序号	检测项目	检测点	万用表检测数据记录	示波器检测波形描述	结果判定
1	蓄电池管理系统动力网 CAN-H 断路故障	BK45b16（CAN-H） BK45b17（CAN-L）	CAN-H 对地：_____V CAN-L 对地：_____V	CAN-H： CAN-L：	
2	蓄电池管理系统动力网 CAN-L 断路故障	BK45b16（CAN-H） BK45b17（CAN-L）	CAN-H 对地：_____V CAN-L 对地：_____V	CAN-H： CAN-L：	
3	动力蓄电池子网 CAN-L 断路故障	BK45a-10CAN-L BK45a-1CAN-H	CAN-H 对地：_____V CAN-L 对地：_____V	CAN-H： CAN-L：	
4	充配电总成动力网 CAN-H 断路故障	B74-16（CAN-H） B74-17（CAN-L）	CAN-H 对地：_____V CAN-L 对地：_____V	CAN-H： CAN-L：	
5	充配电总成动力网 CAN-L 断路故障	B74-16（CAN-H） B74-17（CAN-L）	CAN-H 对地：_____V CAN-L 对地：_____V	CAN-H： CAN-L：	
6	整车控制器动力网 CAN-H 断路故障	BK49-22（CAN-L） BK49-21（CAN-H）	CAN-H 对地：_____V CAN-L 对地：_____V	CAN-H： CAN-L：	

5. 作业场地恢复

整理、清洁工具	□是 □否
将高压警示牌等放至原位置	□是 □否
清洁、整理场地	□是 □否
工作任务单填写是否完成	□是 □否

1.1.1 任务实施配分评分表		比亚迪 e5 高压组件认知		教师评分		
班级		组号	小组成员			
自评	□熟练 □不熟练 □合格 □不合格	考核日期		教师签名		
评分细则（满分 100 分）						
序号	评分项	得分条件	分值	评分标准	配分	扣分
1	安全 /7S/ 态度	□1.1 能进行工位 7S 操作	3	依据得分条件进行评分，未按要求完成的，在□内画 × 并扣除对应分数	15	
		□1.2 能进行设备和工具安全检查	3			
		□1.3 能进行车辆安全防护操作	3			
		□1.4 能进行工具清洁、校准和存放操作	3			
		□1.5 能进行三不落地操作	3			
2	专业技能 能力	□2.1 对动力蓄电池包性能参数、基本部件作用认识清楚，操作正确	5		25	
		□2.2 对充配电总成基本结构、部件作用认识清楚	5			
		□2.3 对充电口、充电枪基本结构认识清楚，操作正确	5			
		□2.4 对电驱基本组成、性能参数认识清楚，操作正确	5			
		□2.5 对电动压缩机、PTC 加热器基本结构及性能特点认识清楚	5			
3	工具及设备 的使用能力	□3.1 能正确操作高压上电	5		25	
		□3.2 能正确拔插手动维修开关	5			
		□3.3 能正确拆卸和安装高压线束插接器插头	5			
		□3.4 能正确使用充电枪进行充电	5			
		□3.5 能正确驾驶车辆行驶（模拟操作）	5			
4	资料信息 查询能力	□4.1 能正确查阅车辆铭牌	3		15	
		□4.2 能正确查阅动力蓄电池性能参数	3			
		□4.3 能正确查阅电驱性能参数	3			
		□4.4 能正确查阅电动压缩机性能参数	3			
		□4.5 能正确查阅 PTC 加热器性能参数	3			
5	数据判断 和分析能力	□5.1 能正确理解车辆铭牌各项参数	3		15	
		□5.2 能正确理解动力蓄电池各项性能参数	3			
		□5.3 能正确理解电驱性能参数	3			
		□5.4 能正确理解电动压缩机各项性能参数	3			
		□5.5 能正确理解 PTC 加热器各项性能参数	3			
6	表单填写 和报告撰写 能力	□6.1 字迹清晰	1		5	
		□6.2 语句通顺	1			
		□6.3 无错别字	1			
		□6.4 无涂改	1			
		□6.5 无抄袭	1			
合计扣分						

1.1.2 任务实施配分评分表		丰田卡罗拉双擎混合动力汽车高压组件认知			教师评分	
班级		组号		小组成员		
自评	□熟练 □不熟练 □合格 □不合格	考核日期			教师签名	

评分细则（满分100分）

序号	评分项	得分条件	分值	评分标准	配分	扣分
1	安全/7S/态度	□1.1 能进行工位7S操作	3	依据得分条件进行评分，未按要求完成的，在□内画×并扣除对应分数	15	
		□1.2 能进行设备和工具安全检查	3			
		□1.3 能进行车辆安全防护操作	3			
		□1.4 能进行工具清洁、校准和存放操作	3			
		□1.5 能进行三不落地操作	3			
2	专业技能能力	□2.1 对动力蓄电池包性能参数、基本部件作用认识清楚，操作正确	5		25	
		□2.2 对高压配电盒总成基本结构、部件作用认识清楚	5			
		□2.3 对逆变器总成基本结构、部件作用认识清楚	5			
		□2.4 对电驱基本组成、性能参数认识清楚，操作正确	5			
		□2.5 对电动压缩机、PTC加热器基本结构及性能特点认识清楚	5			
3	工具及设备的使用能力	□3.1 能正确操作车辆起动（包括高压上电）	5		25	
		□3.2 能正确拔插手动维修开关	5			
		□3.3 能正确拆卸和安装高压线束插接器插头	5			
		□3.4 能正确使用充电枪进行充电	5			
		□3.5 能正确驾驶车辆行驶（模拟操作）	5			
4	资料信息查询能力	□4.1 能正确查阅车辆铭牌	3		15	
		□4.2 能正确查阅动力蓄电池性能参数	3			
		□4.3 能正确查阅电驱性能参数	3			
		□4.4 能正确查阅电动压缩机性能参数	3			
		□4.5 能正确查阅PTC加热器性能参数	3			
5	数据判断和分析能力	□5.1 能正确理解车辆铭牌各项参数	3		15	
		□5.2 能正确理解动力蓄电池各项性能参数	3			
		□5.3 能正确理解电驱性能参数	3			
		□5.4 能正确理解电动压缩机各项性能参数	3			
		□5.5 能正确理解PTC加热器各项性能参数	3			
6	表单填写和报告撰写能力	□6.1 字迹清晰	1		5	
		□6.2 语句通顺	1			
		□6.3 无错别字	1			
		□6.4 无涂改	1			
		□6.5 无抄袭	1			
合计扣分						

1.2.1 任务实施配分评分表　　比亚迪 e5 高压线束拆检

班级		组号		小组成员		教师评分	
自评	□熟练　□不熟练 □合格　□不合格		考核日期			教师签名	

评分细则（满分 100 分）

序号	评分项	得分条件	分值	评分标准	配分	扣分
1	安全 /7S/ 态度	□ 1.1 能进行工位 7S 操作	3	依据得分条件进行评分，未按要求完成的，在□内画 × 并扣除对应分数	15	
		□ 1.2 能进行设备和工具安全检查	3			
		□ 1.3 能进行车辆安全防护操作	3			
		□ 1.4 能进行工具清洁、校准和存放操作	3			
		□ 1.5 能进行三不落地操作	3			
2	专业技能 能力	□ 2.1 对动力蓄电池包与高压电控总成连接线束拆装操作正确	5		30	
		□ 2.2 对高压电控总成与驱动电机连接线束拆装操作正确	5			
		□ 2.3 对高压电控总成与交流充电接口连接线束拆装操作正确	5			
		□ 2.4 对高压电控总成与直流充电接口连接线束拆装操作正确	5			
		□ 2.5 对高压电控总成与电动空调压缩机线束拆装操作正确	5			
		□ 2.6 对高压电控总成与 PTC 加热器连接线束拆装操作正确	5			
3	工具及设备 的使用能力	□ 3.1 能正确操作高压上下电	4		20	
		□ 3.2 能正确拔插手动维修开关	4			
		□ 3.3 能正确拆卸和安装高压线束插接器插头	4			
		□ 3.4 能正确使用绝缘套装工具及绝缘电阻表	4			
		□ 3.5 能正确使用常用套装工具及万用表	4			
4	资料信息 查询能力	□ 4.1 能正确查阅车辆电路图及维修手册	3		15	
		□ 4.2 能正确查阅各高压线束性能参数	3			
		□ 4.3 能正确查阅各高压线束插接器性能参数及端子说明	3			
		□ 4.4 能正确查阅绝缘电阻表性能参数	3			
		□ 4.5 能正确查阅万用表性能参数	3			
5	数据判断 和分析能力	□ 5.1 能正确理解高压线束各项检测数据	3		15	
		□ 5.2 能正确理解高压线束插接器各项检测数据	3			
		□ 5.3 能正确理解绝缘电阻表的读数	3			
		□ 5.4 能正确理解万用表的读数	3			
		□ 5.5 能正确判断各项检测数据的合规性	3			
6	表单填写 和报告撰写 能力	□ 6.1 字迹清晰	1		5	
		□ 6.2 语句通顺	1			
		□ 6.3 无错别字	1			
		□ 6.4 无涂改	1			
		□ 6.5 无抄袭	1			
合计扣分						

1.2.2 任务实施配分评分表		丰田卡罗拉双擎混合动力汽车高压线束拆检			教师评分		
班级		组号		小组成员			
自评	□熟练 □不熟练 □合格 □不合格	考核日期			教师签名		
评分细则（满分100分）							
序号	评分项	得分条件	分值	评分标准		配分	扣分
1	安全/7S/态度	□ 1.1 能进行工位7S操作	3	依据得分条件进行评分，未按要求完成的，在□内画×并扣除对应分数		15	
		□ 1.2 能进行设备和工具安全检查	3				
		□ 1.3 能进行车辆安全防护操作	3				
		□ 1.4 能进行工具清洁、校准和存放操作	3				
		□ 1.5 能进行三不落地操作	3				
2	专业技能能力	□ 2.1 对动力蓄电池包与逆变器总成连接线束拆装操作正确	5			25	
		□ 2.2 对空调压缩机与逆变器总成连接线束拆装操作正确	5				
		□ 2.3 对起动发电机MG1与逆变器总成连接线束拆装操作正确	5				
		□ 2.4 对电动机MG2与逆变器总成连接线束拆装操作正确	5				
		□ 2.5 对高压维修开关拆装操作正确	5				
3	工具及设备的使用能力	□ 3.1 能正确操作高压上下电	5			25	
		□ 3.2 能正确拔插手动维修开关	5				
		□ 3.3 能正确拆卸和安装高压线束插接器插头	5				
		□ 3.4 能正确使用绝缘套装工具及绝缘电阻表	5				
		□ 3.5 能正确使用常用套装工具及万用表	5				
4	资料信息查询能力	□ 4.1 能正确查阅车辆电路图及维修手册	3			15	
		□ 4.2 能正确查阅各高压线束性能参数	3				
		□ 4.3 能正确查阅各高压线束插接器性能参数及端子说明	3				
		□ 4.4 能正确查阅绝缘电阻表性能参数	3				
		□ 4.5 能正确查阅万用表性能参数	3				
5	数据判断和分析能力	□ 5.1 能正确理解高压线束各项检测数据	3			15	
		□ 5.2 能正确理解高压线束插接器各项检测数据	3				
		□ 5.3 能正确理解绝缘电阻表的读数	3				
		□ 5.4 能正确理解万用表的读数	3				
		□ 5.5 能正确判断各项检测数据的合规性	3				
6	表单填写和报告撰写能力	□ 6.1 字迹清晰	1			5	
		□ 6.2 语句通顺	1				
		□ 6.3 无错别字	1				
		□ 6.4 无涂改	1				
		□ 6.5 无抄袭	1				
合计扣分							

1.3 任务实施配分评分表		2019 款比亚迪 e5 高压互锁回路拆检			教师评分		
班级		组号		小组成员			
自评	□熟练 □不熟练 □合格 □不合格	考核日期			教师签名		
评分细则（满分 100 分）							
序号	评分项	得分条件	分值	评分标准		配分	扣分
1	安全 /7S/ 态度	□ 1.1 能进行工位 7S 操作	3	依据得分条件进行评分，未按要求完成的，在□内画 × 并扣除对应分数		15	
		□ 1.2 能进行设备和工具安全检查	3				
		□ 1.3 能进行车辆安全防护操作	3				
		□ 1.4 能进行工具清洁、校准和存放操作	3				
		□ 1.5 能进行三不落地操作	3				
2	专业技能 能力	□ 2.1 能正确进行高压上、下电	5			30	
		□ 2.2 能正确拆卸高压线束插接器	5				
		□ 2.3 能正确分析高压互锁回路的起始点和节点	5				
		□ 2.4 能正确认知互锁端子	5				
		□ 2.5 能正确使用示波器观察互锁信号	5				
		□ 2.6 能正确使用万用表检测互锁信号	5				
3	工具及设备 的使用能力	□ 3.1 能正确拆解高、低压线束插接器	4			20	
		□ 3.2 能正确使用示波器观察互锁信号	4				
		□ 3.3 能正确使用万用表检测互锁信号	4				
		□ 3.4 能正确操作实训设备	4				
		□ 3.5 能正确使用故障诊断仪读取故障码	4				
4	资料信息 查询能力	□ 4.1 能正确查阅车辆电路图，判断信号起始点和回路	3			15	
		□ 4.2 能正确查阅车辆电路图，查找互锁端子	3				
		□ 4.3 能正确查阅维修手册及检修方法	3				
		□ 4.4 能正确分析高压互锁故障现象	3				
		□ 4.5 能正确查阅故障案例	3				
5	数据判断 和分析能力	□ 5.1 能正确理解互锁信号检测波形	3			15	
		□ 5.2 能正确理解互锁信号电压检测数据	3				
		□ 5.3 能正确理解互锁故障现象	3				
		□ 5.4 能正确理解互锁信号的监测原理	3				
		□ 5.5 能正确理解互锁信号的检测原理	3				
6	表单填写 和报告撰写 能力	□ 6.1 字迹清晰	1			5	
		□ 6.2 语句通顺	1				
		□ 6.3 无错别字	1				
		□ 6.4 无涂改	1				
		□ 6.5 无抄袭	1				
合计扣分							

1.4 任务实施配分评分表			2019款比亚迪e5绝缘检测		教师评分		
班级			组号		小组成员		
自评	□熟练 □不熟练 □合格 □不合格		考核日期		教师签名		

评分细则（满分100分）

序号	评分项	得分条件	分值	评分标准	配分	扣分
1	安全/7S/态度	□ 1.1 能进行工位7S操作	3	依据得分条件进行评分，未按要求完成的，在□内画×并扣除对应分数	15	
		□ 1.2 能进行设备和工具安全检查	3			
		□ 1.3 能进行车辆安全防护操作	3			
		□ 1.4 能进行工具清洁、校准和存放操作	3			
		□ 1.5 能进行三不落地操作	3			
2	专业技能能力	□ 2.1 能正确进行高压上、下电	5		25	
		□ 2.2 能正确拆卸高压线束插接器	5			
		□ 2.3 能正确测量动力蓄电池输出端子搭铁电压并计算绝缘电阻	5			
		□ 2.4 能正确检测高压线束的绝缘电阻值	5			
		□ 2.5 能正确检测高压部件绝缘电阻值（除动力蓄电池外）	5			
3	工具及设备的使用能力	□ 3.1 能正确进行车辆高压上、下电	5		25	
		□ 3.2 能正确拆解高、低压线束插接器	5			
		□ 3.3 能正确使用万用表检测动力蓄电池绝缘电阻值	5			
		□ 3.4 能正确使用绝缘电阻表检测高压线束绝缘电阻值	5			
		□ 3.5 能正确使用绝缘电阻表检测高压总成绝缘电阻值	5			
4	资料信息查询能力	□ 4.1 能正确查阅车辆电路图分析高压回路	3		15	
		□ 4.2 能正确查阅维修手册及检修方法	3			
		□ 4.3 能正确查阅厂家数据	3			
		□ 4.4 能正确分析绝缘故障现象	3			
		□ 4.5 能正确查阅故障案例	3			
5	数据判断和分析能力	□ 5.1 能正确理解动力蓄电池绝缘电阻的万用表检测法原理	3		15	
		□ 5.2 能正确判断绝缘电阻表检测数据的合规性	3			
		□ 5.3 能正确判断绝缘故障现象	3			
		□ 5.4 能正确理解绝缘故障的监测原理	3			
		□ 5.5 能正确理解绝缘电阻表的检测原理	3			
6	表单填写和报告撰写能力	□ 6.1 字迹清晰	1		5	
		□ 6.2 语句通顺	1			
		□ 6.3 无错别字	1			
		□ 6.4 无涂改	1			
		□ 6.5 无抄袭	1			
合计扣分						

1.5.1 任务实施配分评分表		2019 款比亚迪 e5 低压上电控制电路检测			教师评分		
班级		组号		小组成员			
自评	☐熟练 ☐不熟练 ☐合格 ☐不合格		考核日期		教师签名		
评分细则（满分100分）							
序号	评分项	得分条件	分值	评分标准		配分	扣分
1	安全/7S/态度	☐ 1.1 能进行工位 7S 操作	3	依据得分条件进行评分，未按要求完成的，在☐内画 × 并扣除对应分数		15	
		☐ 1.2 能进行设备和工具安全检查	3				
		☐ 1.3 能进行车辆安全防护操作	3				
		☐ 1.4 能进行工具清洁、校准和存放操作	3				
		☐ 1.5 能进行三不落地操作	3				
2	专业技能能力	☐ 2.1 能正确进行高压上、下电	5			25	
		☐ 2.2 能正确使用万用表检测制动灯开关信号	5				
		☐ 2.3 能正确使用万用表检测启动 START 信号	5				
		☐ 2.4 能正确使用万用表检测 P 位开关信号	5				
		☐ 2.5 能正确使用万用表检测熔断器	5				
3	工具及设备的使用能力	☐ 3.1 能正确进行车辆高压上、下电	5			25	
		☐ 3.2 能正确拆解高低压线束插接器	5				
		☐ 3.3 能正确使用万用表检测制动灯开关信号	5				
		☐ 3.4 能正确使用万用表检测启动 START 信号	5				
		☐ 3.5 能正确使用万用表检测 P 位开关信号	5				
4	资料信息查询能力	☐ 4.1 能正确查阅车辆电路图分析制动灯开关电路工作原理	3			15	
		☐ 4.2 能正确查阅车辆电路图分析启动 START 信号电路工作原理	3				
		☐ 4.3 能正确查阅车辆电路图分析 P 位开关信号电路工作原理	3				
		☐ 4.4 能正确查阅车辆电路图分析熔断器电源电路工作原理	3				
		☐ 4.5 能正确查阅维修手册检修方法	3				
5	数据判断和分析能力	☐ 5.1 能正确判断制动灯开关信号电路的检测数据	3			15	
		☐ 5.2 能正确判断制动灯启动 START 信号电路的检测数据	3				
		☐ 5.3 能正确判断制动灯 P 位开关信号电路的检测数据	3				
		☐ 5.4 能正确理解熔断器的万用表检测法原理	3				
		☐ 5.5 能正确分析熔断器电源电路故障现象	3				
6	表单填写和报告撰写能力	☐ 6.1 字迹清晰	1			5	
		☐ 6.2 语句通顺	1				
		☐ 6.3 无错别字	1				
		☐ 6.4 无涂改	1				
		☐ 6.5 无抄袭	1				
合计扣分							

1.5.2 任务实施配分评分表		2019款比亚迪e5接触器控制回路检测			教师评分		
班级		组号	小组成员				
自评	□熟练 □不熟练 □合格 □不合格	考核日期			教师签名		
评分细则（满分100分）							
序号	评分项	得分条件	分值	评分标准	配分	扣分	
1	安全/7S/态度	□ 1.1 能进行工位7S操作	3	依据得分条件进行评分，未按要求完成的，在□内画×并扣除对应分数	15		
		□ 1.2 能进行设备和工具安全检查	3				
		□ 1.3 能进行车辆安全防护操作	3				
		□ 1.4 能进行工具清洁、校准和存放操作	3				
		□ 1.5 能进行三不落地操作	3				
2	专业技能能力	□ 2.1 能正确检测正极预充接触器12V电源输出断路故障	5		25		
		□ 2.2 能正确检测负极分压接触器12V电源输出断路故障	5				
		□ 2.3 能正确检测预充接触器控制信号输出拉低导通断路故障	5				
		□ 2.4 能正确检测正极接触器控制信号输出拉低导通断路故障	5				
		□ 2.5 能正确检测负极接触器控制信号输出拉低导通断路故障	5				
3	工具及设备的使用能力	□ 3.1 能正确使用故障诊断仪读取和解读故障码	5		25		
		□ 3.2 能正确使用故障诊断仪读取和分析数据流	5				
		□ 3.3 能正确使用万用表检测各接触器吸合线圈电源电压	5				
		□ 3.4 能正确理解仪表显示的各种故障信息	5				
		□ 3.5 能正确操作实训设备	5				
4	资料信息查询能力	□ 4.1 能正确查阅车辆电路图各接触器吸合线圈电源电路	3		15		
		□ 4.2 能正确查阅车辆电路图各接触器吸合线圈控制电路	3				
		□ 4.3 能正确查阅车辆电路图，分析各接触器的控制原理	3				
		□ 4.4 能正确查阅车辆维修手册检修流程	3				
		□ 4.5 能正确查阅车辆维修手册标准数据	3				
5	数据判断和分析能力	□ 5.1 能正确判断正极预充接触器12V电源输出断路故障	3		15		
		□ 5.2 能正确判断负极分压接触器12V电源输出断路故障	3				
		□ 5.3 能正确判断预充接触器控制信号输出拉低导通断路故障	3				
		□ 5.4 能正确判断正极接触器控制信号输出拉低导通断路故障	3				
		□ 5.5 能正确判断负极接触器控制信号输出拉低导通断路故障	3				
6	表单填写和报告撰写能力	□ 6.1 字迹清晰	1		5		
		□ 6.2 语句通顺	1				
		□ 6.3 无错别字	1				
		□ 6.4 无涂改	1				
		□ 6.5 无抄袭	1				
合计扣分							

2.1.1 任务实施配分评分表　　2017款比亚迪e5驱动电机拆检

班级		组号		小组成员		教师评分	
自评	□熟练　□不熟练 □合格　□不合格		考核日期			教师签名	

评分细则（满分100分）

序号	评分项	得分条件	分值	评分标准	配分	扣分
1	安全/7S/态度	□ 1.1 能进行工位7S操作	3	依据得分条件进行评分，未按要求完成的，在□内画×并扣除对应分数	15	
		□ 1.2 能进行设备和工具安全检查	3			
		□ 1.3 能进行车辆安全防护操作	3			
		□ 1.4 能进行工具清洁、校准和存放操作	3			
		□ 1.5 能进行三不落地操作	3			
2	专业技能能力	□ 2.1 能正确拆解驱动电机总成	5		25	
		□ 2.2 能正确检测电机转子总成	5			
		□ 2.3 能正确检测电机定子总成	5			
		□ 2.4 能正确检测旋变	5			
		□ 2.5 能正确复装驱动电机总成	5			
3	工具及设备的使用能力	□ 3.1 能正确操作电机专用拆解工具	5		25	
		□ 3.2 能正确使用万用表检测电机定子绕组	5			
		□ 3.3 能正确使用万用表检测旋变线圈	5			
		□ 3.4 能正确使用绝缘电阻表检测电机定子绕组绝缘电阻	5			
		□ 3.5 能正确使用示波器观察三相交流电波形	5			
4	资料信息查询能力	□ 4.1 能正确查阅维修手册	3		15	
		□ 4.2 能正确查阅电路图	3			
		□ 4.3 能正确查阅绝缘电阻表使用说明书	3			
		□ 4.4 能正确查阅万用表使用说明书	3			
		□ 4.5 能正确查阅示波器使用说明书	3			
5	数据判断和分析能力	□ 5.1 能正确判断电机运行是否存在扫膛现象	3		15	
		□ 5.2 能正确判断电机定子绕组的检测数据	3			
		□ 5.3 能正确判断旋变线圈的检测数据	3			
		□ 5.4 能正确理解三相交流电的波形	3			
		□ 5.5 能正确分析电机是否存在故障	3			
6	表单填写和报告撰写能力	□ 6.1 字迹清晰	1		5	
		□ 6.2 语句通顺	1			
		□ 6.3 无错别字	1			
		□ 6.4 无涂改	1			
		□ 6.5 无抄袭	1			
合计扣分						

2.1.2 任务实施配分评分表　　2017 款比亚迪 e5 驱动电机旋变检测　　教师评分

班级		组号		小组成员	
自评	□熟练　□不熟练 □合格　□不合格	考核日期		教师签名	

评分细则（满分 100 分）							
序号	评分项	得分条件	分值	评分标准	配分	扣分
1	安全 /7S/ 态度	□ 1.1 能进行工位 7S 操作	3	依据得分条件进行评分，未按要求完成的，在□内画 × 并扣除对应分数	15	
		□ 1.2 能进行设备和工具安全检查	3			
		□ 1.3 能进行车辆安全防护操作	3			
		□ 1.4 能进行工具清洁、校准和存放操作	3			
		□ 1.5 能进行三不落地操作	3			
2	专业技能 能力	□ 2.1 能正确检测旋变线圈电阻值	5		25	
		□ 2.2 能正确检测电机温度传感器电阻值	5			
		□ 2.3 能正确检测旋变静态波形	5			
		□ 2.4 能正确检测旋变动态波形	5			
		□ 2.5 能正确检测旋变绝缘电阻值	5			
3	工具及设备 的使用能力	□ 3.1 能正确使用万用表检测线圈电阻值	5		25	
		□ 3.2 能正确使用万用表检测电机温度传感器	5			
		□ 3.3 能正确使用示波器检测旋变信号静态波形	5			
		□ 3.4 能正确使用示波器检测旋变信号动态波形	5			
		□ 3.5 能正确使用绝缘电阻表检测旋变线圈绝缘电阻	5			
4	资料信息 查询能力	□ 4.1 能正确查阅维修手册	3		15	
		□ 4.2 能正确查阅电路图	3			
		□ 4.3 能正确查阅绝缘电阻表使用说明书	3			
		□ 4.4 能正确查阅万用表使用说明书	3			
		□ 4.5 能正确查阅示波器使用说明书	3			
5	数据判断 和分析能力	□ 5.1 能正确判断旋变阻值是否正确	3		15	
		□ 5.2 能正确判断电机温度传感器的检测数据	3			
		□ 5.3 能正确判断旋变线圈的静态波形是否正确	3			
		□ 5.4 能正确判断旋变线圈的动态波形是否正确	3			
		□ 5.5 能正确判断旋变线圈的绝缘电阻值是否正确	3			
6	表单填写 和报告撰写 能力	□ 6.1 字迹清晰	1		5	
		□ 6.2 语句通顺	1			
		□ 6.3 无错别字	1			
		□ 6.4 无涂改	1			
		□ 6.5 无抄袭	1			
合计扣分						

2.2.1 任务实施配分评分表			比亚迪 e5 驱动桥拆检		教师评分	
班级		组号		小组成员		
自评	□熟练 □不熟练 □合格 □不合格	考核日期			教师签名	

评分细则（满分 100 分）

序号	评分项	得分条件	分值	评分标准	配分	扣分
1	安全 /7S/ 态度	□ 1.1 能进行工位 7S 操作	3	依据得分条件进行评分，未按要求完成的，在□内画 × 并扣除对应分数	15	
		□ 1.2 能进行设备和工具安全检查	3			
		□ 1.3 能进行车辆安全防护操作	3			
		□ 1.4 能进行工具清洁、校准和存放操作	3			
		□ 1.5 能进行三不落地操作	3			
2	专业技能 能力	□ 2.1 能正确分解变速器与电机总成	4		40	
		□ 2.2 能正确分解变速器前、后端盖	4			
		□ 2.3 能正确拆解输出轴	4			
		□ 2.4 能正确拆解中间轴	4			
		□ 2.5 能正确拆解输入轴	4			
		□ 2.6 能正确拆解齿轮和轴承	4			
		□ 2.7 能正确检查齿轮和轴承	4			
		□ 2.8 能正确检查差速器	4			
		□ 2.9 能正确检测与调整轴承垫片的厚度	4			
		□ 2.10 能正确复装	4			
3	工具及设备 的使用能力	□ 3.1 能正确操作台架	2		10	
		□ 3.2 能正确使用套装工具	2			
		□ 3.3 能正确使用高度表	2			
		□ 3.4 能正确使用深度规	2			
		□ 3.5 能正确使用卡尺	2			
4	资料信息 查询能力	□ 4.1 能正确查阅维修手册，清楚拆解和复装流程	3		15	
		□ 4.2 能正确查阅变速器各零部件参数	3			
		□ 4.3 能正确查阅各螺栓紧固力矩值	3			
		□ 4.4 能正确查阅高度规使用说明书	3			
		□ 4.5 能正确查阅深度规（卡尺）使用说明书	3			
5	数据判断 和分析能力	□ 5.1 能正确分析变速器故障原因	3		15	
		□ 5.2 能正确判断齿轮的损坏程度	3			
		□ 5.3 能正确判断轴承的损坏程度	3			
		□ 5.4 能正确计算轴承垫片的厚度	3			
		□ 5.5 能正确分析差速器的结构与工作原理	3			
6	表单填写 和报告撰写 能力	□ 6.1 字迹清晰	1		5	
		□ 6.2 语句通顺	1			
		□ 6.3 无错别字	1			
		□ 6.4 无涂改	1			
		□ 6.5 无抄袭	1			
合计扣分						

2.2.2 任务实施配分评分表　　比亚迪秦 Plus DM-i 驱动桥拆检　　教师评分

班级		组号		小组成员			
自评	□熟练　□不熟练 □合格　□不合格		考核日期			教师签名	

评分细则（满分 100 分）

序号	评分项	得分条件	分值	评分标准	配分	扣分
1	安全/7S/ 态度	□ 1.1 能进行工位 7S 操作	3	依据得分条件进行评分，未按要求完成的，在□内画×并扣除对应分数	15	
		□ 1.2 能进行设备和工具安全检查	3			
		□ 1.3 能进行车辆安全防护操作	3			
		□ 1.4 能进行工具清洁、校准和存放操作	3			
		□ 1.5 能进行三不落地操作	3			
2	专业技能 能力	□ 2.1 能正确分解发动机与电混总成	3	依据得分条件进行评分，未按要求完成的，在□内画×并扣除对应分数	30	
		□ 2.2 能正确分解变速器主壳体与前、后端盖	3			
		□ 2.3 能正确拆解检查阀板	3			
		□ 2.4 能正确拆解输入轴及离合器	3			
		□ 2.5 能正确拆解发电机输入轴	3			
		□ 2.6 能正确拆解驱动电机轴	3			
		□ 2.7 能正确拆解中间轴	3			
		□ 2.8 能正确拆解输出轴（差速器）	3			
		□ 2.9 能正确拆解发电机	3			
		□ 2.10 能正确拆解驱动电机	3			
3	工具及设备 的使用能力	□ 3.1 能正确操作台架	2		10	
		□ 3.2 能正确使用套装工具	2			
		□ 3.3 能正确使用高度表	2			
		□ 3.4 能正确使用深度规	2			
		□ 3.5 能正确使用卡尺	2			
4	资料信息 查询能力	□ 4.1 能正确查阅维修手册，清楚拆解和复装流程	2		10	
		□ 4.2 能正确查阅变速器各零部件参数	2			
		□ 4.3 能正确查阅各螺栓紧固力矩值	2			
		□ 4.4 能正确查阅高度规使用说明书	2			
		□ 4.5 能正确查阅深度规（卡尺）使用说明书	2			
5	数据判断 和分析能力	□ 5.1 能正确分析变速器故障原因	3	依据得分条件进行评分，未按要求完成的，在□内画×并扣除对应分数	30	
		□ 5.2 能正确判断齿轮的损坏程度	3			
		□ 5.3 能正确判断轴承的损坏程度	3			
		□ 5.4 能正确分析与检测离合器的故障原因	3			
		□ 5.5 能正确分析差速器的结构与工作原理	3			
		□ 5.6 能正确检测差速器的故障	3			
		□ 5.7 能正确检测阀板电磁阀	3			
		□ 5.8 能正确分析变速器的结构与工作原理	3			
		□ 5.9 能正确判断发电机的故障原因	3			
		□ 5.10 能正确判断驱动电机的故障原因	3			
6	表单填写 和报告撰写 能力	□ 6.1 字迹清晰	1		5	
		□ 6.2 语句通顺	1			
		□ 6.3 无错别字	1			
		□ 6.4 无涂改	1			
		□ 6.5 无抄袭	1			
合计扣分						

2.2.3 任务实施配分评分表		丰田 THS3 双擎混动 P410 驱动桥拆检			教师评分		
班级		组号		小组成员			
自评	□熟练 □不熟练 □合格 □不合格	考核日期			教师签名		
评分细则（满分 100 分）							
序号	评分项	得分条件	分值	评分标准	配分	扣分	
1	安全/7S/态度	□ 1.1 能进行工位 7S 操作	3	依据得分条件进行评分，未按要求完成的，在□内画×并扣除对应分数	15		
		□ 1.2 能进行设备和工具安全检查	3				
		□ 1.3 能进行车辆安全防护操作	3				
		□ 1.4 能进行工具清洁、校准和存放操作	3				
		□ 1.5 能进行三不落地操作	3				
2	专业技能能力	□ 2.1 能正确拆卸油泵	3		30		
		□ 2.2 能正确分解后壳体与外端盖	3				
		□ 2.3 能正确拆解与检查 MG2 电机定子与转子	3				
		□ 2.4 能正确拆解与检查行星架 2	3				
		□ 2.5 能正确拆解与检查复合齿圈	3				
		□ 2.6 能正确拆解与检查中间轴	3				
		□ 2.7 能正确拆解与检查输出轴	3				
		□ 2.8 能正确拆解与检查行星架 1	3				
		□ 2.9 能正确拆解与检查太阳轮 1	3				
		□ 2.10 能正确复装	3				
3	工具及设备的使用能力	□ 3.1 能正确操作台架	2		10		
		□ 3.2 能正确使用套装工具	2				
		□ 3.3 能正确使用高度表	2				
		□ 3.4 能正确使用深度规	2				
		□ 3.5 能正确使用卡尺	2				
4	资料信息查询能力	□ 4.1 能正确查阅维修手册，清楚拆解和复装流程	2		10		
		□ 4.2 能正确查阅变速器各零部件参数	2				
		□ 4.3 能正确查阅各螺栓紧固力矩值	2				
		□ 4.4 能正确查阅高度规使用说明书	2				
		□ 4.5 能正确查阅深度规（卡尺）使用说明书	2				
5	数据判断和分析能力	□ 5.1 能正确分析变速器故障原因	3	依据得分条件进行评分，未按要求完成的，在□内画×并扣除对应分数	30		
		□ 5.2 能正确判断太阳轮的损坏程度	3				
		□ 5.3 能正确判断行星架及齿轮的损坏程度	3				
		□ 5.4 能正确判断齿圈的损坏程度	3				
		□ 5.5 能正确判断轴承的损坏程度	3				
		□ 5.6 能正确判断花键的损坏程度	3				
		□ 5.7 能正确检测差速器的故障	3				
		□ 5.8 能正确分析变速器的结构与工作原理	3				
		□ 5.9 能正确判断 MG1 电机的故障原因	3				
		□ 5.10 能正确判断 MG2 电机的故障原因	3				
6	表单填写和报告撰写能力	□ 6.1 字迹清晰	1		5		
		□ 6.2 语句通顺	1				
		□ 6.3 无错别字	1				
		□ 6.4 无涂改	1				
		□ 6.5 无抄袭	1				
合计扣分							

3.1.1 任务实施配分评分表		比亚迪秦 EV 驱动电机控制器 IGBT 故障拆检			教师评分	
班级		组号		小组成员		
自评	□熟练 □不熟练 □合格 □不合格	考核日期			教师签名	
评分细则（满分100分）						
序号	评分项	得分条件	分值	评分标准	配分	扣分
1	安全/7S/态度	□ 1.1 能进行工位 7S 操作	3	依据得分条件进行评分，未按要求完成的，在□内画 × 并扣除对应分数	15	
		□ 1.2 能进行设备和工具安全检查	3			
		□ 1.3 能进行车辆安全防护操作	3			
		□ 1.4 能进行工具清洁、校准和存放操作	3			
		□ 1.5 能进行三不落地操作	3			
2	专业技能能力	□ 2.1 能正确从车上拆卸电机控制器总成	5		25	
		□ 2.2 能正确分解电机控制器总成	5			
		□ 2.3 能正确拆卸和检测控制板	5			
		□ 2.4 能正确拆卸和检测驱动板	5			
		□ 2.5 能正确拆卸和检测 IGBT 模块	5			
3	工具及设备的使用能力	□ 3.1 能正确进行车辆高压下电	5		25	
		□ 3.2 能正确使用套装工具拆卸电机控制器	5			
		□ 3.3 能正确使用万用表和示波器检测控制板	5			
		□ 3.4 能正确使用万用表和示波器检测驱动板	5			
		□ 3.5 能正确使用万用表检测 IGBT 模块	5			
4	资料信息查询能力	□ 4.1 能正确查阅和分析控制板电路图	3		15	
		□ 4.2 能正确查阅和分析驱动板电路图	3			
		□ 4.3 能正确查阅和分析控制板各元器件信息	3			
		□ 4.4 能正确查阅和分析驱动板各元器件信息	3			
		□ 4.5 能正确查阅和分析 IGBT 模块管脚说明	3			
5	数据判断和分析能力	□ 5.1 能正确分析控制板有无故障	3		15	
		□ 5.2 能正确分析驱动板有无故障	3			
		□ 5.3 能正确检测控制板元件有无故障	3			
		□ 5.4 能正确检测驱动板元件有无故障	3			
		□ 5.5 能正确分析 IGBT 模块故障	3			
6	表单填写和报告撰写能力	□ 6.1 字迹清晰	1		5	
		□ 6.2 语句通顺	1			
		□ 6.3 无错别字	1			
		□ 6.4 无涂改	1			
		□ 6.5 无抄袭	1			
合计扣分						

3.1.2 任务实施配分评分表　　比亚迪秦 EV 驱动电机控制器故障诊断　　教师评分

班级		组号		小组成员		
自评	□熟练　□不熟练 □合格　□不合格	考核日期		教师签名		

评分细则（满分100分）							
序号	评分项	得分条件		分值	评分标准	配分	扣分
1	安全/7S/态度	□ 1.1 能进行工位 7S 操作		3	依据得分条件进行评分，未按要求完成的，在□内画 × 并扣除对应分数	15	
		□ 1.2 能进行设备和工具安全检查		3			
		□ 1.3 能进行车辆安全防护操作		3			
		□ 1.4 能进行工具清洁、校准和存放操作		3			
		□ 1.5 能进行三不落地操作		3			
2	专业技能能力	□ 2.1 能正确检测辅助蓄电池电压		5		25	
		□ 2.2 能正确连接车辆与故障诊断仪的通信		5			
		□ 2.3 能正确使用故障诊断仪读取故障码		5			
		□ 2.4 能正确理解故障诊断仪故障码的释义		5			
		□ 2.5 能正确根据故障码的释义分析和查找故障点		5			
3	工具及设备的使用能力	□ 3.1 能正确进行车辆高压下电		5		25	
		□ 3.2 能正确使用万用表检测辅助蓄电池电压		5			
		□ 3.3 能正确连接车辆与故障诊断仪的通信		5			
		□ 3.4 能正确使用故障诊断仪读取故障码		5			
		□ 3.5 能正确根据故障码的释义分析和查找故障点		5			
4	资料信息查询能力	□ 4.1 能正确查阅和抄写车辆铭牌信息		3		15	
		□ 4.2 能正确查阅和抄写车辆 VIN		3			
		□ 4.3 能正确查阅维修手册故障码表		3			
		□ 4.4 能正确查阅维修手册故障码检修流程		3			
		□ 4.5 能正确分析故障诊断仪数据流		3			
5	数据判断和分析能力	□ 5.1 能正确判断故障诊断仪与车辆通信是否正常		3		15	
		□ 5.2 能正确分析当前故障码		3			
		□ 5.3 能正确利用维修手册故障码诊断流程查找车辆故障点		3			
		□ 5.4 能正确利用故障码判断故障是否排除		3			
		□ 5.5 能正确利用数据流判断故障是否排除		3			
6	表单填写和报告撰写能力	□ 6.1 字迹清晰		1		5	
		□ 6.2 语句通顺		1			
		□ 6.3 无错别字		1			
		□ 6.4 无涂改		1			
		□ 6.5 无抄袭		1			
		合计扣分						

3.2 任务实施配分评分表		比亚迪秦 EV 整车控制器故障诊断			教师评分		
班级			组号		小组成员		
自评	□熟练 □不熟练 □合格 □不合格			考核日期		教师签名	
评分细则（满分 100 分）							
序号	评分项	得分条件	分值	评分标准		配分	扣分
1	安全 /7S/ 态度	□ 1.1 能进行工位 7S 操作	3	依据得分条件进行评分，未按要求完成的，在□内画 × 并扣除对应分数		15	
		□ 1.2 能进行设备和工具安全检查	3				
		□ 1.3 能进行车辆安全防护操作	3				
		□ 1.4 能进行工具清洁、校准和存放操作	3				
		□ 1.5 能进行三不落地操作	3				
2	专业技能能力	□ 2.1 能正确检测辅助蓄电池电压	5			25	
		□ 2.2 能正确连接车辆与故障诊断仪的通信	5				
		□ 2.3 能正确使用故障诊断仪读取故障码	5				
		□ 2.4 能正确理解故障诊断仪故障码的释义	5				
		□ 2.5 能正确根据故障码的释义分析和查找故障点	5				
3	工具及设备的使用能力	□ 3.1 能正确进行车辆高压下电	5			25	
		□ 3.2 能正确使用万用表检测辅助蓄电池电压	5				
		□ 3.3 能正确连接车辆与故障诊断仪的通信	5				
		□ 3.4 能正确使用故障诊断仪读取故障码	5				
		□ 3.5 能正确根据故障码的释义分析和查找故障点	5				
4	资料信息查询能力	□ 4.1 能正确查阅和抄写车辆铭牌信息	3			15	
		□ 4.2 能正确查阅和抄写车辆 VIN	3				
		□ 4.3 能正确查阅维修手册故障码表	3				
		□ 4.4 能正确查阅维修手册故障码检修流程	3				
		□ 4.5 能正确分析故障诊断仪数据流	3				
5	数据判断和分析能力	□ 5.1 能正确判断故障诊断仪与车辆通信是否正常	3			15	
		□ 5.2 能正确分析当前故障码	3				
		□ 5.3 能正确利用维修手册故障码诊断流程查找车辆故障点	3				
		□ 5.4 能正确利用故障码判断故障是否排除	3				
		□ 5.5 能正确利用数据流判断故障是否排除	3				
6	表单填写和报告撰写能力	□ 6.1 字迹清晰	1			5	
		□ 6.2 语句通顺	1				
		□ 6.3 无错别字	1				
		□ 6.4 无涂改	1				
		□ 6.5 无抄袭	1				
合计扣分							

4.1 任务实施配分评分表		比亚迪秦EV电驱热管理系统部件检测与更换		教师评分		
班级		组号		小组成员		
自评	□熟练 □不熟练 □合格 □不合格	考核日期		教师签名		

评分细则（满分100分）

序号	评分项	得分条件	分值	评分标准	配分	扣分
1	安全/7S/态度	□ 1.1 能进行工位7S操作	3	依据得分条件进行评分，未按要求完成的，在□内画×并扣除对应分数	15	
		□ 1.2 能进行设备和工具安全检查	3			
		□ 1.3 能进行车辆安全防护操作	3			
		□ 1.4 能进行工具清洁、校准和存放操作	3			
		□ 1.5 能进行三不落地操作	3			
2	专业技能能力	□ 2.1 能正确检测膨胀水箱盖	5		30	
		□ 2.2 能正确检测膨胀水箱	5			
		□ 2.3 能正确检测冷却液	5			
		□ 2.4 能正确进行冷却液的更换	5			
		□ 2.5 能正确进行散热器和风扇的更换	5			
		□ 2.6 能正确进行电动水泵的更换	5			
3	工具及设备的使用能力	□ 3.1 能正确进行车辆高压下电	4		20	
		□ 3.2 能正确使用压力测试仪检测膨胀水箱和膨胀水箱盖	4			
		□ 3.3 能正确使用冰点仪检测冷却液冰点	4			
		□ 3.4 能正确使用套装工具进行部件更换	4			
		□ 3.5 能正确结合使用故障诊断仪进行排气	4			
4	资料信息查询能力	□ 4.1 能正确查阅和抄写车辆铭牌信息	3		15	
		□ 4.2 能正确查阅和抄写车辆VIN	3			
		□ 4.3 能正确查阅和抄写零件厂家编码	3			
		□ 4.4 能正确查阅维修手册操作流程	3			
		□ 4.5 能正确查阅维修手册紧固件规定紧固力矩	3			
5	数据判断和分析能力	□ 5.1 能正确判断冷却液液位是否正常	3		15	
		□ 5.2 能正确判断冷却液冰点是否正常	3			
		□ 5.3 能正确判断冷却风扇和散热器工作是否正常	3			
		□ 5.4 能正确判断冷却水泵工作是否正常	3			
		□ 5.5 能正确判断冷却系统是否存在泄漏故障	3			
6	表单填写和报告撰写能力	□ 6.1 字迹清晰	1		5	
		□ 6.2 语句通顺	1			
		□ 6.3 无错别字	1			
		□ 6.4 无涂改	1			
		□ 6.5 无抄袭	1			
合计扣分						

4.2 任务实施配分评分表　　2019款比亚迪e5 CAN通信故障诊断　　教师评分

班级		组号		小组成员		
自评	□熟练　□不熟练 □合格　□不合格	考核日期			教师签名	

评分细则（满分100分）

序号	评分项	得分条件	分值	评分标准	配分	扣分
1	安全/7S/态度	□ 1.1 能进行工位7S操作	3	依据得分条件进行评分，未按要求完成的，在□内画×并扣除对应分数	15	
		□ 1.2 能进行设备和工具安全检查	3			
		□ 1.3 能进行车辆安全防护操作	3			
		□ 1.4 能进行工具清洁、校准和存放操作	3			
		□ 1.5 能进行三不落地操作	3			
2	专业技能能力	□ 2.1 能正确使用故障诊断仪进行故障诊断	5		25	
		□ 2.2 能正确使用万用表检测总线信号电压	5			
		□ 2.3 能正确使用示波器观察总线信号波形	5			
		□ 2.4 能正确分析故障原因	5			
		□ 2.5 能正确查找故障点	5			
3	工具及设备的使用能力	□ 3.1 能正确使用故障诊断仪	5		25	
		□ 3.2 能正确使用万用表	5			
		□ 3.3 能正确使用示波器	5			
		□ 3.4 能正确使用套装工具拆卸零部件	5			
		□ 3.5 能正确使用绝缘工具拆卸高压部件	5			
4	资料信息查询能力	□ 4.1 能正确查阅维修手册	3		15	
		□ 4.2 能正确查阅电路图	3			
		□ 4.3 能正确解读故障诊断仪数据流和故障码	3			
		□ 4.4 能正确查阅万用表使用说明书	3			
		□ 4.5 能正确查阅示波器使用说明书	3			
5	数据判断和分析能力	□ 5.1 能正确解读故障诊断仪数据流和故障码	3		15	
		□ 5.2 能正确判断总线信号电压数据	3			
		□ 5.3 能正确判断总线信号波形是否正常	3			
		□ 5.4 能正确利用故障波形分析故障原因	3			
		□ 5.5 能综合判断故障原因和位置	3			
6	表单填写和报告撰写能力	□ 6.1 字迹清晰	1		5	
		□ 6.2 语句通顺	1			
		□ 6.3 无错别字	1			
		□ 6.4 无涂改	1			
		□ 6.5 无抄袭	1			
		合计扣分				

1.1 学习任务单	新能源汽车高压系统基本组成认知	评分	
班级	姓名	学号	日期

一、填空题（每空1分，共20分）　　　　　　　　　　　　　　　　　　　　本题得分

1. 新能源汽车核心技术"三电"指的是_____、_____和_____。
2. 新能源汽车高压部件通常有两种警告标记方法，即_____标记和_____标记，高压线束都采用_____色作为颜色标记。
3. 大多数新能源汽车使用锂离子蓄电池作为动力蓄电池，主要包括_____电池和_____电池，单体标称电压分别为_____V和_____V。
4. 动力蓄电池包的密封防护等级为_____及以上。
5. 新能源汽车驱动电机的两个主要特点是_____和_____。目前，大多数新能源汽车驱动电机主要采用_____电机。
6. 蓄电池管理系统的控制中心是_____，电驱系统的控制中心是_____。
7. 直流电压变换器简称为_____，车载充电机简称为_____。
8. 新能源汽车的充电接口包括_____和_____两种。

二、判断题（每小题1分，共15分）　　　　　　　　　　　　　　　　　　　本题得分

1. 所有高压部件包括壳体均与车身底盘搭铁进行电气隔离。（　　）
2. 新能源汽车通常用红色作为颜色警告标记。（　　）
3. 目前，大多数混合动力汽车和纯电动汽车使用镍氢电池作为动力蓄电池。（　　）
4. 动力蓄电池采样电路须对每个单体逐个进行电压采样和温度采样。（　　）
5. 驱动电机既可以用作电动机，也可以用作发电机。（　　）
6. 新能源汽车不能用三相交流异步感应电机作为发电机使用来进行能量回收。（　　）
7. 电机控制器是电驱系统的控制中心。（　　）
8. 蓄电池管理器是蓄电池管理系统的控制中心。（　　）
9. 目前，新能源汽车仍在使用传统的12V交流发电机作为低压电源。（　　）
10. 新能源汽车动力蓄电池在进行快充时需使用车载充电机为其充电。（　　）
11. 高压配电盒是新能源汽车高压电气系统的枢纽中心，其主要作用是为高压用电设备分配电源。（　　）
12. 新能源汽车高压线束都采用橙色作为颜色警告标记。（　　）
13. DC/DC变换器的主要功能是将高压直流电转换成低压直流电。（　　）
14. 车载充电机是一种将交流电变换为直流电的车载整流装置。（　　）
15. 新能源汽车空调压缩机都是由电机驱动的，所以称为电动压缩机。（　　）

三、单选题（每小题5分，共35分）　　　　　　　　　　　　　　　　　　　本题得分

1. 下列属于新能源汽车高压电气系统高压部件警告色的是（　　）。
　A. 红色　　　　　　B. 黑色　　　　　　C. 橙色　　　　　　D. 蓝色
2. 下列不属于新能源汽车动力蓄电池的是（　　）。
　A. 三元锂离子蓄电池　　　　　　　　　B. 铅酸蓄电池
　C. 磷酸铁锂离子蓄电池　　　　　　　　D. 镍氢电池
3. 三元锂离子蓄电池单体标称电压为（　　）。
　A. 3.6V　　　　　　B. 3.2V　　　　　　C. 1.2V　　　　　　D. 1.5V
4. 磷酸铁锂离子蓄电池单体标称电压为（　　）。
　A. 3.6V　　　　　　B. 3.2V　　　　　　C. 1.2V　　　　　　D. 1.5V
5. 镍氢电池单体标称电压为（　　）。
　A. 3.6V　　　　　　B. 3.2V　　　　　　C. 1.2V　　　　　　D. 1.5V
6. 目前，绝大多数新能源汽车主要采用（　　）作为驱动电机。
　A. 三相交流异步感应电机　　　　　　　B. 三相交流永磁同步电机
　C. 直流电机　　　　　　　　　　　　　D. 开关磁阻电机
7. 下列不属于电机控制器另外名称的是（　　）。
　A. 逆变器　　　　　B. 变频器　　　　　C. 直流变换器　　　D. 电力电子模块

（续）

四、多选题（每小题5分，共30分）　　　　　　　　　　　　　　　　　　　　　本题得分

1. 下列属于新能源汽车高压电气系统部件的有（　　　）。
   A. 动力蓄电池　　　　B. 驱动电机　　　　　　C. 电机控制器　　　　D. DC/DC 变换器
   E. 车载充电机　　　　F. PTC 加热器

2. 与磷酸铁锂离子蓄电池、镍氢电池相比，下列属于三元锂离子蓄电池性能优点的是（　　　）。
   A. 能量密度高　　　　B. 能量密度低　　　　　C. 单体电压高　　　　D. 单体电压低
   E. 安全性好　　　　　F. 使用寿命长

3. 与三元锂离子蓄电池、镍氢电池相比，下列属于磷酸铁锂离子蓄电池性能特点的是（　　　）。
   A. 能量密度高　　　　B. 能量密度低　　　　　C. 单体电压高　　　　D. 单体电压低
   E. 安全性好　　　　　F. 使用寿命长

4. 蓄电池检测模块（或信息采集器）的主要功能是（　　　）。
   A. 蓄电池单体电压采样　　　　B. 泄放　　　　　　　　C. 温度采样
   D. 蓄电池均衡　　　　　　　　E. 漏电检测　　　　　　F. 采样线异常检测

5. 蓄电池管理控制器的主要功能是（　　　）。
   A. 实现充/放电管理　　　　　　　　　　　B. 接触器控制
   C. 功率控制　　　　　　　　　　　　　　D. 动力蓄电池异常状态报警和保护
   E. SOC/SOH 计算　　　　　　　　　　　　F. 自检以及通信功能

6. 下列属于电机控制器另外名称的有（　　　）。
   A. 逆变器　　　　　　B. 电机控制单元　　　　C. 电机控制模块
   D. 变频器　　　　　　E. 电机控制系统　　　　F. 电力电子模块

1.2 学习任务单		高压线束检测				评分	
班级		姓名		学号		日期	

一、填空题（每空1分，共20分）　　　　　　　　　　　　　　　　　　　　本题得分

1. 高压线束由_____和_____两部分构成，是一个完整不可分割的总成组件。
2. 新能源汽车高压线束多采用_____型铜质单芯绝缘线缆，线缆的截面为圆形，其护套颜色为_____色。
3. 高压线束与高压总成之间的连接方式有_____连接和_____连接两种。
4. 高压互锁可使用_____信号来监视高压回路的_____、_____。
5. 高压插接器密封防护等级一般要求至少达到_____及以上。
6. IP等级由两位数字组成，第1位数字表示_____等级，第2位数字表示_____等级。
7. 导致高压插接器自身发热的主要原因是插合接触件的_____过大而引起的功耗发热。
8. 高压插接器母端子结构上主要有_____式、_____式、_____式等类型。
9. 高压插接器裸露的公端子采用深埋式结构，端子周围加绝缘材料，高出端子高度部分加塑料帽，为_____设计。
10. 高压插接器端子一般选择接触电阻较低的_____作为镀层。
11. 插接器的壳体主要包括_____装置和_____装置。

二、判断题（每小题1分，共20分）　　　　　　　　　　　　　　　　　　　本题得分

1. 高压线缆不允许与车身相连接，否则容易引起触电事故。（　　）
2. 高压线束多采用非屏蔽型单芯高压线缆。（　　）
3. 高压线缆的屏蔽层须通过插接器连接到总成的壳体，再与车身进行搭铁连接。（　　）
4. 高压互锁回路是一个环形闭合回路，所以也可以称为环形线，或者称为安全线。（　　）
5. 有些品牌车型的手动维修开关是通过断开互锁线的方式来禁止高压上电的，称作连锁塞或安全塞。（　　）
6. 高压互锁可以作为整车盖板打开的检测方法，也可以作为维修开关来使用。（　　）
7. 高压插接器密封防护等级一般要求至少达到IP78。（　　）
8. 因为高压线束的线缆内部有互锁线，所以拔掉高压插接器时互锁线会断开，从而切断高压输出。（　　）
9. 在车辆检修时，高压插接器允许带电拔插。（　　）
10. 拔高压插接器时，可以晃动和有回插动作，不会出现电弧使端子烧蚀。（　　）
11. 若使用或维护不当，高压插接器端子局部镀层将磨损严重，出现"漏铜"现象，不会导致接触电阻变大。（　　）
12. 高压维修开关是通过手动的方式直接断开动力蓄电池包内部高压电路，从而切断高压系统的电源输出。（　　）
13. 在新能源车辆进行大的检修、维护或更换其核心部件涉及高压部分时，不需拔掉MSD维修开关插头。（　　）
14. 高压维修开关具备通用性。（　　）
15. 高压维修开关对插拔次数没有特殊要求，与其他类型的高压插接器无异。（　　）
16. 高压维修开关实际上不是一个高压开关，而是一个高压插接器。（　　）
17. 拆卸高压组件前，必须先断开高压互锁装置，由蓄电池管理系统、ECU执行检测和控制并进行高压下电后才可执行拆卸操作。（　　）
18. 互锁信号是高电压，检测时需特别注意。（　　）
19. 高压线束如果出现漏电、短路、断路等故障，经过维修可以继续使用。（　　）
20. 高压插接器端子出现烧蚀和锈蚀等情况，经过打磨可以继续使用。（　　）

三、单选题（每小题3分，共15分）　　　　　　　　　　　　　　　　　　　本题得分

1. 下列不属于新能源汽车高压主回路部分的是（　　）。
A. 高压电源　　　　B. 高压负载　　　　C. 互锁线　　　　D. 高压线束
2. 导致高压插接器漏电的原因是（　　）。
A. 互锁端子未连接　B. 锁止机构未锁止　C. 屏蔽罩未搭铁　D. 壳体破损
3. 构成高压主回路的是高压插接器的（　　）。
A. 屏蔽罩　　　　　B. 互锁端子　　　　C. 高压端子　　　D. 锁止结构
4. 下列不属于高压线缆结构的是（　　）。
A. 屏蔽层　　　　　B. 绝缘层　　　　　C. 线芯导体　　　D. 互锁线
5. 下列有关高压线束维修说法正确的是（　　）。
A. 高压线束如果出现漏电、短路、断路等故障，经过维修可以继续使用
B. 高压插接器端子出现烧蚀、锈蚀等情况，经过打磨可以继续使用
C. 必须更换
D. 更换新的高压线束只要插接器适配就可以代用

(续)

四、多选题（每小题 5 分，共 25 分）

1. 新能源汽车高压主回路由（　　）组成。
   A. 高压电源　　　　　B. 互锁线　　　　　　C. 高压负载　　　　　D. CAN 总线
   E. 控制保护装置　　　F. 高压线束

2. 高压线束由（　　）构成。
   A. 高压线缆　　　　　B. 互锁线　　　　　　C. 高压插接器　　　　D. 采样线
   E. 粘连检测线　　　　F. 搭铁线

3. 下列属于高压插接器的安全防护措施的是（　　）。
   A. 绝缘　　　　　　　B. 防呆　　　　　　　C. 防触指　　　　　　D. 高压互锁
   E. 密封防护　　　　　F. 电磁兼容性

4. 下列是高压插接器产生接触电阻原因的是（　　）。
   A. 线缆的线径　　　　　　　　B. 线缆与端子的压接　　　　　　C. 端子之间的接触面积
   D. 端子结构　　　　　　　　　E. 端子漏铜锈蚀　　　　　　　　F. 端子镀层

5. 下列关于手动维修开关说法正确的有（　　）。
   A. 维修开关从结构上来说实际上是一个高压插接器
   B. 手动维修开关内部有高压端子，直接控制动力蓄电池包内部高压导线的连接，在高压系统工作时起桥接电流的作用，是高压回路的一部分
   C. 手动维修开关直接断开动力蓄电池包内部高压电路，切断高压系统的电源输出
   D. 拔下维修开关时，高压线束上的高压立刻消失
   E. 插座内部有互锁线或有控制互锁回路通断的开关，拔下维修开关插头时，能够使高压下电
   F. 手动维修开关不具备通用性，不同品牌的手动维修开关是配套选择使用，且对插拔次数要求比较少

五、简答题（每小题 5 分，共 20 分）

1. 什么是高压插接器的安全防护？

2. 什么是高压互锁（简称为 HVIL）？

3. IP67 的含义是什么？

4. 什么是电磁兼容性（简称为 EMC）？

1.3 学习任务单		高压互锁检测		评分	
班级		姓名		学号		日期	

一、填空题（每空1分，共15分）　　本题得分

1. 高压互锁是利用低压电气信号来监视高压回路的_____和_____。
2. 高压互锁系统简称_____，是通过使用_____来检查新能源汽车上所有与高压线束相连的各组件，检测各个高压系统回路的电气连接_____及_____，以确保行车安全和维修人员的人身安全。
3. 高压互锁回路的监测信号有_____和_____的电平信号和_____信号3种。
4. 高压互锁装置在结构设计上一般有内置式和外置式两种，外置式互锁装置是在高压线束外单独设置互锁线，通常是在高压插接器外部设置一个_____，内置式互锁装置是在高压线束插接器插头内设置_____和_____。
5. 高压互锁故障的控制策略主要包括_____、_____和_____3种。

二、判断题（每小题1分，共20分）　　本题得分

1. 检测高压线束插接器松脱，并给整车控制器提供报警信息，整车高压系统立即下电。（　　）
2. 在车辆上电之前，若通过互锁线检测到高压主回路不完整，高压系统能上高压电。（　　）
3. 手动高压维修开关被设计为在拔掉维修开关之前，要先切断互锁回路。（　　）
4. 高压互锁也可以作为高压部件总成盖板打开的检测方式。（　　）
5. 高压互锁可用于监测控制器低压控制电路的完整性，来提高高压系统的安全性和可靠性。（　　）
6. 高压互锁回路是一个环形闭合回路。（　　）
7. 高压互锁回路的检测原理是使用高压电气信号进行检测的。（　　）
8. 内置式高压互锁装置是在高压线束插接器插头内设置一根短路线和两个互锁端子来连接互锁线的。（　　）
9. 有些外置式高压互锁装置是在高压插接器外部设置一个互锁插接器，两个插接器进行位置锁止，要把互锁插接器插头拔掉后才能把高压插接器锁止装置解锁，然后拔下高压插接器。（　　）
10. 在进行高压互锁回路检修时，只检查互锁线是否断路就可以了，不需要检查是否短路。（　　）
11. 高压互锁回路只由其中的一个控制器发出检测信号，并须返回该控制器从而构成环形回路，其他检测环节（包括控制器和互锁线）均应处于导通（即短路）状态。（　　）
12. 互锁监测采用PWM信号监测比采用5V或12V的电平监测可靠性要高。（　　）
13. 高压线缆内部可以设有互锁线。（　　）
14. 拔插高压插接器时，低压互锁监测回路要比高压主回路先断开、后接通一定时长。（　　）
15. 在检修高压互锁回路故障时，维修人员可以在高压插接器拔掉后，用一根短路线将互锁端子短接，替代插头里的短路线，给ECU一个"假"连接信号，可以强制车辆进行高压上电。（　　）
16. 检修高压互锁回路时，要考虑高压互锁装置接触电阻及线束回路电阻的影响。（　　）
17. 高压互锁回路故障时，仪表故障警告灯一定会亮。（　　）
18. 车辆在停止状态时，若高压互锁系统出现故障，高压是不能上电的。（　　）
19. 车辆在行驶过程中，若高压互锁系统出现故障，控制系统不会马上切断高压电源，车辆不会立刻失去动力。（　　）
20. 高压互锁可以检测高压线缆的断路。（　　）

三、单选题（每小题5分，共20分）　　本题得分

1. 下列关于高压互锁说法错误的是（　　）。
A. 只要出现高压互锁故障警告信息，表示车辆高压系统一定出现了故障，控制系统会立刻进行高压下电
B. 高压互锁使用低压电气信号来监视高压回路的完整性、连续性
C. 高压互锁可以作为高压部件总成盖板打开的检测方式，用来监测所有高压部件保护盖是否非法开启
D. 部品品牌车型甚至可以用于监测控制器的低压控制电路的完整性，来提高高压系统的安全性和可靠性
2. 拔下高压插接器时，互锁端子比高压端子（　　）断开。
A. 先　　　　　　　B. 后　　　　　　　C. 同时　　　　　　　D. 不确定
3. 下列不属于高压互锁控制策略的是（　　）。
A. 故障警告　　　　B. 切断高压电源　　　C. 故障等级评估　　　D. 限功率运行
4. 下列关于高压互锁回路特点说法错误的是（　　）。
A. 高压互锁线回路是一个环形闭合回路
B. 互锁回路只由其中的一个控制器发出检测信号，并须返回该控制器，从而构成环形回路
C. 电平信号检测互锁回路末端直接搭铁
D. PWM信号检测互锁回路末端直接搭铁

（续）

四、多选题（每小题5分，共15分）

1. 下列关于高压互锁回路的作用说法正确的有（　　）。
   A. 检测高压插接器是否松脱　　B. 高压系统上、下电控制　　C. 高压总成开盖检测
   D. 防止高压插接器端子烧蚀　　E. 控制接触器吸合　　F. 控制电机起动
2. 下列属于高压互锁回路主要采用的低压电气信号的有（　　）。
   A. 12V电平信号　　B. 5V电平信号　　C. 2.5V电平信号　　D. 正弦信号
   E. 余弦信号　　F. PWM信号
3. 下列属于高压互锁回路主要检测项目的是（　　）。
   A. 高压线束各插接器是否松脱　　B. 高压总成是否开盖　　C. 手动维修开关是否拔掉
   D. 高压线束是否存在断路　　E. 高压总成内部接线排是否连接　　F. 熔丝是否熔断

五、简答题（每小题10分，共30分）

1. 简述高压互锁的作用。

2. 简述互锁端子检测高压插接器松脱的检测原理。

3. 什么是功率受限？

1.4 学习任务单	绝缘检测	评分	
班级	姓名	学号	日期

一、填空题（每空 1 分，共 15 分）   本题得分

1. "漏电"实际上是指电气设备的绝缘电阻变_____。
2. 一般新能源汽车高压系统对绝缘电阻值的基本要求是要大于_____ Ω/V。
3. 三相交流电力系统分为 TT、TN 和 IT 电网，第一个字母说明的是_____，第二个字母说明的是_____。"T"表示_____，"N"表示_____。
4. 新能源汽车高压系统采用的是_____供电系统。
5. 根据 GB/T 18488 要求，新能源汽车高压电气设备壳体与车身地之间的接地电阻不应大于_____ Ω，需使用_____进行检测。
6. 新能源汽车为防止高压部件壳体与车身之间出现较大的接地电阻，须对关键高压部件的壳体进行 0 电位补偿，即将高压部件壳体使用一根_____与车身地连接在一起，使壳体也成为 0 等位体。
7. 一般厂家对新能源汽车高压系统绝缘电阻值的评估和控制策略是：100 Ω/V<R<500 Ω/V 为_____报警，车辆可继续行驶，高压不下电；R<100 Ω/V 为_____报警，行车中若发生严重漏电故障报警，车辆会立刻高压下电而失去动力。
8. 漏电传感器即_____。
9. 比亚迪秦是通过一个漏电传感器检测动力蓄电池包高压母线负极与车身地之间的绝缘电阻值来判断动力蓄电池包及高压部件漏电程度的，负极与车身地之间的绝缘电阻值_____为一般漏电，_____为严重漏电。

二、判断题（每小题 1 分，共 20 分）   本题得分

1. "漏电"实际上是指电气设备的绝缘电阻变大。（　　）
2. 电气设备一旦"漏电"，触摸时一定会导致人体触电。（　　）
3. 一般新能源汽车高压系统对绝缘电阻值的基本要求是要大于 500 Ω/V。（　　）
4. 新能源汽车高压系统可以采用 TT 或 TN 供电系统。（　　）
5. 新能源汽车高压供电系统没有容错能力，即当高压系统一旦漏电，保护装置会立刻切断高压电路。（　　）
6. 新能源汽车高压系统一旦漏电，不一定导致人体触电，但会增大触电风险。（　　）
7. 新能源汽车高压电气设备壳体必须接地，且不允许利用车身作为高压电流的回路。（　　）
8. 当高压电路出现漏电故障时，若电气设备壳体等电位线接地电阻过大，漏电传感器会无法识别漏电故障。（　　）
9. 实际上新能源汽车绝缘监测电路就是通过漏电传感器检测高压电路与车身地之间的绝缘电阻。（　　）
10. 新能源汽车在高压上电时，绝缘监测电路只检测一次绝缘电阻值就够了。（　　）
11. 漏电传感器只能判断高压系统是否漏电，但不能判断具体漏电部位，车辆一旦出现绝缘故障，需要维修人员借助于检测仪器进行检测，查找出故障部位并进行维修。（　　）
12. 数字式绝缘电阻表测试时不会产生高电压，测试时不需要佩戴绝缘手套。（　　）
13. 一般厂家对新能源汽车高压系统绝缘电阻值的评估和控制策略是：100 Ω/V<R<500 Ω/V 为一般漏电报警，车辆可继续行驶，高压不下电。（　　）
14. 一般厂家对新能源汽车高压系统绝缘电阻值的评估和控制策略是：R<100 Ω/V 为严重漏电报警，行车中若发生严重漏电故障报警，车辆会立刻高压下电而失去动力。（　　）
15. 不允许使用数字式绝缘电阻表直接检测动力蓄电池的绝缘电阻值。（　　）
16. 新能源汽车高压回路和低压回路之间没有电路上的连接，所以高压导线和车身地之间的电压为 0。（　　）
17. 对于除动力蓄电池以外的其他高压部件可直接使用绝缘电阻表进行检测。（　　）
18. 动力蓄电池的绝缘电阻值应该通过测量电压计算出绝缘电阻值的方法来检测，而不应该直接使用绝缘电阻表检测。（　　）
19. 检测完高压部件的绝缘电阻后应对高压部件进行放电。（　　）
20. 选择绝缘电阻表量程只要稍高于高压部件的工作电压即可，量程电压不宜过高。（　　）

三、单选题（每小题 4 分，共 20 分）   本题得分

1. 通常，新能源汽车高压系统对绝缘电阻值的基本要求是要大于（　　）。
   A. 100 Ω/V　　B. 200 Ω/V　　C. 300 Ω/V　　D. 500 Ω/V
2. 新能源汽车高压系统采用的是（　　）供电系统。
   A. TT　　B. TN　　C. IT　　D. NT
3. 下列属于新能源汽车高压直流供电系统特点的有（　　）。
   A. 双线制　　B. 单线制　　C. 正极搭铁　　D. 负极搭铁

(续)

4. 一般新能源汽车是依据绝缘电阻值 R 的大小来对绝缘故障等级进行评估的，下列符合一般绝缘故障评估标准的是（　　）。
   A. $R<100\Omega/V$　　B. $100\Omega/V<R<500\Omega/V$　　C. $R>200\Omega/V$　　D. $R>500\Omega/V$

5. 一般新能源汽车是依据绝缘电阻值 R 的大小来对绝缘故障等级进行评估的，下列符合严重绝缘故障评估标准的是（　　）。
   A. $R<100\Omega/V$　　B. $100\Omega/V<R<500\Omega/V$　　C. $R>200\Omega/V$　　D. $R>500\Omega/V$

四、多选题（每小题 5 分，共 25 分）　　　　　　　　　　　　　　　　　　本题得分

1. 下列属于新能源汽车高压系统绝缘故障控制策略的是（　　）。
   A. 一般故障降功率运行　　　　　B. 严重故障车辆停止运行　　　　C. 严重故障高压下电
   D. 车辆正常行驶　　　　　　　　E. 故障警告　　　　　　　　　　F. 禁止充电

2. 下列关于三相交流电力系统说法正确的有（　　）。
   A. "TT" 系统是指变压器二次侧输出的中线 N 和三相负载的壳体均接地
   B. "TN" 系统是指变压器二次侧输出的中线 N 接地，而三相负载的壳体接中线
   C. "IT" 系统是指变压器二次侧输出的中线 N 不接地，而三相负载的壳体接地
   D. "IT" 系统的第一个字母 "I" 说明系统可以通过漏电保护电路监测电力电网与地之间的绝缘电阻
   E. 新能源汽车三相交流电机供电可以采用 "TT" 或 "TN" 系统
   F. 新能源汽车三相交流电机电源必须接中线 N，且壳体可以不接地

3. 下列属于新能源汽车高压电网特点的有（　　）。
   A. 高压系统与低压系统是两个相互独立运行的系统，系统间没有电源电压的干涉
   B. 高压系统与车身地之间有良好绝缘
   C. 当高压电路出现轻微漏电故障时，高电压不会窜入低压系统的回路而产生干扰和危险，且车辆仍能够继续行驶
   D. 当高压电路出现漏电故障时，若电气设备壳体不接地或接地电阻过大，漏电传感器会无法识别漏电故障
   E. 因高压系统与低压系统是两个相互独立运行的系统，高压系统和低压系统之间不需进行电压隔离
   F. 新能源汽车对高压部件壳体与车身地之间的接触电阻值大小没有要求

4. 下列有关数字式绝缘电阻表使用注意事项要求正确的有（　　）。
   A. 严禁使用绝缘电阻表的绝缘电阻档测量动力蓄电池及模块正、负极之间的电阻
   B. 严禁使用绝缘电阻表的绝缘电阻档测量辅助蓄电池正、负极之间的电阻
   C. 严禁使用绝缘电阻表的绝缘电阻档测量控制单元的绝缘电阻值
   D. 电压量程的选择应稍大于被测设备的额定工作电压，不宜过高
   E. 绝缘检测必须穿戴绝缘防护套装
   F. 允许带电测量，可直接检测动力蓄电池的绝缘电阻值

5. 当高压电路对高压总成壳体出现漏电故障时，若壳体不接地或电位补偿线接地电阻过大，会导致的后果是（　　）。
   A. 壳体电位被抬高，成为高压带电体，增大触电风险　　B. 漏电传感器能够检测电位补偿线的接地电阻
   C. 漏电传感器会无法识别漏电故障　　　　　　　　　　D. 高压系统的屏蔽作用会被削弱甚至失去
   E. 高压下电，车辆无法行驶　　　　　　　　　　　　　F. 禁止充电

五、简答题（每小题 5 分，共 20 分）　　　　　　　　　　　　　　　　　　本题得分

1. 什么是绝缘电阻？

2. 什么是漏电？

3. 简述新能源汽车高压电网的主要特点。

4. 简述新能源汽车绝缘故障的控制策略。

1.5 学习任务单	高压供电控制系统检测	评分	
班级	姓名	学号	日期

一、填空题（每空1分，共20分）　　　　　　　　　　　　　　　　　　　　　本题得分

1. 新能源汽车高压供电控制系统即蓄电池管理系统，简称_____。
2. SOC即动力蓄电池的_____。
3. 蓄电池管理系统的应用环境管理实际上指的是_____。
4. 动力蓄电池最严重的故障就是_____。
5. 动力蓄电池单体均衡包括_____和_____。
6. 高压接触器也称为_____，作用是用低电压、小电流来控制高电压、大电流的输出，相当于一个_____的作用，同时具有_____作用，防止高电压串入低压回路。
7. 高压接触器的检测主要包括_____检测和_____检测。
8. 高压熔断器的作用是_____。
9. 高压上电时预充电阻起_____作用，延长了电容器充电时间，避免了高压系统高压上电时引起的高电压、大电流的冲击，起到了缓冲的作用。
10. 高压接触器触点粘连检测实际上是在车辆进行高压上电和退电时，通过检测触点的_____来进行检测的。
11. 高压上电的目的是_____，相当于传统燃油汽车的发动机起动。
12. 为缓解高压上电对高压系统的冲击，新能源汽车在高压上电时，均设置有_____环节。
13. 当_____检测到母线上的电压与动力蓄电池包电压相差达到一定范围时，通过CAN通信向_____反馈一个_____信号，蓄电池管理器收到预充满信号后再控制主接触器吸合，同时仪表OK（或READY）灯亮，预充完成。
14. 新能源车辆在执行高压下电程序时，电机控制器要对预充电容进行_____，以便把电容器在上电时储存的电能泄放掉，为下一次高压上电做准备。

二、判断题（每小题1分，共15分）　　　　　　　　　　　　　　　　　　　　本题得分

1. 蓄电池管理系统的功率限制功能是为保护动力蓄电池而进行的电量限制，该系统本身就能够根据用电负荷大小、SOC以及故障类型等因素控制输出电压高低和电流的大小。（　　）
2. 蓄电池管理系统除了对动力蓄电池性能参数进行监控、实施高压电性能的管理以外，还具有热管理为主的应用环境管理，实施对动力蓄电池的加热和冷却，以确保动力蓄电池的良好运行环境温度以及温度场的一致性。（　　）
3. 蓄电池单体均衡控制的目的是将蓄电池单体电压控制在一定电压差范围内。（　　）
4. 如果任一蓄电池单体电压比平均值高，以较高电压为基准执行电压均衡。（　　）
5. 高压接触器的作用是用低电压、小电流来控制高电压、大电流的输出，相当于一个开关的作用，同时具有电压隔离的作用，防止高电压串入低压回路。（　　）
6. 新能源汽车均采用常开型接触器，触点在车辆高压下电状态时必须断开。（　　）
7. 更换高压熔丝时，必须按照要求更换同规格的熔丝，否则可能会导致更严重的后果。（　　）
8. 预充电阻的作用是与预充电容一起使用，限制预充电容的充电电流，延长预充电时间，防止高压上电瞬间的过大电流和过高电压冲击损坏高压电气部件。（　　）
9. 蓄电池管理系统尽管设有用于温度监测的温度传感器，进行温度控制，但锂离子蓄电池仍存在热失控现象。（　　）
10. 霍尔式电流传感器是通过霍尔元件间接测量导体电流大小的，是一种非接触式测量方式，具有电压隔离的作用。（　　）
11. 只要报出接触器触点粘连故障，蓄电池管理系统将禁止整车充放电。（　　）
12. 新能源汽车高压上电时主正/负接触器可以直接同时闭合。（　　）
13. 预充完成可以认为高压上电完成。（　　）
14. 车辆在行驶中若高压系统出现故障，高压必须下电，不允许车辆继续行驶。（　　）
15. 高压供电系统在下电时，不可以直接同时断开各接触器，要执行下电程序，进行卸荷和泄放等流程。（　　）

三、单选题（每小题3分，共18分）　　　　　　　　　　　　　　　　　　　　本题得分

1. 下列不属于蓄电池检测模块功能的是（　　）。
   A. 电压采样　　　B. 接触器控制　　　C. 温度采样　　　D. 单体均衡
2. 下列关于高压接触器说法不正确的是（　　）。
   A. 用低电压、小电流来控制高电压、大电流的输出
   B. 具有电压隔离的作用，防止高电压串入低压回路

C. 高压接触器能够改变动力蓄电池输出电压的高低和电流的大小
D. 新能源汽车均采用常开型接触器

3. 下列（　　）不是由蓄电池管理器控制的高压接触器。
A. 交流充电接触器　　B. 主正接触器　　C. 主负接触器　　D. 预充接触器

4. 高压接触器触点粘连检测实际上是在车辆进行高压上电和退电时，通过检测触点的（　　）来进行检测的。
A. 电阻　　B. 电流　　C. 温度　　D. 电压

5. 一般高压上电时"①预充接触器闭合②主正接触器闭合③主负接触器闭合④预充接触器断开"动作顺序正确的是（　　）。
A. ①②③④　　B. ①③②④　　C. ②③①④　　D. ③①②④

6. 新能源车辆高压上电时，下列信号不属于启动信号的是（　　）。
A. 启动按钮（或车钥匙）START 信号
B. 制动开关信号
C. P 位信号
D. 钥匙防盗认证信号

四、多选题（每小题 4 分，共 28 分）　　本题得分

1. 下列属于新能源汽车蓄电池管理系统监测信号的是（　　）。
A. 电压监测　　B. 电流监测　　C. 温度监测　　D. 互锁监测
E. 绝缘监测　　F. 粘连监测

2. 蓄电池成组技术要求蓄电池单体的（　　）一致。
A. 容量　　B. 内阻　　C. 电压　　D. 恒流比
E. 放电平台　　F. 自放电

3. 下列属于蓄电池管理器主要功能的是（　　）。
A. 动力蓄电池系统的过电压、欠电压、过电流、过温进行保护
B. SOC 估算
C. 充、放电管理
D. 高压回路绝缘检测
E. 通信
F. 故障报警

4. 下列属于蓄电池检测模块（BMU）主要作用的是（　　）。
A. 单体电压采样　　B. 单体温度采样　　C. 单体均衡
D. SOC 估算　　E. 充、放电管理　　F. 向蓄电池管理器上报信息

5. 下列关于高压接触器说法正确的是（　　）。
A. 用低电压、小电流来控制高电压、大电流的输出
B. 具有电压隔离的作用，防止高电压串入低压回路
C. 高压接触器能够改变动力蓄电池输出电压的高低和电流的大小
D. 新能源汽车均采用常开型接触器
E. 高压接触器的吸合线圈和触点均属于高压电路
F. 高压接触器就是一个开关

6. 新能源车辆高压上电的启动信号主要包括（　　）。
A. 启动按钮（或车钥匙）START 信号
B. 制动开关信号
C. P 位信号
D. 加速踏板位置传感器无信号
E. 高压系统无故障信号
F. 钥匙防盗认证信号

7. 下列关于高压供电控制系统故障说法正确的是（　　）。
A. 有些高压故障在车辆行驶中是不下高压电的，允许车辆继续行驶，避免车辆突然失去动力而影响行车安全
B. 采取关闭除动力系统外的其他高压用电设备的措施
C. 采取动力系统降功率运行的措施
D. 有些高压故障需进行等级评估，故障等级一般划分为一般故障和严重故障，针对不同的故障等级采取不同的控制策略
E. 有些高压故障是允许高压再上电的（只进行高压故障报警），是为了便于维修
F. 车辆在行驶中若高压系统出现故障，高压必须下电，不允许车辆继续行驶

五、简答题（参看题后分值，共 19 分）　　本题得分

1. 请简述蓄电池管理系统的主要控制功能。（5 分）

（续）

2. 请简述蓄电池管理器的主要功能。（4分）

3. 请简述蓄电池检测模块的主要功能。（2分）

4. 请简述预充流程。（5分）

5. 什么是泄放？（3分）

2.1　学习任务单		驱动电机检测		评分	
班级		姓名	学号	日期	

一、填空题（每空1分，共15分）　　　　　　　　　　　　　　　　　　　　　　本题得分

1. 驱动电机的主要作用是_____和_____。
2. 目前，新能源汽车驱动电机采用的主要是_____电机。
3. 目前，新能源汽车驱动电机的定子绕组采用的导线主要有_____和_____两种。
4. 驱动电机三相定子绕组有_____型和_____型两种联结。
5. 驱动电机定子铁心由_____组装而成，用于固定定子绕组，构成定子磁路，能够_____。
6. 异步感应电机笼型转子导体两端的短路环的作用是_____。
7. 驱动电机旋变的全称为_____，也称为_____。
8. 旋变转子是旋变磁路的一部分，随着转子的转动，磁路中的磁通会随着发生变化，会引起输出侧信号电压_____和_____的变化。
9. 旋变励磁线圈励磁电流的频率也称为旋变的工作频率，一般为_____Hz。

二、判断题（每小题1分，共20分）　　　　　　　　　　　　　　　　　　　　　本题得分

1. 三相交流笼型异步电动机工作时，定子绕组产生的旋转磁场与转子转速相同。（　）
2. 三相交流永磁同步电机工作时，定子绕组产生的旋转磁场与转子转速相同。（　）
3. 电机控制器上电后即可使驱动电机的旋变产生信号，不需要电机上高压电。（　）
4. 三相交流笼型异步电动机不能用作发电机。（　）
5. 永磁同步电机不能用作发电机。（　）
6. 新能源汽车驱动电机控制输出功率和转矩采用的方法是改变三相交流电流的大小。（　）
7. 驱动电机旋变正弦信号和余弦信号的相位差是90°。（　）
8. 新能源汽车驱动电机换向采用的方法是任意交换3根相线中的2根。（　）
9. 新能源汽车驱动电机调速采用的方法是变磁极对数。（　）
10. 变频器供给驱动电机的三相交流电流的相位差是120°。（　）
11. 三相交流电机定子绕组的作用是产生旋转磁场。（　）
12. 驱动电机旋变励磁线圈的作用是产生旋转磁场。（　）
13. 三相交流笼型异步感应电机能直接用作发电机。（　）
14. 异步感应电机转子内没有永磁体，是通过电磁感应使转子导体产生感应电流的。（　）
15. 异步感应电机定子磁场必须比转子转得快，使转子导体产生感应电流，所以感应电机定子磁场和转子转速不能同步。（　）
16. 因为永磁同步电机需要检测磁极位置，所以才需要设置旋变，而异步感应电机转子不是永磁体，所以异步感应电机不需设置旋变。（　）
17. 驱动电机旋变的励磁线圈相当于变压器的一次侧线圈，正弦线圈和余弦线圈相当于变压器的二次侧线圈。（　）
18. 驱动电机旋变的励磁线圈输入的是一个固定频率的交流电流，所以励磁线圈产生的是一个同频率的交变磁场，而不是一个旋转的磁场，这个磁场的频率不会随着转子的转动而改变。（　）
19. 驱动电机不启动，旋变的正弦线圈和余弦线圈的信号为一正弦（或余弦）电压信号；驱动电机运转，旋变的正弦线圈和余弦线圈信号的峰值包络线信号是一正弦（或余弦）电压信号。（　）
20. 旋变出现故障后，电机控制器会报编码故障，车辆能上高压电，但电机不启动。（　）

三、单选题（每小题3分，共30分）　　　　　　　　　　　　　　　　　　　　　本题得分

1. 驱动电机旋变正弦信号和余弦信号的相位差是（　　）。
   A. 60°　　　　　　　B. 90°　　　　　　　C. 120°　　　　　　　D. 180°
2. 新能源汽车驱动电机换向采用的方法是（　　）。
   A. 改变三相交流电流的相位差　　　　　　B. 任意交换3根相线中的两根
   C. 改变三相交流电流的频率　　　　　　　D. 改变三相交流电流的大小
3. 新能源汽车驱动电机调速采用的方法是（　　）。
   A. 变磁极对数调速法　　B. 变阻抗调速法　　C. 变频调速法　　D. 液力耦合器调速法
4. 由逆变器供给驱动电机的三相交流电流的相位差是（　　）。
   A. 60°　　　　　　　B. 90°　　　　　　　C. 120°　　　　　　　D. 180°
5. 三相交流电机定子绕组的作用是（　　）。
   A. 产生固定不变的磁场　　B. 产生旋转磁场　　C. 产生脉动磁场　　D. 产生永久磁场

6. 下列属于驱动电机旋变励磁线圈作用的是（　　）。
   A. 产生脉动磁场　　B. 产生旋转磁场　　C. 产生电磁转矩　　D. 产生感应电流
7. 目前，新能源汽车驱动电机采用的电机类型主要是（　　）。
   A. 永磁同步电机　　B. 异步感应电机　　C. 直流电机　　D. 开关磁阻电机
8. 下列不属于永磁同步电机旋变作用的是（　　）。
   A. 检测电机转子的磁极位置　　　　　　B. 检测电机转子的旋转方向
   C. 检测电机转子的转速　　　　　　　　D. 检测电机转子的故障
9. 若驱动电机运转，下列有关旋变正弦线圈和余弦线圈信号峰值包络线形成的电压信号，说法不正确的是（　　）。
   A. 正弦线圈和余弦线圈包络线信号相位差90°
   B. 正弦线圈和余弦线圈包络线信号频率相同，而且会随转子的转速变化，频率也会发生变化
   C. 正弦线圈和余弦线圈包络线信号不再是一条直线，也是一条正弦曲线或余弦曲线
   D. 正弦线圈和余弦线圈包络线信号仍是一条直线
10. 在车辆减速和制动进行能量回收时，驱动电机用作发电机，下列关于电机叙述错误的是（　　）。
    A. 永磁转子转动提供旋转磁场　　　　　B. 定子绕组切割转子旋转磁场的磁感线产生感应电动势
    C. 把车辆的机械能转化成电能　　　　　D. 旋转磁场仍由定子绕组输入的三相交流电流产生

四、多选题（每小题5分，共25分）

1. 新能源汽车三相交流电机定子绕组的接法有（　　）。
   A. 三角形联结　　B. 四边形接法　　C. 星形联结　　D. 圆形接法
   E. 六边形接法　　F. 没有连接在一起
2. 下列关于比亚迪e5永磁同步电机磁感应式旋变说法正确的是（　　）。
   A. 励磁线圈的电阻值范围为（8±2）Ω　　B. 励磁线圈的电阻值范围为（18±4）Ω
   C. 正弦线圈的电阻值范围为（16±4）Ω　　D. 正弦线圈的电阻值范围为（26±2）Ω
   E. 余弦线圈的电阻值范围为（16±4）Ω　　F. 余弦线圈的电阻值范围为（26±2）Ω
3. 驱动电机旋变是由（　　）组成的。
   A. 励磁线圈　　B. 正弦线圈　　C. 余弦线圈　　D. 正切线圈
   E. 余切线圈　　F. 三相线圈
4. 下列属于永磁同步电机旋变作用的是（　　）。
   A. 判断永磁转子磁极的位置　　　　　　B. 改变动力蓄电池的直流电压
   C. 判断永磁转子的旋转方向　　　　　　D. 改变动力蓄电池的直流电流
   E. 判断永磁转子的转速　　　　　　　　F. 改变永磁同步电机的旋转方向
5. 电机控制器上电后，若电机未起动，正弦线圈和余弦线圈产生的电压信号，与励磁线圈输入的电流信号相比，具有以下相同特点的是（　　）。
   A. 同相　　B. 反相　　C. 同频率　　D. 相位差90°
   E. 幅值不变　　F. 幅值变化

五、简答题（每小题5分，共10分）

1. 简述三相交流异步感应电机的工作原理。

2. 简述三相交流永磁同步电机的工作原理。

2.2　学习任务单	变速器检测	评分	
班级	姓名	学号	日期

一、填空题（每空1分，共20分）　　　　　　　　　　　　　　　　　　　　　本题得分

1. 混合动力汽车主要包括_____混合动力汽车和_____混合动力汽车，有发动机和驱动电机两个甚至多个动力源。
2. 目前，纯电动汽车变速器均采用_____级减速齿轮副的固定传动比减速器。
3. 混合动力汽车动力传输方式可分为_____式、_____式、_____式3种。
4. 一般混合动力汽车有3种最基本的动力模式供驾驶人选择，即_____模式、_____模式和_____模式。
5. 一般混合动力汽车动力模式的切换是通过_____来实现的。
6. 采用P0架构的混合动力汽车动力系统电机名称通常为_____电机。
7. 采用P1架构的混合动力汽车动力系统电机名称通常为_____电机。
8. 当驾驶人_____或_____时，车辆的惯性带动_____运转给_____充电进行能量回收，也称作再生制动。
9. 比亚迪DM-i超级混动EHS电混系统由双电机、双电控、单级减速器、离合器、电机油冷系统"七合一"组成。其中，双电机是指_____和_____，双电控是指_____和_____，此电混系统属于P1+P3架构。

二、判断题（每小题1分，共15分）　　　　　　　　　　　　　　　　　　　　本题得分

1. 增程式新能源汽车应属于混合动力汽车的范畴，不属于电动汽车的范畴。（　　）
2. 变速器内差速器的作用是在车辆转弯时，实现左、右车轮不同的速度。（　　）
3. 带有电子驻车装置的变速器，其作用是车辆停止后约束车轮的转动，能够在车辆未停稳时将车辆制动。（　　）
4. 纯电动汽车变速器采用固定传动比，传动比不可变、不可选，所以纯电动汽车的变速器实际是减速器。（　　）
5. 增程式电动汽车相当于混合动力汽车工作在串联模式。（　　）
6. P1架构混动车型的电机也称为ISG电机。（　　）
7. P0架构混动车型的电机也称为BSG电机或HSG电机。（　　）
8. BSG、HSG、ISG电机都可以起动发动机。（　　）
9. 比亚迪DM-i超级混动EHS电混系统中离合器的作用是实现发动机与电机驱动的切换和耦合。（　　）
10. 丰田THS3双擎电混系统没有离合器。（　　）
11. 目前，新能源汽车驱动电机大多采用三相交流异步感应电机。（　　）
12. 比亚迪DM-i超级混动EHS电混系统采用的是固定传动比的变速器。（　　）
13. 丰田THS3双擎混动系统属于P0+P3架构。（　　）
14. 比亚迪DM-i超级混动EHS电混系统属于P1+P3架构。（　　）
15. 丰田P410驱动桥传动比不可变。（　　）

三、单选题（每小题3分，共15分）　　　　　　　　　　　　　　　　　　　　本题得分

1. 实际上纯电动汽车变速器采用的是由（　　）级减速齿轮副构成的固定传动比的减速装置，传动比是不可变、不可选的。
   A. 一级　　　　　　B. 两级　　　　　　C. 三级　　　　　　D. 四级
2. 比亚迪DM-i超级混动EHS电混系统采用的变速器是由（　　）级减速齿轮副构成的固定传动比的减速装置，传动比是不可变、不可选的。
   A. 一级　　　　　　B. 两级　　　　　　C. 三级　　　　　　D. 四级
3. 比亚迪DM-i超级混动EHS电混系统采用的是P1+P3双电机架构，其发电机属于（　　）。
   A. BSG电机　　　　B. HSG电机　　　　C. ISG电机　　　　D. DSG电机
4. 下列关于丰田THS3双擎混动系统P410混合驱动桥说法正确的是（　　）。
   A. 变速器采用的是由外啮合式减速齿轮副构成的固定传动比的减速器
   B. MG2电机的主要作用是改变传动比
   C. MG1电机的作用之一是改变传动比
   D. P410混合驱动桥的模拟档位是通过改变齿轮副来实现的
5. 下列关于丰田THS3双擎混动P410驱动桥模拟档位说法正确的是（　　）。
   A. 通过换档拨叉改变齿轮副实现换档
   B. EV模式下能改变传动比
   C. MG1的主要作用是改变传动比
   D. 发动机直驱时通过控制MG1的转速和旋转方向来实现

（续）

四、多选题（每小题5分，共50分） 本题得分

1. 混合动力汽车动力传输方式按照发动机和驱动电机的耦合方式可分为（　　）。
   A. 串联式　　　　　　　　　B. 并联式　　　　　　　　　C. 混联式
   D. 发动机直驱模式　　　　　E. EV模式　　　　　　　　　F. 混动模式

2. 通常，混合动力汽车的电机布置位置有（　　）等几种。
   A. P0　　　B. P1　　　C. P2　　　D. P3　　　E. P4　　　F. PS

3. 下列关于混动车型动力系统架构类型说法正确的有（　　）。
   A. P0架构混动车型电机安装在发动机前端，以传动带的方式与发动机连接，此位置电机被称为BSG电机或HSG电机
   B. P1架构混动车型电机在发动机后端与之刚性相连，这个位置的电机被称为ISG电机
   C. P2架构混动车型电机安装在变速器与发动机之间、离合器之后，不可以用于单电机系统
   D. P3架构混动车型电机加装在变速器输出轴上
   E. P4架构混动车型电动机加装在后桥上
   F. PS架构是通过两种（甚至更多种）不同架构类型的组合实现动力传输的混联

4. 比亚迪DM-i超级混动EHS电混系统中下列工作模式中离合器分离的有（　　）。
   A. EV模式　　　　　　　　　B. 发动机直驱模式　　　　　C. 串联充电模式
   D. 串联放电模式　　　　　　E. 并联充电模式　　　　　　F. 并联放电模式

5. 比亚迪DM-i超级混动EHS电混系统中下列模式中需离合器接合的有（　　）。
   A. EV模式　　　　　　　　　B. 发动机直驱模式　　　　　C. 串联充电模式
   D. 串联放电模式　　　　　　E. 并联充电模式　　　　　　F. 并联放电模式

6. 下列属于新能源汽车行车中进行能量回收操作的有（　　）。
   A. 驾驶人松开加速踏板　　　B. 驾驶人踩加速踏板　　　　C. 驾驶人松开制动踏板
   D. 驾驶人踩制动踏板　　　　E. 转动转向盘　　　　　　　F. 开启空调

7. 下列关于丰田THS3双擎混动系统P410驱动桥工作模式说法正确的有（　　）。
   A. 原地起动发动机时，外齿圈被锁止不运转，MG2不运转，MG1运转，通过行星齿轮驱动行星架转动起动发动机
   B. 原地怠速发电时，发动机运转，带动行星架1运转，通过行星齿轮驱动MG1运转发电
   C. 中低速前行时，行星架1与2均被锁止，MG2旋转，通过行星轮自转驱动外齿圈运转
   D. 混动模式时，发动机运转，MG2通电运转，与发动机一起共同驱动车辆
   E. 高速行驶时，发动机运转驱动车辆，MG1既可以发电，也可以驱动车辆（例如急加速）
   F. 能量回收时，发动机不工作，车辆惯性带动MG1运转发电，进行能量回收

8. 下列属于纯电动汽车变速器拆装检测内容的有（　　）。
   A. 齿轮　　　B. 轴承　　　C. 气密性　　　D. 换档机构
   E. 差速器　　F. 离合器

9. 下列关于丰田THS3双擎混动P410驱动桥模拟档位说法正确的是（　　）。
   A. 通过换档拨叉改变齿轮副实现换档
   B. EV模式下不能改变传动比
   C. 只有在发动机驱动时才能改变传动比
   D. MG1的主要作用是减速增矩
   E. 通过控制MG2的转速和旋转方向来改变传动比
   F. P410混合驱动桥实际上是无级变速器，为了便于控制，厂家人为设置了若干档位

10. 下列关于新能源汽车变速器说法正确的是（　　）。
    A. 目前，纯电动汽车的动力输出只采用固定传动比的减速器，传动比不可选、不可变，所以其传动装置应称为减速器而不应称为变速器
    B. 混合动力汽车在怠速起步和中低车速行驶时，动力源以驱动电机驱动为主，不需改变传动比，而中高车速时，以发动机驱动为主，改变传动比有利于发挥发动机的特性
    C. 增程式新能源汽车的发动机只是作为增程器用于驱动发电机，为动力蓄电池充电，不直接驱动车辆，驱动电机是驱动车辆的唯一动力源，其变速器与纯电动汽车无异，所以增程式汽车不应称为混合动力汽车，应该属于电动汽车的范畴
    D. 混合动力汽车的变速器除了传动动力外，还有实现发动机和驱动电机动力切换和输出耦合的作用
    E. 混合动力汽车专用变速器由于集成了电控、电机、离合器、传动机构等部件为一体，这种变速器又可称电混系统
    F. 混合动力汽车变速器一般分为可变传动比和固定传动比两种，使用可变传动比变速器的好处是有利于发挥发动机高速运行的动力性能

3.1 学习任务单	电机控制器检测与故障诊断	评分	
班级	姓名	学号	日期

一、填空题（每空1分，共30分）　　　　　　　　　　　　　　　　　　　　本题得分

1. 新能源汽车控制器分为_____和_____两种。
2. 电机控制器主要由_____、_____和_____3部分组成。
3. 电机控制器控制板向驱动板输出_____信号作为控制信号，IGBT栅极的输入信号是_____信号，驱动IGBT导通和关断，实现_____、_____、_____等功能。
4. 驱动电机直接提供给电机控制器的信号是_____信号和_____信号两个，作为反馈信号进行闭环控制。
5. 电机控制器逆变电路主要由_____只IGBT构成，分成_____组构成_____支桥臂，每支桥臂由_____只IGBT构成，分别称为_____和_____，这种电路被称作三相桥式全波逆变电路。
6. IGBT在逆变电路工作过程中起_____的作用。
7. 电机控制器并联在IGBT集电极和发射极之间的二极管有_____和_____两个主要作用。
8. 电机控制器逆变电路是通过控制PWM信号的_____和_____来控制三相交流电的电压和电流大小的。
9. 电气隔离是保证IGBT安全可靠导通和关断的重要措施，防止高压窜入低压电路，包括_____隔离和_____隔离。
10. IGBT模块是由_____与_____通过特定的电路桥接封装而成的模块化半导体产品，也称为IGBT芯片。
11. IGBT是_____的英文缩写，其控制极G名称为_____。

二、判断题（每小题1分，共10分）　　　　　　　　　　　　　　　　　　　　本题得分

1. 三相交流笼型异步电动机工作时，定子绕组产生的旋转磁场与转子转速相同。（　　）
2. 电机控制器给驱动电机提供的是波形近似正弦波、相差120°的三相交流电。（　　）
3. 电机控制器逆变电路工作时，总是有一支桥臂的上桥和另一支桥臂的下桥同时导通。（　　）
4. 电机控制器逆变电路不允许同一支桥臂的上、下桥同时导通，也不允许不同桥臂的两只上桥或下桥同时导通。（　　）
5. 电机控制器逆变电路是通过控制PWM信号的占空比和周期来控制三相交流电的电压和电流大小的。（　　）
6. 电机控制器逆变电路通过改变IGBT导通频率和占空比能够使交流电的频率发生改变，来控制电机的转速。（　　）
7. 在进行能量回收时，电机控制器控制驱动电机反转运行。（　　）
8. 使用数字万用表二极管档检测IGBT时，若正、反向均导通，则判定IGBT损坏。（　　）
9. 使用数字万用表二极管档检测IGBT时，红、黑两表笔分别测栅极G与发射极E之间的正、反向特性，万用表两次所测的结果均为不导通，可判定IGBT模块栅极断路损坏。（　　）
10. 新能源汽车检修时，在高压下电后不要立刻动手操作，要等待一定时间后再进行，原因是要等待预充电容泄放。（　　）

三、单选题（每小题3分，共15分）　　　　　　　　　　　　　　　　　　　　本题得分

1. 下列属于新能源汽车高压控制器的是（　　）。
   A. 电机控制器　　　B. 蓄电池管理器　　　C. 整车控制器　　　D. 车身控制器
2. 下列属于新能源汽车低压控制器的是（　　）。
   A. 电机控制器　　　B. 车载充电机　　　C. DC/DC变换器　　　D. 蓄电池管理器
3. 电机控制器电气隔离包括信号隔离和电源隔离，以防止高压电窜入低压电路，下列不属于信号隔离措施的是（　　）。
   A. 电磁隔离　　　B. 电阻隔离　　　C. 光电隔离　　　D. 电容隔离
4. 电机控制器电气隔离包括信号隔离和电源隔离，以防止高压电窜入低压电路，通常电源隔离采用的方式是（　　）。
   A. 电磁隔离　　　B. 电阻隔离　　　C. 光电隔离　　　D. 电容隔离
5. 下列不属于驱动电机控制器控制板主控制芯片的是（　　）。
   A. FLASH芯片　　　B. 电机控制器芯片　　　C. DSP芯片　　　D. FPGA芯片

四、多选题（每小题5分，共25分）　　　　　　　　　　　　　　　　　　　　本题得分

1. 下列属于驱动电机控制器控制功能的是（　　）。
   A. 控制电机正向驱动、反驱发电功能
   B. 具有高压输出电压和电流限制功能

（续）

  C. 具有电压跌落、过电流、驱动电路过温保护、IGBT 过温保护、电机过温保护、功率限制、转矩控制限制等功能
  D. 具备能量回馈控制、主动泄放、被动泄放控制功能
  E. 为驱动电机提供三相交流电压和电流
  F. 通过控制三相交流电的频率控制电机转速
 2. 下列关于高压驱动电机控制器工作原理说法正确的有（   ）。
  A. 电机控制器逆变电路是通过控制 PWM 信号的占空比和周期来控制三相交流电的电压和电流大小的
  B. 电机控制器逆变电路通过改变 IGBT 导通频率和占空比能够使三相交流电的频率发生改变，来控制电机转速
  C. 电机控制器通过控制 PWM 信号，改变三相正弦交流电的相位差，就能改变三相交流电的相序，实现电机正、反转控制
  D. 驱动电机反转是通过电机控制器交换三相交流高压线束来实现的，用来实现倒车
  E. 电机控制器在进行能量回收时，IGBT 必须全部关断
  F. 在进行能量回收时，电机控制器控制驱动电机反转运行
 3. 电机控制器电气隔离包括信号隔离和电源隔离，以防止高压电窜入低压电路，下列属于信号隔离措施的有（   ）。
  A. 电磁隔离   B. 电阻隔离   C. 光电隔离   D. 电容隔离
  E. 二极管隔离   F. 晶体管隔离
 4. IGBT 保护主要包括（   ）。
  A. 短路保护   B. 过电流保护   C. 过电压保护   D. 过热保护
  E. 死区时间控制   F. 最小脉冲抑制
 5. 驱动电机控制器控制板主控制芯片一般为控制板上最大的芯片，主要包括以下（   ）等几种。
  A. ROM 芯片   B. RAM 芯片   C. EEPROM 芯片 D. 电机控制器芯片
  E. DSP 芯片   F. FPGA 芯片

五、简答题（每小题 5 分，共 20 分）

 1. 简述电机控制器逆变电路的基本组成。

 2. 简述电机控制器逆变电路的工作原理。

 3. 简述电机控制器 IGBT 好坏的检测方法。

 4. 简述电机控制器故障的等级及控制策略（以五级制为例）。

3.2 学习任务单		电驱控制系统故障诊断		评分	
班级		姓名		学号	日期

一、填空题（每空 1 分，共 20 分） 本题得分

1. 新能源汽车电驱控制系统的控制单元主要包括_____、_____、_____和_____等。
2. _____是新能源汽车电驱系统的控制中心，而_____是控制平台的上位机，是电驱控制系统的最高层级控制器。
3. 电子换挡开关产生的是_____信号，由换挡控制模块通过 CAN 网络把换挡信号传输给整车控制器进行档位控制，有_____式、_____式和_____式等几种操作方式。
4. 加速踏板位置传感器有_____式和_____式两种，是控制电机运行、进行负荷控制的主控信号。
5. 电机温度传感器采用_____，用来检测_____的温度，电机控制器利用此信号来防止电机过热，当电机运行过温时进行功率限制，是电机控制的修正信号。
6. 电子驻车装置有两种形式，一种是_____，由_____控制；另外一种是_____实施驻车，一般由_____控制。
7. P1+P3 架构混合动力汽车常通过一个液压控制的_____，来控制发动机驱动和电机驱动模式切换与耦合，油压由_____产生。

二、判断题（每小题 1 分，共 10 分） 本题得分

1. 新能源汽车电驱控制系统是一个由多控制模块组成、多层级协同控制的控制平台，而不是由某一个控制模块独立完成的系统。（   ）
2. 加速踏板位置传感器是控制电机运行、进行负荷控制的主控信号。（   ）
3. 制动踏板位置传感器是再生制动的主控信号，用于控制能量回馈的力度，而加速踏板位置传感器不是。（   ）
4. 旋变的主要作用是电机控制器用来检测驱动电机转子的位置、旋转方向和转速的信号，反馈给整车控制器实施闭环控制，是控制电机运行、进行负荷控制的主控信号。（   ）
5. 电机温度传感器用来检测电机绕组的温度，电机控制器利用此信号来防止电机过热，当电机运行过温时进行功率限制，是电机控制的修正信号。（   ）
6. 电驱系统的冷却与动力蓄电池的冷却属于同一个冷却系统。（   ）
7. 混合动力汽车电驱系统的高压供电、电机控制、冷却方式等与纯电动汽车相近。（   ）
8. 混合动力汽车电驱控制系统的离合器须兼顾发动机驱动和电机驱动模式的切换与耦合。（   ）
9. 混合动力汽车用于控制发动机驱动和电机驱动模式切换与耦合的离合器的控制油泵，不能通过发动机机械驱动，需采用电机驱动。（   ）
10. 动力蓄电池 SOC 信号是电驱控制系统用于电机转矩控制和电机功率限制的主控信号。（   ）

三、单选题（每小题 5 分，共 25 分） 本题得分

1. 下列属于新能源汽车高压控制器的是（   ）。
   A. 电机控制器   B. 蓄电池管理器
   C. 整车控制器   D. 车身控制器
2. 下列不是混合动力汽车用电动泵的是（   ）。
   A. 发动机离合器油泵   B. 发动机冷却水泵
   C. 制动系统真空助力泵   D. 发动机润滑机油泵
3. 下列不属于驱动电机控制器控制内容的是（   ）。
   A. 正、反转控制   B. 加减速控制
   C. 制动   D. 能量回收
4. 下列有关混合动力汽车发动机离合器的作用描述不正确的是（   ）。
   A. 用于发动机驱动和电机驱动的模式切换与耦合
   B. 发动机动力输出
   C. 降低扭振冲击
   D. 变速器换挡控制
5. 下列有关混合动力汽车的电驱控制系统与纯电动汽车电驱控制系统不同之处描述不正确的是（   ）。
   A. 混合动力汽车电驱控制系统需兼顾变速器的换挡控制
   B. 混合动力汽车在对电驱系统进行控制的同时，需兼顾发动机动力系统的控制
   C. 混合动力汽车须兼顾发动机驱动和电机驱动模式的切换与耦合
   D. 混合动力汽车变速器控制不属于电驱控制系统的控制内容

(续)

四、多选题（每小题5分，共25分）

1. 下列属于新能源汽车电驱系统控制平台 ECU 的是（　　）。
   A. 整车控制器　　　　B. 蓄电池管理器　　　　C. 电机控制器　　　　D. 车身控制器
   E. 发动机控制器　　　F. 空调控制器

2. 下列有关新能源汽车电驱系统控制平台 ECU 作用说法正确的是（　　）。
   A. 整车控制器和混合动力汽车的混合动力控制器是控制平台的上位机，负责接收驾驶人的驾驶意图，协调电驱系统控制，是电驱控制系统的最高层级控制器
   B. 车身控制器是车身电气系统的控制中心，负责电驱控制系统低压 12V 电源的控制
   C. 蓄电池管理器是高压供电系统的控制中心，负责整车高压系统高压电源的控制
   D. 电机控制器是电驱系统的控制中心，负责电驱系统驱动电机的控制
   E. 空调控制器是空调与采暖系统的控制中心，负责电驱控制系统 ECU 的冷却
   F. 发动机控制器 ECM（PCM）是发动机电控系统的控制中心，负责电驱控制系统的能量回收

3. 下列属于新能源汽车电驱控制系统输入信号与传感器的是（　　）。
   A. 电子换档开关信号　　　　B. 加速踏板位置传感器信号　　　　C. 制动踏板位置传感器信号
   D. 电机转速位置传感器信号　E. 电机温度传感器信号　　　　　　F. 蓄电池 SOC 信号

4. 下列有关发动机离合器说法正确的是（　　）。
   A. 用于发动机驱动和电机驱动的模式切换与耦合
   B. 用于变速器换档控制
   C. 控制发动机离合器接合的油泵通过发动机机械驱动
   D. 发动机离合器为液压控制型，油压来自于电动油泵
   E. 发动机离合器采用常开型
   F. 通常，控制发动机离合器的油泵和电磁阀由不同的控制模块控制

5. 下列是混合动力汽车采用电机驱动装置的是（　　）。
   A. 发动机离合器油泵　　　　B. 发动机冷却水泵　　　　C. 制动系统真空助力泵
   D. 发动机机油泵　　　　　　E. 空调压缩机　　　　　　F. 电控冷却水泵

五、简答题（每小题10分，共20分）

1. 简述电驱控制系统的工作原理。

2. 什么是能量回收？

4.1 学习任务单		电驱热管理系统检修		评分	
班级		姓名		学号		日期	

一、填空题（每空 1.5 分，共 30 分） 本题得分

1. 新能源汽车电驱热管理系统的作用是为电驱系统提供良好的_____。
2. 新能源汽车电驱热管理系统的冷却对象主要是_____和_____。
3. 大多数电动汽车采用_____方式对电机和电控进行冷却，主要由_____、_____、_____、_____以及_____等组成。
4. 新能源汽车电驱热管理系统的作用是为电驱系统提供良好的_____。
5. 新能源汽车电动水泵和冷却风扇可以通过_____信号控制，也可以通过_____等通信方式控制。
6. 新能源汽车电驱热管理系统冷却液一般采用_____电机防冻液，禁止使用普通清水。
7. 在加注或补充冷却液时，必须要按照厂家的要求添加相同型号和用量的冷却液，并按照维修手册的要求执行_____程序。
8. 有些品牌新能源汽车要求使用_____型冷却液或者称为_____型防冻液，不得加注乙二醇型长效防锈电机冷却液。
9. 比亚迪新能源汽车电机冷却系统冷却风扇的控制，高低速请求信号包括_____、_____、_____和_____4 个。

二、判断题（每小题 2 分，共 30 分） 本题得分

1. 新能源汽车电驱系统的热管理指的就是过温控制。（　　）
2. 电驱系统的过温控制和热管理都是电驱控制系统的控制内容。（　　）
3. 蓄电池热管理系统与电驱热管理系统为同一个冷却循环系统。（　　）
4. 控制器中的电子元器件有可能因为高温导致焊点熔化而引起断路甚至脱落。（　　）
5. 控制器电路板上的电子元器件工作中没有大量热量产生，不会产生高温导致焊点熔化而引起断路甚至脱落，因此控制器自身不需要进行冷却。（　　）
6. 新能源汽车电驱热管理系统的冷却液由电动水泵驱动在冷却管路中循环，冷却风扇驱动空气流通将散热器中的热量传递到大气中。（　　）
7. 电动汽车电驱系统的散热器位于车辆前部空调冷凝器后面，可以与空调冷凝器共用风扇。（　　）
8. 新能源汽车整车控制模块监控电驱系统各部件的工作温度，控制电动水泵和冷却风扇运转。（　　）
9. 新能源汽车电驱热管理系统一般采用乙二醇型长效防锈电机冷却液，可以使用普通清水代替。（　　）
10. 混合动力汽车电驱系统的热管理系统与发动机热管理系统可以采用同一冷却液循环路径。（　　）
11. 混合动力汽车电驱系统的热管理系统结构、工作原理与电动汽车的热管理系统基本相同。（　　）
12. 有些品牌新能源汽车要求电驱系统的冷却须使用绝缘型冷却液或者称为低导电率型防冻液，不得加注乙二醇型长效防锈电机冷却液。（　　）
13. 比亚迪新能源汽车电机冷却系统冷却风扇的转速控制只要满足 3 个低速请求，冷却风扇低速转。（　　）
14. 比亚迪新能源汽车电机冷却系统冷却风扇的转速控制只要满足 1 个高速请求，冷却风扇高速转。（　　）
15. 新能源汽车电驱热管理系统的作用是为电驱系统提供良好的运行环境。（　　）

三、多选题（每小题 5 分，共 25 分） 本题得分

1. 下列属于新能源汽车电驱热管理系统冷却对象的是（　　）。
   A. 电机　　　　　　B. 动力蓄电池　　　　C. 电控模块　　　　D. 发动机
   E. 空调　　　　　　F. 变速器
2. 下列属于新能源汽车电驱热管理系统基本组成的是（　　）。
   A. 电动水泵　　　　B. 膨胀水箱　　　　　C. 散热器　　　　　D. 冷却风扇
   E. 管路　　　　　　F. 冷凝器
3. 下列为新能源汽车电驱热管理系统使用的冷却液是（　　）。
   A. 纯净水　　　　　B. 乙二醇型长效防锈电机冷却液　　C. 绝缘型冷却液
   D. 低导电率型防冻液　　E. 乙醇水溶液　　　　　　　　F. 甘油水溶液
4. 下列属于比亚迪纯电动汽车电机冷却系统冷却风扇转速控制温度采样信号的有（　　）。
   A. 电机冷却液温度　　B. 发动机冷却液温度　　C. IPM 温度
   D. IGBT 温度　　　　E. 电机温度
   F. 干式双离合器、电液控制模块液压油温度
5. 下列属于比亚迪混合动力汽车电机冷却系统冷却风扇转速控制温度采样信号的有（　　）。
   A. 电机冷却液温度　　B. 发动机冷却液温度　　C. IPM 温度　　　D. IGBT 温度
   E. 电机温度　　　　　F. 干式双离合器、电液控制模块液压油温度

(续)

四、简答题（参看题后分值，共 15 分）　　　　　　　　　　　　　　　　　　本题得分

1. 简述比亚迪 e5 纯电动汽车电驱热管理系统冷却风扇开启温度参数。（5 分）

2. 简述比亚迪秦 Pro DM 混合动力汽车电驱热管理系统冷却风扇开启温度参数。（10 分）

4.2 学习任务单		整车控制策略		评分	
班级		姓名		学号		日期	

一、填空题（每空 1 分，共 35 分）　　　　　　　　　　　　　　　　　　　　　本题得分

1. 新能源汽车整车控制系统是一个由_____、_____协同控制的综合控制平台。
2. _____已经完成了新能源汽车革命的上半场，_____、_____的发展将开启新能源汽车革命的下半场，随着信息技术的发展与融合，"_____"时代已到来。
3. 博世将汽车整车电子电气架构演进分为 3 个阶段，分别是_____、_____和_____，传统车型采用的是_____。
4. 纯电动汽车的整车控制平台一般分为_____级。整车控制模块为主系统的_____级控制器，是控制内容和功能权限最高的_____控制器，它的下一级控制器为_____，为各自控制系统的控制中心。
5. 纯电动汽车负责接收驾驶人的驾驶意图、协调各分系统的关系进行整车控制的控制模块是_____，它是整车控制平台的决策中心；混合动力汽车进行整车控制的控制模块是_____，它是混动车型整车控制平台的决策中心。
6. 整车通信网络中网关起_____作用，用于不同子系统之间的数据转换及传输。
7. 目前，新能源汽车分布式电子电气架构车载网络仍然是以_____总线为整车主干网络架构。
8. 不同于"ECU+CAN/LIN"的分布计算与低速总线架构，域集中式架构的特点在于_____和_____。
9. 与 ECU 采用单片机电机控制器不同，域控制器多采用系统级_____芯片，在算力上领先于电机控制器。
10. 域控制器是实现域集中式架构的主要载体，其主要组成包括_____、_____、_____和_____。
11. 2016 年，博世等传统 Tier1 提出了按照功能分区（即功能域）的五域架构，将汽车电子控制系统分为_____、_____、_____、_____和_____5 个域。
12. 目前，域集中式电子电气架构域的划分方法有两种，一种是按_____划分域的，另外一种是按_____进行划分的。
13. 目前，先进域控制器都已经开始使用_____来提高数据传输速度，主要采用_____或_____两种协议，未来的汽车电子架构中，CAN 与 FlexRay 有可能会被取代。

二、判断题（每小题 1 分，共 10 分）　　　　　　　　　　　　　　　　　　　　本题得分

1. 电动化已经完成了新能源汽车革命的上半场，智能化、网联化的发展将开启新能源汽车革命的下半场，随着信息技术的发展与融合，"软件定义汽车"时代已经到来。（　　）
2. 分布式电子电气架构较容易快速迭代升级，是未来新能源汽车电子电气架构的发展方向。（　　）
3. 一定程度范围内，整车控制器的功能与控制内容基本代表和反映了整车的控制功能与内容。（　　）
4. 新能源汽车整车控制最主要和最重要的控制内容是动力控制。（　　）
5. 整车通信网络中网关起路由作用，用于不同子系统之间的数据转换及传输。（　　）
6. CAN 总线按数据传输速度分为 500kbit/s（125~500kbit/s）高速 CAN 总线和 100kbit/s 低速 CAN 总线两种。（　　）
7. 相比于结构较为复杂的燃油汽车，新能源汽车在车辆结构、动力系统、操控难度上都更容易向智能化发展。（　　）
8. 不同于分布式电子电气架构的"ECU+CAN/LIN"的分布计算与低速总线架构，域集中式电子电气架构的优点是域控制器的高算力，对数据传输速度要求不高。（　　）
9. 域控制器相较于传统汽车 ECU，最大差别是能够实现软硬解耦。（　　）
10. 在域控制器增加算力的同时，域控制器之间以及域控制器与各执行 ECU 之间的数据传输速度要相应加快。（　　）

三、单选题（每小题 3 分，共 15 分）　　　　　　　　　　　　　　　　　　　　本题得分

1. 下列不属于博世整车电子电气架构演进三大阶段的是（　　）。
   A. 分布式电子电气架构　　　　　　　　B. 模块化电子电气架构
   C. 域集中式电子电气架构　　　　　　　D. 车辆集中式电子电气架构
2. 纯电动汽车负责接收驾驶人的驾驶意图，协调各分系统的关系进行整车控制的控制模块是（　　）。
   A. 整车控制器　　B. 电机控制器　　C. 蓄电池管理器　　D. 车身控制器
3. 混合动力汽车负责接收驾驶人的驾驶意图，协调各分系统的关系进行整车控制的控制模块是（　　）。
   A. 整车控制器　　B. 电机控制器　　C. 蓄电池管理器　　D. 发动机控制器
4. 下列不属于纯电动汽车整车控制内容的是（　　）。
   A. 驱动电机转矩控制　　B. 能量回收控制　　C. 高压电源分配　　D. 低压电源分配
5. 下列不属于混合动力汽车整车控制内容的是（　　）。
   A. 发动机控制　　B. 变速器控制　　C. 动力模式控制　　D. 低压电源分配

（续）

四、多选题（每小题 3 分，共 30 分）

1. 汽车"新四化"指的是（　　）。
   A. 电动化　　　　　　　　B. 智能化　　　　　　　　C. 网联化　　　　　　　　D. 轻量化
   E. 共享化　　　　　　　　F. 数字化

2. 下列属于汽车分布式电子电气架构特点的是（　　）。
   A. 分布式电子电气架构过于复杂且难以快速迭代升级
   B. ECU 通过 CAN 总线和 LIN 总线连接
   C. 分布式电子电气架构结构简单且 ECU 功能强大
   D. 分布式电子电气架构结构的 ECU 较易实现软件升级
   E. 每个控制系统采用单独的 ECU，不同的电控系统功能保持独立性，每增加一个功能就需要增加一个 ECU
   F. 分布式电子电气架构算力分散、布线复杂、软硬件耦合深、通信带宽瓶颈等缺点越来越突出

3. 下列属于纯电动汽车用于整车控制关键数据信号的有（　　）。
   A. 加速信号　　　　　　　B. 制动信号　　　　　　　C. 换档信号　　　　　　　D. 车速信号
   E. 动力蓄电池 SOC 信号　　F. 旋变信号

4. 下列属于纯电动汽车整车控制器通过硬线直接采集的输入信号的是（　　）。
   A. 加速踏板深度信号　　　　　　　　B. 制动踏板深度信号　　　　　　　C. 制动开关信号
   D. 真空泵压力信号　　　　　　　　　E. SRS 碰撞信号　　　　　　　　　F. 动力蓄电池 SOC 信号

5. 下列属于纯电动汽车整车控制器输出的控制信号的是（　　）。
   A. 转矩控制信号　　　　　　　　　　B. 制动控制信号　　　　　　　　　C. 冷却风扇控制信号
   D. DC/DC 控制信号　　　　　　　　　E. 均衡控制信号　　　　　　　　　F. 接触器控制信号

6. 下列属于混合动力汽车 HCU 主要功能的是（　　）。
   A. 测定转矩需求　　　　　　　　　　B. 协调转矩控制
   C. 再生制动控制　　　　　　　　　　D. 电动驱动（EV）和混合动力驱动（HEV）模式判定
   E. 动力蓄电池 SOC 平衡　　　　　　　F. 发动机控制

7. 下列属于混合动力汽车整车控制器主要控制内容的是（　　）。
   A. 动力蓄电池 SOC 平衡　　　　　　　B. 动力蓄电池模块均衡　　　　　　C. 驱动转矩分配
   D. ECM 控制　　　　　　　　　　　　E. 电机控制器控制　　　　　　　　F. 变速器控制模块控制

8. 相较于域集中式电子电气架构，分布式电子电气架构由于有（　　）的缺点，已无法适应汽车智能化的进一步发展。
   A. ECU 制造成本高　　　B. ECU 制造困难　　　C. 算力分散　　　D. 布线复杂
   E. 软硬件耦合深　　　　F. 通信带宽瓶颈

9. 域控制器是实现域集中式电子电气架构的主要载体，其主要组成包括（　　）。
   A. 微处理器　　　　　B. 域主控处理器　　　　C. 操作系统　　　　D. 应用软件
   E. 算法　　　　　　　F. 存储器

10. 2016 年，博世等传统 Tier1 提出了按照功能分区（即功能域）将汽车电子控制系统分为（　　）。
    A. 舒适域　　　　　　B. 动力域　　　　　　　C. 底盘域　　　　　　D. 座舱域
    E. 自动驾驶域　　　　F. 车身域

五、简答题（10 分）

请简述博世和特斯拉有关域的划分方法的不同之处。